RIO ANACONDA

WOJCIECH CEJROWSKI

RIO ANACONDA
GRINGO I OSTATNI SZAMAN PLEMIENIA CARAPANA

ZYSK I S-KA
WYDAWNICTWO

Zysk i S-ka Wydawnictwo
ul. Wielka 10, 61-774 Poznań
tel. 61 853 27 51, 61 853 27 67, faks 61 852 63 26
dział handlowy, tel./faks 61 855 06 90
sklep@zysk.com.pl
www.zysk.com.pl

Projekt okładki i i opracowanie graficzne: Łukasz Ciepłowski
Redakcja: Szczęsna Milli
Korekta: Iwona Barancewicz, Ewa Garbowska, Krystyna Paszyńska,
Edyta Urbanowicz
Korekta hiszpańska: Edyta Urbanowicz
Mapy: Agnieszka Rajczak
Dobór i opracowanie graficzne zdjęć: Wojciech Franus
Skład i łamanie: IT WORKS, Warszawa
Druk i oprawa: Toruńskie Zakłady Graficzne Zapolex Sp. z o.o.

Wydanie IV

ISBN 978-83-7785-567-6

ostatniemu szamanowi plemienia Carapana
...i wszystkim Jego Następcom

NOTA OD AUTORA

Szanowni Państwo,
Są w tej książce rzeczy, których w ogóle nie powinno się czytać. W każdym razie nie przy pierwszej lekturze. Może kiedyś, w przyszłości, gdyby ktoś z Was zdecydował się sięgnąć po tę książkę ponownie. Wówczas być może tak, choć wcale nie jestem tego pewien.
Chodzi o przypisy.

Normalnie przypis zawiera przydatne informacje uzupełniające tekst bądź objaśnia słowa, z którymi tłumacz miał jakieś kłopoty.
Tutaj przypisy są rezultatem choroby umysłu. Zawierają przeróżne dygresje – najczęściej głupkowate – od których nie potrafiłem się powstrzymać. Mój mózg najwyraźniej zbyt mocno wziął sobie do serca podział na dwie półkule i podczas gdy jedna z nich pracuje nad dziełem literackim, druga trochę się nudzi i wtedy zaczyna tej pierwszej „pomagać". Dogaduje z boku, wtrąca się, przerywa, a najgorsze, że uwielbia dowcipkować. To bardzo rozbija tok narracji. Dlatego unikajcie przypisów!

Jest jeszcze coś:
Te przypisy pochodzą od dwóch różnych osób: od Autora i od tłumacza. (Tłumacz był niezbędny, gdyż książka powstała pierwotnie w języku hiszpańskim).
Autorem jestem oczywiście ja.
Tłumaczem też jestem ja, tylko że jako tłumacz nazywam się Helena Trojańska i jestem... osobą rodzaju żeńskiego. Proszę mi wierzyć – MAM SWOJE POWODY.
(Zainteresowanych zgłębieniem tego tematu odsyłam do poprzedniej mojej książki pt. „Gringo wśród dzikich plemion" – wyd. Poznaj Świat, 2003).[1]

Ostrzegam więc po raz ostatni: nie czytajcie przypisów, bo to Wam na pewno nie ułatwi życia.

/-/ Wojciech Cejrowski

---

[1] I oto pierwszy przypis (którego mieliście nie czytać). Przypis ten dotyczy kropki kończącej zdanie zamknięte w nawias. Reguły poprawnościowe nakazują wystawiać taką kropkę poza nawias. Nielogiczne, prawda? Dlaczego niby kropka stoi poza, skoro dotyczy zdania wewnątrz?
Mój umysł burzy się przeciw tej niekonsekwencji. A ponieważ literatura piękna ma prawo kreowania języka, skorzystam z tego prawa i w mojej książce zastosuję własną regułę (mając nadzieję, że zostanie kiedyś uznana i dopuszczona powszechnie). Od tej chwili kropki będą siedziały tam, gdzie cała reszta zdania, którego dotyczą. I proszę nie mieć za złe naszym korektorkom, że puściły byka. To nie one, to ja.

POCZĄTEK

Było to... Niedawno.
Było to... W tropikalnej puszczy.
Było... No, po prostu było, czyli zdarzyło się naprawdę. Tyle musi Wam wystarczyć. Więcej nie powiem, bo nie chcę, by ktoś odnalazł to miejsce – niech pozostanie dzikie. Nietknięte, jak najdłużej.

Pewnego dnia cywilizacja dotrze i tam, ale na razie niech nie dociera.

* * *

Jeżeli pożyję przeciętnie długo, to jeszcze za moich dni ostatnie dzikie plemię zostanie odnalezione i ucywilizowane. Albo to ono odnajdzie nas – wyjdzie z puszczy na dymiące karczowisko, gdzie biali ludzie właśnie stawiają kolejny tartak, szyb naftowy, kolejne miasteczko, i ucywilizuje się samo. Na własną prośbę.[2] Mała społeczność utonie w wielkim społeczeństwie i ślad po niej zaginie. Na zawsze. Nikt się nie zorientuje, że to byli ostatni wolni Indianie. Nikt ich nie będzie pamiętał.

---

[2] Będzie to najprawdopodobniej prośba o jakieś majtki. A jeżeli nie, to wkrótce pojawi się protestancki misjonarz i pierwsze, co zacznie rozdawać Dzikim, to będą właśnie majtki. I biustonosze.
Ci ludzie rozdają także Biblie, lekarstwa i oświatę, ale dopiero w dalszej kolejności – majtki idą na tzw. pierwszy ogień, bo podobno chronią od ognia piekielnego.
Taak, majtki to świetny sposób na przełamanie pierwszych lodów. Nie żartuję – sam widziałem pracę doktorską pt. „Rola majtek w ewangelizacji ludów Amazonii".

Ludzie puszczy znikają z naszej planety każdego dnia. Następne pokolenie będzie ich znało wyłącznie z książek, filmów i fotografii.

Jestem więc trochę jak oni – Indianie, o których piszę – należę do ostatniego pokolenia, które doświadcza kultury pierwotnej na własnej skórze; ostatniego, które widziało i dotykało. Następne będą znały świat Dzikich jedynie z Opowieści; takich jak ta.

A może to już? Może to właśnie ta książka jest ostatnią napisaną przez naocznego świadka? Oby nie. Choć jedno, niestety, wiem na pewno – niektóre zdjęcia w niej zawarte są ostatnimi zdjęciami plemion, których już nie ma. A przecież tak niedawno stałem z nimi twarzą w twarz. Patrzyłem w oczy. Rozmawiałem.

Posłuchajcie...

Indianin spostrzegł dziwny ślad biegnący w poprzek ścieżki. Przystanął zaskoczony. Nachylił się do ziemi. Potem ukląkł i patrzył uważnie. Na coś, czego tu nie powinno być. Na coś, co nie występuje w przyrodzie, którą znał. A przecież nie był byle kim – najlepszy tropiciel swego plemienia – znał ślady wszystkich stworzeń w tej puszczy. Umiał też rozpoznać odciski stóp wszystkich członków swego ludu. Ten ślad na pewno nie pochodził stąd. Był obcy!

Indianin przysunął twarz do ziemi. Oglądał ślad ze wszystkich stron. Wąchał. Analizował. Ale nie dotykał. Takich rzeczy... rzeczy... nie-normalnych lepiej nie dotykać. Lepiej też ich nie widzieć – to robota dla szamanów – ale stało się: zobaczył. I teraz już nie miał odwrotu. To było Wezwanie.

* * *

Zanim Indianin wyruszył na łowy, prosił Puszczę, by go zawiodła do dzikich zwierząt; by poddała tropy; by poprowadziła do leśnych kryjówek, mateczników, nor, gawr, legowisk i wodopojów. Prosił słowami *Prowadź* i *Daj*. Zaklinał słowami *Jesteśmy głodni*.

Śpiewał te Wezwania całą noc; w transie:

Prowadź! Daj!
Jesteśmy głodni.
Prowadź! Daj!

Prowadź!
Daj! Daj! Daj!
Prowadź! Daj!

I puszcza odpowiedziała. Wezwaniem na Wezwanie. Pokazała mu trop – jeden jedyny, innych nie znalazł – więc nie miał odwrotu. Musi się poddać. Taka jest kolej rzeczy.

Nie możesz prosić: *Prowadź*, a potem chodzić własnymi ścieżkami. Puszcza jest szczodra i łaskawa, ale przy okazji potężna; i umie być groźna. Jest jak wielka spiżarnia – obdziela i rozdaje – ale nie tobie decydować o tym, z której półki sięgniesz.

Puszcza to Potęga i Moc, Dostarczycielka Wszystkiego, Rodzicielka, Matka, Natura – Pachamama.

* * *

To było Wezwanie. Skądkolwiek pochodziło, musiał pójść za nim.

Oglądał ślad i myślał. Analizował. Był bardzo czujny. I bardzo przestraszony. Ale strach go nie paraliżował – przeciwnie – wyostrzał zmysły i pozwalał dostrzegać rzeczy niewidoczne dla innych.

Ślad był odciśnięty w kawałku zaschniętego błota, które powoli rozpadało się i rozpływało w kałuży. A więc powstał o poranku dnia poprzedniego – wtedy jeszcze błoto było miękkie. Potem stwardniało pod wpływem upału, popękało i zmieniło się w skamieniałe bryły. Ostatniej nocy spadł lekki deszcz, sucha glina ponownie nasiąkła wodą i teraz, bryła po bryle, rozpadała się i rozpływała w kałuży. Ale sam ślad był wciąż wyraźny. Dziwny. Niezwykły... nie-normalny.

Odciśnięta w błocie stopa na pewno nie była stopą człowieka. Ani małpy. Więc czyja? – myślał Indianin. Taka wąska i długa... I tak głęboko wryta. Jakby ktoś dźwigał coś wielkiego i przez to był dużo cięższy niż normalna osoba. Dziwne.

Małpy są lekkie, prawie nie zostawiają tropów, w ogóle rzadko chodzą po ziemi, a ich stopy są małe i dużo węższe. W dodatku w charakterystyczny sposób podwijają palce. Więc to na pewno nie małpa.

Indianie z kolei mają stopy szerokie i krótkie; ich palce są rozczapierzone i największy wyraźnie odstaje w bok. A tu? Dziwne...

To zdecydowanie nie była ludzka stopa.

A jednocześnie... zdecydowanie była.

W takim razie musiała to być stopa Potwora.

* * *

Potwory żyły w indiańskich legendach - w Opowieściach. Czasami mówiono o nich Długonosi, innym razem Wodoocy, Bladolicy... A najczęściej po prostu: Potwory. Właściwie nie - najczęściej nie mówiono o nich wcale. Tak na wszelki wypadek - żeby któregoś nie przywołać.

* * *

Odcisk dziwnej stopy nie był legendą ani snem - Indianin kilkakrotnie upewniał się, że naprawdę widzi to, co widzi. Skoro więc ślad istniał realnie, znaczyło to, że Potwór przybył tu w ciele... Zmaterializował się. A skoro tak...

Indianin sięgnął po swoją dmuchawkę. O polowaniu na duchy nie wiedział nic, ale w kwestii polowań na istoty z ciała był ekspertem najwyższej klasy. Potem wyjął jedną z zatrutych strzałek.

Twarz miał wymalowaną na czarno - jak każdy myśliwy na łowach. Ale poza byciem zwykłym myśliwym przybył tu także jako wojownik. Wyszedł poza granice terytoriów plemiennych i od wczoraj deptał po obcej ziemi. Może wrogiej?

W takiej sytuacji lepiej być przygotowanym. Dlatego zabrał dwa zestawy strzałek - zwykłe: na zwierzęta, i te bardziej zatrute: na ludzi.

Raz jeszcze pochylił się nad dziwnym śladem i powąchał. Przypominał teraz dzikie zwierzę. Wokół ust miał wytatuowane kły - znak swego plemienia - a wokół nosa powbijane specjalne kolce, które miały imitować wąsy jaguara. Na fotografii wyglądałby egzotycznie. Tu, w sercu dżungli, wyglądał przerażająco.

Czarna twarz o świdrujących oczach, włosy wysmarowane rudą gliną, która tłumi zapach człowieka, a cała reszta ciała pokryta *achiote* - czerwonym mazidłem[3], które płoszy moskity. Był prawie

---

[3] Mazidło powstaje po roztarciu nasionek arnoty właściwej (drzewo osiągające 10 m wys.) i wymieszaniu ich z tłuszczem zwierzęcym (np. łojem tapira). Czerwony barwnik nosi różne nazwy miejscowe - *achiote, onoto, uruku...* To z jego powodu pierwsi biali, którzy odkrywali Amerykę, mówili o tubylcach „czerwonoskórzy". [przyp. tłumacza]

nagi. Jedyny strój stanowił cienki sznureczek, którym podwiązywał sobie *pinga*, tak, by sterczało do góry. Dzięki temu mógł biegać, nawet bardzo szybko, bez obawy, że *pinga* mu będzie zawadzać.

Decyzja została podjęta. Zdecydowanym uderzeniem pięści rozbił bryłę błota z odciśniętym śladem. Wybrał niewielki ułomek, wsadził go sobie do ust, przeżuł i połknął.

– Teraz mi nie uciekniesz. Jesteśmy *związani* – szepnął.

I ruszył tropem Potwora.

POTWÓR

Stał o kilka kroków przed Indianinem odwrócony do niego plecami. Robił coś w skupieniu. Ręce trzymał przy twarzy, tak jakby przymierzał się do strzału z dmuchawki. Ale żadnej dmuchawki nie było widać. Indianin zląkł się jeszcze bardziej. Wolał spotkania z dzikimi zwierzętami. Kły i pazury – to rozumiał, a Potwory strzelające z niewidzialnych dmuchawek, to zdecydowanie nie była jego dziedzina.

Starał się przestać myśleć – myśli go przerażały, a przerażenie dekoncentruje, męczy…, w końcu człowiekowi puszczają nerwy i zaczyna uciekać. Albo zamiera w bezruchu i staje się łatwym łupem.

Na polowaniu dużo skuteczniejszy od myślenia jest instynkt. Tropił Potwora, żeby go zabić. Przyszedł tu, żeby go zabić. Podkradł się bezszelestnie, żeby zabić. Stał w odległości jednego skoku, by zabić. Zabić. Zabić. Zabić. Zabić.

Sprawnym ruchem wyciągnął strzałkę, poślinił końcem języka, nie dotykając zatrutego ostrza, wsadził do dmuchawki, złożył się, nabrał powietrza i strzelił. Wszystko to trwało dwie sekundy i odbyło się bez najmniejszego dźwięku. Strzałka utkwiła w karku Potwora.

W tym momencie Potwór odwrócił się.

Jego twarz była nieludzko blada. Makabryczna.

* * *

Biały człowiek próbował sfotografować kolibra w locie, gdy nagle coś go puknęło w kark. Odwrócił się zaskoczony… i zmartwiał z przerażenia. Jego ciałem wstrząsnął gwałtowny dreszcz. Skurcz strachu. Popłoch. Momentalnie zrobiło mu się gorąco, a w żyły buchnęła adrenalina. Chciał wymiotować.

Przed nim, o kilka kroków stał Dziki. Wyglądał jak potwór w ludzkiej skórze. Nagie ciało, całe czerwone, jakby umazane krwią, a do tego czarna twarz, z tatuażem wokół ust i jakimiś kolcami powbijanymi koło nosa. I te przerażające czarne oczy wytrzeszczone wściekle. Indiański wojownik z dmuchawką wymierzoną w jego szyję, cały aż dygotał z chęci mordu.

W tym momencie biały człowiek poczuł, jak uginają się pod nim kolana. Nogi zrobiły się drętwe. W głowie huczało. Przed oczami czarne płaty. Tracił czucie, tracił równowagę, tracił wzrok... Zaraz upadnie...

* * *

Potwór zachwiał się, ale nie upadł. Mimo że strzałka tkwiła przecież w jego karku. Nie upadł! Odwrócił się, a teraz patrzył Indianinowi w twarz. Rzeczywiście miał długi nos. I oczy jakby puste, jakby tam było niebo, a nie ciemność z wnętrza głowy. I ta jego skóra – taka biała, trupia... Kolor z zaświatów.

Pod Indianinem ugięły się nogi. Z przerażenia dygotał cały. Przecież to takie głupie, strzelać do Potwora zatrutą strzałką. Potwory nie umierają, nie zabijesz kogoś, kto pochodzi z Krainy Śmierci. Czemu o tym nie pomyślał wcześniej? I dlaczego takie myśli przychodzą człowiekowi do głowy dopiero wtedy, gdy jest już za późno?!!!

Indianin poddał się – upadł na twarz i czekał na śmierć.

* * *

Biały człowiek upadł na ziemię i stracił zmysły.

* * *

Indianin leżał nieruchomo i bał się jak nigdy dotąd.

Czekał.

...

...

I czekał.........

...

...

Czekał...

...już trochę za długo.

Twarz ukrył w błocie, ręce rozłożył szeroko na boki i prawie nie oddychał.

Potwór stał nad nim. A może klęczał? Indianin czuł jego zapach – trochę ludzki, ale dużo bardziej obcy niż ludzki – zapach, jakiego nie ma nigdzie w puszczy. Słyszał też jego oddech. Bardzo płytki i nierówny. Ludzie tak nie oddychają. No, może wtedy, gdy mają umrzeć. Taaak – to był oddech śmierci.

Ale Potwór go nie zabijał. Czekał na coś? Na co???

W końcu Indianin nie wytrzymał napięcia. Niech już będzie śmierć, niech nadejdzie ostatni ból, ale niech się wreszcie skończy strach. Wojownicy nie są przyzwyczajeni do leżenia w błocie i bania się. Coś w nim pękło, pojawiła się desperacja, determinacja, wola śmierci, a na końcu tego szeregu: Odwaga. Wystarczająco wielka, by stanąć twarzą w twarz z Potworem.

Zerwał się na równe nogi i...

Zaskoczony patrzył w pustkę. Potwora nie było. Zapadły ciemności, księżyc wciąż nie wschodził, ale przecież to nie przeszkadzało Indianinowi dobrze widzieć na kilka kroków przed sobą. Potwora nie było! Ale trwał tu jego zapach. I oddech... Wciąż słyszał, jak tamten lekko charczy. Wściekle... hrrh. Wrednie... hrrh. Cichutko.... hrrh. Z dołu!

Potwór leżał u jego stóp.

Leżał! Pokonany!!!

A może tylko udaje śmierć? Tylko po co by to robił?

W jego karku wciąż tkwiła czarna strzałka... Ale to przecież niemożliwe pokonać Potwora.

W takim razie to nie jest Potwór.

* * *

Potwór okazał się być człowiekiem. Człowiekiem z indiańskich Opowieści – Bladolicym, Długonosym...

Był dziwny. Nie-ludzki. Ale jednocześnie całkiem normalny. Indianin sprawdził to bardzo dokładnie. Wprawdzie ciało Bladolicego okrywały jakieś nieznane rodzaje skóry, ale kiedy się wsadziło ręce pod spód, to tam był zwyczajny mężczyzna, ze wszystkim, co mają normalni mężczyźni. Może tylko trochę bardziej włochaty[4] – jego ciało porastało delikatne futro, szczególnie zabawne na rękach i na nogach. Przypominało mocno wyliniałą starą małpę.

Bladolicy żył. Nie powinien, ale żył. Strzałka utkwiła w czymś, co miał zawieszone na szyi. Pasek z... chyba z jakiejś elastycznej kory. Na końcu tego paska wisiało... coś. Indianin bał się tego dotykać. Rzeczy... nie-normalne lepiej zostawić dla szamana.

To przy tym... *czymś* Bladolicy majstrował, kiedy w niego celowałem – pomyślał Indianin. – A strzałka nie przebiła się do wnętrza szyi, tylko lekko drasnęła skórę. Prawie cała trucizna została w pasku... kory. Dlatego Bladolicy żyje.

Ale to była bardzo mocna trucizna. Najlepsza. Nawet takie całkiem powierzchowne draśnięcie wystarczyło, żeby Bladolicego powalić. Teraz leżał na ziemi we własnej ślinie i moczu. Bezbronny. Umierający. Charczący.

– I to jest Wezwanie, na które miałem odpowiedzieć? – zapytał Indianin.

Pachamama mu nie odpowiedziała. Ale on i tak wiedział, co musi zrobić. Zarzucił sobie bezwładne ciało na plecy i ruszył w kierunku wioski.

– Teraz to już sprawa dla szamana – stęknął pod solidnym ciężarem.

---

[4] Indianie czystej krwi są genetycznie wydepilowani. Ci najbardziej dzicy nie mają owłosienia nawet w rejonach łonowych ani pod pachami. [przyp. tłumacza]

ŚMIERĆ

Wezwanie jest ważniejsze niż strach czy śmierć. Zresztą śmierć to część indiańskiego życia. Część bardzo dobrze oswojona. Nikt się jej nie boi. Nikt na nią nie czeka z niepokojem. Nikt nie zwraca uwagi, kiedy nadchodzi.

Śmierć to przejście z jednego normalnego stanu w inny; także normalny. Bo cóż jest nienormalnego w byciu trupem albo duchem?

Nikt z nas nie zapłacze nad bryłką lodu, że już nie jest wodą. Nikt nie będzie płakał po wodzie, która wyparowała. Podobnie Indianie nie płaczą po ludziach, którzy zamieniają się w zimne trupy, ani po duszach, które „wyparowują" w zaświaty. Podchodzą do tego ze spokojem. Po śmierci są pewne czynności, które należy wykonać. I żadną z nich nie jest płacz. Przeciwnie – płacz jest jak najbardziej niewskazany, bo „przytrzymuje" zmarłego na tym świecie. Dopóki płaczesz po kimś, on nie może spokojnie odejść. Dopóki płaczesz, myślisz, kochasz... zmarły tkwi jedną nogą w ziemskim świecie, jak w potrzasku. To bolesne tkwienie – rozdarcie między byłem a jestem.

Dlatego po śmierci Indianina zaplata się wejście do jego szałasu za pomocą łyka z lian, a z przeciwnej strony robi nowe, którego zmarły nie zna. Mężczyźni obsypują szałas popiołem, żeby duch pomyślał, że wszystko spłonęło i nie wracał. Zasiadają nocami wokół jego ogniska, wbijają dookoła palisadę ze strzał i śpiewają pieśni odpędzające ducha.

Przez kilka kolejnych nocy wdowa wstaje, śpiewa głośno i szuka w obejściu śladów męża – wszelkich pozostałości po nim. Zbiera je i rytualnie niszczy. Naczynia, z których jadał, rozbija, a skorupy zagrzebuje w ziemi. Trofea myśliwskie pali, łamie strzały... I wypluwa łzy. Wypluwa tak długo, jak długo chce się jej płakać.

W końcu żal mija, psychiczna pępowina pęka i zmarły zostaje uwolniony do zaświatów – rodzi się do nowego życia w Krainie Zmarłych. To ostateczny koniec ziemskiego żywota. I ostateczny początek żywota wiecznego. Dopiero wtedy można ducha spokojnie zaprosić z powrotem do domu.

Dopiero wtedy, bo najgorsze są wszelkie stany pośrednie i brak zdecydowania, kim się jest. Najgorsze i niebezpieczne. Musisz być albo chłopcem, albo wojownikiem, albo dziewczynką, albo kobietą...

Albo człowiekiem, albo duchem.

I pamiętaj: nie ma nic złego ani strasznego* w byciu duchem. To po prostu inny stan skupienia. Mniej... gęsty od ziemskiego. Dlatego duchy potrafią przechodzić przez ściany, zaglądać do twoich myśli, przenikać sny...

---

* W indiańskim rozumieniu świata duch jest straszny tylko na tyle, na ile straszny bywa człowiek. Indianie boją się duchów w ten sam sposób, w jaki boją się niektórych ludzi. Dla Indianina bowiem duch pozostaje tą samą osobą, którą był za życia. Z tymi samymi wspomnieniami, upodobaniami, przyzwyczajeniami, cechami charakteru... tylko już bez ciała. Jeżeli więc ktoś był nieprzyjemny za życia, pozostanie taki także po śmierci.
Ale przecież większość naszych znajomych to ludzie mili; a po śmierci robią się dużo bardziej wyluzowani i zdecydowanie mniej denerwują drobiazgami o charakterze przyziemnym.
Z powyższych powodów duchy są straszne rzadziej niż ludzie.

CZAROWNIK

Zwłoki zostały rzucone. Dość brutalnie, bo Indianin chciał się jak najszybciej pozbyć ciężaru. I strachu. Bladolicy leżał teraz u stóp szamana – pod panowaniem jego Mocy. Indianin odetchnął z ulgą. Odpowiedział na Wezwanie, spełnił, co było do spełnienia i teraz jest znowu wolny.

* * *

Biały człowiek ocknął się i usłyszał rozmowę prowadzoną gdzieś nad swoją głową.

– Czemu żyje?

– To przez ten dziwny pasek na szyi.

– Charczał?

– Całą drogę.

– Sikał?

– Zaraz na początku. Jak każdy po trutce na ludzi.

– Toczył ślinę?

– Tak. Żółtą, potem zieloną, potem to była krew.

– A widział coś czy oślepł?

– Nie widział.

– No to będzie zdrów.

Biały człowiek nie rozumiał nic z tego, co słyszał. Rozmowa toczyła się w indiańskim narzeczu, którego nie znał. Potem zemdlał.

* * *

Szaman uderzył go w twarz. Mocno! Warknął na ciekawskie dzieci, żeby się odsunęły. Ruchem ręki przywołał wodza – chciał, żeby najważniejsza osoba w wiosce widziała wszystko, co się zdarzy. Tak na wszelki wypadek. Na wypadek gdyby trzeba było wezwać innego szamana. A potem, z wyraźnym strachem, zajrzał białemu człowiekowi w oczy.

Patrzył...

Patrzył...

I patrzył.

W końcu ochłonął, zebrał się w sobie i zapytał:

– Nalało ci się wody w oczy? Jak?!

– Nie, Czarowniku, one takie są. Niebieskie – odpowiedział biały człowiek słabym głosem.

– Przechyl głowę, gringo – szaman najwyraźniej chciał sprawdzić, czy woda w oczach będzie się przelewać na boki.

– Hmm... Hm – mruknął groźnie, kiedy nic się nie przelało.

– One takie są, Czarowniku. To nie woda.

– A co?!

– Zawsze takie były. Nie słyszałeś o Bladolicych, którzy mają oczy w kolorze nieba?

– Słyszałem. Oni nie istnieją... Nie istnieli, gringo.

– Ja istnieję.

– No właśnie. Ty istniejesz.

Szaman wstał, wykręcił się na pięcie i odszedł w swoją stronę. Nie wydał żadnego zakazu ani nakazu – tym samym oddał decyzję w sprawie białego człowieka w ręce wodza.

Wódz też wykręcił się na pięcie i odszedł w swoją stronę. Przedtem jednak przyjaźnie kiwnął głową. Biały człowiek odetchnął z ulgą – na razie jest bezpieczny i może zostać w tej wiosce.

* * *

– Gdzie jestem? – zapytał, zwracając się do tych kilku osób, które pozostały przy nim.

Indianie wyraźnie nie rozumieli, co do nich mówi.

– *Alguien habla español? Fala português?* – rozglądał się nerwowo. – Czy ktoś tu mówi po hiszpańsku albo portugalsku?

Zza swoich pleców usłyszał głos, który znał:

– Tak, gringo, ja mówię po hiszpańsku – to był Indianin, który go tu przyniósł. – I już się od ciebie nie uwolnię, bo w tej wiosce tylko ja znam języki. Ja i szaman, ale on najwyraźniej nie chce z tobą gadać.

Indianin miał nieprzyjemne przeczucie, że jego Wezwanie wcale się nie skończyło z chwilą doniesienia Bladolicego do wioski.

– Gdzie jestem? – biały człowiek powtórzył swoje pierwsze pytanie.

– Na Dzikich Ziemiach, gringo.

– A wy kim jesteście?

– Mówią o nas Carapana.

– Znam plemię Carapana. Byłem...

– Nas nie znasz! – przeciął Indianin. – Tu żyją... inne szczepy.

DZIKIE ZIEMIE

Było to w tropikalnej puszczy na pograniczu Kolumbii i Brazylii. W maleńkiej wiosce, o istnieniu której nie wiedział nikt oprócz jej mieszkańców.

W miejscu, którego nie znajdziecie na żadnej mapie. Ale nie dlatego, że chodzi o bajkę – po prostu nigdy wcześniej nie było tam kartografa. Dzisiaj można oczywiście wyrysować mapę, fotografując Ziemię z satelity, jednak wyłącznie pod warunkiem, że teren, o który chodzi, nie jest zarośnięty dżunglą. A w tym przypadku mamy do czynienia z dżunglą tak gęstą, że nie przebije jej oko najczulszych satelitów szpiegowskich. Dżungla bez cudzysłowu – najprawdziwsza. Jeden z ostatnich kawałków nietkniętych przez cywilizację. Wciąż będący domem dzikich zwierząt i Indian żyjących w stanie pierwotnym.

Cywilizacja oczywiście naciera ze wszystkich stron, grożąc, że już niedługo zasypie te ostatnie nietknięte rubieże stosami tandety *Made in China*. Ale na szczęście do tej pory w wiosce, o której piszę, wylądowały tylko: jedna siekiera, kilkanaście metalowych naczyń, latarka z kompletem baterii (rozlanych), trochę kolorowej odzieży i pojedyncza skarpetka (dziurawa) – czyli wszystko, co pozostawił po sobie pewien Japończyk, który zapuścił się na te tereny w poszukiwaniu nieznanych gatunków orchidei.

Nigdy nie dotarł do wspomnianej wioski, ale był blisko. Zbyt blisko. Niebezpiecznie blisko! Doszedł aż do granicy Dzikich Ziem i kilkakrotnie ją przekroczył. Przekroczył nieznacznie i bezwiednie, ale to i tak zbyt blisko. Niebezpiecznie blisko!

Powiem tak: nieznaczne i bezwiedne wkroczenie na Dzikie Ziemie to tyle, co nieznaczne i bezwiedne wejście na pole minowe – niektórym udaje się wrócić do domu na nogach. A pozostali? No cóż – na kogo padnie, na tego bęc.

JAPOŃCZYK

Całymi dniami łaził po lesie, wspinał się na drzewa i fotografował kolejne okazy do swojego zielnika (właściwie do fotozielnika, bo nigdy niczego nie zrywał i nie suszył – robił tylko zdjęcia). Czasami także coś notował. Oczywiście po japońsku.

Indianie zaglądający mu przez ramię, widząc japoński alfabet, byli przekonani, że rysuje scenki erotyczne z życia mrówek, pająków i innego robactwa – w większości nikomu nieznanego i chyba nietutejszego, bo miało zdecydowanie zbyt wiele odnóży.

Wieczorami Japończyk szedł do szałasu, zawisał w hamaku i upijał się do nieprzytomności butelką aguardiente – taniej kolumbijskiej wódki zaprawionej anyżkiem. Mówił, że mu to *robi dobrze na zęby, he, he*.[5]

Następnego dnia rano wstawał bez kaca, wyspany i pełen werwy. Natychmiast budził swoich przewodników i kazał się prowadzić na poszukiwanie kolejnych orchidei. Właził na drzewa[6], fotografował, rysował, co mrówki robią pająkom, a potem wracał do hamaka, żeby pić.

I tak w kółko.

* * *

Był to człowiek o niespotykanym samozaparciu albo o niezwykle silnym nałogu – jego cztery skrzynki aguardiente przebyły bardzo daleką drogę:

Najpierw z gorzelni w Bogocie do Villavicencio, czyli do ostatniej miejscowości, do której prowadzi bita droga. Dalej, przeładowaną awionetką, z Villavicencio na pas startowy Mitú, czyli w sam środek kolumbijskiej Amazonii. Następnie rzeką Vaupés do pierwszej skalnej katarakty. I wreszcie tydzień przez puszczę na plecach tragarzy do pierwszej osady plemienia Carapana.

Tragarze byli Metysami i pochodzili z Mitú. Puszczę znali słabo i... *niechętnie*. Gdyby wiedzieli dokładnie, dokąd iść, trwałoby to dużo krócej, ale Indianie bardzo starannie unikają nieproszonych gości. Celowo mylą tropy. Większość ścieżek, które wydeptują w dżungli, prowadzi donikąd. A ich wioski udaje się odszukać tylko wtedy, gdy Indianie tego chcą.

Carapana rzadko wpuszczają obcych do siebie, ale dość często sami wychodzą do świata, oferując mu wędzone ryby i suszone mięso leśnych zwierząt. Świat (czyli Metysi z Mitú) odwdzięcza się

---

[5] Chodzi najprawdopodobniej o dowcip – *guardia* to po hiszpańsku straż, a *diente* znaczy ząb. Jeśli tak, to był to bardzo kiepski dowcip. Albo bardzo japońskie poczucie humoru. [przyp. tłumacza]

[6] Orchidee żyją na drzewach i są epifitami. Wbrew powszechnemu przekonaniu nie są to rośliny pasożytnicze – nie wysysają soków, a jedynie czepiają się kory drzew, które służą im jako podpory i pozwalają utrzymać stabilność. [przyp. tłumacza]

Indianom solą, haczykami na ryby, żelaznymi grotami do strzał, czerwonym perkalem, ale przede wszystkim nieufnością i pogardą dla „dzikusów". W tej sytuacji Indianie coraz rzadziej wpuszczają obcych i coraz bardziej mylą tropy.

* * *

Wioska, do której dotarł Japończyk – pierwsza za kataraktą – należała do jednego ze Szczepów Zewnętrznych – tak określa się tę część plemienia, która mieszka na obrzeżach terytoriów Carapana i miewa kontakty z obcymi.

Dalej – poza pasem puszczy kontrolowanym przez Szczepy Zewnętrzne – rozciągają się Dzikie Ziemie – niezbadana głusza, pełna drapieżników, orchidei i... Tajemniczych Niebezpieczeństw. Ludzie niechętnie tam chodzą. A właściwie nie chodzą tam w ogóle. Chyba że są Indianami ze Szczepów Wewnętrznych i tam po prostu mieszkają na stałe.

* * *

Po dotarciu do wioski Carapana tragarze stanowczo odmówili współpracy. Wykręcili się na piętach i pognali w drogę powrotną. Japończyk pozostał sam na sam z Indianami. Dookoła niego leżały porzucone toboły i cztery skrzynki aguardiente.

Jedną z nich musiał poświęcić na negocjacje z miejscową starszyzną. Ale opłaciło się, bo w końcu przydzielono mu chatę z hamakiem, kobietę do gotowania oraz dwóch *pamiętających-wiele--polowań* jako przewodników.

To oni codziennie rano zabierali go do puszczy, by mógł fotografować swoje ukochane orchidee. W czasie tych wypraw wkraczali niekiedy na Dzikie Ziemie, ale nigdy nikogo nie spotkali. Wiadomo jednak, że byli obserwowani – za każdym razem pozostawiali na leśnej ścieżce jakiś podarunek, a kiedy następnego dnia przychodzili w to samo miejsce, znajdowali tam tylko wyjedzone od środka łupiny pupuñi.[7]

Te podarunki to okup składany Szczepom Wewnętrznym za naruszenie ich terytorium. Gdyby pewnego dnia nie został przyjęty,

---

[7] Owoc ciernistej palmy *Bactris gasipaes*. Jadalny po ugotowaniu, mączysty w smaku. Ma pomarańczowożółte łupiny – widoczne z daleka. [przyp. tłumacza]

trzeba by brać nogi za pas. W przeciwnym razie człowiek narażał się na spotkanie Tajemniczych Niebezpieczeństw.

Szczepy Zewnętrzne i Wewnętrzne żyją w zgodzie. Ale nie w zażyłości. Niekiedy wymieniają się towarami lub kobietami, jednak do bliższych kontaktów dochodzi rzadko. I zawsze z inicjatywy Wewnętrznych. To oni wychodzą do swoich pobratymców – nie na odwrót.

Wprowadzanie Japończyka na Dzikie Ziemie było więc ryzykowne. Gdyby chodziło o Indianina i o zwyczajne polowanie, podarunki nie byłyby potrzebne, ale gringo, czyli obcy, a może nawet wróg, to była zupełnie inna sprawa. Nikt nie wiedział, jak Wewnętrzni zareagują na taką nowość.

Na szczęście nic złego się nie stało. Nie wybuchła wojna plemienna, Japończyka nie zastrzelono z dmuchawki ani nie zaginął w niewyjaśnionych okolicznościach. Tylko niewielka kupka przedmiotów z zewnątrz trafiła w głąb dżungli. Najbardziej brzemienna w skutki była siekiera. A na drugim miejscu – skarpetka bez pary (dziurawa).

POWRÓT

Po wypiciu ostatniej butelki aguardiente Japończyk podziękował za gościnę i poprosił, by go odprowadzić do Mitú. Odwdzięczył się Indianom, pozostawiając im wszystko, co nie było mu absolutnie niezbędne do odejścia.

Wracał do cywilizacji ubrany wyłącznie w gumowe klapki (tzw. japonki) oraz parę spodenek gimnastycznych, a cały jego bagaż stanowiła niewielka torba na zakupy zawierająca aparat cyfrowy pełen zdjęć oraz rękopis kamasutry dla owadów. Ponadto w specjalnym woreczku zawieszonym na szyi miał paszport, bilet lotniczy i kilka banknotów produkcji USA.

* * *

Miesiąc później, około południa, stanął po raz kolejny na skraju pasa startowego w Mitú – robił to codziennie od wielu dni w nadziei, że się wreszcie doczeka na jakiś samolot. O pasażerskim nie mogło być mowy, ale do Mitú przylatywały transportowce, najczęściej wojskowe. No i doczekał się.

Tego dnia przyleciała rzadkość – jeden z bardzo niewielu samolotów cywilnych. Był wyładowany ponad wszelką miarę – cud, że się w ogóle wzbił w powietrze i drugi cud, że przy lądowaniu nie wrył się pod ziemię.

Na pokładzie oprócz ładunku było także kilku pasażerów. Wszyscy mieli zielone twarze i opuszczali wnętrze ładowni z wyraźną ulgą. Niektórzy w wielkim pośpiechu - przepychali się, byle szybciej na świeże powietrze. Stali potem czas dłuższy z opuszczonymi głowami i patrzyli na posiłki rozrzucone u swoich stóp.

- Mówiłem wam, że strasznie trząsa i trza łykać aviomarin - krzyknął za nimi facet w czapce pilota.

Mimo tej uwagi na miejsca zwolnione przez pozieleniałych ochoczo wskakiwali inni, pragnący odlecieć w stronę cywilizacji. Jednym z nich był nasz Japończyk. Ubrany wyłącznie w gumowe klapki i spodenki gimnastyczne wyglądał głupio.

W drzwiach samolotu zderzył się z pewnym białym człowiekiem, który zmierzał właśnie w przeciwną stronę - na ziemie Szczepów Wewnętrznych.

DZICY CARAPANA

O Wewnętrznych wiadomo niewiele. Nie przyciągali uwagi wiata, bo nigdy nie byli łowcami głów ani nie zasłynęli żadnym spektakularnym aktem okrucieństwa. Przeciwnie – dopóki mogli, unikali konfrontacji, migrując coraz głębiej w dżunglę. Ale mimo że Szczepy Wewnętrzne zdecydowanie wolą uciekać niż gonić, ich ziemie uważa się powszechnie za... *nieprzyjemne*.

Słowo to jest w Mitú wypowiadane z zimnym naciskiem i lekko przyciszonym głosem. Zawiera mieszaninę przestrogi i groźby. Tak, akby chodziło o wyrażenie tego, co czuje człowiek, który musi nocą przejść w pobliżu cmentarza (większość na wszelki wypadek wybiera drogę okrężną). Tak właśnie wszyscy traktują ziemie wewnętrzne Carapana – Dzikie Ziemie. Do dnia dzisiejszego nie zapuszcza się tam nikt... rozsądny.

Na Dzikich Ziemiach nigdy nie poszukiwano złota; nie prowadzono wyrębu szlachetnych gatunków drzew; nie polowano. Ludzie z zewnątrz bali się zarówno mieszkańców tych ziem (o których mówili po prostu „Dzicy"), jak i Tajemniczych Niebezpieczeństw (o których nie mówili nic, tylko szybko zmieniali temat).

* * *

Kim są Dzicy?

To po prostu Indianie żyjący bez kontaktu z cywilizacją. Tacy, którzy po dżungli chodzą boso, zamiast majtek wkładają przepaskę biodrową, a jedzenie zdobywają za pomocą dmuchawki. Tacy, którzy wsadzają sobie piórka w nos, a idąc na uroczystość rodzinną, smarują włosy kolorowym błotem.

„Dzicy", jako przeciwieństwo oswojonych i ucywilizowanych. Nie ma w tym słowie pogardy – jest respekt. Pisane wielką literą stanowi określenie pewnego typu kultury pierwotnej i weszło nawet do języka naukowego.

Wszyscy oni – Dzicy z plemienia Carapana – słyszeli już wprawdzie o świecie zewnętrznym, a nawet o białych ludziach, ale tylko najstarsi tych białych widzieli na własne oczy. Było to w trakcie wypraw kauczukowych do Manaus, czyli tak dawno temu, że uchodzi za legendę. Od czasu, kiedy wypraw zaprzestano, minęło wiele lat, umarło wielu Najstarszych, a w ich miejsce narodziło się wiele dzieci. Wiele z tych dzieci wyrosło i miało własne dzieci, a nierzadko wnuki.

Większość współcześnie żyjących Dzikich znała już tylko własny, zielony świat Carapana – kilometry dziewiczej puszczy dookoła. A Opowieści o białych traktowała podobnie, jak my traktujemy opowieści o Indianach – ot, fikcja literacka, ciekawa, owszem, ale tak samo realna, jak rodzinna wycieczka na Księżyc.

* * *

Pewnego dnia ta fikcja stała się faktem – w maleńkiej indiańskiej wiosce, o istnieniu której nie wiedział nikt oprócz jej mieszkańców, w miejscu, którego nie znajdziecie na żadnej mapie, pojawił się pierwszy biały człowiek. Oczywiście natychmiast wzbudził sensację.

I niepokój...

SUSZA

Od tamtych zdarzeń minęło wiele dni, tygodni...
Biały człowiek siedział w progu szałasu i polerował strzałki do dmuchawki.

Oglądał każdą pod światło i sprawdzał, czy jest wystarczająco gładka. Drewniana szpilka długości około 30 centymetrów musi bez trudu pokonać lepkie od wilgoci powietrze, przebić kilka skórzastych liści i w końcu utkwić w ciele zwierzęcia. Najchętniej młodej małpy, bo te są najsmaczniejsze.

– Małpy już dawno nie było – powiedział smętnie, oglądając kolejną strzałkę. – Wciąż tylko ryby i ryby. Ostatnio zeszliśmy na psy i jemy cokolwiek uda się złowić. Nawet piranie[8].

Biały człowiek był głodny i wycieńczony. Myśliwi Carapana od bardzo wielu dni wracali z pustymi rękami – cała okoliczna zwierzyna odeszła wygnana niespotykaną suszą. Przeniosła się daleko w górę rzeki – tam, gdzie wody było wciąż pod dostatkiem. Indianie pozostali na miejscu, w nadziei na rychły deszcz, który jednak wciąż nie przychodził...

...nie przychodził...

... i ...

...nie przychodził.

W tym roku jakoś tak wyjątkowo długo.

* * *

Nikt z żyjących tu ludzi nie pamiętał, żeby kiedykolwiek zabrakło wody. Nie w *ich* rzece. Wysychały inne, mniejsze, ale nie ta.

W porze suchej zawsze mocno opadała; potem, kiedy przychodziły ulewy, odzyskiwała wcześniejszy wigor. Nikt na to nie zwracał uwagi – ot, zwyczajna kolej rzeczy: Kiedy woda opada – łatwiej łapać ryby. Kiedy wzbiera – łatwiej dopłynąć na odleglejsze łowiska. Rzeką nikt się nie przejmował, dopóki była. Jej obecność zauważono dopiero, gdy zniknęła.

---

[8] Piranie są niesmaczne. Ponadto u Indian uchodzą za niezdrowe. Wiele plemion uważa nawet, że jedzenie tych ryb sprowadza nieszczęście, a co najmniej zanieczyszcza organizm.

Można się z tego śmiać, można pogardliwie prychać na „zabobony dzikusów", można też uznać, że Indianie wiedzą, co mówią – w końcu to oni, a nie my, od tysięcy lat mieszkają w dżungli.

* * *

Zaniepokojeni Indianie co noc odprawiali wielogodzinne rytuały. Przyzywali chmury i wiatr. Wołali burze i ulewy. Śpiewali. Tańczyli. Palili magiczne kadzidła...

Biały człowiek też modlił się o deszcz; do swojego Boga. Śpiewał. Medytował. Szeptał coś pod nosem w swoim tajemniczym języku; świszczącym i szeleszczącym jak... susza. Był zaniepokojony jeszcze bardziej niż Indianie – ich niepokój rozkładał się przecież na ponad sześćdziesięciu mieszkańców wioski, a on niepokoił się tym wszystkim w pojedynkę.

Dla większego bezpieczeństwa zamieszkał poza obrębem wioski – w Szałasie Rodzących, który chwilowo stał pusty. Starał się nie rzucać w oczy. Całymi dniami przesiadywał w progu, usadowiony tak, by widzieć ścieżkę, którą w każdej chwili mogła nadejść grupa wojowników pod przewodem szamana. Siedział, wyglądał deszczu i, dla niepoznaki, polerował strzałki do dmuchawki.

Jego stosunki z szamanem nie były najlepsze. A w tej chwili szaman miał tu najwięcej do powiedzenia. (Tak jak zapalnik ma najwięcej do powiedzenia, gdy siedzi wetknięty między kilkadziesiąt lasek dynamitu.) Jedno jego słowo, jedno oskarżycielskie hasło rzucone w tłum wojowników, byłoby nieodwołalnym wyrokiem śmierci.

Całe szczęście, że szaman się go trochę bał...

* * *

Indianie byli przerażeni rozmiarami suszy i coraz bardziej nerwowo szukali jej przyczyny. Biały człowiek intensywnie myślał, jak by im w prostych słowach objaśnić fenomen *El Niño*, efekt cieplarniany, dezodoranty, freon i co to takiego „skala przemysłowa". W dodatku jak to zrobić, zanim któryś z tubylców wpadnie na pomysł, że być może brak deszczu ma jakiś związek z obecnością w ich wiosce białego intruza...

W myśleniu przeszkadzała mu niepokojąca świadomość, że każdy mężczyzna Carapana ma pod ręką osobisty zestaw złożony z dmuchawki i strzałek; że większość mężczyzn Carapana bardzo celnie strzela (nawet do obiektów ruchomych, które starają się uciekać zygzakiem); a ponadto, że wszyscy Carapana są ostatnio mocno zdenerwowani. Te ich strzałki nie musiały być polerowane ani specjalnie ostre – wystarczyło, że większość została zatruta kurarą[9].

W tej sytuacji twórcze myślenie było baaardzo trudne – gringo czuł się jak ktoś, komu przystawiono do skroni rewolwer i kazano na „raz, dwa, trzy" wyciągnąć pierwiastek z liczby 27.

* * *

Ponieważ indiańskie modły nie skutkowały, starszyzna zaczęła radzić nad przeniesieniem plemienia w inną okolicę.

Takie przenosiny to nic dziwnego – co 7–10 lat Indianie palą swoje domostwa oraz większość dobytku i odchodzą na nowe miejsce. To jedyny sposób, aby się pozbyć chmar pasożytów, które przyciąga zapach człowieka. Kiedy strzechy, ściany i klepiska szałasów pełne są dokuczliwych insektów, ubrania i hamaki pełne pleśni, a las dookoła pustoszeje w wyniku długotrwałych polowań, wówczas wioskę wypala się do gruntu i porzuca. Jej mieszkańcy – nago – przechodzą przez rzekę, spłukując z siebie dokładnie wszelkie ślady starego siedliska. Następnie maszerują przez kilka dni do miejsca, gdzie powstanie nowa wioska.

To starodawny rytuał oczyszczenia; podobny w swej wymowie do naszego chrztu. (Spłukujemy z siebie sadze grzechu i przez wodę wchodzimy do nowego życia.) Rytuał powtarzany od pokoleń. Dlatego nie powinno być trudności z podjęciem decyzji o kolejnych przenosinach. Tym razem jednak starszyzna miała bardzo poważny problem – ta wioska była nowa!

Założono ją zaledwie pół roku wcześniej. Strzechy z palmowych liści jeszcze nie poczerniały, poletka manioku nie wydały pierwszego plonu, pod żadnym dachem nie zdążyły się zagnieździć jaszczurki, ba, nie wszystkie dachy ukończono.

A i samo miejsce wybrano przecież nadzwyczaj starannie – zwiadowcy zapuszczali się tu od dwóch sezonów, oceniając liczbę zwierzyny, czystość wody i zasobność w ryby. Ponadto najstarsi Indianie mieszkali tu już kiedyś – *wiele-wiosek-temu*

---

[9] Kurara to wyciąg z kory południowoamerykańskich lian z rodzaju kulczyba. Wywołuje paraliż mięśni; najpierw ruchowych, a jak to nie wystarczy, także mięśnia sercowego. Ale jak dotąd zawsze wystarcza. No, chyba że ktoś ma na szyi pasek od aparatu fotograficznego. [przyp. tłumacza]

– i do dziś wspominali te czasy, jako *Epokę Pełnych Brzuchów*[10]. Wszyscy – i starzy (*pamiętający-wiele-wiosek*), i młodzi (*pamiętający-wiele-polowań*) – byli zgodni: to dobra okolica. W dodatku zawsze taka była. To miejsce gwarantowało obfitość pożywienia na wiele lat.

Tymczasem, wkrótce po ich przybyciu....rzeka... przestała.. płynąć.

RIO.......

 Río, czyli rzeka.

Rzeka bez nazwy.

A teraz także bez wody. Właściwie bez nurtu, bo woda stała jeszcze tu i ówdzie w płytkich sadzawkach. Niestety większość z nich dość szybko zmieniała kwalifikację z sadzawek na bajora - intensywne parowanie powodowało, że coraz więcej ryb przestawało tam pływać, a zaczynało się unosić. Brzuchami w stronę nieba. W ślad za tym pojawiał się charakterystyczny zapach i wtedy kolejną sadzawkę trzeba było skreślać z listy dostępnych źródeł pożywienia i wody zdatnej do picia.

Rzeka bez nazwy, bez wody, bez życia...

* * *

Nic dziwnego, że biały człowiek od miesięcy nie miał kontaktu ze światem zewnętrznym. Jedyną drogą powrotu w stronę cywilizacji była rzeka. Jedyną drogą, którą ktoś mógłby mu przybyć na pomoc, też była rzeka. Jednak najpierw ten ktoś musiałby się dowiedzieć o istnieniu tej rzeki i wioski w miejscu, którego nie ma na żadnej mapie.

Przez chwilę rozważał w myślach, czy na następną wyprawę nie byłoby sensownie zabrać gołębia pocztowego. Po tym, jak padło Irydium – światowa sieć telefonów satelitarnych – gołębie wydawały

---

[10] Musiało to być pod koniec ostatniego boomu kauczukowego, czyli na przełomie lat czterdziestych i pięćdziesiątych XX w. Wtedy, gdy jeszcze skupowano od Indian kauczuk. Spławiali go pirogami aż do Manaus, a tam wymieniali na maczety, strzelby i naboje. Polowali potem dużo skuteczniej niż za pomocą tradycyjnych łuków i dmuchawek – stąd *Epoka Pełnych Brzuchów*.
Jedną z takich strzelb znalazłem w opisywanej wiosce. (Zardzewiały szmelc, groźny w równym stopniu dla tych, co stoją przed, jak i za lufą.) Była zrobiona w Brazylii; wybito na niej datę produkcji 1946. Marki nie pamiętam, ale „Nakogopadnienategobęc" pasowałoby, jak ulał.

się jedynym w miarę realnym sposobem nadania depeszy z serca dżungli. Drugim było fatygować się osobiście.

W sprzyjających warunkach na najbliższą pocztę musiałby płynąć czółnem około tygodnia. Ale sprzyjające warunki skończyły się już miesiąc temu. Teraz rzeczka opadła tak bardzo, że stanowiła ciąg podłużnych sadzawek poprzedzielanych łachami wilgotnego piachu.

– Czółno trzeba by taszczyć przez te łachy na plecach – mruknął pod nosem – aż do następnej rzeki. Kawał drogi...

Niestety, ta następna rzeka także opadła (o czym biały człowiek nie wiedział). Stanowiła obecnie mroczny rów pełen gęstego błota i zdechłych ryb. Cuchnący i absolutnie niespławny.

Jeszcze tydzień takiej suszy i nawet to błoto zniknie. A błoto bywa przydatne. Jest wprawdzie grząskie – przez co trudno się po nim chodzi – ale pozwala zdjąć czółno z pleców i zacząć je wlec po śliskim podłożu. Wlec jakieś... pięć, może sześć dni do Río Vaupés – pierwszej rzeki, którą zaznaczają na mapach. Dopiero tam można by je zepchnąć na wodę, wskoczyć do środka i powiosłować z niemrawym nurtem w kierunku cywilizacji.

W tych okolicznościach wyprawa białego człowieka na pocztę[11] i z powrotem musiałaby trwać półtora miesiąca. Dlatego biały człowiek nie zaprzątał sobie głowy słaniem listów. Bardziej praktycznym zajęciem było siedzenie w progu szałasu, polerowanie strzałek do dmuchawki i czekanie na deszcz.

– Ciekawe co przyjdzie pierwsze, deszcz czy wojownicy? – zapytał na głos.

.....ANACONDA

Deszcz spadł nocą.

(Z dwumiesięcznym opóźnieniem, o którym chwilowo nikt nie wspominał.) Lunął bez jakiegokolwiek ostrzeżenia. Na wieczor-

---

[11] Słowo „poczta" jest tu trochę na wyrost. Chodzi bowiem o pewien domek, a dokładniej o zmurszałą szopę stojącą na palach pośród mokradeł i rozlewisk. Jej właściciel miewa sporadyczne kontakty ze światem cywilizowanym i przy tej okazji świadczy usługi pocztowe. Robi to z taką częstotliwością, że większość listów żółknie przed dotarciem do adresata. (Pozostałe żółkną bez docierania do kogokolwiek i w końcu – kiedy są już tak spłowiałe, że na kopercie nie sposób nic odczytać – trafiają w ognisko.)

nym niebie nie było ani jednej chmurki, moskity nie gryzły prawie wcale (może dlatego, że większość wcześniej wyschła na śmierć), powietrze nie pachniało elektrycznością ani wilgocią, a rzeka nie wezbrała na świadectwo, że gdzieś niedaleko już pada. Deszcz nadszedł cichaczem...

... ale za to runął Z HUKIEM! WYŁO, WIAŁO, BŁYSKAŁO, WALIŁO PIORUNAMI I LAŁO, LAŁO, LAŁO, LAŁO...

A potem jeszcze lało, lało, lało i lało...

. ...Przez kilka tygodni... .

...Bez.przerwy.

Takiego deszczu nie pamiętali nawet *pamiętający-wiele-wiosek*. Był proporcjonalny do wcześniejszej suszy – poprzedniego wieczoru żaden Indianin nie pamiętał tak niskiej wody, a następnego dnia rano nikt nie pamiętał wody tak wysokiej.

Już pierwszej nocy zerwało brzegi i rzeka rozlała na boki, przykrywając szeroki pas ziemi po obu stronach. O poletkach manioku, które były ostatnią nadzieją głodującego plemienia, można było teraz definitywnie zapomnieć – czego nie zabrała susza i nie zeżarły robaki, to porwała woda. A nawet jeśli cokolwiek zostało, trzeba by po to nurkować.

Na połów ryb też nie było co liczyć, bo wszystkie czółna porwał silny nurt. Niektóre razem z drzewami, do których były przywiązane. W całej wiosce nie pozostało ani jedno.

Zrobienie nowej łodzi zajmuje Indianom zaledwie kilka dni. Jak się bardzo śpieszą – dwa. Ale pod warunkiem, że mają do dyspozycji siekierę. Niestety, siekiera była wśród tych kilku pojapońskich rzeczy, które leżały akurat rozłożone na brzegu, kiedy ten się obrywał. Siekiera, jak to siekiera – na pewno nie popłynęła daleko. Za to równie na pewno popłynęła głęboko. Wiadomo było, gdzie jest. Nie wiadomo było, jak po nią sięgnąć,

W tej sytuacji nowe czółno trzeba będzie wykonać starą indiańską metodą. A to potrwa nie dwa dni, lecz dziesięć razy dłużej. Oczywiście pod warunkiem, że woda nie porwała także tych kilku zrąbanych pni, które czekały w lesie. Gdyby się okazało, że ich też nie ma, wówczas... hmm...

* * *

– Gringo...? – zaczął Indianin.

– Tak?

– Czy umiesz ściąć drzewo na pirogę?

– Takie grube i wysokie, lekko srebrne, gładkie po wierzchu? Takie, co ma „skórę" zamiast kory?

– Właśnie takie.

– Na przykład tamto? – biały człowiek wskazał ogromny pień wyrastający ponad korony otaczających drzew.

– Noo... może niekoniecznie tamto. Ono takie grube... Któreś mniejsze. Po prostu potrzebna jest niewielka piroga.

– Bierz siekierę i chodź.

– A bez siekiery nie umiesz?

– Bez siekiery, to chyba wy umiecie. Kto tu jest Indianinem?

– Widzisz, gringo, starym sposobem to będzie bardzo długo trwało. Myśleliśmy, że może ty...

– A na czym polega ten „stary sposób"?

– Podkopuje się pień... rękami; aż do wywrócenia. Jak się go wreszcie obali, można zacząć wypalanie. Sypiesz wąski pasek żaru po całej długości pnia, a potem kilku mężczyzn rozdmuchuje go, każdy na swoim kawałku. Powstaje wypalony rowek. Do tego rowka sypiesz więcej żaru i znowu dmuchasz...

– Ile to trwa?

– Więcej dni niż mam palców.

– A ilu do tego potrzeba ludzi?

– Do zrobienia małej pirogi?... Takiej na dwie osoby?... Wystarczy tylu, ile mam palców.

– Pięciu, tak?

– Nie. Pięciu, to ja mam u jednej ręki, a to są dwie pełne ręce roboty.

* * *

Na szczęście istniał plan alternatywny:

Indianie mają zwyczaj przyrządzać *chichę*, czyli sfermentowany napój z manioku. Kobiety najpierw trą bulwy na papkę, potem tę papkę dokładnie przeżuwają, aby ją zmieszać ze swoją śliną, i wreszcie wypluwają[12] do drewnianej dzieży. Ta dzieża to po prostu stare popękane czółno, które ktoś zaszpuntował na tyle, by *chicha* nie wyciekła.

Alternatywny plan polegał na wypiciu zawartości największej dzieży – do dna! – następnie na jej dokładnym połataniu i wyruszeniu w pogoń za łodziami, które porwała rzeka. Była szansa, że utknęły gdzieś niedaleko, w nadbrzeżnych chaszczach.

Niestety było dużo bardziej prawdopodobne, że leżą głęboko na dnie.

---

[12] Enzymy zawarte w ludzkiej ślinie inicjują proces fermentacji. Lekarze twierdzą, że alkohol, który wtedy powstaje, oczyszcza *chichę* z tego wszystkiego, co Indianki miały na zębach i kiedy *chicha* dojrzeje, można ją pić bez obaw. Dużo trudniej ją pić bez obrzydzenia. Chociaż Autor twierdzi trochę dalej, że „*chicha* jest pycha". [przyp. tłumacza]

Indiańskie czółna są bardzo wywrotne, a kiedy napełnią się wodą, prędko toną. To dlatego, że są zrobione ze szlachetnych gatunków drewna. Szlachetnych, czyli twardych i bardzo ciężkich. Pień, z którego ma powstać łódź, prawie nie pływa – unosi się ociężale pod lustrem wody – na wierzch wypływa dopiero, kiedy się z niego wydłubie środek; ale nawet wtedy robi to niechętnie.

Indianom to nie przeszkadza. Przeciwnie: kiedy chcą zaparkować łódź w jakimś miejscu na czas dłuższy, często nalewają do niej wody – to dużo bardziej pewny sposób niż cumowanie do drzew, lian czy korzeni.

W nocy, kiedy przyszedł deszcz, wszystkie czółna stały pod tym wysokim brzegiem, na którym leżała siekiera. Większość osadzono na dnie, wypełniając wodą. Teraz brzeg zniknął, a w jego miejscu pojawiło się bardzo dużo rwącej rzeki.

* * *

Biały człowiek siedział na progu szałasu i patrzył w wodę. Myślał, jak by tu powyciągać zatopione pirogi.

O nurkowaniu nawet nie marzył – rzeka była tak mętna i błotnista, że wyglądała, jakby płynęła dnem do góry. Poruszać można by się jedynie na powierzchni, a i to bardzo ostrożnie. Co jakiś czas zza zakrętu wypadały ogromne konary; były rozpędzone jak tarany.

Wszystko wskazywało więc na to, że przez kolejne miesiące nie będzie słał listów do domu ani nie pojedzie na wycieczkę do cywilizacji – tym razem z powodu nadmiaru wody. I braku łodzi.

Biały człowiek nie zaprzątał sobie tym głowy. Powrót? A po co wracać? Bardziej praktycznym zajęciem było siedzenie w progu szałasu i patrzenie na rzekę.

W dłoniach trzymał sporej objętości skorupę kalebasy[13] wypełnioną żółtym płynem z bąbelkami. *Chicha* pachniała jak marzenie. Przymknął oczy i pociągnął długi łyk. Jednocześnie chłonął kwaskowo-słodki aromat. Gęsty napój mile pieścił zmysły. Był chłodny (choć powietrze dookoła wrzało) i lekko syczał (proces fermentacji trwał w najlepsze).

Chwila błogości...

---

[13] Kalebasa (*Lagenaria vulgaris*), czyli tykwa pospolita – warzywo z rodziny dyniowatych, o jadalnych owocach i zdrewniałej okrywie używanej powszechnie jako naczynie. [przyp. tłumacza]

Potem jeszcze jedna...

Chciałoby się ją przytrzymać jak najdłużej...

Niestety, jego myśli popłynęły zupełnie niezależnie od zachwytów podniebienia – w głowie pojawiło się na moment wspomnienie starej Indianki o spróchniałych zębach, która wypluwa coś do dzieży. To coś miało konsystencję bulgotliwie-glutowatą i śliniasty kolor. W tej sytuacji błogość zaczęła gwałtownie pakować manatki. Szykowała się do wyjścia! Zamierzała nawet trzasnąć drzwiami!!...

Na szczęście, kolejny łyk przytrzymał ją na miejscu. Błogość ponownie rozsiadła się na kubkach smakowych, a biały człowiek westchnął:

– *Chicha* jest pycha.[14]

---

[14] Biały człowiek mówił do siebie, ponieważ w pobliżu nie było nikogo innego, z kim dałoby się porozmawiać. A biali lubią rozmawiać. W przeciwieństwie do Indian, których rozmowa męczy mniej więcej w takim stopniu, jak nas przedłużające się milczenie.

DUCHY

Kult zmarłych istnieje wszędzie. Nawet tam, gdzie oficjalnie odrzucono świat nadprzyrodzony, jako religijną bujdę. W totalitarnych reżimach władze mówiły, że czuwa nad nimi duch Wielkiego Wodza – Stalina, Mao, Kim Ir Sena – czuwa, mimo że ci wodzowie pomarli, a ideologia, którą budowali, była do szpiku materialistyczna.

* * *

Indianie twierdzą, że duchy otaczają nas zewsząd, na podobieństwo mgły. Obcujemy z nimi fizycznie, nie zdając sobie z tego sprawy. To dlatego, że Kraina Zmarłych jest *przyklejona* do naszej rzeczywistości – oba światy przylegają do siebie ciasno i przenikają się nawzajem. Są splecione, jak mężczyzna i kobieta w czasie stosunku. Hmm, hmm! Wśród ciał astralnych panuje tłok, albo może lepiej byłoby powiedzieć „mnogość", bo według Indian duszę mają także zwierzęta i rośliny. Nie są to dusze w pełni rozwinięte ani rozumne. Mają naturę adekwatną do istoty, którą zamieszkują – dusza ludzka będzie „mądrzejsza" od duszy jaguara, dusza jaguara „mądrzejsza" od duszy ryby, a dusza akwariowego gupika „mądrzejsza" od tej żyjącej w pniu kauczukowca*.

* * *

Także w Europie, wierzyliśmy kiedyś, że wszystko, co żyje (drzewa, ptaki...) ma dusze. Było to w czasach celtyckich, kiedy wiedza należała do druidów.

Potem, gdy przyszło chrześcijaństwo, celtycka dusza otrzymała nowe imię – Duch Święty. Druidzi zaczęli mówić, że cała natura, każda jej drobinka, każdy kamyk, wietrzyk czy roślinka, ma w sobie Jego tchnienie. Tchnienie, czyli... odprysk, fragment... coś, jak kilka atomów boskiego oddechu.

Druidzi wierzyli, że w chwili śmierci duch się uwalnia i ulatuje do źródła – jednoczy się z bóstwem i osiąga stan najwyższej szczęśliwości; czyli potocznie: raj.

Hindusi wierzą trochę inaczej: Wprawdzie wszystko, co żyje, ma duszę, ale ta dusza jest zawsze taka sama, a nawet TA SAMA!

---

* Drzewa kauczukowe uchodzą za najbardziej... „inteligentne", zaś maniok to w tej terminologii „jełop". Coś jak dąb i kapusta. Albo inaczej: kiedy na wietrze szumi wierzba, szukamy w jej szumie nut Szopena. A w szumie kartofliska spodziewamy się znaleźć najwyżej trochę stonki ziemniaczanej.

– w drzewie czy w człowieku, nieistotne. Może się wcielać (w dodatku wielokrotnie) w różne istoty – rozumne i bezrozumne. Ta sama dusza potrafi ożywiać rybę, jaguara lub człowieka. Ta sama – jedna, niezmienna i nieśmiertelna.

Reinkarnacja polega na wielokrotnych powrotach duszy na ziemię. Po śmierci swego poprzedniego „nosiciela" dusza wstępuje w kolejną istotę. Celem tej wędrówki jest „wspinaczka" po drabinie ewolucji. Kolejne wcielenia powinny być coraz „wyższe", „lepsze". Jeśli w poprzednim życiu dusza ożywiała drzewo, to teraz ma szansę wejść w żabę, a potem w tygrysa bengalskiego, następnie w człowieka. A ten człowiek powinien starać się dorównać bogom w doskonałości. Jeżeli tak się stanie, dusza osiąga najwyższy poziom – nirwanę – stan wiecznej słodyczy, jedności z bóstwem; czyli potocznie: raj. I od tego momentu już na ziemię nie wraca.

A czy obok raju istnieje jakieś hinduskie piekło?

Hmm, z tym jest trudniej. A może łatwiej... bo jeżeli ktoś żył źle, po śmierci nie trafia do piekła – tak jak np. chrześcijanie – ale ma kolejną szansę się poprawić. Wraca na ziemię pod postacią istoty niższej niż ta, którą był poprzednio. Jeśli w zeszłym wcieleniu był bogaczem i traktował ludzi jak psy, po reinkarnacji pojawi się jako biedny, bezpański pies, którego prześladują nawet żebracy. Jeśli był obleśnym obżartuchem, powróci jako świnia na wysypisko odpadków*. Po prostu spadnie o kilka szczebli na drabinie duchowej ewolucji. Zostanie zdegradowany, ale nadal zachowa szansę zbawienia, raju, czyli, jak to się mówi w Indiach „nirwany".

* * *

Plemiona w Amazonii wierzą, że duszę mają nie tylko ludzie, zwierzęta i rośliny, ale także niektóre miejsca i przedmioty.

Czy to całkiem niedorzeczne? Wszak wielu z nas, ludzi cywilizowanych, przechowuje maskotki z dzieciństwa; stare pluszowe misie, które sadzamy na honorowym miejscu i nie traktujemy jak martwy przedmiot. Nie jest żywy, ale... nieżywy także nie. Więc jaki? „Naelektryzowany" życiem???

---

* Stary Testament też to zna – czym grzeszysz, tym będziesz karany. Zasada odpłaty: za pychę – poniżenie, za zdrożną rozkosz – smutek i cierpienie, za obżarstwo – głód, za lenistwo – trud, a za gniew – prześladowanie.

Indianie zdecydowanie nie są wyjątkami, wierząc, że przedmiot może mieć duszę. Tym bardziej, że im chodzi raczej o... ślad, o odcisk naszej własnej duszy, którąśmy w ten przedmiot „wtarli" (używając go często, przyzwyczajając się do niego itp.).

W tym miejscu przypomina mi się ulubiona siekiera mojego dziadka – tak dalece ulubiona, że inną nie potrafił pracować. Kawałek żelaza stał się *partnerką, przyjaciółką*, bo *tyleśmy razem przeżyli* i *takeśmy się zżyli ze sobą*. To w ten sposób przedmioty „ożywają" – nasze przywiązanie do nich rodzi personifikacje. Skoro zaś „ożyły", muszą mieć duszę, przynajmniej szczątkową.

* * *

A gdybym Państwu powiedział, że Indianie wierzą w istnienie duszy tropikalnego lasu? To dość oczywiste, prawda? Puszcza żyje – oddycha, karmi, potrafi zaatakować, a nawet zabić, rozmnaża się... żyje! A skoro coś żyje, ma duszę.

Indianie twierdzą, że ma ją też każda ich wioska – zbiorowisko szałasów, ognisk domowych, miejsce, gdzie się pierze, myje, gdzie gniją odpadki, gdzie się tańczy, modli, pracuje, gdzie umierają starcy, krzyczą dzieci... Wioska tętni życiem odmiennym od otoczenia – własnym, swoistym, indywidualnym. Musi więc mieć duszę odrębną od lasu rosnącego dookoła.

Indianie wierzą, że gdyby ich wioska straciła duszę, trzeba by się przenieść gdzie indziej, bo *nie da się żyć na martwej ziemi*.

Posłuchajcie...

W innym miejscu i czasie, nad inną rzeką niż Anaconda, zaczęło się Indianom źle wieść. *Uprawy więdły, owoce kwaśniały, orzechy toczył grzyb. Las przestał karmić, deszcz przestał padać, nadeszła susza pełna much. Zdrowi pochudli, chorzy pomarli, a w mętnej wodzie zbrakło ryb.*

– Ta wioska nie ma życia – obwieścił szaman. – Ziemia jest zimna i pragnie duszy. Przestała rodzić, zaczęła ssać. Usechł ostatni maniok, schną drzewa... Ale to wszystko mało, by ją zaspokoić. Kiedy wyssie życie z roślin, zacznie je wysysać z nas. Trzeba zaradzić. Albo uciekać.

Następnego dnia szaman wyruszył w drogę powrotną do starej wioski. Normalnie się tego nie robi – nie wolno wracać do czasu, aż teren kompletnie zarośnie lasem. Jednak sytuacja była wyjątkowa.

Szaman przeszedł przez rzekę. Mnie kazał zostać.

Po drugiej stronie widziałem polanę wypaloną do gołej ziemi. W kilku miejscach sterczały zgliszcza szałasów. Patrzyłem, jak szaman szuka czegoś pośród pogorzeliska. Wkrótce wrócił, niosąc małe zawiniątko.

– Co tam masz, Czarowniku?

– Trochę popiołu, nic więcej. Ale to pomoże. Może! – uśmiechnął się blado.

Po powrocie do nowej wioski – tej bez duszy – szaman zebrał wszystkich na klepisku przed szałasem wodza. Potem kazał wykopać niewielki dołek, do którego wrzucił zawiniątko z popiołem i natychmiast przysypał je ziemią. Udeptał mocno. Opluł. Następnie przywleczono na to miejsce świeżo rwane gałęzie i rozpalono ogień. Mokre liście, jak wiadomo, dają więcej dymu niż ognia.

– Z tego dymu będzie deszcz – powiedział szaman. – Orzeźwienie i nasycenie.

I rzeczywiście, jeszcze tej samej nocy przyszła tropikalna ulewa – pierwsza od dawna – rzeka natychmiast wypełniła się rwącym nurtem i rybami, maniok podniósł oklapłe liście, a w ociekającym życiodajną wodą lesie zaćwierkały ptaki i zaczęły rechotać żaby.

– Nasza wioska odzyskała duszę – powiedział szaman. – Widocznie, odchodząc ze starego miejsca, nie zabraliśmy jej ze sobą. Teraz już jest – w naszej ziemi znowu bije serce.

* * *

Czy to takie dziwne – dusza indiańskiej wioski?

O Krakowie, Nowym Jorku, Paryżu, też się mówi: *to miasto ma duszę*. O Częstochowie mówi się: tu bije serce Rzeczypospolitej. Czy to tylko przenośnie? Magia miejsca?...

A może istnieje „magia" wspólnoty? Przecież grupa ludzi to coś więcej niż suma jednostek. (Nawet dużo więcej – szczególnie gdy mamy do czynienia z grupą ludzi zorganizowanych w komando.) Wataha wilków, to więcej niż tyle samo wilków ustawionych obok siebie. Tabun koni, to więcej niż przypadkowe zegnanie stada. A już szczególnie rój! Rój nie ma NIC wspólnego z pojedynczymi pszczołami.

Skąd się bierze to... superego zbiorowości?

Aaaa, to już jest Wielka Tajemnica Bytu.[*]

---

[*] Tak samo nie wiadomo skąd w komputerze pojawia się dodatkowa porcyjka pamięci, kiedy wstawić mu dwie mniejsze kości zamiast jednej o podwójnej mocy.

KONIEC

I oto koniec Początku.

Ale, jak każdy dobry początek, także i ten rodzi całą masę pytań: Kim jest ów biały człowiek? Skąd przybywa? Dokąd ostatecznie dotrze? I co go spotka po drodze?

O tym właśnie będzie ta Opowieść.

O Indianach z ginącego plemienia Carapana.

O starym szamanie i jego czarach.

A także o pewnym białym człowieku, który zamieszkał na Dzikich Ziemiach. Choć w tej chwili półnagi i z ciałem wymalowanym na czerwono, jest on w gruncie rzeczy taki sam jak Wy – też kiedyś czytał książki podróżnicze i marzył o dalekich lądach.

Będzie to Opowieść o dżungli, Indianach i w pewnym sensie o każdym z Was. A co najmniej o tym, kim możecie się stać. Ów biały człowiek nie od razu trafił do Amazonii i nie od razu spotkał Indian. Ale w końcu spotkał! Różnica między nim a Wami jest niewielka. Nie polega na wykształceniu, pochodzeniu czy na zasobności portfela. Jedyną różnicą między ludźmi, którzy realizują swoje marzenia, a całą resztą świata jest to, że ci pierwsi pewnego dnia podnieśli wzrok znad książki, wstali z fotela i ruszyli na spotkanie swoich marzeń. Ruszajcie i Wy!

No... może nie natychmiast – najpierw doczytajcie tę Opowieść do końca.

* * *

Warto jeszcze wspomnieć, że jest to historia prawdziwa, choć nie wszędzie dosłowna. Pominąłem kilka istotnych drobiazgów, żeby ich opisem nie zawstydzać (przede wszystkim siebie). Zmieniłem kilka nazw geograficznych – żeby nie wywołać turystycznego najazdu na miejsca, które powinny pozostać dzikie. I połączyłem niektóre wydarzenia oddalone w czasie – by uzyskać większą zwartość Opowieści. Ale poza tym jest to historia prawdziwa. Choć przyznaję – miejscami trudna do uwierzenia nawet dla mnie.

* * *

A jak się to wszystko skończy? Dobrze?

Wiele zależy od przypadku. A przypadki w dżungli występują w dwóch typach – są albo szczęśliwe, albo śmiertelne.

Powiem to tak:

Gringo wśród dzikich plemion jest jak saper rozbrajający minę – najczęściej udaje mu się wrócić do domu o własnych siłach. Bywa, że trochę przy tym kuśtyka albo że nie ma czym podłubać w nosie, ale na ogół wraca. Oczywiście (i warto o tym pamiętać!) zawsze istnieje taka opcja, że za którymś razem...

No cóż – na kogo padnie, na tego bęc.

Posłuchajcie...

CHICHA

Musujący napój alkoholowy, wytwarzany z manioku lub owoców palmowych *(pupuña)*, niekiedy także z kukurydzy, a nawet z ryżu.
Maniok lub pupuñę trzeba ugotować, potem rozbić na miazgę, a następnie dolać wody i odstawić na kilka dni, by chicha dojrzała. W trakcie rozbijania manioku kobiety nabierają masę w usta i zaczynają żuć. Po chwili wypluwają oślinioną breję do dzieży. Ślina powoduje, że chicha zaczyna fermentować.

Dojrzałą chichę cedzi się i w glinianych stągwiach zanosi na fiestę.
Napój podają wyłącznie kobiety
i nigdy nie tracą kontaktu ze swoją
miseczką – gdy pijesz, dotykają jej
koniuszkiem palca.

Część 1

KSIĘGA SŁOŃCA

Los Llanos... Ani to step, ani sawanna... Rozległe, płaskie ziemie położone na wschód od Andów. Nieucywilizowane. Oficjalnie północna połowa Llanos należy do Wenezueli, południowa do Kolumbii. W praktyce jedynym władcą, który tu nad czymś panuje, jest dzika przyroda – cała reszta to przejściowi uzurpatorzy.

Los Llanos... Ostoja dzikiej zwierzyny. Królestwo kapibary i kajmana. A także ptaków, żółwi i żab. Ale przede wszystkim jest to raj dla owadów. Tu nigdy nie zapada cisza, kiedy milknie wszystko inne, nadal w tle słychać bezustanne, namolne, monotonne: *bzzz*. Los Llanos... Prawie doskonałe bezludzie. I ponaddoskonałe zachody słońca.

A ponadto:

Żar słoneczny.

Żar rozgrzanej ziemi.

Żar rozżarzonego powietrza.

Żar dnia. Żar nocy. Żar tropików. Nieustanny. Nieznośny. Przerażający. Żar. Żar. Żar.

* * *

Przejechałem Llanos wzdłuż i wszerz.

O tym, jak było wzdłuż, opowiada „Gringo na końcu Orinoko".

A jak było wszerz?

Posłuchajcie...

NOTA OD TŁUMACZA

Llanos to kraina geograficzna w dorzeczu Orinoko, obejmująca swoim obszarem ziemie na pograniczu Wenezueli i Kolumbii; od zachodu i północy ograniczona przez Andy, od wschodu i południa przez Puszczę Amazońską.

Llanos to także nazwa formacji roślinnej występującej na tych terenach – typ sawanny zalewowej z pojedynczymi drzewami, głównie palmami – spotykanej nie tylko w dorzeczu Orinoko, lecz także np. w górnym biegu rzeki Paragwaj.

* * *

Słowniki podają hasło **llanosy** [wym. ljanosy] jako polski odpowiednik hiszpańskiego *llanos*.

Dla jasnego rozróżnienia, czy Autorowi chodzi akurat o miejsce na mapie (obszar *Los Llanos*), czy raczej o charakterystyczną formację roślinną (sawannę – llanosy) porastającą te tereny, w niniejszej książce będziemy się posługiwać naprzemiennie obiema pisowniami – hiszpańską oraz polską:

Los Llanos lub **Llanos** będzie się odnosiło do krainy geograficznej w Wenezueli i Kolumbii;

Llanosy zaś (oraz wszystkie formy pochodne – np. **llanosów, na llanosach**...) będą się odnosić do formacji roślinnej, a więc w przybliżeniu będą znaczyć tyle co „sawanna".

W tym kontekście stwierdzenie: „na llanosach Los Llanos" oznaczałoby: „na sawannach (porastających tereny) Los Llanos".

BIAŁY CZŁOWIEK I CELNIK

– Skąd żeś przyjechał, gringo??? – najwyraźniej urzędnikowi imigracyjnemu pewne fakty nie mieściły się w głowie. Pytał o to samo już po raz czwarty i wciąż z takim samym niedowierzaniem.

Między kolejnymi pytaniami robił długie przerwy pełne kręcenia głową. Stroił też mądre miny, jakby rozważał, co właściwie miałem na myśli, mówiąc to, co mówiłem. A ja przecież nie mówiłem niczego nadzwyczajnego:

– Z Wenezueli, señor – odpowiedziałem po raz czwarty. Wciąż bardzo uprzejmie, ale moja uprzejmość była już teraz w większości udawana.

Uśmiechałem się wprawdzie, lecz w sposób charakterystyczny dla wizerunków Judasza. Czyli mniej więcej tak, jak to robi sekretarka, gdy informuje, że szefa chwilowo nie ma, a w tym czasie z gabinetu za jej plecami słychać znajomy głos.

Niedobory szczerości na mojej twarzy próbowałem nadrabiać postawą ciała. Za wszelką cenę starałem się upodobnić do czegoś małego i uniżonego. Czegoś, czym naprawdę nie warto sobie zawracać głowy. I najlepiej to po prostu zetrzeć z podeszwy o najbliższy rant.

Latynosi wyjątkowo nie lubią, kiedy ich ktoś popędza, dlatego bardzo chciałem – musiałem! – zamaskować wszelkie oznaki zniecierpliwienia. A ono roSŁo. I coraz gwałtOWniej szukało sObie ujściaaa...

– Aaahaaa... z We-ne-zuu... eli – urzędowe niedowierzanie zastąpiła teraz gruntowna analiza faktów. – Znaczy się, przejechałeś przez całe Llanos??

Dla podkreślenia skali wysiłku umysłowego, jakiego wymaga zrozumienie, co mam na myśli mówiąc „Wenezuela", facet zrobił buzię w ciup i zmarszczył czoło[15].

– Tak jest, señor – *señor* wyszło mi dużo bardziej sycząco niżbym chciał – z We-ne-zu... ELI – zakończyłem. (Stanowczo zbyt głośno.)

---

[15] Z tym marszczeniem nie jestem całkiem pewien. Równie dobrze mogło mi się zdawać, ponieważ czoła to on miał tyle, że przez cały czas wyglądało jak zmarszczka.
Jeśliby iloraz inteligencji mierzyć w milimetrach, które dzielą linię brwi od linii włosów, nasz pan urzędnik osiągnąłby wynik między trzy a pięć.

W porywie irytacji rozdziabałem mu to słowo na pojedyncze sylaby. Żeby je sobie mógł dokładnie obejrzeć pod światło i przyswoić. Każdą z osobna.

* * *

Powoli, ale definitywnie puszczały mi nerwy. Ostatnio wszystko szło marnie. A teraz jeszcze te korowody z ociężałym umysłowo urzędasem. Chciałem, żeby mi ostemplował paszport – tylko tyle. Potem sobie pójdę, znajdę jakiś hotel, wezmę prysznic i wreszcie spokojnie zasnę.

Byłem niewyspany, bo na wojnie się człowiek nie wysypia. A ja od kilku dni kluczyłem jak zaszczuty pies przez tereny, gdzie trwała właśnie w najlepsze wojna domowa.

Z mojego punktu widzenia miała ona najgorszy możliwy charakter – partyzancki. Oznaczało to brak jasno określonej linii frontu. Zbrojne oddziały obu stron wciąż się przemieszczały i nigdy nie było wiadomo, kto akurat kontroluje kolejną miejscowość, do której zmierzam. Bywało tak, że kładłem się spać pod panowaniem władzy rządowej, a już następnego ranka ulice patrolowała guerrilla, znana z tego, że w swojej „słusznej sprawie" zabija albo porywa białych ludzi. Dla okupu, dla rozgłosu... nieważne. Ważne było UNIKAĆ JEJ JAK OGNIA.

Dlatego spałem bardzo mało i nieregularnie. I dlatego teraz nie miałem ochoty na dyskusje z facetem, który słowa dłuższe niż trzy sylaby musi sobie wkładać do głowy po kawałku.

KOLUMBIJSKA WOJNA DOMOWA

Guerrilla to bardzo mylące określenie.

Z daleka (powiedzmy z odległości, jaką przebywa samolot na trasie Bogota-Sztokholm) *guerrilla* kojarzy się z idealistami, którzy występują w obronie ciemiężonego ludu, i z romantyczną walką partyzancką.

Z bliska (powiedzmy z odległości, jaką pokonuje kula karabinowa na trasie lufa–człowiek) *guerrilla* to już tylko zbrojne bandy morderców.

* * *

Spotykałem *guerrillę* w wielu krajach. I jakoś nigdy nie byli to „sprawiedliwi mściciele krzywd".

W Kolumbii ofiary partyzanckiej zemsty zostają porzucone przy drogach z językami wyciągniętymi przez gardło albo poćwiartowane maczetą. Nieletnich janczarów, wcielanych do partyzantki przemocą, szkoli się w patroszeniu zwłok, a nawet w piciu krwi wroga.

* * *

Wojna domowa w Kolumbii trwa od ponad stu lat.

Władza dzieli się tam na konserwatystów i liberałów. Obie partie zawsze miały swoje oddziały zbrojne, które zwalczały się bez pardonu. W latach 1899–1903 w tzw. wojnie dwóch tysięcy dni – toczonej na maczety!!! – zginęło 120 tysięcy ludzi. W latach 1948–1957 w okresie tzw. Przemocy zginęło prawie 300 tysięcy osób.

Są oczywiście sezony, kiedy ta wojna przycicha, ale spokój w Kolumbii to tylko pozory – krótka przerwa na wylizanie ran.

Dzisiaj w wojnie domowej ginie po 3,5 tysiąca osób rocznie, 4 tysiące jest porywanych dla okupu, 2,5 miliona zostało przegnanych ze swoich domów. A jest to właśnie jeden z okresów spokoju!

* * *

Strony konfliktu są trzy:

1. *Guerrilla* – kilka różnych grup partyzanckich (FARC, ELN i in.). W sumie co najmniej 40 tysięcy bardzo dobrze uzbrojonych ludzi. Zaprawionych w walce dużo lepiej niż armia rządowa.

2. Wojsko i policja – oficjalnie 165 tys. żołnierzy, ale w praktyce zdolnych do walki w polu jest nie więcej jak 50 tys. Władza państwowa w Kolumbii jest tak słaba, że nie panuje nad połową swego terytorium. Na 1100 municypiów aż 200 nie ma żadnego posterunku policji czy wojska, a w 500 następnych istniejące garnizony wojskowe lub posterunki policji mogą co najwyżej bronić same siebie.

3. Paramilitarne oddziały samoobrony (AUC) – konfederacja prywatnych armii stworzona do ochrony majątków, fabryk, kopalń i plantacji przed terrorem bandytów z FARC. Właściciele ziemscy i plantatorzy zatrudniają w sumie ok.15 tys. zbrojnych, zwanych potocznie: *paramilitares* – paramilitarni.

* * *

FARC – Rewolucyjne Siły Zbrojne Kolumbii (Fuerzas Armadas Revolucionarias de Colombia) oraz ELN – Armia Wyzwolenia Narodowego (Ejército de Liberación Nacional) to dwie największe organizacje partyzanckie; reszta się nie liczy.

Obie powstały w połowie lat sześćdziesiątych za pieniądze i z inspiracji partii lewicowych. Ich korzenie to: chłopskie bojówki, komuniści, Związek Sowiecki, Fidel Castro, lewicowi inteligenci z wielkich miast oraz Chrystus z karabinem, czyli księża wyznający tzw. teologię wyzwolenia (dopuszczający użycie przemocy w walce o sprawiedliwość społeczną; ekskomunikowani przez Watykan).

Z całej tej ideologii pozostała dziś tylko spłowiała fasada. Za fasadą kryje się fabryka kokainy.

* * *

Po upadku karteli z Cali i Medellín zarówno FARC, jak i paramilitarni z AUC – Zjednoczonej Samoobrony Kolumbii (Autodefensas Unidas de Colombia), oficjalnie przejęli biznes narkotykowy. I o to dzisiaj toczy się wojna w Kolumbii – o pieniądze płynące z eksportu kokainy!

Sześć miliardów dolarów rocznego obrotu pozwala na zakup nowoczesnej broni, skomputeryzowanych systemów łączności, wielu małych linii lotniczych, na budowę własnych dróg przez dżunglę, na sprowadzenie ekspertów od terroryzmu z baskijskiej ETA i irlandzkiej IRA, na kupienie każdego polityka i na pełną bezkarność. Między FARC a AUC, czyli mówiąc potocznie: między farkami a paramilitarnymi, trwa regularna wojna terrorystyczna na wyniszczenie.

Obie strony zmuszają ludność cywilną do posłuszeństwa, ściągają podatki i rekruta. Kto nie chce słuchać – ginie. I najczęściej nie od zwykłej kuli, ale poćwiartowany maczetami, spalony żywcem, z językiem wyciągniętym przez gardło na tzw. krawat lub przywiązany do pnia i wyjedzony przez mrówki.

* * *

Paramilitarni strzelają do farków. Farki strzelają do wszystkich. Armia rządowa strzela na oślep – uprawia grę pozorów, osłaniając sama siebie i kilka najważniejszych ośrodków państwowych.

W miarę bezpieczne są jedynie trzy aglomeracje miejskie – Bogota, Medellín i Cali – połączone liniami kolejowymi i pilnie strzeżonymi drogami. Ale i tak na każdej z tych dróg *guerrilla* codziennie napada i pali jakiś autobus, ciężarówkę lub przynajmniej samochód osobowy. Kto tylko może, lata w Kolumbii samolotem.

Poza zasięgiem władzy państwowej, a więc de facto pod rządami *guerrilli* leżą ogromne terytoria amazońskiej dżungli, trzy przebiegające kraj z północy na południe łańcuchy andyjskie, tropikalne lasy na wybrzeżu Pacyfiku, bagnisty przesmyk Darién na granicy z Panamą oraz ogromne nieucywilizowane obszary Llanos na pograniczu kolumbijsko-wenezuelskim. Tam bandyci czują się zupełnie bezpieczni i pozostają całkowicie bezkarni.

LOS LLANOS

Dróg tu mało.

A poza tym tutejsze drogi to zaledwie koleiny wyjeżdżone przez koła i wydeptane przez kopyta. Dla przybysza z zewnątrz wszystkie one prowadzą znikąd donikąd. Wychodzą daleko za horyzont, tam krzyżują się ze sobą, rozdwajają, potem łączą, znów rozdwajają... a w końcu giną w wysokiej trawie. I wtedy nie wiadomo jak wrócić.

Najlepszym środkiem transportu na Llanos jest koń. A najbardziej popularnym – muł. W wielu miejscach dopiero z grzbietu rumaka można wyjrzeć ponad powierzchnię falujących traw – bywa, że trawy dorastają tu dwóch metrów wysokości. Samochodem jechałoby się jak w tunelu i w końcu, najprawdopodobniej, ugrzęzło w mokradłach. Dla motoryzacji llanosy bywają dostępne tylko w porze suchej, tropikalny deszcz zamienia je bowiem w ogromne płytkie jezioro.

Woda sięga po kostki... po kolana... najczęściej po pas... w niektórych miejscach po szyję... a czasem, rzadko, ale jednak...

.
.
.
.

glup

Ze względu na rodzaj podłoża woda nie ma gdzie wsiąknąć, więc musi odparować; co trwa zwykle kilka miesięcy. Llanosy są wówczas absolutnie nieprzejezdne. Tylko gdzieniegdzie ponad wodę wystają bezludne wyspy-pagórki. Widać je i słychać z daleka, bo gromadzą się na nich liczne stada bydła, które szuka schronienia przed powodzią. A kiedy już znajdzie, to całymi dniami wyje.

Bydło na Llanos hodowane jest przede wszystkim dla mięsa, ale także ze zwykłego przyzwyczajenia – tutejsi ludzie uważają, że skoro mają pod dostatkiem ziemi porośniętej trawą i od pokoleń pasie się na niej bydło, to niech się pasie nadal. Nawet jeżeli nie ma go komu sprzedać ani nie sposób wszystkiego przejeść samemu.

– A niech tam sobie żywioła chodzi i wyje – powiadają. – Zawsześ to raźniej człowiekowi z bydełkiem, niż żyć tak całkiem samemu na tym odludziu.

Ponadto dobrze jest mieć kilka setek zapasowych krów i cieląt, zdarza się bowiem, że deszcze przychodzą wcześniej niż zwykle, a zaskoczeni pasterze nie zdążają przegnać wszystkich stad na pagórki wystające ponad lustro wody. Wówczas sporo zwierząt tonie. Krowy wprawdzie chętnie pasą się, brodząc po pachy w mokradłach, ale spać i żuć muszą, leżąc na suchym lądzie. Krowa, która nie zdąży dotrzeć do wyspy – ginie.

Najpierw unosi się wzdęta na powierzchni wód jak ogromny łaciaty balon. Następnie zostaje wypatrzona przez kajmany. (Wprawdzie codziennym pożywieniem kajmana są ryby, ptaki i drobne ssaki, lecz zdychająca krowa to taki łatwy kąsek...) Potem słychać: pssss... gdy z napoczętego balona schodzi morowe powietrze, i wreszcie rozpoczyna się kwadrans gwałtownej kotłowaniny wypełnionej rozszarpywaniem. Wołowina zostaje kęs po kęsie zapakowana w torby z krokodylej skóry. Na koniec torby kładą się w jakimś nasłonecznionym miejscu, gdzie wołowina ulegnie powolnej przemianie w dziczyznę[16].

---

[16] Mięso kajmana jest oficjalnie zaliczane do dziczyzny. Ja, ze względu na smak, wpisałbym je raczej na listę ryb. W konsystencji zwięzłe, włókniste i twardawe – podobnie jak filety z rekina. Lekko pachnie błotem – podobnie jak gotowane raki. A smakuje jak... ryby drobiowe. (Skoro istnieją kabanosy drobiowe, parówki drobiowe, szynka drobiowa itp., to potraficie sobie chyba wyobrazić smak drobiowej ryby, prawda?)

KROWY PO DESZCZU

 Krowy po deszczu są jednocześnie szczęśliwe i nieszczęśliwe.
Ale jakoś godzą jedno z drugim.

I nie popadają przy tym w obłęd!

Są szczęśliwe, ponieważ po miesiącach jedzenia trawy wysuszonej na wióry mogą wreszcie przeżuwać świeże soczyste pędy.
A nieszczęśliwe z powodu grasujących w wodzie pijawek, węży,
piranii i licznych owadów, które bez trudu wgryzają się w ich rozmiękłą skórę.

Są szczęśliwe, bo mogą pić wodę ile która chce i kiedy tylko chce,
ale nieszczęśliwe, bo trudno znaleźć suche miejsce do poleżenia.

Szczęśliwe, bo w wodzie im trochę chłodniej, ale nieszczęśliwe,
bo pod wodą zrobiło się grząsko.

I tak w kółko – ciągła huśtawka nastrojów.

Dlatego właśnie krowy są z natury spokojne – musiały przywyknąć, przystosować się i nauczyć cierpliwie znosić sprzeczności losu;
albo spaść z huśtawki. Ćwiczyły ten swój spokój na długiej drodze
ewolucji i teraz każdy problem egzystencjalny umieją

z namysłem przeżuuć... przetraawić... i...

pozostawić za sobą.

W formie placka[17].

* * *

Ogon jest jeden, a muuch wiele... – powiada Księga Mądrości Mu.

Znaczy to mniej więcej tyle, że wszystkich kłopotów od siebie
nie odgonisz – niektóre muszą cię dosięgnąć i boleśnie ukąsić.

Kto nie jest w stanie cierpliwie znosić ukąszeń losu, będzie coraz
więcej czasu tracił na bezskuteczne wymachiwanie ogonem. I stop-

---

[17] Taki placek jest dla much tym, czym dla dzieci plac zabaw, a dla dorosłych pole piknikowe. Australijskie muchy nazywają te placki aborygeńskim słowem *bingobalanga*;
muchy z wysokich Andów mówią na nie po hiszpańsku: *qpaguana*, albo w języku
keczua: *gunakaka*; natomiast afrykańskie muchy tse-tse, posługujące się językiem suahili, wołają: *bombafefe*.
Muchy zamieszkujące odludne tereny Los Llanos tak rzadko stykają się z ludźmi, że nie
poznały naszej mowy i nadal dla określenia wszystkich rzeczy, czynności i uczuć używają tradycyjnego określenia: *bzzz*.

niowo popadnie w obłęd, gdyż całą treścią jego życia stanie się unikanie nieuniknionego.

Księga Mądrości Mu uczy, że zamiast się z nieuniknionym szarpać, lepiej mu się poddać i przeczekać. *Ogon jest jeden, a muuch wiele...* – powiada Mu i zaraz potem dodaje: *...ale wszystkie w końcu kiedyś odlatuują.*[18]

* * *

Krowa zniesie wszystko.

Powoli.

Cierpliwie.

Niestety, nawet to krowie powolne i cierpliwe „zniesie wszystko" ma pewne granice. Bardzo odległe, ale ma. Poza nimi leży *stampede* – tak na Dzikim Zachodzie nazywano popłoch albo szał bydła. (Termin ten przejęła w XX w. nowojorska szkoła psychoanalizy i dziś określa się nim nagłe napady gwałtownego zdenerwowania, w których człowiek zachowuje się jak zwierzę. U krów jest na odwrót – *stampede* oznacza, że bydło zaczyna się zachowywać jak ludzie opuszczający stadion piłkarski po meczu ligowym.)

Zapytajcie współczesnych kowbojów z Argentyny, Kanady czy Australii, czego się boją najbardziej? Każdy z nich chętniej pójdzie spać na torach ekspresu Tokio–Osaka albo wsadzi głowę do młockarni niż wyjdzie na spotkanie rozpędzonego stada krów, któremu funkcja „powolne przeżuwanie" przestawiła się na:

STAMPEEEEEEDE!

Ciekawostka:

Stado, które wpadło w popłoch, można zatrzymać na dwa sposoby:

Pierwszy to zagonić je na brzeg urwiska – wtedy zatrzymuje się definitywnie. Na dnie kanionu. Jest to zatrzymanie połączone z jednoczesną zamianą krów w wołowinę.

Drugi sposób, mniej radykalny, polega na zaganianiu szalejącego stada w prawą stronę w taki sposób, by z galopujących krów

---

[18] Cytaty, w tłumaczeniu Autora, na podstawie wydania angielskiego *The Wisdom of Moo* – Oxford 1832.

utworzyć krąg. W efekcie krowy, które biegły na początku tabunu, zaczynają doganiać te, które zostały na szarym końcu. Stado goni teraz swoich własnych maruderów i stopniowo zwalnia.

Pozostaje pytanie, dlaczego ten manewr udaje się wykonać wyłącznie w prawą stronę?

Jedyna teoria, o której słyszałem, ma związek z działaniem siły Coriolisa (tej samej, która zakręca wodę spływającą z wanny). Sęk w tym, że w Australii czy Argentynie Coriolis kręci wodą w odwrotnym kierunku niż w USA i Kanadzie, a krowami nadal w prawo. Ale może to dlatego, że bydło, jak to bydło – jest wyjątkowo uparte.

POZA PRAWEM

Na kolumbijskich Llanos autobusy docierają tylko gdzienie-gdzie. Ciężarówki terenowe podobno wszędzie, ale wyłącznie pod warunkiem, że szofer ma sporo zbędnego czasu i bardzo się uprze. Sęk w tym, że po dotarciu na miejsce nie zawsze wracają. Tu lepiej nie być przesadnie upartym...

...Ani dociekliwym. Ani nieznajomym. Ani wojskowym. Ani urzędnikiem. Ani turystą. Ani cudzoziemcem. Na kolumbijskich Llanos najlepiej w ogóle nie być. Jeśli się nie musi.

Im dalej na wschód lub południe, tym bardziej dziko – sawanna powoli przechodzi w suchy las, a potem, nad brzegami Orinoko, w tropikalną puszczę. Jest się gdzie zaszyć, bo tam nie ma już żadnej władzy państwowej – tylko, stara jak świat, władza silniejszego.

W kilku strategicznych miejscach nad rzekami granicznymi zbudowano stanice wojskowe. Osiągalne drogą wodną lub powietrzną. (Teoretycznie także lądową, ale nikt jakoś nie kwapi się sprawdzać, czy aby na pewno.) Zgrupowani tam żołnierze wiedzą, że nie powinni wystawiać nosów zbyt daleko poza koszary. A jeżeli któryś nie wie, to dowiaduje się dość szybko. I boleśnie. Najczęściej też raz na zawsze – jak saper.

Stanice mają za zadanie stać na straży granic. I stoją – głównie na straży swoich własnych. Cała władza państwowa w kolumbijskiej części Llanos ogranicza się do terenu wewnętrznego kilku solidnie zabarykadowanych posterunków granicznych.

Powiedziano mi, że lepiej się do nich nie zbliżać, bo żołnierze są tak podejrzliwi i poddenerwowani, że na wszelki wypadek strzelają także do interesantów. Wolałem tego nie sprawdzać. Zignorowałem więc formalności paszportowe i po prostu parłem naprzód. Zgodnie z zasadą, że łatwiej uzyskać rozgrzeszenie niż pozwolenie. W tym przypadku chodziło o rozgrzeszenie z braku pieczęci wjazdowej oraz pozwolenie na chwilowe pominięcie formalności.

Rozpaczliwie poszukiwałem pierwszej miejscowości kontrolowanej przez władze państwowe, a kiedy wreszcie dotarłem do Villavicencio i miałem prawie pewność, że nikt mnie już nie zastrzeli na ulicy, okazało się, że traktują mnie tu jak przestępcę.

– Z We-ne-zu-e-li?

– TAK, señor – końcowe *r* składało się z trzech kolejnych *r* i zadrżało w powietrzu jak *krrr*wisty befsztyk, który ma zamiar kogoś chlasnąć w czoło.

– Ale przecież granica jest zamknięta, a w całej prowincji Arauca rządzi guerrilla!

– Może i zamknięta... ale długa i zielona, señor.

– Przejechałeś na dziko i nikt cię nie zastrzelił!? Nie wierzę, gringo.

Zastrzelił, a teraz rozmawiasz z trupem, który gada – pomyślałem, zgrzytając w duchu.

Na głos postanowiłem być bardziej uprzejmy; w końcu tylko od niego zależało, czy mi wbije do paszportu jakąś wizę czy, nie daj Boże, odeśle z powrotem na granicę.

– Nikt nie strzelał, señor – uśmiechnąłem się przymilnie. – Pełen spokój na całej trasie. Od granicy aż do Yopal, tylko raz zatrzymali autobus, zrobili rewizję i puścili dalej.

– Tam codziennie porywają ludzi! Szczególnie lubią gringos! A ciebie nie porwali?

W tym momencie skończyła mi się cierpliwość. Wziąłem głęboki wdech, ale nic to nie pomogło. Czułem, że następne zdanie, które wypowiem, będzie złożone głównie z wykrzykników. Do tego powiązanych w grube wiązki.

Na szczęście urzędnik nie czekał na odpowiedź, tylko znowu zaczął mówić:

– Tam, skąd przyjeżdżasz, ostatnio wysadzili w powietrze hotel i kilku *ingenieros* z kompanii naftowej. A potem nawet amerykański konsul z odziałem Gwardii bał się jechać po ciała. Zresztą i tak musiał-

by je zbierać pęsetą. Albo szpachlą – w tym miejscu zaczął chichotać jak hiena. – ...a najlepiej ścierką, he, he, he, he... I mógłby pięciu chłopa zmieścić do jednego małego kubełka! – teraz rechotał już na całego. Po dłuższej chwili jakoś się opanował. Ogromną chustką do nosa przetarł małe oczka, a także mój paszport, na którym wylądowało kilka kropel jego radości. Wysmarkał się głośno i kontynuował:
– Pięciu facetów rozerwało na strzępki. Podobno najwięcej kawałków wylądowało w gałęziach akacji. I nikt by ich tam nie znalazł gdyby nie ptaki. Zaczęły się bić o jakiś palec od nogi czy coś takiego. W końcu ten palec im wypadł i wylądował na głowie jednemu strażnikowi. Facet patrzy w górę, a tam całe drzewo w ludzkich flakach – znowu sobie pochichotał.

Jednocześnie przeglądał mój paszport kartka po kartce w poszukiwaniu wolnej strony.

– Nie było tego jak zbierać, bo na każdej gałęzi coś wisiało. Więc całe to drzewo podpalili. A na następny dzień zgarnęli popiół i zawieźli konsulowi do Bogoty jako prochy zamordowanych.

Wreszcie znalazł wolną stronę, odłożył paszport grzbietem do góry i zaczął przebierać w pieczątkach. Niestety miał ich pełną szufladę, więc mogłem się pożegnać z szybkim załatwieniem sprawy.

– Większość truchła i tak ptaki zjadły...

Wybrał pierwszą pieczęć, obejrzał krytycznie i odłożył na bok.

– Taaak... – westchnął – ...dzisiaj wielki pan inżynier, a jutro go ptaki dzióbią.

Popatrzył w sufit i zrobił minę wieszcza.

Zanosi się na jakąś błyskotliwą sentencję – pomyślałem.

– Dzióbią... łykają... i roznoszą po okolicy.

To jeszcze nie to...

– Czasem narobią na trawę. Czasem na drzewo.

...też nie...

– Innym razem komuś na kapelusz.

...uwaga...

– I to wszystko, co narobią, to są ziemskie resztki wielkiego pana inżyniera.

...iii... TERAZ:

– życie ludzkie jest warte tyle co ptasie gówno – przypieczętował opowieść.

A co do mojego paszportu i wizy, to... zanosiło się na długie skwarne popołudnie, wypełnione grzechotem kilkudziesięciu drewnianych pieczątek, w których ktoś przebiera i przebiera, ale ciągle nie może odnaleźć tej, o którą mu chodzi. Ten ktoś – pan szperający w pieczątkach – miał na imię Ambrosio, co udało mi się przeczytać na plakietce przyszytej do jego urzędowej koszuli.[19]

* * *

Słuchając jego opowieści, byłem pełen podziwu. Któż by przypuszczał, że zwykły urzędnik imigracyjny, który większość życia spędza w ciasnej budce wypełnionej oparami tuszu do pieczątek, może mieć aż tyle fantazji.

Z drugiej strony wiadomo, że w Ameryce Południowej plotka i konfabulacja to ulubione formy literackie. Wielokrotnie w osłupieniu słuchałem relacji z wydarzeń, w których wcześniej brałem udział, i nie mogłem się nadziwić, jak to możliwe, że nie zauważyłem aż tylu sensacyjnych szczegółów.

Latynosi kochają ubarwiać. I w pewnym sensie jest to piękne.

W każdym razie można się przyzwyczaić.

I nie irytować.

Trzeba się tylko nauczyć brać odpowiednią poprawkę na to, co się słyszy. Trzeba wypracować sobie jakiś sposób na wyszukiwanie okruchów prawdy zagubionych pośród całej masy rzeczy, które wprawdzie nigdy się nie wydarzyły, ale przecież mogły.

I powinny były się wydarzyć! Bo wtedy życie byłoby ciekawsze! Choć niekoniecznie łatwiejsze.

* * *

O wysadzeniu hotelu pracowniczego dla amerykańskich inżynierów z kompanii naftowej wiedziałem od tygodnia – trąbiły o tym wszystkie gazety i przekupnie na bazarach. Bombę podłożono jako: *!!! OSTATECZNE OSTRZEŻENIE !!!* (piąte z kolei). Wystosowała je lewicowa partyzantka FARC, przeciwna *eksploatacji Narodu Kolumbijskiego*

---

[19] Nazwisko też przeczytałem, ale go nie podam, bo... no po prostu, są takie sytuacje, kiedy lepiej nie podawać nazwisk. I takie miejsca na ziemi, gdzie lepiej nazwiska nie mieć. Miejsca, gdzie zamiast nazwisk ludzie używają pseudonimów w rodzaju Kiełbasa, Ogóras, Sztancrympel, Fajny Walduś... A niektórzy nie używają nawet pseudonimów – o tych mówi się albo: „ten, no wiesz który", albo wcale się nie mówi. Taak, najlepiej o nich nie mówić wcale. Bo jeszcze można wywołać wilka z lasu.

przez amerykański kapitał i jego wiernych sługusów z Bogoty – tak napisano w oświadczeniu przekazanym do prasy. Bliższe szczegóły opowiedział mi naoczny świadek. Spotkałem go na dworcu w Yopal. Był przedstawicielem *kapitału* i z obandażowaną głową jechał do *sługusów w Bogocie* na prześwietlenie czaszki i zmianę opatrunku.

Z jego słów wynikało, że „hotel" to określenie stanowczo przesadzone – chodziło o niewielką szopę na łopaty, w której ludzie nocowali bardzo rzadko. Na przykład wtedy, gdy ich zaskoczyła ulewa, a nie chciało im się wracać do bazy.

Ponadto szopa wyleciała w powietrze pusta – inżynierowie wraz z kilkoma robotnikami siedzieli wtedy kilkadziesiąt metrów dalej, przy ognisku, i piekli sobie kolację. W wyniku eksplozji posypał się na nich deszcz rozdrobnionych desek, porwane płachty blachy falistej, zapasowe gumiaki oraz strzępy materacy – nic innego w tej szopie nie było.

Jeśli nie liczyć powierzchownych zadrapań, jednej krwawej śliwy nabitej na czole i kupy strachu zamiast kolacji, to nikomu się nic nie stało.

Kwestią sporną pozostawał tylko pewien szpadel, który utkwił wbity w pień akacji. Nie było pewności, czy to naprawdę efekt wybuchu, czy może późniejsza aranżacja.

Znając Latynosów, szpadel mógł być pierwszym z długiej serii ozdobników dramatyzujących, dodanym dla lepszego efektu. Przecież każdą Opowieść trzeba jakoś zacząć, więc dlaczego nie od świstu szpadla: *...przeleciał mi tuż koło ucha, a potem wbił się w pień. Dokładnie tam, gdzie jeszcze chwilę wcześniej robiłem siusiu. To wcale nie musiał być pień. To mogły być moje plecy!...*

Wkrótce po wybuchu historia obrosła w tyle dodatków, że dojście prawdy stało się niemożliwe i śledztwo umorzono – nie z braku dowodów, jak to się dzieje w Europie, ale z ich nadmiaru.

URZĘDNICZENIE

Z nieba lał się żar. Ze mnie lał się pot. I była to już czwarta warstwa potu. Mówiąc najogólniej: oddałbym wiele za prysznic. Tymczasem zanosiło się raczej na ciąg dalszy rozmowy z facetem, który nie ma nic lepszego do roboty.

Z nieba lał się żar. Ze mnie lał się pot. A on gadał i gadał. Powoli, niepostrzeżenie, ale nieuchronnie przesuwałem się z pozycji „za prysznic oddam wiele" na pozycję „za prysznic mógłbym zabić".

– No więc nie porwali cię, gringo...

– Nie porwali.

– ...nie zastrzelili...

– Ani trochę, señor.

– ...i przyjechałeś do nas z We-ne-zu-eli.

Ten człowiek najwyraźniej myślał coraz wolniej. Zachodziła obawa, że jak tak dalej pójdzie to zacznie się cofać.

– Tak jest. Przyjechałem z Wenezueli i chciałbym uprzejmie prosić o wizę wjazdową. Jestem już wprawdzie dość daleko od granicy, ale nigdzie wcześniej nie udało mi się natknąć na działający Posterunek Imigracyjny – wyrecytowałem z jowialnym uśmiechem maskującym sarkazm i zniecierpliwienie.

Starałem się bardzo, żeby uśmiech był wystarczająco szeroki. Mimo to miałem obawy, że osoba choćby odrobinę spostrzegawcza wypatrzy, co się pod nim kryje.

– Doprawdy?.. – Ambrosio uniósł brwi i popatrzył na mnie podejrzliwie. (Chyba jednak był odrobinę spostrzegawczy.) – N i g d z i e nie działały nasze Urzędy???

W odpowiedzi zrobiłem niewinną minę i poszerzyłem uśmiech. Już przedtem był od ucha do ucha, a teraz jeszcze kawałeczek za. Takiego uśmiechu nie mogłem utrzymywać w nieskończoność – zachowywał się jak guma tuż przed pęknięciem.

– Jesteśmy pięćset kilometrów od granicy, gringo. I co, ż a d e n Urząd po drodze nie był czynny???

Niemożliwe okazało się możliwe: poszerzyłem uśmiech jeszcze bardziej. Jeżeli przedtem facet mógł swobodnie oglądać moje migdałki, to teraz miał szansę podziwiać krajobraz za moimi plecami.

– No dobra, gringo – powiedział w końcu – niech ci będzie. Może to i prawda. Tam ciągle do nas strzelają, więc mogło rzeczywiście nikogo nie być na posterunku. Ale formalnie to cię powinienem odesłać z powrotem na granicę. Mnie tu wolno stemplować tylko takich, co przylatują samolotami. To jest lotniskowy Urząd Celny, a funkcje Urzędu Imigracyjnego sprawujemy tylko przy okazji. Ruch tutaj mały, więc zrobili redukcję etatów i teraz pracuję za dwóch. Siedzę osiem godzin, a płacą mi za szesnaście: jako celnikowi i pogranicznikowi. Niestety razem z redukcją etatów zrobili redukcję pensji o połowę, więc zarabiam tyle samo co przedtem. Kiedy to mówił, moja twarz powoli wracała do normy. Ale wciąż nie bardzo wiedziała, co zrobić z nadmiarem porozciąganych policzków:

– Gdyfy mnie fan odesłaf na granicę, nie dojechałfym z fofrotef. Fo frodze fy mnie zastrzelili i forfali. Sam fan mówił, seńor – mimo przejściowych kłopotów z wymową głosek wymagających zaangażowania policzków starałem się podtrzymywać konwersację w czasie, gdy on chuchał i pluł na pieczątkę. Byle się nie rozmyślił.

– Opłata dziesięć dolarów – powiedział nagle.

– Za co?! – byłem kompletnie zaskoczony, bo po pierwsze: Polacy nie potrzebowali wiz do Kolumbii (o czym on mógł nie wiedzieć), a po drugie: wizy były bezpłatne (o czym wiedział na pewno).

– Dziesięć dolarów, gringo.

– Ale za co? – tego dnia musiałem być bardzo zmęczony, skoro nie zauważyłem, jak mruga do mnie porozumiewawczo lewym okiem.

– Za to, gringo, że cię nie zastrzelą i nie porwą w drodze z powrotem do We-ne-zu-eli. A także za to, że przez ciebie wpadł mi do oka pewien paproch. Rozumiemy się? – teraz mrugał jeszcze bardziej.

– Za to... się należy... tylko pięć dolarów, seńor – zaryzykowałem.

– Dziesięć!

– Szeeeść?

– Dziesięć, mówię!

– Siedem!

– Dziesięć, gringo.

– Oj, bo wrócę sobie do Wenezueli, a pan zostanie z tym paprochem w oku, seńor.

– No dobra, gringo, ostatnie moje słowo: dziewięć – jęknął przy tym, jakby sprzedawał własną matkę.

– Pięć!

– Przecież już było SIEDEM!

– Inflacja, seńor. Czas to pieniądz. Daję piątkę i koniec. To uczciwa cena.

– Osiem...

Wkrótce potem zostaliśmy przyjaciółmi. (A sześć dolarów dyskretnie zmieniło właściciela.)

* * *

Kto nigdy nie był w Ameryce Południowej, może być zdezorien-
towany, dlatego śpieszę z wyjaśnieniem:

Latynosi uwielbiają się targować. To dla nich rozrywka taka, jak
dla innych ludów pokerek albo szachy – czysta przyjemność. I wcale
nie jest najważniejsze, kto wygra, bo już sama potyczka jest miła.
Zwycięstwo to tylko deserek.

Kiedy Latynos się z tobą targuje, często wcale nie chodzi mu
o pieniądze. Tak było i w tym przypadku. Gdyby Ambrosio zażądał 50 dolarów, byłoby dla mnie jasne, że chce dostać dziesięć i ani
centa mniej. Ale skoro sam zaczął od dziesięciu – było to raczej
zaproszenie do gry niż przymawianie się o konkretną łapówkę.

Zagrałem z nim, a on był szczęśliwy, że może w ten sposób zapeł-
nić nudę popołudniowego dyżuru.

Co by było, gdybym zapłacił bez targowania – od razu tyle, ile
chciał?

Nic nadzwyczajnego – pewnie dostałbym wizę; ale nie zyskał-
bym przyjaciela. A tego dnia, w Villavicencio, potrzebni mi byli
przyjaciele.

VILLAVICENCIO

Nie znałem tu nikogo, ale byłem bardzo szczęśliwy, kiedy autobus stanął wreszcie na dworcu pełnym przekupniów i kierowca krzyknął:

– Amigos, koniec trasy! Jesteśmy w Villa.

Pasażerowie odsapnęli z ulgą. Większość z nich, tak jak ja, przez całą drogę z Yopal nerwowo spoglądała przez okna w oczekiwaniu kataklizmu. Na tej drodze codziennie dochodziło do gwałtów. Guerrilla kontrolowała region i kiedy bandytom potrzebna była rozrywka, żywność albo gotówka, brali ją sobie z autobusów. Wyskakiwali na drogę, zatrzymywali pierwszy pojazd, który się napatoczył, robili kipisz i zabierali, cokolwiek uznali za potrzebne. Wszelkie próby oporu kończyły się tragicznie, więc od dawna nikt oporu nie stawiał.

Jazda po tej trasie była jak zabawa w rosyjską ruletkę. Tylko kierowcy nie musieli się zbytnio obawiać. Obowiązywało takie niepisane prawo, że zarówno pojazdy, jak i ich załoga są pod ochroną. Za ochronę oczywiście trzeba płacić, a ponieważ czasami zdarzało się, że właściciel linii przewozowej miał z tym przejściowe trudności, kierowcy także nie znali dnia ani godziny, tyle że rzadziej niż pasażerowie.

* * *

Z dachu chicken-busa zaczęto zdejmować nasze bagaże. Odbywało się to dość niemrawo, ponieważ niektóre toboły wierzgały raciczkami, dziobały, szczypały i drapały, a te najbardziej wściekłe próbowały gryźć. Zanim mój plecak zostanie uwolniony spod sterty innych rzeczy, minie co najmniej kwadrans. Tym bardziej, że jednym z bagaży, które musiały być zdjęte w pierwszej kolejności, był pewien kąsający osioł, a ten nie dawał nikomu do siebie podejść. Właśnie szukano jakiegoś worka, żeby mu go wsadzić na głowę i w ten sposób okiełznać.

Korzystając z wolnej chwili, postanowiłem przeprowadzić test sprawdzający, czy jestem w bezpiecznym mieście. Test, którego nauczyłem się kilka dni wcześniej w Yopal.

Posłuchajcie...

Kiedy po wyjściu z autobusu w Yopal wyciągnąłem aparat fotograficzny i zacząłem robić zdjęcia, ktoś podszedł do mnie, skubnął delikatnie w łokieć i szepnął wprost do ucha:

– Uważaj z tym aparatem, gringo. Tutaj jest sporo ludzi, którzy nie chcą się znaleźć na twoich zdjęciach.

– Ale ja fotografuję tylko bazar; nikogo konkretnego.

– Nie szkodzi. Wielu z tych ludzi chciałoby nie mieć twarzy. Albo mieć inną niż teraz. Gdybyś poszedł na komendę policji, to bez trudu otrzymasz tam zdjęcia połowy mieszkańców Yopal; w formie listów gończych.

– Oj. To może jednak schowam aparat.

– Teraz już za późno. Nie chowaj, tylko otwórz, tak żeby wszyscy widzieli. Potem wywlecz kliszę, tak żeby się prześwietliła i wyrzuć ją do kosza. Zrób to na oczach wszystkich, gringo! – po tych słowach nieznajomy odwrócił się i szybko zniknął w tłumie.

Dookoła mnie wciąż toczyło się normalne życie małego miasteczka – przekupnie sprzedawali swoje towary, przechodnie spieszyli każdy w swoją stronę, oczekujący na autobusy czekali... Ale nad tym wszystkim zawisła jakaś niezdrowa cisza. Jakby ktoś nagle sięgnął po pilota i wyłączył dźwięk.

Nikt na mnie nie patrzył, a jednak miałem wrażenie, że wszyscy mnie obserwują. Dookoła nadal panował dworcowy tłok, mimo to przy mnie było całkiem luźno – wymowna próżnia. I ta cisza... Lepka i ciężka.

Żeby tylko nie okazała się śmiertelna – pomyślałem.

– Spokojnie, gringo – powiedział ktoś za moimi plecami.

Odwróciłem się gwałtownie. Kilka kroków dalej zobaczyłem uśmiechniętego policjanta, który stał oparty o słup ogłoszeniowy.

– Nie bój nic. Po prostu wywal tę kliszę i schowaj aparat.

Jak kazał, tak zrobiłem. Wywaliłem. Schowałem. A ręce mi się trzęsły.

Chwilę potem zorientowałem się, że dookoła powróciły dźwięki – przekupnie hałaśliwie zachwalali swoje towary, przechodnie pozdrawiali się głośno, ludzie słuchali przenośnych magnetofonów... Nikt już na mnie nie zwracał uwagi. Zostałem nawet kilkakrotnie potrącony przez pasażerów śpieszących na autobus.

Uśmiechnięty policjant zasalutował i odszedł w tłum. W miejscu, gdzie się opierał o słup, pozostał lekki ślad jego spoconych pleców. Ślad odciśnięty na... liście gończym. Bardzo wyraźna czarno-biała fotografia przedstawiała twarz tego samego policjanta!

Wprawdzie bez munduru i bez uśmiechu, ale to na pewno był on! Dawali za niego 3000 dolarów, gotówką w walucie amerykańskiej. A pod zdjęciem napisano tak: *Groźny przestępca. Poszukiwany za rozboje i wykonywanie wyroków na urzędnikach państwowych. Podszywa się pod policjanta.*

* * *

Po wyjściu z autobusu w Villavicencio, postanowiłem powtórzyć ten mój test bezpieczeństwa:

Wyciągnąłem aparat... Czekam... Nic.

Przyłożyłem do oka... Czekam... Nic.

Zrobiłem zdjęcie... C...

– Gringo!!! – wrzasnął ktoś nad moją głową. – Schowaj aparat!

– O cholera, przepraszam – drżącymi rękami otworzyłem aparat, wywlokłem kliszę, tak żeby się prześwietliła, a potem na oczach wszystkich wyrzuciłem ją do kosza. Zupełnie jak w Yopal.

Nikt na mnie nie patrzył – przekupnie cały czas hałaśliwie zachwalali swoje towary, przechodnie pozdrawiali się głośno, ludzie słuchali przenośnych magnetofonów... Ale coś tu było nie tak. Bardzo nie tak.

Nagle ktoś mnie skubnął delikatnie w czubek głowy i zawołał:

– Bierzesz ten swój plecak, gringo, czy nie? Zdjęcia porobisz potem. Jeszcze zdążysz. Villavicencio to bardzo przyjazne miasto.

* * *

Takie właśnie było – przyjazne – nic dodać, nic ująć. Szedłem sobie spokojnie ulicami, z plecakiem na plecach, z aparatem w ręku i nikt mnie nie zaczepiał; nikt przed niczym nie ostrzegał; nikt nie sugerował: *Lepiej weź taksówkę, gringo.*

W większości miast Ameryki Południowej, a już szczególnie w Kolumbii, spacery ulicami miasta są niebezpieczne. Kiedy jesteś biały, stanowisz grupę najwyższego ryzyka. Biały człowiek jest pierwszym kandydatem do napadu, porwania albo przynajmniej do dokumentnego oskubania przez kieszonkowców. Dlatego, kiedy tylko jakiś gringo pojawia się na ulicach, wszyscy porządni mieszkańcy (a tych jest wciąż więcej niż łotrów) zaczepiają go z ostrzeżeniami.

W Villavicencio nikt mnie nie zaczepiał. Przechodnie uśmiechali się życzliwie i bardzo chętnie odpowiadali na wszystkie moje pytania o drogę. Nikt ani razu nie zasugerował innej trasy, bo ta, którą idę, zahacza o nieprzyjazną dzielnicę. Nikt nie odburknął, że nie ma teraz czasu. Nikt też nie powiedział: *Nie wiem, gringo, ja nietutejszy.* Kiedy nie wiedzieli, którędy mnie posłać, sami zatrzymywali innych przechodniów i starali się dopytać. Słowem – bardzo przyjazne miasto.

A przy okazji bardzo ładnie położone – na wschodnim stoku Andów.

Villavicencio zbudowano na zboczu góry. Kiedy stanąłem plecami do tego zbocza, u stóp miałem dachy domów, schodzące coraz niżej, bardzo stromo, a przed oczami rozpościerał się widok na ogromną płaską przestrzeń Llanos – ocean falującej trawy. Po jego drugiej stronie, daleeeko na horyzoncie, już prawie poza zasięgiem wzroku, majaczyła Puszcza Amazońska – gęsta barykada zieleni. Nawałnica roślinności, która sprawiała wrażenie, jakby się szykowała do natarcia w stronę gór.

Villavicencio leży dokładnie na granicy dwóch krain geograficznych – za plecami prawie pionowe góry, a u stóp zaskakująco płaska przestrzeń bez jednego wzniesienia. Kiedy spojrzeć w prawo lub w lewo, widać, jak nagle kończą się te góry; i robi się zupełnie płasko. Bez najmniejszego ostrzeżenia – jakby ktoś nożem uciął. Nie ma tu żadnych stanów pośrednich – żadnych pagórków ani wzniesień niezdecydowanych, czy są jeszcze górami, czy już równiną – po prostu: ciach i już. Powierzchnia ziemi załamuje się pod kątem prostym.

Oglądany okiem laika pejzaż zdaje się być nienaturalny. Jak sztucznie zbudowany schodek, czy może raczej gigantyczny próg.

Patrząc okiem geologa, obserwujemy tu całkiem zwyczajne, choć w pewnym sensie „gwałtowne", spotkanie dwóch płyt tektonicznych, z których jedna „wpłynęła" pod drugą. Stercząca w niebo krawędź górnej płyty, to Andy.

* * *

– Niesamowity widok, co? – usłyszałem tuż za moimi plecami.

Odwróciłem się przerażony. Pamiętałem ten głos...

– Ja pana... W Yopal... Ale pan miał mundur... – bełkotałem ze strachu, a w tym czasie rozsądek próbował łapać dyndające luzem lejce mojego języka.

– Nigdy nie byłem w Yopal. Musiało ci się coś pomylić, amigo.

– Ae...

– W Yopal nie bywa nikt, komu życie miłe. To bardzo niebezpieczne miasto. W przeciwieństwie do Villavicencio. Tutaj nie masz się czego bać.

– Aaee...

– Idź w tamtym kierunku – wskazał palcem uliczkę prowadzącą prosto w dół. – Tam jest Plaza Central i biuro, którego szukasz. Nie ma oznaczeń, ale znajdziesz je bez trudu, bo to jedyne miejsce w naszym mieście, gdzie ustawia się kolejka.

– Skąd pan wie, dokąd idę? – wykrztusiłem wreszcie.

– Żona mi powiedziała.

– Ae..?

– Przedtem byłeś w Urzędzie Celnym po pieczątkę wjazdową, a teraz idziesz do biura mojego przyjaciela.

– A.

– Tam – znowu wskazał drogę. – Prosto w dół, przyjacielu. A po drodze możesz zupełnie spokojnie robić zdjęcia. Villavicencio to bardzo przyjazne miasto.

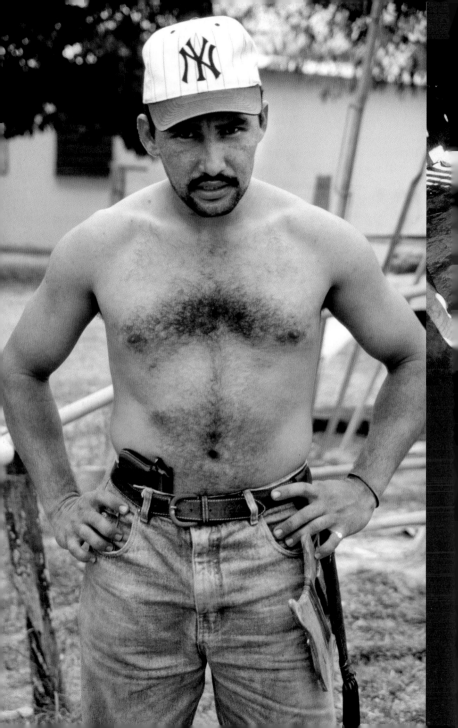

MACHO

W Ameryce Łacińskiej wypada być macho – to w dobrym tonie. Mężczyzna ma być męski i już! Bicepsy, pistolet za pasem, rubaszność w sposobie obcowania z kumplami oraz dziarska postawa to kanon. Macho to pan i władca, a jednocześnie drapieżnik. Drapieżniki dużo śpią. Po jedzeniu, po wypiciu, w domu, w pracy, w drodze... Gdzie się da.

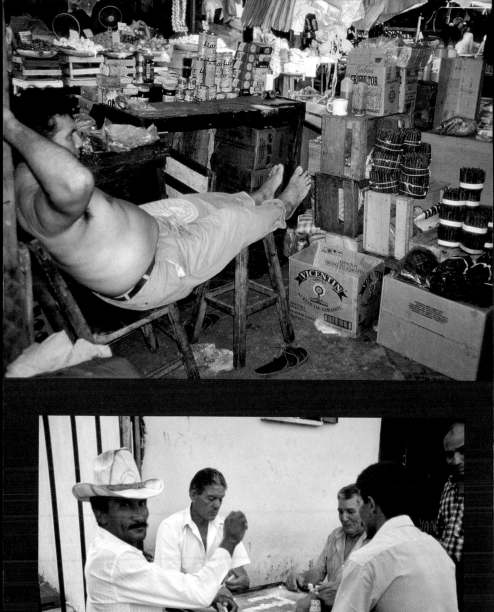

Wyspany macho poświęca energię na hazard, alkohol i śmiech. Pracę traktuje jak zło konieczne, które trzeba jak najszybciej odwalić.
Jego nieodłącznymi rekwizytami są: maczeta, wysokie buty i kapelusz. Dzięki tym dwóm ostatnim macho osiąga wzrost nawet do 165 cm.

PRZYJACIELE

Całe szczęście, że przed tym biurem stała kolejka – miałem czas uspokoić nerwy. Może rzeczywiście mi się coś pomyliło. Tamten „policjant" w Yopal mógł być po prostu bardzo podobny. W końcu uśmiechniętych Latynosów z wąsami, które zasłaniają pół twarzy, jest tu sporo. Do tego kapelusz z szerokim rondem ocieniający oczy. Taak, na pewno się pomyliłem. Przez tę wojnę domową jestem po prostu przewrażliwiony.

Ale z drugiej strony, mam przecież świetną pamięć do twarzy. To imiona, a nie twarze, mylę i zapominam ekspresowo – ktoś mi się przedstawia z imienia i nazwiska, a ja natychmiast zaczynam mieć wątpliwości, czy on jest Paweł czy Piotr; czy to była Anna, Hanna, Joanna... a może Marzanna? Mylą mi się też nagminnie Jerzy z Grzegorzem, Maciej z Michałem, Susan Sarandon z Goldie Hawn, a także Demi Moore z Jodie Foster – ale twarze pamiętam bezbłędnie. Całymi latami!

Widzę kogoś raz jeden, w roku 1985, potem ten ktoś trafia do więzienia, chudnie, zostaje pokancerowany, łysieje na glacę, zapuszcza brodę, a ja go rozpoznaję bez większego trudu w roku 2003 i witamy się jak starzy dobrzy amigos.

Dziwne, dziwne, dziwne z tym „policjantem". No, ale niedługo to wszystko straci znaczenie. Kiedy wkroczę do dżungli, cały cywilizowany świat zniknie już po kilku zakrętach rzeki. A po paru dniach zamieni się w mgliste wspomnienie.

Znikną też wszystkie cywilizowane niebezpieczeństwa. W ich miejsce pojawią się niebezpieczeństwa puszczy równikowej, które, prawdę mówiąc, są dużo bardziej przyjazne od tych cywilizowanych.

Niebezpieczeństwa dzikiej przyrody mają swoje jasno określone reguły, swój kodeks postępowania i następowania, swój „honor"... Dzięki temu są przewidywalne. A skoro tak, to łatwiejsze do uniknięcia. W dżungli zawsze wiesz, w co grasz.

Natomiast tam, gdzie rządzi cywilizacja, niebezpieczeństwa stają się bezduszne, podłe, bestialskie... nieludzkie. Niebezpieczeństwa, które kreuje człowiek, polegają na łamaniu reguł. A skoro tak, to nigdy nie wiesz, w co grasz.

Dlatego dużo bezpieczniej czuję się pośród dzikiej puszczy niż w świecie cywilizowanym. W dżungli strach jest zdrowy. W mieście, chorobliwy.

* * *

Kolejka posuwała się mozolnie naprzód, a ja razem z nią. Po godzinie dotarłem wreszcie do solidnych drewnianych drzwi. Były mahoniowe, czyli baaardzo drogie. Wykonano je w całości z jednej wyjątkowo wielkiej dechy. Decha o wadze 200 kilogramów! Pień, z którego ją wycięto, musiał być rekordowo gruby. Takie drzwi w Europie byłyby warte tyle co dwupokojowe mieszkanie – pomyślałem. – A tutaj? Tutaj, jak się zabrudzą, to pewnie zostaną wymienione na nowe, bo to wyjdzie taniej niż puszka lakieru do drewna. Wreszcie drzwi się otworzyły i zostałem zaproszony do środka...

* * *

– Przysyła mnie señor Ambrosio z Urzędu Celnego, mój przyjaciel.
– Ambrosio, mój przyjaciel, pana przysyła?
– Tak, mój przyjaciel.
– I mój.
– Mój też.
– Czyli nasz przyjaciel Ambrosio.
– Nasz.
– A w jakiej sprawie przysyła pana mój i pana przyjaciel Ambrosio?
– W dyskretnej.
– Aaaaę...?
– Pan lata do Mitú.
– Nie latam. Tam teraz nikt nie lata. Poza wojskiem. Ale słucham dalej?
– No więc pan nie lata do Mitú, ale ja potrzebuję polecieć. Najlepiej którymś z pańskich samolotów, którymi pan tam nie lata. Dodam jeszcze, zanim mi pan odmówi, że Ambrosio z Urzędu Celnego, to mój dobry przyjaciel.
– Dla moich przyjaciół zrobię wszystko, w końcu od tego są przyjaciele, ale to będzie kosztowało.
– Jestem przygotowany.

– Musi kosztować! Rozumie pan, przyjacielu: lot, którego nie ma... Takie rzeczy nie są tanie. Płaci się głównie za to, że samolotu nikt nie widzi. Ani radary, ani kontrola lotów, ani wojsko. Wojsko ma z tym szczególny kłopot, bo oni muszą nie widzieć, co się dzieje na ich własnym lądowisku. To jest bardzo złożona operacja logistyczna.

– Jasne. Ambrosio wspominał. Oni tam w Urzędzie Celnym, też dość często nie widzą różnych rzeczy, prawda? Ambrosio mi mówił, że pan jest w tych sprawach prawdziwym ekspertem.

– Aż tyle mówił? Ambrosio?

– Noo... może niekoniecznie wdawał się w szczegóły, ale ja jestem domyślny. To jak z tym samolotem?

– Jutro o szóstej rano podjadę pod pański hotel.

– Niestety jeszcze nie zdecydowałem, gdzie się zatrzymam.

– Nie szkodzi, będę czekał przed pańskim hotelem.

– Aha rozumiem, pewnie tu jest tylko jeden.

– Nie, hoteli mamy sporo. Ale zagraniczni goście to u nas rzadkość. Jakoś boją się zaglądać do Villavicencio, więc już pewnie całe miasto gada o pańskim przybyciu. Zanim wrócę do domu, moja żona będzie wiedziała, gdzie się pan zatrzymał, skąd przyjechał, co pan ma w paszporcie i w bagażu...

– Poleci mi pan któryś z tych hoteli?

– Właściwie wszystko jedno, gdzie pan pójdzie, przyjacielu, bo i tak odeślą pana do „El Vagabundo". To jedyny hotel, który się dla pana nadaje. A ponieważ wszystkie hotele w naszym mieście mają jednego właściciela, więc obsługa nie ma problemu z odsyłaniem klientów do konkurencji.

– Jednego właściciela?

– Tak, to pański przyjaciel, przyjacielu.

– Ale ja tu nikogo nie znam... poza Ambrosio oczywiście, a on mi nie wyglądał na hotelarza.

– Zna pan jeszcze mnie, prawda? A ponieważ przyjaciele moich przyjaciół są moimi przyjaciółmi, pan jest jak najbardziej moim przyjacielem, przyjacielu. Do zobaczenia jutro o szóstej rano. Każę recepcjoniście obudzić pana pół godziny wcześniej.

– A ile to wszystko będzie kosztowało panie... przyjacielu?

W odpowiedzi podsunął mi karteczkę, na której wypisał pewną przerażającą sumę.

– Czy w tym pańskim hotelu co rano wymieniają nie tylko pościel i ręczniki, ale także obicia mebli??? – zapytałem zdesperowany.

– Och nie, przyjacielu. Po prostu cena noclegu uwzględnia opłatę za samolot, którego nie ma.

– Aaaa... – odetchnąłem z ulgą. – Czy zamiast pieniędzy zgodzi się pan przyjąć to?

Po tych słowach sięgnąłem ręką do rozporka. Wyjąłem stamtąd mały płócienny woreczek, którego obecność w tym miejscu doskwierała mi od chwili, gdy w popłochu opuszczałem terytorium Wenezueli[20]. Z woreczka wysypałem na stół kilka zielonych kamyków.

– *Esmeraldas* – stwierdził mój rozmówca, już na pierwszy rzut oka rozpoznając surowe szmaragdy. – Są dużo lepsze niż pieniądze. Mniejsze, łatwiej je schować, nie dewaluują się... Ale to trochę za dużo, przyjacielu. Tego sobie zatrzymaj – odsunął palcem największy kamyk.

– Nie, nie. Dość już z nimi miałem kłopotów. Zróbmy tak: pan mi za to załatwi dwie beczki benzyny, które odbiorę po wylądowaniu w Mitú.

– OK, przyjacielu. Te beczki już tam na ciebie czekają. Nowiutkie, czerwone, z pięknymi napisami TEXACO.

– Wolałbym solidnie sfatygowane w kolorze zielonym.

– Hm... – mruknął z podziwem. – Wybierasz się na rzekę, przyjacielu. Trochę niebezpiecznie.

– A pan myślał, że jadę do Mitú pozwiedzać pas startowy i dwie ulice?

– Rzeczywiście, tam nie ma nic interesującego... A gdzie się wybierasz płynąć, przyjacielu? – zapytał prawie mimochodem.

Wyczułem jego napiętą ciekawość. Była jak kot – z wierzchu milutka, mięciutka, rozmruczana, ale w środku krył się drapieżnik.

– O to będzie pan musiał zapytać swoją żonę – odpowiedziałem z uśmiechem. – Jeżeli do jutra rana panu nie powie, ja to zrobię.

---

[20] Więcej na ten temat można przeczytać w książce „Gringo na końcu Orinoko". [przyp. wydawcy]

Nie mam nic do ukrycia. Prawdę powiedziawszy, nawet wolałbym, żeby pan rozgłosił wszem i wobec, po co lecę do Mitú. Chcę uniknąć niebezpiecznych podejrzeń.

– Poproszę żonę, ona to zrobi najlepiej. Zanim pan doleci na miejsce, wszyscy w Mitú będą dobrze poinformowani.

NA LOTNISKO

 Następnego dnia rano, o godzinie szóstej, zajechał z piskiem opon pod drzwi mojego hotelu.

– Bardzo pan punktualny – pochwaliłem zdziwiony.

W Ameryce Łacińskiej ludzie spóźniają się notorycznie i nikt na to nie zwraca baczniejszej uwagi. A gdyby ktoś próbował, to tylko sobie nerwy popsuje.

– Ja? Punktualny??? A która jest?

– Punkt szósta! – pokazałem na mój zegarek.

– Raczej siódma. Nie przestawiłeś godziny przy wyjeździe z Wenezueli, przyjacielu.

– Wyjeżdżałem przez zieloną granicę...

– Wiem, wiem.

– Skąd? Nie opowiadałem panu.

– Od żony.

– Jasne. Zapomniałem, że w tym mieście nic się nie ukryje.

– Tu? Przeciwnie, tu się ukrywa większość przestępców zbiegłych ze wszystkich możliwych więzień w całej Kolumbii.

– Myślałem, że oni siedzą w Yopal.

– O nie, przyjacielu, w Yopal ukrywają się wyłącznie ludzie p o s z u k i w a n i przez prawo. A u nas tacy, których nikt nie szuka... jeśli nie musi.

– I nie boją się, że sąsiadka powie sąsiadce, a potem ktoś powtórzy policji...?

– Nie powtórzy. Są rzeczy na niebie i ziemi, o których nie rozmawiają nawet najwięksi plotkarze.

* * *

Myślę, że nadeszła pora na kilka słów wyjaśnienia:

W rozdziale PRZYJACIELE było sporo gadania, prawda? Dialogi, dialogi, dialogi... i prawie żadnych opisów. Jeśli chodzi o wygląd zewnętrzny, to poznaliśmy tylko te mahoniowe drzwi.

No cóż, mnie Państwo znają (więc opis nie był konieczny), a jego... Jego... On... Powiem to tak: Są na świecie ludzie, którzy prowadzą szeroko zakrojone interesy, choć nie mają ani imion, ani nazwisk, ani twarzy. I od tego w dużej mierze zależy powodzenie tych interesów.

Podobnie jak z tym facetem, który zastanawiał się, czy otworzyć stałe biuro? Z jednej strony byłby wtedy łatwiejszy do znalezienia, ale z drugiej strony... byłby łatwiejszy do znalezienia.

* * *

Lotnisko leżało kawałeczek za miastem. Wszystkiego może osiem kilometrów od centrum. Ale pokonanie tej odległości zajęło nam ponad trzy godziny. To dlatego, że mój kierowca... mój przyjaciel, miał po drodze „kilka spraw do załatwienia".

Zatrzymywaliśmy się co 50 metrów – praktycznie na każdym rogu – zabierając różnej wielkości pakunki. Wszystkie lądowały w tyle półciężarówki.

Z tego, co udało mi się zaobserwować, było tam dosłownie wszystko, co może być potrzebne do życia: żywność, materiały budowlane, lampy, meble, bele materiału, kłębki drutu kolczastego, siatka ogrodzeniowa, skrzynki wódki, wory cukru...

Zatrzymaliśmy się między innymi przed zakładem pogrzebowym.

– Muszę tu tylko odebrać dokumenty – powiedział mój przyjaciel, wyskakując z auta.

Jego „tylko odebrać" trwało godzinę.

– Sprawdzali zgodność twarzy z fotografią – usprawiedliwił się niejasno.

– Znaczy co: mierzyli długość nosa i rozstaw uszu, a potem liczyli piegi? Nie mogli po prostu rzucić okiem? To trwało godzinę!!!

– Nie miałem wyjścia, bo zdjęcie w dokumentach jest trochę niepodobne do oryginału. Stare. Ale nie przejmuj się przyjacielu, zdążymy. Samolot na pewno nie odleci bez ciebie. I bez tego – wskazał palcem na skrzynię pakowaną właśnie w tyle samochodu.

– To trumna!!!

– A co, jesteś zabobonny?

– Nie jestem, po prostu...

– Przesądny?

– Też nie, po p...

– No to nie ma sprawy. Tym bardziej że ta jest pusta, na handel, a nieboszczyk poleci dopiero jutro. Dzisiaj nie zdążą już podbić papierów.

– A po co nieboszczyk ma lecieć do Mitú?

– Ano umarło się choremu w szpitalu w Villavicencio i będzie wracał do domu. Zresztą nie on jeden – w tym momencie wskazał wzrokiem na dwa blaszane pojemniki rzucone na podłogę pod moimi stopami. – Tamci też wracają, tylko że spopieleni. Finansowo to się kalkuluje mniej więcej podobnie. Kremacja kosztuje tyle co fracht średniej trumny, więc na jedno wychodzi. Czego nie zarobię na przewozach, to sobie odbijam w zakładzie pogrzebowym.

– Jest pan właścicielem jednego i drugiego?

– Oczywiście, przyjacielu. No może niezupełnie wprost, to znaczy nie figuruję nigdzie w papierach, ale zdecydowanie prowadzę oba te interesy. I wiele innych. „Prowadzę" to najwłaściwsze słowo. Coś jak przewodnik stada. Ludzie czasami mówią o mnie: Señor Vicente Villa[21]. To oczywiście nie jest moje prawdziwe nazwisko, ale oddaje stan rzeczy. W dodatku dworują sobie, że jakby samolot nie doleciał, to stary Vicente i tak zarobi swoje... w zakładzie pogrzebowym. I wiesz co, przyjacielu? Mają rację!!! – roześmiał się sardonicznie. – Naturalnie pod warunkiem, że jakoś odnajdziemy miejsce, gdzieście spadli, i że was do tego czasu nie zjedzą sępy – śmiał się teraz do łez.

Mnie nie było do śmiechu. Ale na siedzeniu za mną nastąpiła cała eksplozja dobrego humoru. Nawet nie musiałem odwracać głowy – słyszałem wyraźnie znajomy chichocik i radosne klepanie się po kosmatych udach. Wiedziałem doskonale, kto tam siedzi. Znaliśmy się od lat. A poza tym doszedł mnie ten charakterystyczny zapaszek dawno niemytej sierści.[22]

Tak to mniej więcej było tego ranka w Villavicencio.

---

[21] *Vicente Villa* to gra słów:
Słowo *Villa* bywa zupełnie normalnym nazwiskiem (np. Pancho Villa), ale najczęściej oznacza *osiedle* lub *miasteczko*. W Kolumbii jest to także regionalny skrót nazwy Villavicencio (przydługiej w codziennym stosowaniu). *Vicente* z kolei, to po prostu odpowiednik polskiego Wincentego.
Vicente Villa można więc odczytać jako wyraźną sugestię, że ten pan jest właścicielem Villavicencio, czyli inaczej, że jest panem Villa. [przyp. tłumacza]

[22] Osobą, o której pisze Autor, jest Panika – postać niezupełnie fikcyjna, która pojawia się dość często w książce „Gringo wśród dzikich plemion". Fizycznie... trochę bardziej owłosiona, niż to dopuszcza moda i... zdecydowanie obfitsza niż ideał dietetyków. Ale jakoś jej to nie przeszkadza wyczyniać z naszym Autorem różnych rzeczy. :)))))) Większość z nich jest śmieszna. Oczywiście nie dla Autora – dla niego te rzeczy są... dotkliwe. Polecam tę książkę szczególnie osobom, które za panem Wojtkiem nie przepadają – będzie to dla Was prawdziwa frajda, a może nawet coś w rodzaju osobistej satysfakcji. [przyp. tłumacza]

LINIE SŁOŃCA

⊠ Wreszcie, po kilku godzinach kluczenia wszystkimi ulicami i ścieżkami miasta, dojechaliśmy na lotnisko, a pan Villa wprowadził mnie z dumą na pokład swojego nieistniejącego samolotu. Zaraz potem szybko pożegnał się, mówiąc coś o „sprawach niecierpiących zwłoki". Tak to w każdym razie zrozumiałem. (Przyszłość pokaże, że w szumie lotniska umknęły mi niektóre słowa... Ale o tym potem.)

Wnętrze samolotu przypominało beczkę zrobioną z żelastwa. Pusta przestrzeń ładowni i właściwie nic poza tym – brak podziałów na mniejsze pomieszczenia. Wzdłuż boków na całej długości kadłuba drewniane ławeczki dla pasażerów, a na końcu, daleko w dziobie, dwa wysokie fotele dla pilotów. Żadnego przepierzenia, które oddzielałoby sterówkę od ładowni. Za to sporo pootwieranych drzwi i wyjść awaryjnych, co pozwalało mi swobodnie obserwować życie na zewnątrz.

– Czemu to takie puste w środku? – zapytałem człowieka z obsługi, który z użyciem liny mocował właśnie do podłogi jakąś skrzynię.

– Puste, żeby było lżejsze. Wtedy wchodzi więcej ładunku. A poza tym silniki już nie nowe.

– To był kiedyś samolot pasażerski, prawda?

– Był. Siedzenia oddaliśmy do kina. I teraz mamy w Villavicencio prawdziwe amerykańskie kino, z miękkimi fotelami.

Usiadłem na drewnianej ławeczce, plecami do twardej, metalowej ściany. Przede mną na podłodze piętrzyły się paki i skrzynie; pudła, toboły i wory; pęki, wiązki i kosze; wiadra, bukłaki, butle, gąsiory, a nawet słoje – stosy przeróżnych towarów.

Z niedowierzaniem podziwiałem asortyment: nawet cebulę i kartofle wiozą samolotem? Szczypior, kapusta i owoce? Czy tam, w Mitú, ludziom się nie chce uprawiać ziemi? Ojejku, jajka! Taniej wyszłoby kupić sobie kurę i worek prosa niż płacić za takie lotnicze jaja. Dziwne będzie to Mitú, oj dziwne...

Do ładowni wszedł pilot. Najpierw zapachniało alkoholem, a potem usłyszałem:

– *Zdrastwujtie.*

W tym momencie zardzewiałe koło historii zatoczyło z chrzęstem pełen obrót, a ja wylądowałem w punkcie wyjścia.

* * *

W czasach PRL-u mówiło się „Chcesz być pyłem – lataj iłem". Iły (a także, trochę mniejsze od iłów, antonowy) to były ruskie samoloty służące w równym stopniu do latania, co do spadania. Jedną z pilnie strzeżonych tajemnic Związku Sowieckiego była liczba katastrof lotniczych. Mimo braku dokładnych danych same tylko sporadyczne przecieki docierające na Zachód wystarczyły, żeby Sowieckie Linie Lotnicze „Aeroflot" uzyskały miano najniebezpieczniejszych na świecie.

Wtedy nie miałem wyjścia – latałem tym, co było dostępne – ale kiedy Polska odzyskała niepodległość i wymieniła swoją flotę na boeingi, pomyślałem z prawdziwą ulgą, że już nigdy więcej nie będę musiał latać ruskim samolotem.

Niestety los chciał inaczej – na lotnisku w Villavicencio okazało się, że mam do wyboru starego antonowa albo rezygnację z wyprawy. Przede mną stał zajeżdżony gruchot z Rosji, a obok dwaj zajeżdżeni piloci. Oni oczywiście też z Rosji, bo po pierwsze nikt inny czymś takim latać nie chciał, a po drugie wszystkie instrumenty sterownicze były opisane cyrylicą, więc nikt inny tym latać nie był w stanie.

Poza naszym samolotem na pasie startowym stały jeszcze dwa podobne. Słowo „stały" nie oddaje w pełni stanu rzeczy – one raczej leżały albo jeszcze lepiej: były porozkładane na ziemi. Trwały przy nich prace... nazwijmy to montażowe. Kilku mężczyzn o wyraźnie wschodnioeuropejskich rysach głowiło się właśnie nad jakimś rysunkiem technicznym. Obok leżał spory kawałek skrzydła, który nie bardzo chciał pasować w miejscu, gdzie to przewidywała instrukcja.

Te maszyny, nawet w czasach swojej świetności (40 lat temu), nie byłyby w stanie samodzielnie dolecieć z Rosji do Kolumbii – dlatego przypłynęły statkiem do portu Barranquilla, a potem przewieziono je lądem do Villavicencio. W tym celu zostały porozkręcane na drobne elementy, a teraz trzeba było to wszystko jakoś poskładać do kupy. Do kupy rozklekotanej, pogiętej i zardzewiałej. Kupy budzącej poważne zastrzeżenia. I strach. Kupy, która może cię nic nie obchodzić, pod warunkiem że nie siedzisz w środku. Ani pod spodem (na trasie przelotu). Ani nigdzie indziej w zasięgu ewentualnej eksplozji.

Ponieważ skrzydło nijak nie dawało się zamontować w miejscu oryginalnie do tego przeznaczonym, Rosjanie – rada w radę – chwycili wiertarki i zaczęli borować nowe, nieprzepisowe otwory w konstrukcji kadłuba.

– Przykręcit się skrzydło na innych zaczepach i wot – powiedział jeden z nich łamaną hiszpańszczyzną. – Na pewno budziet pasować.

Ale niekoniecznie latać! – pomyślałem.

– Samaliot wielikij. Dziesiat centimietroff niczewo nie pazmieniajet – gadał właściwie sam do siebie, bo inni w tym czasie zawzięcie borowali.

* * *

– Czy nasz samolot skręcali ci sami ludzie? – zapytałem człowieka z obsługi, który mocował u moich stóp kolejną skrzynię.

– Jasne! Tylko oni potrafią przeczytać instrukcję. To są *ingenieros rusos*, rosyjscy inżynierowie – odpowiedział z szacunkiem w głosie.

Nawet nie pytałem, co miał na myśli, mówiąc *ingenieros*. Wolałem nie wiedzieć. W Ameryce Łacińskiej ten tytuł przysługuje każdemu, kto umie czytać. Mnie też często tytułują *ingeniero* albo *doctor*, tylko dlatego, że jestem biały, czytam gazety i noszę okulary.

Żeby się nie denerwować obserwowaniem metod, jakimi *ingenieros rusos* realizują montaże samolotów, przesiadłem się tyłem do nich i wyjrzałem przez otwarte drzwi po przeciwnej stronie ładowni. Tam widok też nie był krzepiący – jakiś facet z wałkiem malarskim zatkniętym na długiej tyczce przemalowywał właśnie kadłub kolejnego samolotu. Stary napis „Aeroflot" przykrywał nazwą nowej firmy. Tej samej, która sprzedała mi bilet na dzisiejszy lot – „Linie Słońca", czyli po hiszpańsku „Aero Sol".

Nagle ktoś mnie szturnął łokciem w bok. Na ławeczce po mojej prawej stronie siedziała wielka, kosmata, obezwładniająca Panika. Szczerzyła się szczerbato od ucha do ucha i pokazywała tłustym paluchem nadruk na przyciasnej koszulce:

CHCESZ BYĆ PYŁEM – LATAJ AEROSOLEM

Wkrótce potem wystartowaliśmy.

NA NIEBIE I ZIEMI

To z całą pewnością nie był normalny dzień. Od początku zapowiadał się... dziwnie. Od chwili opuszczenia hotelu. A najgorsze było to, że do końca tego dnia brakowało jeszcze całego popołudnia. Kupa czasu i nikt nie wie, co się może wydarzyć.

Nie jestem przesądny ani zabobonny, ale czasami niespotykane nagromadzenie podejrzanych zbiegów okoliczności daje człowiekowi do myślenia.

Posłuchajcie tylko...

Po pierwsze: był to trzynasty dzień lutego.

Po drugie: piątek.

Po trzecie: siedziałem teraz w ruskim samolocie, który leciał z mozołem gdzieś nad terytorium Kolumbii.

Po czwarte: mdliło mnie niemiłosiernie, a nie zabrałem aviomarinu. Pilot wspominał wprawdzie, że *możet nami trochę rzucać*, ale chyba nikt go nie zrozumiał. No cóż – jego hiszpański był szczątkowy. Najwyraźniej zamiast „trochę" chciał powiedzieć „potwornie", a kiedy mówił „możet" miał na myśli „będzie na pewno, bez przerwy i od samego startu, towariszczi". (Kilka osób siedzących obok mnie też nie zabrało aviomarinów i teraz z głowami zwieszonymi między kolana oglądali, co tam który jadł na śniadanie.)

Po piąte: obiecywałem sobie w duszy, że to już na pewno po raz ostatni i że nigdy, przenigdy więcej, za żadne skarby świata nie wsiądę do ruskiego samolotu.

Po szóste: zastanawiałem się, czy to rozsądne obiecywać sobie coś takiego przed wylądowaniem.

Po siódme: ten samolot oficjalnie nie istniał, więc gdyby nagle spadł, to nikt go nie będzie szukał. A gdyby ktoś go zestrzelił, to tak, jakby strzelał na wiwat w powietrze – samolot, którego nie ma, nie ma przecież żadnych opiekunów prawnych. (Za to guerrilla czasami nie ma żywności i strzela do bezpańskich samolotów.)

Po ósme: właściciel linii lotniczej „Aero Sol" nie pozwolił pilotom zabrać spadochronów, bo chciał mieć gwarancję, że będą robili wszystko, co w ich mocy, by dolecieć do celu. W efekcie piloci bez przerwy popijali aguardiente – żeby jakoś stłumić dygotanie rąk na sterach.

Po dziewiąte: siedziałem teraz nie na ławeczce biegnącej wzdłuż ściany, ale na trumnie. Owszem, słyszycie prawidłowo: SIEDZIAŁEM NA TRUMNIE.

(Wniesiono ją w ostatniej chwili. Pytam, czy to ta pusta, którą przywiózł pan Villa, bo jakoś jakby troszkę inaczej wygląda? A oni, że inna – pełna. Ja do nich, że chyba sobie żartują; i że chyba sobie nie myślą, że będę leciał z nieboszczykiem; i że chyba sobie... A oni na to, żebym tyle nie gadał, tylko ustąpił miejsca wdowie, która podróżuje ze zmarłym, a sam usiadł... No... Gdzie by tu?... Na przykład na tej trumnie, gringo, bo normalnych miejsc zabrakło.)

Taaak. To zdecydowanie nie był normalny dzień. Zapowiadał się dziwnie od chwili opuszczenia hotelu.

* * *

Samolot leciał już od pół godziny.

Trzęsło. Na początku myślałem, że to wyjątkowo wyboisty pas startowy, ale wkrótce okazało się, że wyboiste jest raczej powietrze, a może skrzydła... No nieważne. Ważne, że samolot leciał.

A ja? Można powiedzieć, że płynąłem po przestworzach na umrzyka skrzyni.

W dole, pod nami, jak okiem sięgnąć Los Llanos – największa łąka świata. Ostoja dzikiej zwierzyny, królestwo kapibary i kajmana, a także ptaków, żółwi i żab. Ale przede wszystkim raj dla owadów, gdzie słychać bezustanne monotonne: *bzzz*.

U nas, w górze, słychać było wyłącznie wszechogarniające mechaniczne: *brżrżrż*. Silniki warczały tak głośno, że bolały głowa i uszy, a pasażerowie nie byli w stanie rozmawiać. Z rozrzewnieniem wspomniałem więc moją wędrówkę przez Los Llanos. Jakże tam było pięknie. I cicho. I te zachody słońca!

A ponadto:

Żar słoneczny.

Żar rozgrzanej ziemi.

Żar rozżarzonego powietrza.

Żar dnia. Żar nocy. Żar tropików. Nieustanny. Nieznośny. Żar. Żar. Żar.

Teraz – na pokładzie Linii Słońca – tamten słoneczny żar wcale nie wydawał mi się nieznośny. Przeciwnie – zaczynałem go wspomi-

nać z nostalgią, jako coś dużo lepszego niż otaczający mnie coraz
ciaśniej ziąb nieszczelnego samolotu:

Ziąb świszczącego powietrza.

Ziąb przemarzającej blachy.

Ziąb oszronionych bagaży.

Ziąb. Ziąb. Ziąb.

A na dokładkę, tuż pode mną, spoczywa zimny trup...

Tak to mniej więcej było w drodze do Mitú.

**W tym
miejscu kończy się
wędrówka przez Los Llanos,
a zaczyna wyprawa do dżungli. Kończy
się zatem Księga Słońca – czas
rozpocząć Księgę Błota.[23]**

---

[23] Zakończenie tego lotu ma nastąpić w Księdze Błota?! Hmm...
Ja wiem, że Autor nie jest przesądny ani zabobonny, ale może by tak – przynajmniej na
czas lądowania – zmienić tytuł z „Księga Błota" na „Księga Porządnie Utwardzonych
Betonowych Pasów Startowych"? Ale to już oczywiście, jak sobie Autor uważa, bo mnie
tam wszystko jedno. [przyp. tłumacza]

KROWY

Krowy to nie to,
o czym myślicie.
Większość ma
na sobie więcej
kolorów niż dwa
i nie daje mleka,
lecz mięso.
Większość całe
życie spaceruje
po trawie, nie wie
co to obora i nie
nosi kolczyków.
Niestety większość
z Was zna tylko
smak pozostałej
mniejszości.

Część 2

KSIĘGA BŁOTA

Od dwudziestu lat tropię Indian. Takich, którzy ciągle jeszcze żyją po staremu.

Przetrwało ich niewielu; ale wciąż jeszcze są – małe grupy ukryte w najbardziej niedostępnych rejonach puszczy. Bardzo daleko od świata, który zwykł sam siebie nazywać cywilizowanym. I najczęściej niechętne temu światu. Niekoniecznie od razu wrogie, ale zawsze, zawsze, zawsze nieufne... ostrożne... spięte... gotowe do skoku lub ucieczki.

Jak je odnaleźć? Jak wytropić? I jak przy tym nie dać się zastrzelić z dmuchawki?

To trudna sztuka. Ale mam swoje sposoby.

Posłuchajcie...

LĄDOWISKO

No i nie dało się inaczej – zwymiotowałem pod pierwszym płotem. Aerosolowy lot tego ode mnie zażądał. I tak dobrze, że nie wzięło mnie w samolocie, bo co by powiedział nieboszczyk? No dobra, on sam nic, ale jego rodzina...

Wymiotowałem w grupie – stało nas przy tym płocie kilkoro. Wszyscy, bez względu na kolor skóry, mieliśmy teraz zielone twarze. Pomyślałem, że pasowalibyśmy do reklamówki Bennettona, i zacząłem chichotać.

– Tu nie wypada się śmiać, gringo – powiedział do mnie jakiś mężczyzna, ocierając usta i otrząsając dłoń. Twarz miał nadal zieloną, jak my wszyscy, ale powoli nabierał normalnych kolorów.

Dopiero w tym momencie zorientowałem się, gdzie jestem – płot odgradzał lądowisko od... cmentarza. Hmm. Właściwie logiczne. Po co zbyt daleko chodzić? Patrząc na tutejszy pas startowy i na to, co leżało porozrzucane dookoła niego, nie miałem wątpliwości, że lądowania bywały tu częstsze niż starty. A kiedy pasażera trzeba zebrać, zgrabić lub zmieść na szufelkę, zanim się go zabierze z pasa startowego, przylotniskowy cmentarz jawi nam się jako idea bardzo kusząca. To nawet w pewnym sensie chrześcijańskie – idziesz do samolotu i mijasz groby poprzednich pasażerów – takie memento. Człowiek od razu pobożnieje. Grzebie po kieszeniach w poszukiwaniu różańca, robi rachunek sumienia, a potem modli się gorąco i obiecuje Bogu poprawę. To umacnia słabe dusze.

Impregnowanie wiary strachem nie jest może najbardziej nowoczesną metodą rozwoju duchowego, ale wciąż skuteczną. Podawany w odpowiednich dawkach, strach prostuje człowieka. Strach jest dobry.

* * *

Kiedy poczułem się lepiej, zawróciłem do samolotu po plecak.

Właśnie wyładowywano trumnę. Bez ceregieli i ceremonii, bez cienia pietyzmu – ot, kolejny pakunek, który trzeba wynieść z ładowni. Nikt nie płakał, nie było orkiestry ani księdza, nie utworzył się kondukt żałobny. Wiedziałem, dlaczego tak jest, widywałem takie rzeczy wcześniej, ale dla Europejczyka to zawsze trochę szokujące – ten brak emocji.

Latynosi są praktyczni i potrafią w zadziwiający sposób oddzielić stronę formalną danego zjawiska od strony emocjonalnej. Teraz byliśmy po stronie formalnej – jest trumna do odbioru i tym się trzeba zająć. Logistyka działań pochłonęła ich całkowicie. Tak samo, jak potem pochłoną ich emocje – żal po zmarłym, płacz, akty rozpaczy... Ci sami ludzie, którzy teraz ze spokojem wynoszą trumnę i ładują na furmankę, za kilka godzin nie będą w stanie opanować spazmów. Kiedy tylko skończą zajmować się technikaliami, wpadną w histerię żalu – będą lać łzy, rwać włosy z głów, padać zemdleni, zrywać się z krzeseł w kościele i krzyczeć Bogu w twarz żądania, by zmarły ożył. Będą wyć, łkać, szarpać na sobie ubranie. Będą chcieli poumierać z rozpaczy.

Ci sami ludzie, a tak różne postawy wobec tej samej trumny. Tylko że to jest „ta sama trumna" jedynie dla mnie. I dla Was. Oni zaś myślą inaczej: teraz to trumna, a potem to będzie nieboszczyk – te dwie rzeczy nie mieszczą im się w głowach naraz. Tak to działa. Tacy są Latynosi. I wygodnie jest o tym pamiętać.

* * *

Zabierając mój plecak, po raz ostatni przyjrzałem się zawartości samolotu.

Był wyładowany warzywami, wódką, suchym prowiantem, puszkami z żywnością, workami mąki, ryżu i soli oraz całą masą chińskiego plastiku uformowanego w miski, kubki, kalosze, kanistry, płaszcze przeciwdeszczowe, zabawki dla dzieci, rury kanalizacyjne, sznurki, liny, sieci, płachty folii, faliste poszycie dachowe i bardzo wiele innych przedmiotów codziennego i odświętnego użytku. Było też sporo jaj i cukru.

Jeden z worków rozdarł się lekko i zaczął sypać. Patrzę na coś, co ma być cukrem, ale kolor mi się nie zgadza – szary. Poza tym jest zdecydowanie zbyt drobny. Ślinię palec, dotykam, wącham, smakuję końcem języka... Tfu! Toż to cement.

– Gringo! Zabrałeś plecak? To idź już sobie. I zostaw mój cukier! – woła ktoś z tyłu.

Odwracam się i staję twarzą w twarz z grupką ludzi o bardzo zdecydowanych minach. We czterech mają więcej muskułów niż mieści się na statku pełnym marynarzy. Tylko jeden jest kościsty i to tak, że mógłby grać w reklamie wysokiego napięcia. Twarz blada, oczy zapadnięte, łysy – jego głowa wygląda jak trupia czacha.

– To nie cukier, amigos. Nastąpiła jakaś pomyłka...

– Cukier!!! – odpowiada czacha.

– Właśnie, że nie...

– Cukier!!! A ty spieprzaj, gringo – na te słowa kilka muskułów w tle drgnęło znacząco.

Postanowiłem się wycofać. (Zanim któryś z nich drgnie w moją stronę.)

– Dobrze, już dobrze. Po co zaraz takie wrzaski? Chciałem tylko ostrzec, że po tym „cukrze" będziecie mieć bardzo mocne zaparcia. Ale to oczywiście wasza sprawa, señores. Aha, kawę lepiej stale mieszać i nie zostawiać łyżeczki w kubku.

Na odchodnym usłyszałem kilka kąśliwych komentarzy na swój temat – krótka seria ozdobnych wyrażeń, których nie podają w słowniku.

Lepsza taka seria niż karabinowa – pomyślałem. – I za co? Za troskę o ich żołądki? Oj, dziwne będzie to Mitú, dziwne...

Zarzuciłem plecak na ramię i ruszyłem w stronę miasteczka.

AMIGO

Bardzo interesujący wyraz.

Słowniki tłumaczą go na *przyjaciel*. Zbyt prosto!!! W Ameryce Łacińskiej zakres znaczeniowy tego słowa rozciąga się daleko poza horyzont znany w Europie i USA. Wiele zależy od tego kto, o kim i do kogo mówi *amigo*. Ważne jest też, jakim tonem i z jaką miną. Aha, no i oczywiście warto zwracać uwagę na to, kto nas wtedy słucha.

W największym skrócie powiem tak: *amigo* może oznaczać przyjaciela, znajomego, kolegę z pracy, zastępować zwroty w rodzaju: chłopie, stary albo takie trochę mniej przyjazne: dobry człowieku, panie!, hej, te, halo...

W pewnych okolicznościach *amigo* bywa przestrogą albo groźbą. Może być nawet wyrokiem śmierci – przyjaciele naszych przyjaciół są oczywiście naszymi przyjaciółmi, podobnie jak nieprzyjaciele naszych nieprzyjaciół, ale są też na świecie nieprzyjaciele przyjaciół oraz przyjaciele nieprzyjaciół i wtedy lepiej nie spotkać nikogo, kto mógłby na ciebie zawołać: *Amigo!*

* * *

W tej książce *amigo* (l. mn. *amigos*) występuje najczęściej po polsku – jako *przyjaciel*. Jest jednak kilka takich miejsc, gdzie przyjaźń nie była oczywista – no na przykład: rozmówcy zwracają się do siebie uprzejmie, lecz w sposób sugerujący, że nieuprzejmość pozostaje otwartą opcją – wtedy pozostawiono pisownię oryginalną – *amigo*.

ANTONIO

Minąłem cmentarz i wszedłem między pierwsze domy. Po chwili zza jednego z nich wychynął jakiś mężczyzna. Zastąpił mi drogę i woła:

– Witaj, przyjacielu! Czekam i czekam, a ty nie przychodzisz. Pewnie trochę chorowałeś po tym wyboistym locie, co?

– No... trochę rzeczywiście chorowałem...

– Ach ci Ruscy! – nie dał mi dokończyć. – Tak latają, że rzygać się chce! Chodź, przyjacielu. Napijemy się kieliszeczek aguardiente i zaraz się poczujesz lepiej.

– Dziękuję bardzo, ale to chyba jakaś pomyłka... My się nie znamy.

– Ja ciebie znam. Wszyscy przyjaciele pana Villa są także moimi przyjaciółmi.

– Aha.

– I mam tu tę twoją benzynkę – szerokim gestem wskazał drzwi do najbliższego domu. – Nie było łatwo załatwić, ale mam! Czego się nie robi dla starych przyjaciół. Dwie nowiutkie beczuszki. Czerwone, z napisikami TEXACO.

– Zamawiałem zielone i sfatygowane.

– Hm... – mruknął z troską. – Czyli że jednak wybierasz się na rzekę, amigo. No dobra. Zamienimy beczki na stare – w jego głosie pojawił się smutek, a może niepokój.

– Przepraszam, ale tłumaczyłem już panu Villa, że jadę szukać Indian i niepotrzebne mi reklamówki TEXACO, które widać z odległości kilometra. Chcę się wtopić w pejzaż.

– Szukać Indian, powiadasz? A czy my na pewno tak samo rozumiemy słowo *Indianie*?

– Czerwonoskórzy. Teraz lepiej? Dzicy.

– Wiem, wiem, wiem. Całe pueblo wie. Ale jakoś mało kto w to wierzy.

– Nie mój problem.

– No niestety niezupełnie, przyjacielu. A raczej dokładnie na odwrót. Czy ci się to podoba, czy nie, to jest twój problem.

– ???

– Miałeś sprzeczkę z tragarzami na lotnisku, prawda?

– Skąd pan wie?

– Sie wie, i tyle.

– Ale skąd „sie wie"?! Przecież to było dosłownie przed chwilą, dwieście metrów stąd. Nie mógł pan słyszeć.

– Poszło wam o cukier? – zignorował moje pytanie, zadając własne.

– O cement.

– To był cukier! I lepiej o tym pamiętaj, gringo. Do Mitú nie wolno wwozić cementu. Chyba że masz specjalne zezwolenie. Każdy worek jest rejestrowany.

– A po co? Jeśli mogę spytać.

– Cement służy do przetwarzania liści koki w kokainę, kiedy ktoś to robi na skalę przemysłową.

– Ojojoj. To wdepnąłem w kłopoty.

– No właśnie, gringo: ojojoj. I jeszcze ta twoja wyprawa na rzekę... Cukier, który widziałeś, popłynie dzisiaj dokładnie w tym samym kierunku, w którym ty się wybierasz.

– Bardzo to wszystko ciekawe, bo ja jeszcze nie wiem, w którym kierunku popłynę.

– Ale ja wiem, gringo. I całe Mitú też wie.

– Ale skąd niby???

– Sie wie, i tyle. Pomieszkasz tu trochę, to też będziesz wiedział różne rzeczy.

Zauważyłem, że nie jestem już w tej rozmowie „przyjacielem" – słowo *amigo* przepoczwarzyło się w *gringo*. Niby nic wielkiego, ale kiedy mówił do mnie *amigo* była w tym jowialność, kiedy zaś przeszedł na *gringo*, jego głos stwardniał, ochłódł, a on sam – w gestach i wyrazie twarzy – nabrał do mnie dystansu. Wyraźnie odsunął się na bezpieczniejszą odległość. Wprawdzie przyjaciele pana Villa byli wciąż jego przyjaciółmi, ale *amigo* nie zawsze musi znaczyć to samo.

* * *

Ustaliliśmy, że moja benzyna zostanie przelana do innych beczek i że będzie czekała gotowa do odbioru, aż znajdę jakąś łódź.

Ustaliliśmy ponadto, że najlepiej będzie, jeżeli po tę benzynę zgłoszę się nie ja, lecz właściciel wynajętej przeze mnie łodzi.

– A jak ja mu powiem, do kogo ma się zgłosić? Pan się jakoś nazywa?

– Nie.

– Aha. A mnie na imię Antonio.

– Wiem.

– Ale to nie jest moje prawdziwe imię.

– Nie jest?

– Nie. Pożyczam je od dziadka, na czas podróży po Ameryce Łacińskiej. Moje polskie imię jest dla was trudne do wymówienia i niemożliwe do zapamiętania.

– Aaa...ha.

– Wojciech.

– Że co ???

– To moje imię.

– Okropne – powiedział z rozbrajającą szczerością. – Bohhzi...?

– Wojciech.

– Fuj, fuj, fuj. Trudniuśkie.

– No właśnie. A mój dziadek był Antoni, po hiszpańsku: Antonio. Prościuśkie. Każdy łatwo zapamięta.

– Jak to był???

– Dziadek? Ano „był", bo już nie żyje. Noszę imię po zmarłym.

Na te słowa mój rozmówca natychmiast splunął w palenisko, a następnie uczynił nerwowy znak krzyża. Teraz bał się mnie – jak ducha – i o to właśnie chodziło! Latynosi są zabobonni. Czasem wygodnie jest o tym pamiętać.

Zapytałem go jeszcze o jakiś hotel, a potem zebrałem się do wyjścia.

Kiedy otwierał mi drzwi, nachylił się do mnie i szepnął:

– Uważaj na siebie, gringo. Mitú to dziwne miejsce.

W tym momencie spostrzegłem na jego szyi gruby złoty łańcuch ukryty pod koszulą, a na tym łańcuchu całą masę wisiorków. Wśród nich mały złoty haczyk na ryby. Był prawie niewidoczny między innymi amuletami, a jednak moje oko wyłowiło go od razu. W tym momencie także i ja zacząłem się bać.

* * *

Znałem ten symbol! Widywałem go wcześniej w Wenezueli. Zawsze u ludzi prowadzących szemrane interesy. Nie miałem dowodów, ale za to miałem pewność, że wszyscy oni należą do kartelu.

To niekoniecznie oznaczało bandytów czy gangsterów – na usługach mafii pracuje przecież sporo zwykłych dobrych ludzi. Na przykład złotnicy i jubilerzy przetwarzający urobek nielegalnych kopalń złota i szmaragdów; chirurdzy gotowi na każde wezwanie przybyć do domu klienta, by wydłubać kulę z brzucha i nie zawiadamiać o tym policji, a w ramach wynagrodzenia prosić jedynie o kolejną hojną dotację na ten szpital dla biedoty, w którym pracują; kierowcy eleganckich limuzyn, restauratorzy, hotelarze, bankierzy, rusznikarze, lakiernicy samochodowi, drwale, chłopi uprawiający swoje pola (koki)... Cała rzesza zwykłych dobrych i ogólnie uczciwych ludzi. Każdy z nich prędzej czy później dostaje w prezencie jakiś mały złoty haczyk albo cokolwiek innego, czym lokalna mafia znakuje swoich ludzi.

Taki haczyk działa w dwie strony – jesteś na haku, ale jednocześnie nikt cię nie wyhaczy. Gdybyś przypadkiem znalazł się pośród osób porwanych przez guerrillę, zostaniesz dyskretnie oddzielony od reszty grupy i puszczony wolno. Gdybyś szedł ciemną nocą przez niebezpieczną dzielnicę i został napadnięty, całe zdarzenie zakończy się przeprosinami i odprowadzeniem w bardziej bezpieczny rejon miasta. A gdybyś został zatrzymany przez policję za kierownicą kradzionego samochodu, w środku nocy bez włączonych świateł, kompletnie pijany, z nabitą bronią, na którą nie masz zezwolenia... przygoda skończy się grzecznym pouczeniem. Pouczenie zaś będzie dotyczyło tego, że dwie ulice dalej też stoi patrol, więc może lepiej tamtędy nie jechać, señor. Tak to działa. Tacy są Latynosi. I wygodnie jest o tym pamiętać.

MALOKA

Maloka (hiszp. *maloca*) – ogromny szałas (kilkanaście metrów wzdłuż, dziesięć wszerz i ze siedem w górę); służy jako mieszkanie wielopokoleniowej rodziny lub jako plemienna Chata Zgromadzeń. Jego konstrukcja – znana wielu ludom w Amazonii – jest imponująca i co najmniej tak skomplikowana, jak więźba dachowa niemieckiej stodoły. Dlatego powinno się o maloce mówić *budynek*, a nie *szałas*. Tyle że nikt tego nie robi.

W literaturze fachowej (pisanej przez Białych*) wszędzie czytam o indiańskich *szałasach*. Jakoś nikt nie kwapi się pisać ani mówić *budynek* o czymś, co składa się wyłącznie z dachu krytego strzechą z palmowych liści; o czymś, co nie ma okien tylko dwa otwory wejściowe; o czymś, co nie ma podłogi, tylko klepisko; o czymś, co nie ma w środku podziałów na pokoje, tylko jedno wielkie wysokie i bardzo przewiewne pomieszczenie, w którym zawsze jest przyjemnie chłodno, choćby na zewnątrz lał się żar z nieba.

Wniosek: nawet w architekturze mamy uprzedzenia wynikające z...? No właśnie – z czego? Czyżby chodziło o niepiśmiennych budowniczych maloki? O to, że zasady konstrukcji przekazują sobie z ust do ust i z ojca na syna, a nie na politechnikach? Pewnie właśnie o to. Taak, na pewno. Pan inżynier, to pan inżynier, a niepiśmienny czerwonoskóry golas, to golas. Tylko dlaczego ten sam pan inżynier potrafi unosić się zachwytem, podziwiając konstrukcję inkaskich murów obronnych? Tamte mury też konstruowali niepiśmienni. Czyżby chodziło o użyte materiały? Drewno jest mniej „ważne" od kamienia? A może chodzi o strój konstruktora – że niby golas jest mniej ważny od ubranego? Ojojoj, panowie inżynierowie... A gdyby was teraz rozebrać do gołka, to co? – od razu potracicie dyplomy i całą waszą wiedzę?

---

* Słowo *biały* (oznaczające osobnika rasy białej) powinno się pisać wielką literą, mimo, że obowiązujące dziś reguły poprawnościowe mówią inaczej.
To kwestia równości. No wiecie: Wolność, Równość, Braterstwo, Demokracja, Karta Praw, Konstytucja... wszystkie one pełne są przepisów i postulatów dotyczących tego, że nie wolno ludzi dyskryminować ze względu na kolor skóry. Białych, jak rozumiem, też. A jeśli tak, to: *Niniejszym zarządzam, że skoro wielkimi literami pisze się słowa Murzyn, Arab, Hindus, Indianin..., to w mojej książce także słowo* Biały *będzie się pisać wielką literą. Wszystko to w poszanowaniu równości. /–/ Autor*

HAK

Szedłem błotnistą drogą wzdłuż rzeki. Była to jedna z dwóch głównych ulic Mitú i miałem nią bez trudu trafić do hotelu – podobno wystarczyło skręcić w prawo, kiedy już dojdę do maloki. Cieszyło mnie bardzo, że w Mitú byli Indianie i to w takiej liczbie, że zbudowali sobie Chatę Zgromadzeń.

Niewielu Carapana miało tu własne domy – większość przypływała pirogami z odległych wiosek, a po kilku dniach, po sprzedaniu wszystkiego, z czym przybyli, odpływała z powrotem do puszczy. W czasie pobytu mieszkali we wspólnej Chacie. Służyła im ona jako darmowa noclegownia i mogło tam jednorazowo przebywać nawet sto osób.

Liczyłem, że właśnie tam ich spotkam i przekonam któregoś z nich, by mnie zabrał do swojej wioski. Wiedziałem, że wszyscy Carapana odwiedzający Mitú należą do ucywilizowanych Plemion Zewnętrznych, ale wiedziałem też, że tylko oni – Zewnętrzni – mogą mnie zaprowadzić do Dzikich. W końcu byli braćmi.

* * *

Nareszcie doszedłem!

Doszedłem i oniemiałem, bo maloka była wspaniała – wielka, dostojna, dobrze utrzymana. Posadowiono ją na wysokiej skarpie nad Río Vaupés – niby w środku miasteczka, a jednak w taki sposób, że odpoczywający w niej Indianie widzieli tylko dziką rzekę i gęstą puszczę na przeciwległym brzegu. Dzięki temu czuli się w obcym dla nich świecie Mitú trochę pewniej. Świecie obcym i niechętnym wobec Indian. Pogardliwym, lekceważącym, wyzyskującym i oszukańczym. A czasami wprost wrogim i niebezpiecznym.

Stałem z rozdziawioną gębą i podziwiałem kunsztowną konstrukcję.

– Niesamowity widok, co? – usłyszałem tuż za moimi plecami.

Odwróciłem się przerażony. Pamiętałem ten głos!!! Słyszałem go już dwa razy! I nie mogłem się co do tego mylić!!!

– Ja pana... W Yopal... Ale pan miał mundur... A potem w Villavicencio pan nie miał – bełkotałem ze strachu, a w tym czasie rozsądek nawet nie próbował łapać dyndających luzem lejców mojego języka, bo był zajęty uruchamianiem nóg, które zamiast uciekać dygotały w miejscu.

– Musiało ci się coś pomylić, amigo. Ja nigdy nie byłem w Yopal – odpowiedział dobrze mi znany nieznajomy.

Wiedziałem, że to on! Wiedziałem!!! Ten sam uśmiech, te same wąsy, które zasłaniają pół twarzy, i ta sama twarz co na liście gończym. Do tego kapelusz z szerokim rondem ocieniający oczy. Na pewno się nie myliłem! Ile oni za niego dawali? 3000 dolarów? To on! On. On. On. – *Groźny przestępca. Poszukiwany za rozboje i wykonywanie wyroków na urzędnikach państwowych. Podszywa się pod policjanta.*

– Ae... – bąknąłem z ustami pełnymi przerażenia.

– W Yopal nie bywa nikt, komu życie miłe, amigo. A ja bardzo lubię moje życie. W Villavicencio z kolei jest całkiem bezpiecznie, ale też mnie tam nie było. Widziałeś moich braci, amigo.

– Aaee...?

– Jesteśmy trojaczkami. Bardzo do siebie podobnymi. Jako dzieci występowaliśmy nawet w cyrku u pewnego iluzjonisty, który udawał przed publiką, że potrafi małego chłopca magicznie przenosić ze skrzyni do skrzyni. Z bliźniakami nikt by się na to nie nabrał, ale jednojajowe trojaczki stanowią rzadki fenomen. Teraz cyrk się skończył, a jednego z nas szuka policja, więc wszyscy trzej się ukrywamy. Któregokolwiek złapią, pójdzie siedzieć; obojętne winny czy niewinny. Dopiero wtedy reszta będzie mogła wrócić do normalnego życia. Tłumaczenie policji, że ja to nie ja, lecz mój brat bliźniak, nie ma sensu. W coś takiego nikt by nie uwierzył. Dlatego, choć listy gończe wysłano tylko za jednym z nas, ukrywać musimy się wszyscy.

– Uff – odetchnąłem głośno. – Trochę się pana przestraszyłem. Bo to w ogóle niesamowita historia, tak się na was nadziewać dzień po dniu.

– Nie nadziewałeś się na nas. To myśmy szukali ciebie.

– Panowie się kontaktują?

– Oczywiście. Przecież mamy wspólny wyrok, wspólny list gończy... wspólny los.

– A po coście mnie szukali??? – dopiero teraz rozsądek zaczął jakoś opanowywać sytuację i zwrócił moją uwagę na ten niepokojący szczegół rozmowy...

– Sprawdzaliśmy, czy warto cię porwać – odpowiedział nieznajomy.

Zrobił to takim tonem, jakim spiker radiowy oświadcza, że właśnie minęła pierwsza w nocy.

– Porwaććć?

– Dla okupu. Tym się teraz zajmujemy. Wyroki na urzędnikach państwowych przejęły osoby o... nazwijmy to: mniej znanej twarzy.

– Chcieliście mnie porwać dla okupu?...

– To właśnie przed chwilą powiedziałem. Źle się czujesz, amigo?

– No nie najlepiej! – zdesperowany, podniosłem głos (a rozsądek wsadził sobie palce do uszu, żeby nie słyszeć, jak się pakuję w kłopoty). – Pan mi tu oświadcza, że wraz z bandą braci-trojaczków śledzicie mnie, żeby porwać dla okupu!!! No to ja się boję! Naturalne, prawda? Wpadam w panikę, jak zrobiłby każdy normalny człowiek na moim miejscu! I teraz wrzeszczę na pana ze strachu!!!

– Nie ma powodu, amigo. Jesteś bezwartościowy; sprawdziliśmy. Nikt nam za ciebie nie zapłaci, więc nie będziemy cię porywać. Takie przedsięwzięcie sporo kosztuje. Sama akcja to już wydatki, a potem jeszcze ukrywanie delikwenta w bezpiecznym miejscu, telefony do Bogoty albo i międzynarodowe... Żeby wyjść na swoje, musimy kalkulować okupy od dwudziestu tysięcy dolarów w górę. Ty jesteś z Polski, a tam się nawet dodzwonić nie można. Poza tym dowiadywaliśmy się w waszej ambasadzie o średnie pensje w twoim kraju. Naprawdę nie musisz się niczego obawiać. Żaden zawodowiec cię nie porwie, bo mu się to nie będzie opłacać.

– A amator?

– Amatorów natychmiast eliminujemy z rynku. Porwania to nasza działka i nie pozwalamy na konkurencję. A gdyby ktoś mimo wszystko został porwany w naszym rewirze, to i tak zostanie przez nas przejęty. Nie gadajmy już o tym po próżnicy. Jesteś całkiem bezpieczny, amigo. Nikt cię nie będzie porywał, bo to nieekonomiczne.

– Cha, cha, cha... Dobre! Naprawdę niezłe! Dałem się nabrać. Pan sobie oczywiście ze mnie zażartował – próbowałem oszukiwać sam siebie.

– Bynajmniej. Wszystko, co powiedziałem, to szczera prawda.

– I o tym bracie ściganym listem gończym też?

– Ależ oczywiście! To ja.

– Pannn???

– Tak. A moi bracia osłaniają mnie od strony Bogoty. To znaczy pokazują się to tu, to tam i zwodzą policję na całym terytorium od Villavicencio do granicy z Wenezuelą. Najczęściej robią tak, że pokazują się jednocześnie w dwóch odległych miejscach; tego samego dnia, o tej samej porze i w dodatku w tych samych okolicznościach. Policja od tego kompletnie głupieje

– Ae – jęknąłem.

– Dobra, amigo, nie jęcz już. Nic ci z mojej strony nie grozi. Chodźmy do twojego hotelu, a potem skoczymy coś zjeść. Ja stawiam! I pośpiesz się, bo jeszcze dzisiaj odlatuję.

* * *

Pół godziny później, przebrany i wykąpany siedziałem w knajpie. Nieznajomy siedział obok.

A siedzieliśmy dyskretnie – uplasowani w najciemniejszym kącie. Mimo to, a może właśnie dlatego, byliśmy obserwowani ze wszystkich stron. Liczne oczy łypały na nas zza gazet, znad talerzy, spod rond kapeluszy, przez szklaneczki wódki unoszone właśnie do ust... Z ukosa, z przeciwległego ciemnego kąta, ze szpary w drzwiach na zaplecze, spod stołu, pod który coś tam niby samo spadło, ale chwilę wcześniej zostało celowo upuszczone... Te oczy patrzyły mimochodem i tylko przelotnie, ale cóż to za mimochód i przelotność, cóż to za przypadkowość spojrzenia, jeżeli przydarza się wielokrotnie w odstępach kilkusekundowych? Te oczy niby nie patrzyły na nas wcale, albo wcale nie na nas, a jednak wpatrywały się w nas bardzo pilnie. Udając, że tego nie robią!

A my? Zwyczajnie – rozmawialiśmy i udawaliśmy, że wcale nie widzimy, że oni na nas patrzą.

– Miałeś sprzeczkę z tragarzami na lotnisku, amigo.

– Miałem. Skąd pan wie?

– Każdego przybysza sprawdzają w ten sposób.

– Sprawdzają?

– Czy się im postawi. To jest odpowiednik ręcznika rzuconego pod nogi w więziennej celi.

– I co, zdałem egzamin?

– Trudno powiedzieć. Zachowałeś się nietypowo. Normalnie powinieneś udawać, że w ogóle niczego nie zauważyłeś. Albo powiedzieć, że cukier im się sypie i spokojnie odejść. Ale sprzeczka z nimi... Sam nie wiem. Oni pewnie też nie bardzo wiedzą i będą ci się jeszcze przyglądać.

– Niektórzy już się gapią – spojrzałem znacząco w stronę towarzystwa w knajpie.

Wywołało to nerwowe poruszenie: kilka gazet podskoczyło w górę, kilka twarzy zaczęło się przeglądać w zupie, ktoś tam walnął głową w stolik od spodu, ktoś inny komuś jeszcze innemu przytrzasnął palec drzwiami na zaplecze, a facet siedzący w ciemnym kącie naprzeciwko wlał sobie wódki w nie tę dziurkę i teraz próbował wykaszleć płuca.

– Kim był ten chudy na lotnisku? – pytam mojego nieznajomego.

– Łysy? Blady jak kość i trochę się trzęsie?

– Ten sam.

– Eléctrico. Elektrykiem wprawdzie nie jest, ale mówimy tak na niego od czasu, kiedy testował spawarkę i go skopał prąd.

– ?

– Spawarka domowej roboty: dwie pary żelaznych grabi na kijach, do części metalowej podłączone odpowiednio grube kable, jeden idzie do masy, drugi do elektrody i spawarka gotowa. Trzeba jeszcze tylko te grabie zawiesić na drutach wysokiego napięcia.

– I co? Eléctrico dał za cienkie kable? A może nieizolowane?

– Kable dał dobre, tylko grabie były nowe.

– Nie rozumiem.

– Do Mitú wszystko przywozi się samolotami. Dla oszczędności grabie lecą bez kijów. Siekiery, szpadle, młotki i wszystko inne też. W ten sposób mniej ważą, a trzonki dorabia się potem. Taniego drewna to my tu akurat mamy pod dostatkiem. No więc tamte grabie miały nowe kije.

– Mokre, tak?

– Świeże tropikalne drewno – mój rozmówca przy każdym słowie kiwał głową. – Kiedy Eléctrico zawiesił je na drutach, już ich nie mógł puścić. Trzymał i wrzeszczał, póki na transformatorze nie poszły korki.

– Niemożliwe. Nie przeżyłby.

– Jakoś jednak przeżył, niestety.

– Niestety?

– Od tamtego czasu zrobił się wybuchowy. Lepiej nie wchodzić mu w drogę, amigo. Pamiętaj o tym. Są tacy, którzy twierdzą, że to psychopata. Wiesz, elektrowstrząsy chorego wyleczą, a zdrowemu pomieszają w głowie.

– Ale to niemożliwe, żeby przeżył! – upierałem się. – Na słupie jest takie napięcie, że zabije konia!

– Nie na naszym. Po pierwsze, prąd w Mitú pochodzi z generatora na ropę, a nie z normalnej elektrowni. Po drugie, ten generator był obliczony na 50 domów. I tylko tyle podłączono oficjalnie, a cała reszta zmuszona była podłączyć się na dziko. Teraz jest tak, że jak do lampy wkręcisz setkę, to świeci najwyżej jak dwudziestka, a do tego jeszcze mruga. Spawarki są surowo zakazane, bo żrą za dużo prądu; a spawać czasem trzeba. Elektryczne krajzegi podobnie, więc do robienia desek używamy pił na benzynę, i tak ze wszystkim... Nie znajdziesz w Mitú niczego, co chodzi na prąd, a nie daje się podnieść w dwóch palcach. Maszyny do szycia – tylko na pedał, agregat do borowania zębów – na pedał, pralki – na korbę, żelazka – dobrze schowane, bo oficjalnie też jest zakaz. Radio na baterie, lampa najlepsza naftowa... Chyba że masz prywatny generator. Ale na to stać tylko najbogatszych, bo za przywóz paliwa trzeba tu płacić podwójnie: po pierwsze, za sam transport, a dodatkowo jeszcze za to, że kilka razy w roku taki transport wybucha razem z samolotem. Katastrofy są potem doliczane do ceny tego, co uda się jakoś szczęśliwie dowieźć.

* * *

Siedzieliśmy w tej knajpie około godziny, może trochę dłużej, i dowiedziałem się w tym czasie wielu przydatnych rzeczy. Wszystkie one prowadziły do wniosku, że dziwne będzie to Mitú, oj, dziwne...

Na koniec rozmowy mój dobry nieznajomy sięgnął do kieszeni i wyjął stamtąd łańcuszek, na którym wisiał mały złoty haczyk...

– Masz, amigo. Załóż i noś. To prezent, który przysyła pan Villa.

– Ale po co mi to? – spytałem spłoszony.

– Uwierz, przyda ci się. Bardzo ci tutaj pomoże. Bez tego niewiele wskórasz.

– Naprawdę ni...

– Jeśli masz zamiar odmówić, to nie u mnie. Poza tym odradzam. Pan Villa darowuje ci elegancki kawałek złota, a ty mu chcesz go odesłać??? Nieroztropne. Ryzykowne. A nawet, moim skromnym zdaniem, niebezpieczne. Ale to już oczywiście twoja sprawa. Pamiętaj tylko, żeby potem uważać na zaparcia. Aha, gdybyś słodził kawę, to ją stale mieszaj i nie zostawiaj łyżeczki w kubku.

Po tych słowach pożegnaliśmy się. Mój dobry nieznajomy odszedł w stronę lotniska, ja zaś ruszyłem pozwiedzać Mitú.

* * *

Błądziłem bez konkretnego celu, rozglądałem się i rozmyślałem. Wiedziałem, że spotkam tu całe rzesze interesujących dziwaków. Wiedziałem też, że zanim ich spotkam, muszę się trochę zasymilować, ale byłem w tej kwestii dobrej myśli. W miejscach takich jak Mitú przybysze znikąd pojawiają się dość często. Dlatego też szybko powszednieją. Jesteś „nowy" tylko do czasu pojawienia się kogoś innego, kto będzie bardziej „nowy" od ciebie, a potem wystarczy miesiąc szwendania się po okolicy, by zrobić z ciebie obywatela „od zawsze".

Oczywiście jest też druga strona tego medalu: w miejscach takich jak Mitú przybysze znikąd (w tym przypadku ja) dość często znikają. A wtedy lokalna społeczność natychmiast o nich zapomina. Tak na wszelki wypadek, bo jak ktoś zniknął, to albo chciał zniknąć, i wtedy najlepiej o tym nie gadać, albo ktoś inny chciał, żeby zniknął, i wtedy też lepiej o tym nie gadać.

Tak to działa. Tacy są Latynosi. I lepiej o tym pamiętać.

MITU

⊠ Było to miasteczko[24], jakich już prawie nie ma. Nieliczne ocalały tam, gdzie kończy się cywilizacja, a zaczyna puszcza; gdzie nadal nie dochodzą drogi państwowe, nie dociera poborca podatkowy, poczta ani elektryczność. Ale i one powoli znikają zalewane asfaltem i zastawiane cegłami.

Bo ludzie pragną asfaltu i cegieł. Wcześniej zarówno asfalt, jak i cegły zastępowało im błoto – budulec tani, łatwo dostępny, praktycznie zawsze pod ręką, nie trzeba go dowozić ani martwić się, że zabraknie, no i na pewno bardziej ekologiczny; ale przy tych wszystkich zaletach ma zasadnicze wady – wymaga strasznie dużo pracy i uporczywie wraca do swego stanu pierwotnego.

Domy zbudowane z gliny wytrzymują wprawdzie nawet dziesięć sezonów, lecz niestety w trakcie każdej pory deszczowej zaczynają się rozpuszczać. Trzeba je wciąż poprawiać, łatać, oblepiać nowym błotem. Sporo z tym pracy; w dodatku syzyfowej.

A drogi? – lepiej nie mówić. W porze deszczów stają się nieprzejezdne i taki stan może trwać kilka miesięcy. Wtedy transport lądowy zamiera. Autobusy po prostu przestają docierać do tych miejscowości, które leżą poza barykadą błota. Sytuacja powtarza się pod koniec pory suchej, gdy drogi porządnie wyschną. Wówczas znów stają się nieprzejezdne, tym razem ze względu na ogromne stwardniałe na beton koleiny, których nie rozjeździsz

---

[24] W oryginale było tu słowo *pueblo*, które jest bardziej precyzyjne*. Niewiele mogę na to poradzić. Słowniki podają, że *pueblo* to: *miasteczko, osada, wieś, wioska* – wszystko naraz! A więc dla zachowania precyzji trzeba by urobić jakiegoś potworka w stylu „chłoporobotnik". Tylko co by z tego wyszło – „wioska małomiasteczkowa", „wsiowemiastko"? Tfu! To już lepiej, gdy Państwo zapamiętają, co oznacza *pueblo*, a ja słowa *miasteczko* będę używać śladowo.

* * *

PUEBLO – zwarta wioska, która nie jest ulicówką. Domy ustawione są ciasno, często ściana w ścianę, wzdłuż kilku polnych dróg rozchodzących się we wszystkie strony. Jego „centrum" może przypominać ryneczek w małym miasteczku, ale wystarczy zajrzeć za pierwszy lepszy róg, by człowiek zorientował się, że jest zdecydowanie na wsi. Mieszkańcami puebla są chłopi z gatunku *campesino*, o którym będzie mowa później. [przyp. tłumacza]

* Mniej więcej o tyle bardziej precyzyjne, o ile sztucer z lunetą jest bardziej precyzyjny od pospolitej fuzji**. [przyp. Autora]

** Tak, tak. Wiem! Pan zawsze trafia w punkt, a ja tylko nieudolnie sieję śrutem dookoła. [przyp. tłumacza]

kołem ani nie rozkopiesz łopatą. Niejeden autobus wywrócił się lub zawiesił na takich koleinach. A więc drogi błotne służą najlepiej, kiedy są trochę mokre, trochę grząskie i trochę śliskie, a przestają służyć, kiedy porządnie zmokną lub wyschną. Dlatego ludzie pragną asfaltu.

W Mitú go wciąż nie było. A i o cegłach mówiło się tu raczej na sztuki niż na tysiące. Sceneria jakby wyjęta z westernu – kilka gruntowych ulic, im bliżej rzeki, tym bardziej wypełnionych grząską mazią, na której poukładano deski do chodzenia. Wzdłuż ulic drewniane domy przypominające konstrukcją stodoły, baraki lub magazyny. Budynki murowane należą do wyjątków; są jak rodzynki w glinianym cieście. Kilka z nich – na przykład siedziba parafii – pamięta lata dwudzieste. Wszystko rozrzucone bezładnie dookoła kwadratowego kawałka pastwiska zwanego Placem Centralnym.

Pośrodku tego placu niezgrabne popiersie jakiegoś Bohatera pomalowane farbą olejną w kolorze... niebohaterskim. I nie chodzi o różowy. Ani o żaden z tych, które mają zagraniczne nazwy w stylu écru. Mam na myśli kolor, do którego nawet król podchodzi piechotą.

Bohatera otaczały pasące się krowy i świnie, a także gęste roje much. Gdyby się schylić i pomyszkować w wysokiej trawie, człowiek znalazłby dodatkowo bardzo liczne krowie placki, a na nich leśne osy. Pewnie dlatego nikt po Placu Centralnym nie chodził. Zostałem wyjątkiem od tej reguły – poszedłem sprawdzić kim był sraczkowaty Bohater i zrobić mu kilka kąśliwych zdjęć.

Niestety, na cokole brakowało napisu. Znalazłem tylko sterczące końcówki śrub, na których dawno, dawno temu wisiała jakaś tablica. Myślę, że Bohater był szczęśliwy z powodu utraty tabliczki z nazwiskiem – w jego sytuacji kolorystycznej nie było się czym chwalić.

Dookoła placu stały trzy murowane budynki: *alcaldía*, czyli siedziba władz państwowych, koszary, czyli siedziba władz wojskowych, oraz kościół, czyli siedziba władzy duchownej. Te trzy władze – jak zawsze i wszędzie – konkurowały ze sobą. O władzę. Kościół robił to dla dobra ludzi, urzędnicy dla dobra obywateli, a wojsko dla dobra wojskowych, czyli właściwie też dla dobra ludzi i obywateli.

Mitú nie miało żadnych połączeń lądowych z resztą świata, a jedyna droga wodna – rzeka Vaupés – była spławna wyłącznie w kierunku Brazylii. Spławna głównie dla wody i zwalonych pni, gdyż na Kolumbijczyków patrzono w Brazylii niechętnie i ich tam nie wpuszczano. Z kolei w głąb terytorium Kolumbii płynąć się nie dało ze względu na skalne progi (o których mówiono szumnie: katarakty). Mimo to władze w Bogocie zdecydowały, że ze względów strategicznych muszą obsadzić wojskiem tereny przygraniczne. Dlatego w Mitú zbudowano niewielkie lotnisko, koszary i lazaret (zwany hucznie Kliniką).

Za wojskiem przyszli cywile: najpierw zakontraktowani przez Armię robotnicy, potem żony oficerów, handlarze żywnością, wódką i drewnem, a wkrótce także cała masa awanturników i wyrzutków społecznych. Tacy ludzie poszukują miejsc odludnych, gdzie nie będą się rzucać w oczy. A w Mitú nie było się komu rzucać, bo nie było policji, poczty, poborcy podatkowego... Oczywiście do czasu, ale nawet potem, kiedy już pojawili się pierwsi urzędnicy, szybko wyszło na jaw, że trafili tu nie w drodze awansu, ale w efekcie kar i przeniesień dyscyplinarnych. Za co? A za co się karze urzędników w Ameryce Łacińskiej? Wyłącznie za przesadną korupcję.

Podkreślam słowo „przesadną", bo za normalną, zwykłą, codzienną, ułatwiającą obieg dokumentów i życie petentom – za taką korupcję w Ameryce Łacińskiej dostaje się awanse.

Ludność Mitú była typową wspólnotą pogranicza. Zbiorowisko cwaniackich typów[25] różnej maści, których łączy plątanina ciemnych interesów. Relacje międzyludzkie polegają na szachowaniu jednych przez drugich, na szantażu, pogróżkach, pobiciach, podpaleniach i napaściach z użyciem broni palnej (żagiew), białej (maczeta) lub każdej innej (stylisko, pięści, cegła), ale najczęściej na... miłej rozmowie zawierającej delikatne sugestie, że wszystko,

---

[25] Pośród cwaniackich typów są też uczciwi obywatele i może nawet stanowią większość, lecz jakoś... nie rzucają się w oczy. W każdym razie nie przy pierwszym patrzeniu. A kiedy przyjrzeć się im dokładniej, spostrzegamy, że ten uczciwy obywatel wcale nie jest aż tak uczciwy, jak to nam się wydawało na pierwszy rzut oka. No i rzecz ostatnia: w Mitú z przyglądaniem lepiej ostrożnie. A już na pewno nie wolno się na nikogo gapić.

co opisano powyżej, pozostaje w zasięgu ręki. Ogólnie, wspólnota pogranicza to coś na kształt góry kompostowej – składnikiem podstawowym są odpadki, które dla lepszego zapachu przesypano ziemią.

Socjalny kompost stanowi idealne podglebie dla przekrętów. Zresztą nic innego tutaj nie urośnie – tylko przekręt. Ta pospolita roślina społeczna pleni się błyskawicznie i wkrótce ogarnia całe miasto. Jej system korzeniowy przypomina perz, więc wyrywanie tylko wzmaga rozwój. W krótkim czasie pojawiają się nieproporcjonalnie obfite owoce. (Właściwie bulwy, bo owoce byłoby widać na powierzchni, a bulwy tkwią dyskretnie ukryte w ziemi.)

W tym miejscu czas skończyć przenośnie i obnażyć fakty.

Posłuchajcie...

SYSTEM

System jest prosty; powszechnie znany, stosowany i społecznie akceptowany w całej Ameryce Łacińskiej:

Politycy w Stolicy zabiegają o pieniądze na rozwój odległej przygranicznej prowincji. *Trzeba zasiedlić pustkowia!* – argumentują. – *Tam jest wiele bogactw naturalnych! Jest też silna mafia, której można się pozbyć jedynie poprzez cywilizowanie pogranicza i posłanie tam większej liczby uczciwych obywateli i wojska.*

W wyniku takiej gadki przeznacza się publiczne pieniądze na most, na drogę, na budowę szkoły... Znaczna część tych pieniędzy trafia wkrótce do prywatnych kieszeni polityków, bo wszystkie firmy, które prowadzą jakiekolwiek prace na zlecenie władz, należą do żon i braci polityków. Oczywiście nieoficjalnie.

A oficjalnie: politycy opowiadają (a nawet pokazują raporty), jak to *wielkim wysiłkiem zbudowano drogę, most, szkołę...* To prawda – wysiłek był wielki, bo trzeba się sporo namęczyć, by wymurować szkołę bez używania cementu. I cóż z tego, że deszcze wkrótce zniosą zbyt słabo umocnione drogi, że zawalą się źle zbudowane mosty, że szkoły wymurowane z piasku legną w gruzach po pierwszej burzy, cóż z tego? Przecież polityk zarobi wtedy drugi raz za to samo – zażąda w Stolicy kolejnych kwot na niezbędne poprawki, remonty, reperacje... *i na utrzymanie placówki przyczółkowej, w którą zainwestowaliśmy już przecież tyle środków i naszego wysiłku.*

Firmy rodzinne z zasady budują na pozór – tylko po to, by przy tej okazji rozkradać co się da. Przecież i tak nikt nie sprawdzi, ile cementu ostatecznie zużyto. Można jedynie sprawdzić, ile go do takiego przykładowego Mitú dostarczono. I można się przy tej okazji dziwować, co to za cud, że z każdej dostarczonej tony wymurowano aż tyle. Droga, most i szkoła – to zrozumiałe, bo na to cały ten cement był obliczony, ale z czego powstało prawie drugie tyle różnych innych (prywatnych) budowli? Skąd oni na to wszystko wzięli cement w miejscowości, gdzie każdy worek jest rejestrowany? Dziwować się można, owszem, ale lepiej tego nie robić. A jeśli już, to w cichości ducha. Poza tym, nikt z miejscowych się niczemu nie dziwuje, bo wszyscy doskonale wiedzą, jak działa system.

* * *

System nie istniałby, gdyby nie *campesinos* – uboga ludność wieśniacza. Chłopi bez ziemi, bez butów, bez wykształcenia, bez szans na poprawę losu, ale za to bogaci w dzieci. To oni stanowią uzasadnienie systemu. Dla nich buduje się te wszystkie szkoły, drogi i mosty, i do nich trafia też pewien procent publicznych pieniędzy wypłacanych w gotówce, jako zapomogi.

Campesinos chętnie przyjmują każdą pomoc i bardzo honorowo odpłacają się darczyńcy tą drobniutką przysługą, o którą darczyńca poprosił, a która przecież nic nie kosztuje. Nawet się wysilać nie trzeba – wystarczy wrzucić kartkę wyborczą do drewnianej skrzyni. Tak to działa.

Potem *campesinos* uzbrojeni w pieniądze, które dostali od swego patrona, idą do sklepu będącego własnością jego żony lub brata i kupują wszystko, co im się akurat podoba. Nie zważają na ceny, bo przecież nie są w stanie porównać ich z cenami w Stolicy. Często nie są nawet w stanie przeczytać, jaką wartość ma banknot, który otrzymali.

Campesinos są minimalistami i jeśli nie burczy im w brzuchu, nie pracują; jeśli nie leje im się na głowę, nie reperują dachu; a kiedy kiwa się stół, nie naprawiają go, tylko podkładają coś pod nogę. Żyją w zgodzie z przyrodą, a nie ze światem stworzonym przez Białych. Są ludzkim odpowiednikiem leśnego drapieżnika, który całe dnie odpoczywa na gałęzi. Nie wydatkuje energii na niepotrzebne zabiegi – ogania się tylko od much i czeka, aż mu zaburczy w brzuchu. Dopiero wtedy zrywa się do aktywności – poluje – ale nie czyni dodatkowych wysiłków, żeby jego pożywienie było mniej monotonne lub bardziej smaczne. Drapieżnik je, co mu się akurat trafi. I raczej nie odkłada na potem, bo przecież najlepszym schowkiem na jedzenie jest własny brzuch. Nawet w sytuacji, gdy grozi to chwilowym przepełnieniem.

Campesinos myślą podobnie – doskonale rozumieją ideę „zdobywania" pożywienia i obżarstwa (fiesta), ale coś takiego jak robienie zapasów jest obce ich naturze. Bo po co komu zapasy, gdy zawsze można sobie pójść do lasu i upolować coś świeżego?

Dlatego właśnie w Mitú prawie nic nie uprawiano. A po co? Za rzeką jest las, a pieniędzy z rządowej pomocy starcza na wegetację (tak jest zresztą skalkulowana – żeby na wegetację starczyło). Póki brzuchy pełne, *campesinos* nie mają potrzeby się uaktywniać (i tak jest najlepiej, bo po co komu chłopskie ruchawki). Uprawianie czegokolwiek to, z ich punktu widzenia, bezsensowny wysiłek. Co by to dało? Stać by nas było na zjedzenie większej ilości tego samego? Albo moglibyśmy sprzedać nadwyżki? I co potem? Mielibyśmy pieniądze, żeby kupić trochę więcej jedzenia. Toż to bez sensu!

Oczywiście zamiast jedzenia można sobie kupić lepszą koszulę. Tylko na co komu lepsza koszula? – zapyta *campesino*. Marzenia o posiadaniu coraz lepszych rzeczy albo o jedzeniu coraz smaczniejszych posiłków, to koncepcje Białych – obce metyskim wieśniakom. Tak samo, jak łatanie dachu, kiedy woda ciecze na głowę. Łatwiej się przesiąść w inny kąt – pomyśli *campesino*.

* * *

Tak oto działa system. Jest prosty, powszechnie znany i akceptowany w całej Ameryce Łacińskiej. Przy czym akceptacja nie oznacza entuzjastycznej zgody, chodzi raczej o ten rodzaj rezygnacji i pogodzenia się z losem, który towarzyszy nieuleczalnym chorobom – z tym „jakoś trzeba żyć".

Mitú było pod tym względem typowe. Nie wywoływało wrażenia skandalu na niespotykaną skalę – przekręt plenił się w normie. Z tym, że norma była południowoamerykańska.

PLOTKI

Minął dzień, potem drugi, a ja nadal nie wiedziałem, czym właściwie zajmują się mieszkańcy Mitú. Dużo chodzili – to zauważyłem od razu – ale nie było w tym ich chodzeniu żadnego konkretnego celu. Ot, przemieszczali się z miejsca na miejsce, zatrzymując przy każdej okazji. A okazją były spotkania z innymi mieszkańcami, którzy robili to samo – snuli się bez widocznego celu.

Ze względu na ograniczony teren i niewielką liczbę ludności te same osoby spotykały się ze sobą wiele razy dziennie, ale i tak każde kolejne spotkanie było dobrą okazją, by pogadać. I poplotkować!!!

Świat plotki był w Mitú gęsty od wydarzeń, choć z pozoru nic się tutaj nie działo – wciąż ci sami ludzie rozmawiający z tymi samymi ludźmi o tym samym. A jednak – świat plotki był w Mitú gęsty od wydarzeń.

Kiedy się wydarzały? Gdzie? I komu? Skoro – przynajmniej z pozoru – nic się tutaj nie działo? Tego na razie nie wiedziałem. I chwilowo nie miałem się jak dowiedzieć, ponieważ ludzie na mój widok milkli.

Zwykle w nowym miejscu siadam sobie w kącie jakiejś knajpy, zamawiam kawę, biorę gazetę, udaję, że czytam, a naprawdę słucham rozmów dookoła i w ten sposób dowiaduję się bardzo wielu przydatnych rzeczy. W Mitú to nie skutkowało. Odkąd miasteczko opuścił mój dobry nieznajomy, każde moje wejście do knajpy powodowało, że zapadała cisza. Ludzie w popłochu dopijali drinki, dojadali porcje i czym prędzej zmieniali lokal – żeby móc spokojnie pogadać.

Spacerowałem więc bez celu i czekałem, aż to minie. Włóczyłem się to tu, to tam, witany zdaniami urwanymi w połowie (zawsze na tyle wcześnie, że nie byłem w stanie niczego usłyszeć), a powietrze wokół mojej osoby wypełniała cisza pikowana spojrzeniami.

Taksowano mnie wzrokiem od stóp do głów i nikt już tego nie próbował ukrywać. Byłem obserwowany zupełnie jawnie przez wszystkich. Co tam jawnie – oni gapili się na mnie bezczelnie! Nawet gdy odpowiadałem na te spojrzenia, patrząc komuś prosto w oczy, nikt nie odwracał wzroku. Uważali, że to ich teren i mają pełne prawo obserwować intruza, a w takich sytuacjach dobre maniery odkłada się na później.

A więc gapili się bezczelnie i natychmiast milkli na mój widok. Byłem jednak pewien, że przed upływem tygodnia przestaną, a po kolejnych kilku dniach zaczniemy ze sobą rozmawiać. Musieli mnie tylko najpierw dokładnie obejrzeć, przeanalizować i omówić. Pozbierać, jeden od drugiego, wszelkie dostępne informacje na mój temat...

Od hotelarza: moje imię i nazwisko, wiek, kraj pochodzenia, kolor paszportu, czym płacę – w dolarach czy w pesos – i gdzie trzymam pieniądze.

Od pokojówki: co mam w bagażu, o której chodzę spać, o której wstaję i czy jestem bałaganiarz.

Od baby, która prowadzi garkuchnię: co jem, czego nie i czy dużo.

Od sklepikarza: czy się targuję, jak skutecznie i gdzie trzymam pieniądze.

Od praczki: czy jestem czysty i czy rzeczywiście pokojówka mówi prawdę, że sam piorę swoje majtki; aha, i gdzie trzymam pieniądze.

Od właścicieli burdelu (siwowłose małżeństwo o twarzach jak aniołki): czy już byłem, dlaczego jeszcze nie, i może trzeba mi pokazać, gdzie to jest, bo jak mężczyzna sobie nie ulży, to zacznie się rozglądać za naszymi córkami...

Znosiłem to wszystko dzielnie. Wiedziałem, że kiedy mnie już oplotkują ze wszystkich stron, nastanie czas nagabywania, czyli pierwszych zdawkowych rozmów: z hotelarzem, pokojówką, kucharką, sklepikarzem i praczką, oraz kłaniania mi się przez różne osoby: burdelmama, jakiś obcy, znów burdelmama, jakiś obcy, burdelmama raz jeszcze, tym razem znacząco... Były to wprawdzie osoby, których nie znałem, ale widywaliśmy się już przecież tyle razy... Ukłon. Uśmiech. Burdelmama...

* * *

No i miałem rację! – po tygodniu przestali milknąć. Teraz wystarczyło słuchać. A plotek tu było tyle, że człowiek ocierał się o nie bez przerwy. Kłopotem byłoby raczej niesłuchanie.

Gdyby plotki porównać do dymu papierosowego, to atmosfera w Mitú była tak gęsta, że siekiery można było zupełnie spokojnie wieszać w powietrzu. Nawet nad własną głową, bo na pewno nie spadną. Ba, bywały takie dni, że człowiek roztropny powinien przywiązać swoją siekierę do gruntu, gdyż w przeciwnym razie groziło jej odpłynięcie w przestworza. Atmosfera była... pouczająca. (Pod warunkiem że chciałeś się uczyć.)

CHRUPANIE KORNISZONA

W wyniku jednej z pierwszych plotek, jaką usłyszałem (i to trzykrotnie: od sklepikarza, kucharki i praczki), zmieniłem hotel. Ten, w którym mieszkałem, miał ponoć „liche sufity", co oznaczało, że budowniczy oszczędzali cement. Jeden z tych „lichych sufitów" wylądował komuś w łóżku. Delikwenta przeniesiono potem na cmentarz razem z kawałkiem płyty stropowej – wyszło taniej niż odskrobywanie zwłok i zakup nagrobka. Prawda to, czy fałsz – wolałem zmienić hotel. Zresztą namawiano mnie do tego gorąco.

Najpierw myślałem, że jest tu tylko jeden. Były trzy! Ale tylko ten, w którym mieszkałem, nazywano oficjalnie „hotelem".

Drugi, położony trochę za miastem nad brzegiem rzeki, w mowie potocznej występował jako „Pensjonat". Trudno tam było trafić z powodu braku jakiegokolwiek szyldu, a poza tym gości przyjmowano wyłącznie z polecenia.

Trzeci też nie miał szyldu, bo i tak wszyscy doskonale wiedzieli, gdzie jest (piętro nad knajpą), którędy się do niego wchodzi (drzwi za barem – najpierw zapłać, a potem proś o klucz) i po co. Ten hotel reklamował się sam, za pomocą zgorszonych szeptów oraz sprośnych przechwałek przy kieliszku. Zgorszone szepty pochodziły z ust bogobojnych niewiast, których mężowie oczywiście nigdy nie bywali w... tym okropnym miejscu, a sprośne przechwałki od ich mężów, którzy opowiadali kolegom swoje wczorajsze wyczyny z panienką z pięt erka.

* * *

A więc zmieniłem hotel. (Po tym, jak sklepikarz naszeptał mi do ucha, że będę mile widzianym gościem w Pensjonacie, kucharka powiedziała mi w zaufaniu, że powinienem się przenieść do

Pensjonatu, a praczka wzięła mnie na stronę i nalegała na natychmiastową przeprowadzkę dokądkolwiek, z sugestią, żeby to może był Pensjonat.)

No właśnie – czy aby na pewno „pensjonat"? Po hiszpańsku to było *Pensión* i równie dobrze mogło oznaczać pensję dla panien z dobrych domów. Po przekroczeniu czyściutkiego progu, przejściu sterylnego holu i wyjściu na nienaganne patio wiedziałem już, że o żadnych pannach nie ma mowy – chodziło raczej o księżniczki czystej krwi. Idąc tu, byłem psychicznie przygotowany. Wiedziałem, w co wchodzę, ale spodziewałem się raczej miłego schludnego hoteliku prowadzonego przez miłą schludną starszą panią. Skąd mogłem przypuszczać, że plotki na temat Pensjonatu i jego właścicielki będą szarobure w porównaniu z olśniewającym splendorem rzeczywistości.

Stałem właśnie oniemiały w czymś, co przypominało bąbel kolonialnej czasoprzestrzeni zagubiony pośród błotnego bajora współczesności. Sytuacja przypominała scenę z baru mlecznego – zamówiliśmy naleśnika z serem, a do naszego stolika podjeżdża chromowany wózek i szef kuchni zaczyna przyrządzać płonące *crêpes* z koniakiem.

I żeby było jasne – nie chodzi mi o żadne luksusy, bo luksusów w tym Pensjonacie nie było. Chodzi raczej o ogólną atmosferę schludności i porządku. To było takie... europejskie. Obejście zawsze schludne, pozamiatane, poukładane, mimo niezamożności właścicieli, albo może przede wszystkim, gdy luksusów brak.

Latynosi są zupełnie inni. Bardziej... energooszczędni od nas. Tam nikt nie traci sił na układanie narzędzi po robocie – wszystko rzuca się, gdzie popadnie, a podnosi dopiero, gdy jest znowu potrzebne. Nigdy nie sprząta się warsztatu pracy – co najwyżej odgarnia nadmiar śmiecia, kiedy opiłki, strużyny i ścinki zaczynają nam zawadzać w kolejnych czynnościach. Nigdy też nie ściera się kurzu – przecież kurzy się bez przerwy, więc odkurzanie byłoby najbardziej idiotyczną pracą Syzyfa.

Europejczyk po pracy, po posiłku, a nawet po zabawie – sprząta; Latynos – odpoczywa. Przed pracą i po pracy, a nawet w jej trakcie. Przed posiłkiem, po posiłku, przed zabawą, po zabawie... sjesta, sjesta, sjesta.

Tak to działa. Tacy już oni są. I wygodnie jest o tym pamiętać. Szczególnie gdy któregoś zatrudniacie [26].

* * *

Za moimi plecami rozległo się chrupanie korniszona. Odwróciłem się i od razu ukłoniłem grzecznie.

– Dzień dobry szanownej pani – mówię. – Zostałem przysłany...

– Wiem – ucięła właścicielka Pensjonatu.

– Chciałbym...

– Pokój.

– Właśnie. Czy w takim razie...

– Masz – podała mi wyślizganą drewnianą pałkę długości prawie pół metra, na końcu której wisiał ogromny klucz podobny do tych, którymi zamyka się stare kościoły.

– Czemu to takie wielkie? – zaryzykowałem pytanie.

– Żebyś przed wyjściem nie zapomniał zostawiać w recepcji, synu – to nie była odpowiedź, raczej ostrzeżenie albo wojskowa komenda.

Nie lubię, kiedy mówią do mnie „synu", ale cóż miałem zrobić? Iść do trzeciego „hotelu"? Tam na pewno nazywaliby mnie imieniem, które sam wybiorę. I to ja wydawałbym rozkazy.

– A gdzi..

– Tam – wskazała mi pokój po słonecznej stronie patio.

– A pr..

– Tam – wskazała mi drzwi do prysznica.

– A..

– Tu – pokazała mi glinianą stągiew z wodą zdatną do picia.

– Dziękuję.

---

[26] Miałem kiedyś metyskiego ogrodnika, który co chwilę odpoczywał. Siadał pod drzewem mango i zamiast pracować, siorbał *tereré* (yerba mate na zimno). W końcu mnie wkurzył. Podchodzę i mówię:
– Słuchaj amigo, ja ci płacę za pracę, nie za odpoczynek. A ty połowę czasu siedzisz sobie w cieniu i popijasz. Odpoczywaj w domu, a kiedy przychodzisz do pracy, pracuj.
– A ile ty mi płacisz, gringo?
– Pięć pesos. Tak się umówiliśmy.
– No właśnie. Gdybym miał pracować bez przerwy, to umówilibyśmy się na dziesięć pesos.
– To się umówmy.
– Eee tam. Pracować bez przerw to ja nie chcę nawet za dwadzieścia.
Wniosek z tego prosty: Latynosów trzeba pokochać takimi, jakimi są. Ja ich kocham. Ale mój brat po dwóch latach nie wytrzymał i wrócił do Polski.

Nie miałem więcej pytań. Rozmowa za bardzo przypominała seans u jasnowidza, który wcześniej był kapralem w Legii Cudzoziemskiej. Kiedy odchodziłem do mojego pokoju, towarzyszyło mi nerwowe chrupanie korniszona.

* * *

Wiedziałem już o nich wszystko – o korniszonach – bo gadało o tym całe Mitú. Były to najdroższe korniszony w historii świata.

Najpierw je wyhodowano w górach Ekwadoru (zwykły ogórek nie nadaje się na korniszony, więc te musiały być specjalne), potem przetransportowano do Mitú wynajętą w tym celu awionetką, następnie wykonano dla nich staromodne beczki z drewna, i wreszcie zalano odpowiednią mieszaniną octu, wody i przypraw. Postały tak kilka tygodni w specjalnie chłodzonej komórce, a teraz pękały z chrzęstem w zębach właścicielki Pensjonatu.

Starsza pani mogła sobie pozwolić na takie ekstrawagancje – była samotną dziedziczką upadłej fortuny po jakimś handlarzu kauczuku. Z fortuny zostały wprawdzie nędzne wyskrobki, ale dla jednej osoby to i tak więcej, niż da się przejeść.

Handlarz zmarł, nie zostawiając legalnego potomstwa – jeśli idzie o kobiety, preferował krótkie spotkania, za które płacił, wychodził i więcej nie wracał. Wszystko, co po nim zostało, przypadło jego starszej siostrze. Innej rodziny nie miał.

Gdy dawno, dawno temu on i jego siostra opuszczali rodzinne Niemcy, gwiazdą kina była Marlena Dietrich, a szczytem szykowności damskie papierosy w przesadnie długich fifkach. Młoda jeszcze wtedy, starsza pani popadła w fifkową fiksację, a następnie w nikotynowy nałóg. Życie w tropikach pozwoliło jej jakoś ustrzec płuca przed wypaleniem, ale po latach do drzwi z napisem „Ogólna Kondycja Fizyczna" zapukało serce starszej pani. Nie było już w stanie nawet mówić – podało tylko kartkę z chwiejnymi słowami „mam dość, rzuć palenie albo ja się wyłączam". Zadziwiające, ale poskutkowało. Starsza pani nadal wkładała papierosy w długą szklaną fifkę, lecz już ich nie przypalała – nosiła jedynie jak dawno niemodną ozdobę. Wkładała do ust, trzymała w kościstych palcach i zaciągała się czystym powietrzem. A kiedy już naprawdę, ale to naprawdę musiała zapalić, chrupała korniszona.

Nikotynowy nałóg trwał w niej i nie popuszczał: skręcał kiszki i toczył ślinkę (szczególnie przy stawianiu pasjansa), jej nos zamienił w najczulszy na świecie detektor dymu, a słuch wyostrzył do tego stopnia, że starszą panią wyrywał ze snu nawet cichy szelest celofanu, który rozlega się, gdy ktoś otwiera nową paczkę. A więc nałóg trwał i nie popuszczał. Ale żelazna niemiecka wola kierowała wszystkie pokusy, odruchy motoryczne oraz ponikotynowe rozdrażnienie wprost do beczek z korniszonami. Wątroba wprawdzie zgłaszała poważne zastrzeżenia dotyczące octu, krew robiła się coraz bardziej anemiczna, też od octu, a żołądek bąkał coś o wrzodach, ale Bismarck samokontroli pilnował ogólnej dyscypliny organów.

Tacy są Niemcy. I bezpieczniej jest o tym pamiętać.[27]

* * *

Wróćmy do panien z dobrych domów i księżniczek.

Właścicielka Pensjonatu była jednym i drugim – wyniosła jak księżniczka, dumna jak księżniczka, przebierająca w kandydatach na męża jak księżniczka... w końcu została na zawsze panną.

Kiedy ją spotkałem miała lat 73. Siedemdziesięciotrzyletnia niemiecka dziewica! – miało to swoje bolesne konsekwencje. Na przykład to, że łóżka w Pensjonacie były bardzo wąskie. Zbyt wąskie nawet dla pojedynczej osoby, a co dopiero dla dwóch. Miały też wysokie ranty. Tak wysokie, by nawet po nielegalnym zestawieniu dwóch łóżek ze sobą między chętnymi do nocnego przytulania sterczała wysoka drewniana przegroda. Wielokrotnie otłukłem sobie łokcie o te ranty.

Kolejną konsekwencją siedemdziesięciotrzyletniego dziewictwa było to, że łóżka przeraźliwie trzeszczały. Były nowe, ale zrobione (celowo i z premedytacją!) w taki sposób, by trzeszczały ostrzegawczo. Pozwalały na spokojny sen jedynie pod warunkiem, że człowiek spał nieruchomo. Ktokolwiek próbowałby na nich jakichkolwiek rytmicznych ruchów, zostałby niechybnie wykryty nie tylko przez niemiecką dziewicę, ale również przez wszystkich innych mieszkańców Pensjonatu.

---

[27] Niemieckiego ogrodnika bym nie chciał. Zapomnisz takiemu powiedzieć, że jest fajrant, a on skopie ci nie tylko ogród, ale jeszcze podjazd do garażu i ziemię w doniczkach. (A poza tym z satysfakcją na twarzy poprzecina szpadlem wszystkie napotkane dżdżownice.)

Zastanawiałem się, co by wtedy było? Właścicielka przyszłaby z pretensjami? Z kazaniem o moralności? Z Biblią? Z żandarmerią wojskową??

No i pewnej nocy dowiedziałem się:

Jakaś zdesperowana para nowożeńców (wiedziałem to, gdyż byłem akurat w recepcji, kiedy młodzi musieli się porządnie wylegitymować, a potem jeszcze odpowiedzieć na kilka pozapaszportowych pytań – dopiero wtedy dostali wspólny pokój), no więc ta zdesperowana para postanowiła mimo wszystko... jakoś, na tych niewygodnych pryczach... mimo przeraźliwego skrzypienia... *pinga-pinga*, jak to mówią Indianie. Nie deprymowały ich ani odgłosy wydawane przez drewno pod nimi, ani też echo własnych głosów, które od pewnego momentu zaczęli dodawać do tego, co robiło drewno.

Wstałem. I tak nie zasnę przy tej orkiestrze jęków i rytmicznego skrzypienia. Otworzyłem okno i patrzę na drugą stronę patio – co zrobi dziewica?

Podeszła do ich okna. Oparta plecami o parapet zapaliła papierosa w szklanej fifce i zaczęła dymić, a wkrótce potem kaszleć. Kaszlała bez przerw na wdechy, a zaciągała się bez przerw na wydechy. Jak to robiła? Nie wiem. Trwało to jednego papierosa.

Młodzi ucichli spłoszeni. A dziewica jeszcze długo kaszlała wniebogłosy.

Zastanawiałem się, jaką karę za złamanie zakazu palenia wyznaczy jej wewnętrzny Bismarck?

* * *

Następnego dnia znalazłem na patio rozdeptane resztki zabytkowej fifki. Z pokoju dziewicy dochodziło wzmożone chrupanie korniszonów.

COMEDOR

Comedor (hiszp.) – rodzaj ulicznej jadalni, albo lepiej: garkuchni. Zwykle jest to drewniana buda gdzieś na bazarze, serwująca kilka prostych dań. Nigdzie nie dają lepszego jedzenia. Nigdzie nie jest ono podane mniej higienicznie. Nigdzie nie jest tańsze.

Stołują się tam wszystkie ranne ptaszki Ameryki Południowej, bo o świcie tylko tu jest otwarte. Każdy z tych ptaszków ma swoje ulubione miejsce i swoją stałą porę. Ma też stały zestaw śniadaniowy, którego nawet nie musi zamawiać – kucharka dobrze wie, co kto jada.

Spotkacie tu wszelkie stany i klasy społeczno-ekonomiczne usadzone obok siebie i gwarzące zgodnie. Żebrak z kilkugroszowym „urobkiem", który wystarczył mu na bułkę i jajko, a obok dyrektor z aktówką, który mógłby kupić cały ten kram za bilon, który nosi przy sobie. Przy stoliku obok prostytutka po nocnej szychcie zagaduje policjanta, a znany wszystkim kieszonkowiec prosi grzecznie o sól, którą wręcza mu krawiec; od tej chwili prowadzą fachową rozmowę o kieszeniach.

Dyrektor zamawia dwie kawy i jedną stawia przed żebrakiem. Rozmawiają jak równy z równym, bo tutaj – w komedorze – są! równi. Nierówności podzielą ich dopiero po wyjściu na ulicę. Na koniec dyrektor wstaje i zostawia napiwek. W komedorach nie daje się napiwków, jasne więc, że to grosz dla żebraka. Sprawa (jak co rano) załatwiona dyskretnie i delikatnie; tak, żeby nie obrazić człowieka równego sobie.

* * *

W komedorze spotkacie pełną reprezentację lokalnej społeczności. Dlatego to takie ciekawe miejsce. A ponadto możecie spotkać mnie.

Nie stołuję się nigdzie indziej – odpowiadają mi tutejsze smaki i ceny. A higiena... No, nie bądźmy purystami. „SMACZNIE" powinno zatrzeć tłuste plamy na obrusie, a „I TANIO" powinno zrekompensować wyszczerbione kubki i talerze, bezpańskie psy żebrzące pod twoim stołem oraz to, co od czasu do czasu wpada do garnka, a potem trzeba to wyławiać z talerza.

PS
Nie strułem się nigdy. To kwestia bakterii żołądkowych. Pochodzę z Polski, kraju ekologicznie mniej wysterylizowanego, niż przewidują zachodnie standardy. Moja osobista flora bakteryjna bez większego trudu pokonuje wszystko, co trafia do mego żołądka w komedorach. Myślę, że dla niektórych południowoamerykańskich bakterii jest to twarde lądowanie; dla innych szok, dla jeszcze innych odpowiednik piekła mikrobów, ale dla większości mój żołądek oznacza szybką śmierć pod stopami Hunów.

PORANEK

Lubię wstawać o świcie. Wtedy ludzie dookoła jeszcze śpią i można korzystać z ciszy – poczytać bez obawy, że ktoś ci przerwie, że będzie miał do ciebie ważną sprawę, że za ścianą włączą radio... Świt to jedyna pora, gdy w mieście panuje cisza. Bo miasto kładzie się do snu długo i powoli, za to wstaje w pośpiechu, dopiero w ostatniej chwili, tuż przed wyjściem do roboty. Dlatego wieczorem nie zaznasz ciszy (zawsze jest ktoś, kto baluje dłużej od ciebie), ale rano bardzo proszę – wystarczy wstać odpowiednio wcześnie.

A poza miastem? Tam też lubię wstawać o świcie. Może dlatego, że urodziłem się o szóstej rano i tak mi zostało. Szósta to moja godzina. Wstaję o szóstej bez względu na miejsce pobytu i porę roku. Nawet po sylwestrowym balu. Tak lubię i nikomu nic do tego.

A w dżungli? To samo. Dżungla leży blisko równika, co jeszcze ułatwia sprawę, bo równik to takie miejsce, gdzie zawsze panuje równonoc, a więc każdego dnia słońce wstaje o szóstej rano, a zachodzi o szóstej wieczorem. I są to dwie najgłośniejsze pory dnia. Głównie z powodu papug, które przeraźliwie drą pyski. Gardła... dzioby... No, wszystko jedno.

Przed nocą papugi zbijają się w ogromne stada i zasiadają setkami na ulubionych drzewach-noclegowniach. Tam nawołują się głośniej niż najgłośniejsze przekupki. Ogłuszający harmider!

O świcie robią to samo – wrzeszczą!!! To dlatego, że cierpią na kurzą ślepotę. Pory wschodów i zachodów to dla nich niepokojące okresy szarości. Wyobraźcie sobie, że jesteście w dzikim lesie i że o zachodzie słońca zaczynacie ślepnąć. W tej sytuacji każdy zachowywałby się głośno; dla dodania sobie odwagi. A rano odzyskujecie wzrok – to doskonały powód do radosnego harmidru. Takie już są papugi i chyba dość łatwo je zrozumieć, prawda?

Wniosek: Nawet największy suseł, będąc w dżungli, zostanie skutecznie poderwany ze snu o bladym świcie, kiedy to papugi zaczynają drzeć pyski. Gardła. Dzioby...

* * *

Ludzie w Mitú wstają woolno; jak to Latynosi. W tropiku w ogóle wszystko robi się woolno. No, może poza miłością – ta jest szybka, gwałtowna i krótka; ale za to częsta. Przebiega, jak burza z piorunami. Wzbiera chmurą podniecenia, następnie są grzmoty i błyskawice, potem ulewa i gwałtowne przejaśnienie. Wychodzi słoneczko, osusza kałuże i po burzy nie ma śladu. Czasem tylko jakaś ciąża. A więc w Mitú wstają powoluutku. O 5.30 otwiera się pierwsze oko. Chwilę potem z różnych stron słychać niemrawe odgłosy ziewania. Trwa to kwadrans. Z mroku kolejno dobiegają dźwięki drapania się, spluwania i wysmarkiwania nosa na klepisko, przeciągania kości. Słychać, że ktoś nadepnął kota, a zaraz potem kopnął w nocnik i komentuje oba te fakty. Ktoś przez nieuwagę wszedł na widelec, ktoś inny głośno sika. Ktoś zrzucił pokrywkę, obudził kolegów i teraz oni ciskają joby. Jakaś para wymienia serdeczności, potem czułości, potem namiętności, gwałtowności, aż wreszcie urywa im się hamak. Ot zwyczajny poranek w Mitú.

* * *

Dopiero około siódmej otwierają tu pierwszy *comedor*, a o 7.15, będąc namolnym, mogę wypić pierwszą kawę.

Na szczęście od kilku dni wolno mi być namolnym – zostałem stałym klientem! Wiadomo, że przychodzę pierwszy, siedzę co najmniej godzinę, sączę kawę, czytam, piszę, konwersuję, ale przede wszystkim obserwuję życie puebla i słucham, o czym ludzie gadają.

Zaprzyjaźniłem się z właścicielem. To on otwiera drewnianą budę, rozstawia stoliki i krzesła oraz pali pod kuchnią. Jesteśmy już do tego stopnia oswojeni, że wolno mi wejść na zaplecze, nalać wody do czajnika i samodzielnie nastawić kawę. Potem do komedoru przychodzi żona właściciela. Od tej chwili nikomu, ale to nikomu! nie wolno wchodzić na zaplecze. Zresztą raczej by się nie zmieścił – kobieta ma w obwodzie ze trzy metry. I nie chodzi o to, że jest tłusta, bo nie jest. Kibić ma wiotką jak wierzbowa witka, za to biodra kubańskie[28].

Rodzinną wyspę opuściła ponad 20 lat temu w drewnianej łodzi. Uciekała oczywiście w stronę Miami, ale pech, wiatr i prądy morskie zniosły ją na Jukatan. Kilka lat szukała swego miejsca w Meksyku, gdzie próbowała uregulować sprawy paszportowe, ale w końcu zrezygnowała. Krętą drogą poprzez małżeństwa z trzema kolejnymi „kochasiami" trafiła w najodleglejszy kąt Kolumbii – do Mitú. Teraz z czwartym „kochasiem" prowadzi COMEDOR LOLA.

---

[28] Kubanki bez względu na tuszę mają baaaaardzo szerooooookie koooooości miedniiiiicy. Porody przebiegają ekspresowo, za to przy wstawaniu z fotela kinowego zdarzają się opóźnienia; a nawet interwencje strażaków z maszyną rozkleszczającą.

Zajęciem Kochasia jest zapewnianie ciągłości dostaw. Jedyna pora, gdy Kochaś nie musi nigdzie latać, niczego przynosić, podawać, załatwiać ani rąbać, to pierwsze poranne godziny, kiedy jeszcze niczego nie zaczęło brakować i nic się nie zdążyło zepsuć. Kochaś przysiada się wtedy do mego stolika i rozmawiamy. Od czasu do czasu wstaje, by powitać kolejnego klienta, wystawić dodatkowe krzesło, czy dolać kawy. Potem wraca i przyciszonym głosem opowiada mi nowe plotki.

* * *

Trzeba mu to przyznać – ma Kochaś dryg do sensacji. Każda najdrobniejsza ploteczka w jego ustach urasta do rangi Wydarzenia. Nawet doraźne naprawy, które są jego codziennym zajęciem, przedstawia w taki sposób, jakby drutowanie dziurawego garnka było renowacją klejnotów koronnych, a zaklejenie rozdarcia w brezentowym daszku nad kiblem restauracją portretu Mony Lizy. Kiedy Kochaś opowiada, ludzie dostają wypieków.

Jego żona potrafi robić to samo z jedzeniem – wypieki to jej specjalność, z tym, że nie piecze ciast ani chlebów, lecz empanady[29]. Ich zapach wywołuje powszechny ślinotok. W całym Mitú zaczynają burczeć brzuchy i jest to sygnał, że trzeba wstać i iść na śniadanie. Poza tym w jej kuchni najzwyklejsze, najprostsze, znane ci od wieków, pospolite i nudne potrawy nabierają smaku godnego królewskich stołów. A to, co się pod ich wpływem dzieje na twoim języku, można porównać do reakcji oka zachwyconego malarstwem mistrza Leonarda.

Słowem: dobrana z nich para – Pepe i Lola.

Pepe znany jest bardziej jako Amoroso, czyli Kochaś, a Lola to zdrobnienie od Dolores, ale lepiej o tym zapomnieć – Lola bardzo nie lubi swojego imienia w pełnym brzmieniu. I tępi każdego, kto ją tak nazwie! Nie jest to bowiem najlepsze imię dla kucharki – *dolores* znaczy *boleści*, a do tego jeszcze nazwi-

---

[29] *Empanadas* (l.p. *empanada*) – rogaliki, pierożki, paszteciki. Nadziewane czym popadnie, najczęściej mięsnym farszem z warzywami lub serem. Smażone w oleju lub pieczone na blasze. Najbardziej popularna przekąska w Ameryce Łacińskiej – hamburgery nie mają tu szans; ani w wyścigu cenowym, ani w smakowym. *Viva empanadas!* [przyp. tłumacza]

sko – Fuertes, czyli *silne* wraz z dodanym po mężu *de Barriga*...
połączcie to sobie sami...[30]

* * *

Około ósmej COMEDOR LOLA tętni pełnym życiem. Wszyscy
wpadają tu, by zjeść empanadę, posiedzieć chwilkę, poplotkować
i ruszyć dalej. Był to dla mnie wyborny punkt obserwacyjny. W dodatku siedząc tu, człowiek najszybciej przestawał być „obcym".
Uznałem, że COMEDOR LOLA będzie świetny jako biuro rekru-
tacyjne – szukałem przewodnika z łodzią i znajomością rzeki. Po
kilku dniach wszyscy wiedzieli już, gdzie mnie można spotkać, ja
zaś wiedziałem, gdzie można spotkać wszystkich. Jednak do znalezienia odpowiedniego dla moich celów przewodnika brakowało mi
koneksji. Oni znali mnie – teraz ja musiałem poznać ich.

Najlepszym pomocnikiem w tej materii był Pepe-Kochaś, mistrz
plotki, obmowy i konfabulacji. Gwarzyłem więc z Kochasiem przy
każdej okazji i wyciągałem go na spytki dotyczące znanych i nieznanych klientów. Jednocześnie nasączałem gąbkę jego mózgu
informacjami na swój temat, które chciałem przekazać lokalnej
społeczności. Wiedziałem, że Kochaś będzie wspaniałą tubą pro-
pagandową. Był jak samobieżny słup ogłoszeniowy, z tą poprawką,
że ogłaszał wszystko, nawet twoje najgłębiej skrywane sekrety.
W dodatku umiał je z ludzi wyciągać. Był przy tym nieprzekup-
ny, to znaczy nigdy nie racjonował informacji ani nie dzielił uszu
na godne i niegodne danej wieści. Gdybyś tylko miał czas, Kochaś
opowiedziałby ci wszystko na temat wszystkich. A nawet trochę
więcej.

---

[30] Połączyłam i wyszło mi *Dolores Fuertes de Barriga*, czyli bardzo normalne hiszpańskie
imię z nazwiskami (panieńskie plus po mężu); całkiem pospolite o szlacheckich
korzeniach.
Gdyby jednak przetłumaczyć poszczególne wyrazy (czego oczywiście nikt nigdy nie
robi), to faktycznie, nie najlepsze dla kucharki. No bo wychodzą z tego: *Ostre Bóle
Żołądkowe*.
Miałam nawet pewne podejrzenia, że Autor wymyślił tę postać dla potrzeb swojej
„zabawnej fabuły" (cha, cha, cha, jakie śmieszne), ale sprawdziłam w książce telefonicz-
nej miasta Meksyk i rzeczywiście – można tam znaleźć kilka pań Dolores Fuertes de
Barriga. A skoro są w Meksyku, mogła się jedna zabłąkać i do Mitú. [przyp. tłumacza]*
* A czy sprawdzała Pani ostatnio, jakie jest bezrobocie wśród nielojalnych i zgryźliwych
tłumaczy? [przyp. Autora]

Taak. To była jego największa wada i zaleta jednocześnie – owo „trochę więcej". Bo tego nie dało się kontrolować. Mogłem przekazać mu pożądane informacje na swój temat i mieć pewność, że pójdą w świat, ale nie miałem wpływu na to, czym po drodze obrosną. Ale jako kopalnia wiedzy wszelkiej Kochaś był nieoceniony.

* * *

– Kim są ci mili państwo? – zapytałem, wskazując dyskretnie na siwowłose małżeństwo o twarzach jak aniołki.

Świetnie wiedziałem, kim są i czym się zajmują – jeden z „aniołków" kłaniał mi się przy każdej okazji, miał wydatny biust, odblaskowy makijaż i oczy skłonne do znaczącego mrugania, a na określenie ich profesji było kilka słów, lecz żadne nie należało do eleganckich – teraz po prostu chciałem usłyszeć, co będzie miał na ten temat do powiedzenia pan mistrz plotki.

– To bardzo porządna rodzina – zaczął bez cienia wahania w głosie. – Opiekują się swoim starym ojcem. To nasz dobrodziej. Daje pracę wielu ludziom. On tu jest największym przedsiębiorcą. Tartak, knajpa i pralnia są jego. I jeszcze ten hotel nad barem. Ci państwo właśnie tym się zajmują. Hotelarstwem.

– Hotelarstwem?

– Przecież mówię: hotelarstwem.

– Hotel nad barem?

– Ten sam.

– Czyli po prostu burdelmama i... burdelpapa.

– Można to tak określić. Ale lepiej nie.

– Dlaczego? Obrażą się?

– O nie! Prowadząc tego typu interes, człowiek obcuje z pijanymi drwalami i po pewnym czasie przestaje się obrażać za słowa. Ale ojciec rodu uważa, że to nadal on kieruje całym interesem; choć już od kilku lat nie wstaje z łóżka. Wszyscy inni są tylko jego pracownikami. Formalnie rzecz biorąc, ci państwo jedynie zarządzają, a to on jest...

– Burdeldziadziem? – wyręczyłem go.

– Można to tak określić. Ale lepiej nie.

– Obrazi się?

– Nie sądzę, żeby wiedział, jak to zrobić. On może się wściec. Potrafiłby cię znienawidzić. Ale obrazić się... Raczej nie.

– Więc co?

– Mógłby na ciebie zwrócić uwagę, amigo, i to wystarczy.

– „Zwrócić uwagę", co to niby znaczy?

– Nie chcesz wiedzieć.

– Chcę!

– A ja ci gwarantuję, że nie chcesz.

– To boli?

– Nie zawsze ma się czas, żeby poczuć.

– Czy ten pan... Jak on się właściwie nazywa?

– Różnie.

– To znaczy?

– Zależy, czy się zwracasz wprost do niego, czy też mówisz o nim. Zależy też, z kim o nim rozmawiasz i w jakim tonie. To człowiek... kontrowersyjny. Ma wielu wrogów i równie wielu przyjaciół. A w dodatku część z jego największych wrogów, to równocześnie jego najlepsi przyjaciele. Oczywiście udają. On o tym wie, i oni wiedzą, że on o tym wie, ale wszystkim jest wygodniej udawać przyjaźń, niż otwarcie przyznać się do wzajemnej wrogości. To kwestia równowagi sił i chłodnej kalkulacji.

– Ten facet, to jakiś mafioso, tak?

– Nieee. Nie „jakiś", tylko ten! – w tym momencie Pepe stuknął palcem w rozłożoną na stole gazetę.

– Przecież to jest międzynarodowy list gończy – powiedziałem zaskoczony.

– Owszem. I jesteśmy z tego dumni.

– Z obecności mafiosa???

– Piszą o nas! To pierwszy taki przypadek. Nikt z Mitú nigdy wcześniej nie był w gazecie. Po południu będzie z tej okazji fiesta. Przyjdź. Będą też Indianie, może spotkasz swojego przewodnika.

– Fiesta? Z okazji publikacji listu gończego?

– Bądź! A teraz muszę lecieć, bo robota czeka.

GRĄSKO

Na fiestę oczywiście poszedłem. To dobra okazja spotkania odpowiednich ludzi. Nieodpowiednich też, niestety. I zaczęło się od tych drugich.

Posłuchajcie...

Z Pensjonatu do „centrum" musiałem iść błotnistą ścieżką wzdłuż rzeki. W najgorszych miejscach poukładano pojedyncze deski; były równie śliskie, jak błoto, lecz twarde. Wprawny człowiek szedł po nich, nie grzęznąc i nawet niespecjalnie się ślizgał. Ja wprawny nie byłem. Ześlizgiwałem się co chwilę i grząłem do pół łydki. Właściwie mógłbym zrezygnować z desek i sunąć cały czas po błocie, ale wiecie jak to jest – człowiek widzi deskę przerzuconą przez kałużę, to myśli, że ma ułatwienie. A potem chlaps w wodę! Ale kiedy widzi następną deskę, znowu na nią lezie.

Wąskie ścieżki mają to do siebie, że ludzie spotykają się na nich o wiele częściej niż na zatłoczonej ulicy. To dlatego, że na ulicy po prostu idziesz z nosem utkwionym w swoich sprawach i obojętnie wymijasz przechodniów; nawet najbliższym znajomym wystarczy kiwnąć głową i pójść dalej. Na ścieżce jest odwrotnie – musisz spotkać wszystkich i nie możesz nikogo zignorować, nawet nieznajomych.

Od strony puebla nadeszło dwóch mężczyzn. Bardzo dziwne typy. Jeden z warkoczem sięgającym połowy pleców, drugi z gęstą brodą. Taka broda – duża i kudłata – to tutaj rzadkość. Indianie w ogóle nie mają zarostu, a Metysi bardzo słaby i nieefektowny, więc bród nie zapuszczają. Większość z nich próbuje wyhodować wąsy, ale i to nie wychodzi najlepiej, jeśli nie mają solidnej domieszki białej krwi. A ten tu, brodę miał jak u ruskiego bojara, wąsiska sięgające uszu i... nic więcej – łeb łysy jak strusie jajo. Jego kolega z kolei twarz miał łysą, nawet bez śladów golenia, za to czuprynę obfitą, warkocz gruby, a do tego mocno europejskie rysy. Słowem: wyglądali w tym miejscu bardzo obco, choć jednocześnie zachowywali się jak starzy bywalcy.

Spotkaliśmy się na wąskiej desce pośród kałuż, więc nie miałem wyjścia – nie da się ich wyminąć ani zignorować, nie sposób uniknąć wymiany choćby kilku słów, a gdybym miał się zachować jak typowy mieszkaniec Mitú, powinienem z nimi teraz pogawędzić kilka minut...

No to pogawędziłem. Otrzymali przy tej okazji Pakiet Informacji Uspokajających, który wciskałem wszystkim od trzech tygodni – że nie jestem Amerykaninem (w domyśle: z Agencji Zwalczania Narkotyków) i że przyjechałem tu w poszukiwaniu Indian (w domyśle: świr jakiś, naukowiec niegroźny albo coś w tym rodzaju). Czy ich to uspokoiło, nie wiem, bo twarze mieli zastygłe w uprzejmym wyrazie, ale mimo to kamienne. Taka bazaltowa twardość charakterystyczna dla lawy wulkanicznej – wygląda jak półpłynna czekolada, a jednak jest skałą. W dodatku taką, która w każdej chwili może znowu popłynąć i wtedy nie chciałbyś znaleźć się na jej drodze. Ja niestety nie miałem wyjścia – byłem już na ich drodze i teraz próbowałem z tego jakoś wybrnąć.

Paplałem (trochę zbyt szybko i swobodnie). Uśmiechałem się (trochę zbyt szeroko i jowialnie). A potem, jakoś tak z rozpędu, zadałem zupełnie niewinne pytanie, które straciło całą tę swoją niewinność zaraz po opuszczeniu moich ust:

– A panowie co porabiają w Mitú?

Znak zapytania strzelił jak bicz.

Ich twarze stężały jeszcze bardziej, ale gdzieś w głębi, bo na powierzchni nie drgnął im ani jeden mięsień. Niestety w oczach tych panów dostrzegłem kopcące kratery.

Oczy nie kłamią. Twarz możesz nauczyć wszystkiego, wyćwiczyć w układaniu się w dowolną minę – oczy pozostają poza zasięgiem woli. Bo oczy to zwierciadło duszy, a dusza nie jest własnością człowieka i nie mamy nad nią władzy. Dlatego zdrajca ucieka ze spojrzeniami, oszust kryje się za ciemnymi szkłami okularów... Tak czy siak, było za późno – moje pytanie wisiało w powietrzu, a wulkany kopciły.

Trwało to dłuższą chwilę, którą wypełniłem przełykaniem śliny.

Potem lawa ruszyła i rozpłynęła się w dwa najuprzejmiejsze uśmiechy. Choć panowie szczerzyli się do mnie, nie miało to nic wspólnego ze szczerością. Z daleka mogło wyglądać miło, lecz z bliska... czułem się, jakby mi przypalano pięty. Chciałem uciekać, a jednocześnie wiedziałem, że to by mnie pogrążyło ostatecznie.

– My? Co porabiamy w Mitú? A tak, mieszkamy sobie niedaleko stąd, co nie? – brodacz zwrócił się do warkocza.

– No – dodał warkocz.

I to była cała ich odpowiedź.

Pożegnaliśmy się ciepło i wylewnie. Lawa płynęła teraz szerokim strumieniem. Wprawdzie omijała mnie z obu stron, ale w każdej chwili mogła zmienić zdanie. Faceci byli jednocześnie sympatyczni i przerażający.

Gdzie indziej ta nasza rozmowa pozostałaby niewinna, a wzajemne uprzejmości byłyby jedynie częścią konwenansu – w Mitú były drapieżną grą. Pomrukiem bestii, która chwilowo nic sobie nie robi z trutnia krążącego w pobliżu, ale gdyby się okazało, że ten truteń za bardzo interesuje się nosem bestii, to... Chlast!!! Po raz kolejny upadłem w błoto.

Brodaty nieznajomy podał mi rękę i pomógł stanąć na desce. Potem rozeszliśmy się w przeciwne strony.

Po kilku krokach odwróciłem się, by tutejszym zwyczajem pomachać im na pożegnanie, ale śladu już po nich nie było. Z jednej strony rzeka, z drugiej otwarta przestrzeń podmokłej łąki, tu i tam kilka wysokich palm, żadnych krzaków, widoczność dobra na jakieś 200 metrów i ani śladu po nich!

Tak potrafią znikać tylko ludzie, którzy często znikać muszą.

PRODUKCJA KOKAINY

Będąc w Kolumbii, przeprowadziłem pouczającą rozmowę z „pracownikiem" kartelu – szeregowym przetwórcą, ojcem rodziny... itd. Był to dobry, miły człowiek. Nie żaden zdeprawowany mafioso.

Oto co mi powiedział:

Wszyscy tu wiedzą, jak to jest z produkcją koki. I nie tylko tu – właściwie wszędzie wszyscy wszystko na ten temat wiedzą i wszyscy wolą problemu nie ruszać. Po co? Żeby zginąć? A za co tu ginąć? W obronie białych degeneratów, którzy gdzieś daleko stąd chcą ćpać nasz towar?

Kartel gwarantuje moją nietykalność i ochronę. Zanim mnie dowiozą do Bogoty, już będę wolny. Odbiją mnie. Albo ktoś tam na górze wyda odpowiednią decyzję. Kartel wszędzie ma swoich ludzi, a już na górze szczególnie. W Kolumbii nie kandyduje się na stanowiska bez poparcia mafii. Nawet jeżeli któryś z polityków oszukuje sam siebie, że wygrał czysto, prędzej czy później okaże się, że i do niego prowadzą sznurki, za które da się pociągnąć.

Nasze laboratorium to taka sama chata jak inne w tej okolicy. Stoi sobie na uboczu, pięć godzin motorówką od puebla. Mamy własny generator, porządny kibel, kucharkę, ujęcie wody pitnej i dobre pensje. Żyję jak w raju. Dawniej pracowałem na platformie wiertniczej. Tryb pracy podobny – wyjeżdżałem na kilka miesięcy, potem miałem kilka tygodni wolnego. Rodzina do tej pory myśli, że jeżdżę na platformy.

Koka to najbardziej ekologiczna uprawa, jaką zna świat. Rośnie sama, nie wyjaławia ziemi, jest częścią naturalnego ekosystemu. Każdy inny przemysł niszczy środowisko. Nawet rolnictwo psuje ziemię. A koka to czysty interes i czysty przemysł.

Gdyby nie zakazy sprowadzania w te okolice odpowiednich chemikaliów, moglibyśmy przetwarzać kokę jeszcze taniej i zupełnie bez odpadów. Nie trzeba by się bawić z cementem... czyściusieńki biznes.

A kwestie moralne?

Przecież nikt was nie zmusza do kupowania. Nie zmuszajcie więc nas do zaprzestania produkcji. Albo płaćcie za nieprodukowanie – wtedy proszę bardzo, przestaniemy. Podobnie jak z wydobyciem ropy w dżungli – kupcie od nas tę ropę, która jest w naszej ziemi, a jak już będzie wasza, to możecie jej nie wydobywać.

Łatwo wam mówić o ochronie lasów, kiedy to są lasy w naszym kraju. Chcecie mieć czyste powietrze, to je od nas kupcie. A jak nie chcecie płacić, to nie miejcie pretensji, że my, biedni, niszczymy tropikalny las. Też chcemy żyć. I gdy nam głód zagląda w oczy, rąbiemy puszczę, sprzedajemy drewno, pompujemy ropę, trujemy rzeki w poszukiwaniu złota, wyłapujemy ryby do ostatniej sztuki... I nikt tego nie zatrzyma, choćby nam nie wiem co opowiadał o płucach świata i innych tego typu pierdołach. Jak jesteś głodny, to cię interesuje wyłącznie własny brzuch, a nie czyjeś płuca.

* * *

Tak mi to opowiedział producent kokainy. I... (teraz bezsilnie rozkładam ręce) ...patrząc na sprawy z jego strony, miał chłop rację.

FIESTA

■ Tego popołudnia wydarzenia następowały po sobie z niezwykłą prędkością. Tłoczyły się w drzwiach mego życia, jakby to był supermarket w dniu wyprzedaży. Popychały jedne drugie, skrobały sobie marchewki i dźgały konkurentów łokciami. Ich natłok irytował i oszałamiał. Szczególnie że zmarnowałem w Mitú już tyle czasu i nic się nie działo, a teraz, nagle, wszystko chciało się zdarzyć naraz.

I zdarzyło się! W ciągu kilku godzin brakujące elementy układanki powskakiwały na swoje miejsca – byłem gotów do drogi, miałem łódź, ludzi, zapasy, plan... Wystarczyło odepchnąć się nogą od błotnistego brzegu i ruszyć w kierunku najbliższej katarakty. A jak do tego doszło?

Posłuchajcie...

Siedziałem w komedorze pochylony nad mapą i notatkami, a przy okazji podglądałem fiestę. Muszę powiedzieć, że nie różniła się wiele od tego, co się tu działo rano – ot zwykłe poranne życie Mitú, tyle że przeniesione na popołudnie. Niezwykła pora dnia dla zupełnie zwyczajnych ludzkich aktywności była jedynym świadectwem, że mamy do czynienia z fiestą. Może też trochę głośniej puszczano muzykę. Aha, i większa liczba osób stała oparta o ściany. (Gdyby nie ściany, część z nich bawiłaby się oparta o ziemię.) Poza tym był to najzwyklejszy popołudniowy poranek w Mitú – pełen drwali, handlarzy towarem wszelkim, *campesinos* oraz osób, o których nie wiedziałem nic, mimo że ich twarze były mi dość dobrze znane.

No więc siedzę tak i przyglądam się życiu w rozkwicie, gdy nagle widzę przed sobą kogoś, kto ma łódź z motorem, zna rzekę i wykonuje pracę sternika, nawigatora oraz mechanika pokładowego. (W Ameryce Łacińskiej na kogoś takiego mówią *motorista*.)

– Witaj! – wołam. – Potrzebny mi *motorista*.

– No i?

– No i znalazłem. Pan ma łódź, prawda?

– Ma. A co, widać?

– Widać. To znaczy... sie wie.

– A skąd „sie wie"? Ktoś ci mówił, gringo?

– Nikt mi nie mówił. Sam poznałem.

– Po?

– Co „po"?

– Po czym żeś poznał?

– Aaa... Po kaloszach. Nikt inny na fiestę nie idzie w kaloszach. Chyba że właśnie dopłynął do Mitú i przyszedł tu prosto z łodzi.

– Tamten jest w kaloszach – *motorista* wskazał palcem na pijanego drwala, który w jednej dłoni trzymał butelkę piwa, w drugiej flaszkę aguardiente i nie umiał zdecydować, z której popić. – I tamten też w kaloszach – drugi drwal z wysiłkiem próbował oderwać się od ściany i ruszyć w stronę domu. – O! I tamten ma... jeden kalosz – trzeci wskazany człowiek zgubił gdzieś połowę obuwia, ale nie zrażony tym, tańczył na środku drogi. Jego ruchów nie wiązał żaden znany rytm, a styl tańca rodził podejrzenia, że ktoś mu wpuścił szczura w nogawkę.

– I tamten – dodałem swojego drwala do kompletu – ale oni wszyscy mają kalosze czyste, a nie takie upaciane gliną.

– Rzeczywiście przed chwilą żem dopłynął – *motorista* poddał się wreszcie.

– A kiedy i dokąd znowu wypływasz, amigo? – zapytałem grzecznie.

– Jak jest jakaś robota, to mogę nawet dzisiaj. Właśnie mi ładują towar. Pod wieczór będę gotów.

– Towar?

– Mam pływający sklep. Wożę towary dla wiosek. Mogę cię zabrać, gringo. I tak płynę, i tak. Jak nie masz ciężkiego bagażu, to cię wezmę za darmo. Dla towarzystwa.

– Tylko że ja chcę płynąć tu – pokazałem mu pewien obszar na mojej mapie.

– A gdzie to jest? Bo ja się na mapach nie wyznaję.

– Tam – wskazałem kierunek w przestrzeni.

– Przed czy za kataraktą?

– Za.

– Tam chcesz płynąć? Ojojoj!

– Czemu „ojojoj"?

– Dzikie Ziemie. Tam się nie zapuszcza nikt... rozsądny.

– Bo?

– Bo teren... nieprzyjemny – uniósł brwi i wypowiedział to słowo z zimnym naciskiem. Nie było jasne, czy mi grozi, czy raczej ostrzega.

Pokręcił głową, poburczał coś pod nosem, splunął, przydeptał, znów poburczał, a potem powiedział:

– Mogę cię zapoznać z takim jednym. Ma indiańską żonę i kuma się z tymi – lekkim ruchem głowy wskazał na grupkę Indian kręcących się po obrzeżach fiesty.

– Co mi to da?

– Ja z tobą nie popłynę. Może oni – znów pokazał na Indian.

– Ale bardzo wątpię, bo oni nie lubią, kiedy kręcimy się po ich ziemiach.

– My?

– Biali, Metysi... wszystko jedno. Dla nich jesteśmy po prostu Obcy. Teraz wyglądają normalnie... Powkładali koszule, rozmawiają po hiszpańsku, przychodzą nawet do kościoła, ale kiedy tylko wypłyną za kataraktę, zdejmują ubrania i zamieniają się w dzikusów.

– Czyli do katarakty mógłbyś mnie zawieźć, tak?

– Nie. Ja pływam w odwrotną stronę. Tam, gdzie są normalne wioski. A stąd do katarakty tylko rzeka. Pusto. Żadnych domów. To znaczy takie... pojedyncze.

– Wiem.

– Wiesz? A co ty wiesz, gringo?

– Po prostu niektóre rzeczy sie wie. Tam jest kilka takich miejsc, gdzie zużywają sporo cementu. To znaczy „cukru".

– Dużo wiesz.

– Bez przesady. To akurat wiedzą wszyscy w Mitú.

– Tak, ale lepiej o tych rzeczach nie mówić nikomu, nigdy i nigdzie, gringo.

– Ja na pewno nie powiem – w tym momencie, niby przypadkiem, sięgnąłem do kieszeni i razem z garścią moniaków wyciągnąłem stamtąd mały złoty haczyk na ryby. – Zapłacę i możemy iść do tego faceta z indiańską żoną.

Poszliśmy. *Motorista* zrobił się milczący. Podprowadził mnie pod drzwi dużego drewnianego domu z szeroką werandą, a potem zniknął bez słowa. Nie spotkaliśmy się więcej, ani w Mitú, ani na rzece. A kiedy o niego pytałem, nikt go nie znał.

Dziwne...

– Witaj, amigo!!! – zawołał do mnie z werandy sympatyczny grubas.

Lat około czterdziestu, cały uśmiechnięty, siedział na drewnianym fotelu i grzał się w ostatniej tego dnia plamie słońca.

– *Buen día*. My się jeszcze nie znamy... – powiedziałem, wchodząc na werandę.

– Ja ciebie znam! Zresztą wszyscy ciebie znają. Ile już tu z nami jesteś? Dwa miesiące?

– Trzeci tydzień.

– No widzisz! Kupa czasu, amigo. Potrzebujesz łodzi.

– Potrzebuję raczej pańskiej żony.

– ?!

– To znaczy, pan ma żonę...

– Maaam...

– Indiankę...

– I?

– A ja chciałbym popłynąć tu – pokazałem mu moją mapę.

– Czyli tam? – machnął ręką w odpowiednią stronę pejzażu.

– Tam.

– Do katarakty?

– Do i za.

– Za?!!! Tam się nie zapuszcza nikt... rozsądny.

– Bo?

– Teren taki... nieprzyjemny. Nie grożę, po prostu ostrzegam.

– Ale z Indianami mógłbym popłynąć, prawda?

– Jeśli cię zechcą zabrać. Niedawno nawet mieli tam takiego jednego. Japończyk. Mówił, że szuka orchidei, ale okazało się, że to zboczeniec. Zataszczyliśmy mu do puszczy z dziesięć skrzynek aguardiente. Upijał się codziennie, a potem łaził po lesie i rysował w zeszycie jakieś takie dziwadła. Podobno robaki, jak sobie robią *pinga-pinga*.

– No to czyli pan mógłby mnie zaprowadzić w to samo miejsce, tak?

– Nie. Ja pływam po rzece, ale w drugą stronę. Mam kilka łodzi i firmę przewozową. Mógłbym cię ewentualnie dostarczyć do pierwszej katarakty, ale potem... Jest kłopot. Ludzie, którzy prowadzili

Japończyka, na pewno nie zechcą tam iść ponownie. Nikt inny zresztą też. Wszyscy się boją. To naprawdę nieprzyjemny teren – ostatnie słowa powiedział przyciszonym głosem.

– A pańska żona? Może pomóc?

– Młoda jest. Nic nie znaczy. To już ja więcej znaczę. Indianie bardzo mnie szanują, że się z nią ożeniłem. Tutejsi ludzie to kmioty. Pomiatają Indianami. Jestem jedynym Metysem, który z nimi utrzymuje przyjacielskie kontakty. A do tego rodzinne. Jak chcesz, mogę cię zaprowadzić do maloki i przedstawić komu trzeba. Dzisiaj jest fiesta, popijają cziczę[31]. Może znajdziemy ci kogoś, kto płynie za katarktę.

Poszliśmy.

* * *

W maloce było zadziwiająco widno. Spodziewałem się ciemnego zadymionego pomieszczenia pełnego hamaków. Tymczasem, z okazji fiesty, hamaki posprzątano, klepisko zamieciono, a pośrodku ustawiono kilkadziesiąt glinianych kadzi pełnych pomarańczowego płynu.

– Czicza – pokazał mój rozmówca. – Napijesz się?

– A wolno tak? – zapytałem zdziwiony sytuacją. (Weszliśmy tu bez pytania, a teraz bez zaproszenia braliśmy się do picia cudzych trunków.)

– Wolno. Indianie są gościnni. Chętnie widzieliby tu całe Mitú, ale te metyskie kmioty uważają siebie za lepszy gatunek. Żaden nie wstąpi do maloki. A czicza to dla nich sfermentowane rzygowiny. To co, pijesz?

– Pewnie! Poproszę.

Mój rozmówca chwycił dwie drewniane miseczki i zaczerpnął z najbliższej kadzi.

Wypiliśmy.

– Dobre? – pyta, sam wyraźnie zachwycony.

– Pyszne!

---

[31] Spolszczyłem to słowo. Dla wygody. Pozostawiona w pisowni hiszpańskiej *chicha* kojarzy się z chichotem. Ogólnie prawidłowo, bo jak człowiek wypije, to nabiera ochoty na chichot, ale kiedy do słowa *chicha* doczepić polskie końcówki, ginie sens, a pojawiają się językowe wygibasy: *chichy, chichę, chichą*... Niech więc lepiej będzie fonetycznie: czicza. (Wtedy też łatwiej zamówić.)

– To chodź teraz do Najstarszej – wskazał najdalszy kąt po przeciwnej stronie.

Trochę to trwało, zanim dotarliśmy do celu. Maloka była pełna ludzi. Tłoczyło się tu około setki Indian. Chodząc po Mitú, widywałem ich wszystkich, ale dopiero teraz zdałem sobie sprawę z liczebności tej najcichszej i najbardziej dyskretnej grupy społecznej.

– Zawsze ich tylu, czy dzisiaj wyjątkowo? – pytam.

– Zawsze. Nie widziałeś, bo nie rzucają się w oczy. Przypływają i odpływają tylko wtedy, gdy na rzece siedzi mgła. W Mitú stale jest ich spora gromada, tyle że się nie pokazują. Chodzą najwyżej po dwóch, nigdy w większych grupach. Fiesta to co innego, ale nawet wtedy starają się trzymać z boku. Obserwują, nigdy nie uczestniczą. To nie jest ich pueblo, nie ich świat, nie ich ziemia... cokolwiek na ten temat mówią politycy w Bogocie.

– Boją się obcych?

– O nie! Po prostu nie są w stanie zrozumieć naszej pogardy. Ona zadziwia ich do tego stopnia, że się wycofują. To nie strach, tylko... rodzaj fascynacji. Widzisz, amigo, Indianin nigdy nie gardzi drugim człowiekiem. Może z nim walczyć, może go nawet nienawidzić, ale szanuje. A my?... Lepiej nie mówić. No dobra, jesteśmy. Teraz musisz poznać Najstarszą. To cioteczna babka mojej żony. Ludzie się u niej radzą. Poradzimy się i my w twojej sprawie. Co Najstarsza zarządzi, to reszta wykona bez szemrania. Ale gdyby ci odmówiła, to już na pewno nie pojedziesz na Dzikie Ziemie.

W trakcie całej tej rozmowy prowadził mnie w stronę ciemnego kąta maloki, gdzie na kupie suchych liści siedziała skulona starowinka. Teraz powiedział do niej kilka słów po indiańsku i wypchnął mnie do przodu. Babuleńka rzuciła mi szeroki trójzębny uśmiech. A potem nastąpiło milczenie wypełnione moimi zakłopotanymi minami.

* * *

Wyglądała... niekonwencjonalnie. Cisną mi się na usta takie porównania jak „zmurszała", „osypująca się ze starości", „purchawka"...

Tylko żebym nie został źle zrozumiany – ona była bardzo sympatyczna, a ja nie mam ochoty żartować z jej wieku ani stanu fizycznego. Po prostu zęby czasu zrobiły to co zwykle, tyle że trochę bardziej. Każdego dnia odciskały na niej swoje piętno, a tych dni musiały upłynąć miliony.

Wyglądała jak... Lew Tołstoj. Owszem, miała coś w rodzaju brody, ale mówiąc o Tołstoju, mam raczej na myśli klasyczną siwiznę, zmarszczki, w których można ukryć zwitek banknotów na czarną godzinę, oraz ogólną aurę szacunku, która otacza starców.

No i rzecz ostatnia: Oceniając jej stan na oko, babuleńka kategorię „starcy" opuściła dawno temu – obecnie mieściła się gdzieś między „zabytki" a „skamieliny" i wytrwale posuwała dalej.

* * *

– Co tu tak...?

– Śmierdzi? – dokończył mój nowy znajomy. – My wolimy mówić, że Najstarsza ma wyraźny zapach. I tego się trzymaj, gringo. To bardzo pomaga go znieść. Wyraźny zapach, nawet najgorszy, jest dużo lepszy niż...

– Smród?

– Widzę, że łapiesz w lot, amigo.

– A czemu ona tak...?

– Wyraźnie pachnie? Jest bardzo chora, no i zwyczajnie psuje się. Białe kobiety w jej stanie natychmiast biorą do szpitala, Metyski może nie natychmiast, ale też w końcu doproszą się jakiegoś wyrka na korytarzu, a Indianka... Ona nawet nie ma dokumentów, więc powiedzieli mi, że z formalnego punktu widzenia nie istnieje. I kazali spróbować w Brazylii!

– A Indianie nie umieją jej pomóc? Jakiś szaman?

– Szaman? Kiedyś mieli szamanów. O najsławniejszym do dzisiaj opowiadają. Nazywali go Starym Człowiekiem. Ale potem przyszła tu cywilizacja, a razem z nią medycyna i pierwszą „chorobą", którą zaczęła zwalczać był ten Stary Człowiek. Lekarze szczepili dzieci, rozdawali pigułki i wyśmiewali zabobony. Byli skuteczni. Przywlekli ze sobą choroby, na które Indianie nie znali lekarstw, a potem robili zastrzyk z penicyliny albo dali komuś aspirynę na katar i mieli spektakularny sukces. Stary Człowiek odszedł w głąb Dzikich Ziem, żeby ocalić swoją wiedzę. Od tamtej pory nie było tu nikogo, kto potrafi tak leczyć.

– I co teraz? Chodzą do lekarzy?

– A kto by ich przyjął? Lekarstw i łóżek brakuje nawet dla nas, więc Indianin nie ma szans. Czasami tylko władza robi jakąś akcję. Przywiozą tu zagraniczniaków za pieniądze UNICEF-u, poszczepią, pokręcą się w białych kitlach i z powrotem do domku. Jakoś tak najczęściej przed wyborami. I wszyscy są zadowoleni. Zagraniczne pieniądze wydane, zagraniczne pieniądze zarobione. Kilka indiańskich główek pogłaskanych, setki indiańskich głosów z wdzięcznością wsadzonych do puszki wyborczej. A potem dzikusy mogą wracać do lasu; na następne cztery lata. Tak to działa, amigo.

– No, ale jakichś szamanów muszą mieć, prawda?

– Kilku mają. Ale to już nie to samo co dawniej. Sporo wiedzy przepadło. Ja pamiętam, jak ze dwadzieścia, trzydzieści lat temu było tu pełno węży. Kąsały nas i myśmy umierali. A Indian kąsały i nie umierali. Stary Człowiek miał sposób na każdego węża, na każdy ropień i parch, na zatrucia... Dzisiaj idziesz do dentysty i boli jak cholera. A Stary Człowiek dawał ci ziółka, rozmawiał z tobą, a potem delikatnie wyjmował zepsutego zęba palcami. Ty nic nie czułeś, a on nie musiał się szarpać z obcęgami. Brał we dwa palce i delikatnie wyciągał, rozumiesz?

– A ci współcześni szamani?

– Z tego co wiem, został im się jeden; ostatni. Zresztą sam zobaczysz. Jutro wypływacie za kataraktę.

– My? Jacy my? Kto?

– Ci dwaj tutaj zabiorą cię ze sobą – przedstawił mi dwóch skromnie uśmiechniętych Indian.

– Ale co? Skąd tak nagle? – nie bardzo rozumiałem, jak to wszystko zostało zaaranżowane i kiedy.

– Najstarsza o tobie słyszała już wcześniej. A dzisiaj spojrzała na ciebie i się uśmiechnęła. Nie pytaj mnie, jak to działa, bo nie wiem. Indianie mają swoje tajemnicze sposoby. To co, amigo, jeszcze łyczek cziczy?

OSTATNI KROK

■ Niemrawy świt przetarł już czernie nocy, ale ugrzązł w gęstej mgle. Indianie, którzy mościli się w łodzi, zaledwie o dwa kroki ode mnie, wyglądali jak zwiewne duchy. Pueblo spało jeszcze owinięte tą mgłą – chłodną, nieprzeniknioną, taką, która tłumi hałasy i zniechęca do opuszczania legowisk.

Lewą stopą stanąłem na dnie pirogi, rękami złapałem za drewniane burty, naparłem, odepchnąłem się od brzegu i popłynęliśmy. Za moimi plecami po raz ostatni mlasnęło błoto Mitú.

**Czas zamknąć Księgę Błota
i otworzyć Księgę Mgły[32].**

---

[32] Chciałem ją nazwać Księgą Dżungli – marketingowo lepsze – ale ponieważ wszystkie następne Księgi także dzieją się w dżungli, bałem się, że zaczną zgłaszać pretensje: *Czemu nie ja? Czemu ona? Przecież ja dzieję się w gęstszej dżungli! A ja w dzikszej!! A ja w odleglejszej!!!...* Kłótnia ze stadem rozjuszonych Ksiąg to nie najlepszy pomysł; szczególnie gdy odbywa się we mgle, a one są w twardej oprawie. Dlatego Księgi Dżungli nie będzie.*

* Ale pamiętajcie, że miała być.

PEKE PEKE

Indiańskie łodzie – *bongo* – znane są u nas pod nazwą piroga. Kiedy do pirogi przyczepisz mały motorek, to *bongo* zamieni się w *peke-peke*. Nazwa pochodzi od dźwięku, jaki wydaje silnik: peke-peke-peke-peke. Jest to najtańszy środek lokomocji w Amazonii. Ten silnik chodzi na wszystko od nafty po klej. Jest lekki, prosty, a części zamienne kupisz na bazarze. Łożyska do śruby struga się z drewna palmy olejowej i nie wymagają smarowania.

Część 3

KSIĘGA MGŁY

Szaman to najbardziej wpływowa postać w indiańskiej wiosce. Jego słowo waży więcej niż decyzje wodza. Z drugiej strony szaman stara się wodzowi nie wtrącać do rządzenia – ma dość własnych zajęć. Jest lekarzem, znachorem, zielarzem, mędrcem, który zna całą historię plemienia, autorytetem, który osądza zjawiska nowe, nieznane, niepokojące...

Jeśli wodza określić mianem Pierwszy, o szamanie trzeba by powiedzieć Ostatni. Jest on bowiem instancją, która zaczyna działać, gdy wszystkie inne osoby i sposoby zawiodły. A jeśliby także szaman zawiódł, pozostaną ci już tylko instancje ponadludzkie.

To dlatego, gdy moje czółno przybija do brzegu w wiosce Dzikich, Indianie posyłają mi na spotkanie szamana. Jestem przecież zjawiskiem nowym, nieznanym i niepokojącym.

* * *

Nad Vaupés spotkałem ostatniego szamana plemienia Carapana. Ludzie go szanowali, bo umiał dobrze leczyć. I bali się go, bo gdyby tylko chciał... umiał zarazić.

Mówiono o nim po prostu „Czarownik" – nikt nigdy nigdzie nie ośmielił się nazywać go inaczej. Ja byłem z nim po imieniu.

Posłuchajcie...

KATARAKTA

Płynęliśmy pośród gęstej mgły. Długo! Od świtu minęło już dobrych kilka godzin. Nie miałem zegarka, ale musiało minąć południe, a mgła nie rzedła. Nie gęstniała też i w ogóle nie działo się z nią nic szczególnego, ale sama jej obecność o tej porze dnia zastanawiała. W dodatku miałem wrażenie, że jest jakaś dziwna. Jakby... lepka.

– Opadnie kiedyś, czy będzie tak tkwić na rzece do wieczora? – zapytałem Indianina siedzącego na dziobie pirogi.

W odpowiedzi uśmiechnął się tylko i burknął przymilnie. Mogło to oznaczać wiele różnych rzeczy, ale najprawdopodobniej dawał znać, że mnie usłyszał, nie ma mi nic do powiedzenia i żebym się odczepił.

Nie był rozmowny. Jego kolega przy sterze zresztą też. Gdyby nie moje nagabywania najchętniej milczeliby jak groby. Kiedy o tym pomyślałem, wyszło mi, że od początku rejsu gadam tu tylko ja – reszta towarzystwa uśmiecha się, kiwa głowami i burczy przymilnie.

Powodów mogłem się domyślać – chodziło o krępacje i onieśmielenie. Biały „pan" na indiańskiej pirodze to zjawisko wyjątkowe. Przydarzyło im się prawdopodobnie po raz pierwszy w życiu. W dodatku zachowywałem się dziwnie – nie byłem wyniosły ani pogardliwy, nie rozkazywałem, sam nosiłem swoje klamoty, uczestniczyłem w oporządzaniu łodzi, w rozpalaniu ognia... To nie jest typowe zachowanie Białego w tej okolicy. Dlatego najpierw musieli się ze mną oswoić, a dopiero potem nastanie czas na pogawędki.

Ponadto ich hiszpański trochę szwankował. Rozumieli wprawdzie wszystko, ale z mówieniem były kłopoty. Najchętniej stosowali gesty i opisowe wyrazy twarzy. W sytuacjach bez wyjścia dodawali do tego monosylaby poprzedzielane „pauzami nadziei" – patrzyli mi w oczy z nadzieją, że reszty się jakoś sam domyślę. Mieli też dwa ulubione słowa: „yhy" i „e-e", którymi starali się zastąpić wszystkie inne.

W tej sytuacji nie napierałem. Zresztą, gdyby nie mgła pewnie sam siedziałbym w milczeniu, podziwiając pejzaż. Sęk w tym, że żadnego pejzażu nie było – chyba że nazwać pejzażem to, co widzi człowiek, kiedy wsadzi głowę do wiadra z mlekiem i się rozejrzy.

* * *

Płynęliśmy. A mgła wiła się wokół nas, głuszyła dźwięki i wywoływała ogólną atmosferę tajemniczości. We mgle ludzie mają tendencję do szeptu, skradania się, nasłuchiwania... I do wypatrywania, choć to akurat wyjątkowo głupie, gdy dookoła nic nie widać. Płynęliśmy więc w milczeniu, co trochę przypominało skradanie się, i nasłuchiwaliśmy z uwagą, co pogłębiało wrażenie tajemniczości, bo każdemu dźwiękowi zza mgieł przypisywaliśmy większe znaczenie, niż gdyby było widać źródło jego pochodzenia.

Dookoła nas, z rzadka, rozlegały się pojedyncze pluśnięcia, puknięcia, mlaśnięcia, szumy i szelesty oraz ptasi gwizd, który nie kojarzył się z żadnym znanym ptakiem. Przy każdym takim dźwięku wypatrywaliśmy oczy we mgle, a ona pozostawała nieprzenikniona. Czasem tylko... coś... nie wiadomo co... jakby przemknęło o pół kroku poza granicą widoczności, ale nigdy nie chciało podejść bliżej i wyłonić się z mgły. Jedyne, co się z niej wyłaniało, a może raczej sączyło bez przerwy, to zaniepokojenie. Bo ile można!!!

* * *

Kożuch mgieł leżał na rzece, a my wytrwale płynęliśmy.

* * *

Mgła czepiała się burt pirogi. Nieheblowane drewno pełne zadziorów wywoływało w niej małe wiry. A my płynęliśmy.

* * *

Płynęliśmy do znudzenia. Ja, dwaj Indianie i świnia. Normalna świnia domowa, czyli najbardziej inteligentne z udomowionych zwierząt. I muszę przyznać, że wykazywała się inteligencją na bieżąco. Otóż, nie była spętana, nie miała worka na głowie ani jej nie podano ziół na sen, a jednak nie próbowała wywrócić łodzi ani wskoczyć do rze.. do mgły, tylko leżała sobie grzecznie na dziobie i patrzyła w wo.. we mgłę.

A po co komu świnia na łodzi? – zapytacie.

Świnie zabierano na te wody już w czasach konkwisty. Kto nie wierzy, niech poczyta pamiętniki wilków morskich. Tam napisano jak wół, że *świnia to wybawca rozbitków – kiedy wpadnie do wody, ustawia się zawsze ryjem w stronę brzegu, a wyporność ma wystarczającą, by utrzymać na powierzchni mężczyznę*. Świnie uratowały niejednego człowieka i to najczęściej po dwa razy – najpierw od utonięcia, a potem od śmierci głodowej.

Przypuszczałem więc, że wieziemy ją ze względu na czuły ryj – gdybyśmy się w tej mgle wywrócili, byłby on jedyną wskazówką, w którą stronę płynąć.

* * *

O kilka dni drogi od tego miejsca i kilka dni później, dowiedziałem się, że nie chodziło o ryj, tylko o piranie. Wywrotka na środku tropikalnej rzeki pełnej ryb, które całe swoje życie czyhają na ofiary wypadków, mogłaby się dla nas skończyć tragicznie. Dlatego lepiej, żeby skończyła się tragicznie dla świni. Wiem, wiem – ryby są głupie, więc skąd gwarancja, że polecą akurat na nią, a nie na któregoś z nas? Otóż Indianie dają swoim świniom „okrętowym" specjalne ziółka wywołujące lekkie krwawienie z... ostatniej kiszki – to wystarczy. (Oczywiście pod warunkiem, że zdążymy dopłynąć do brzegu zanim świnia się wyczerpie.)[33]

* * *

Płynęliśmy. Z uporem przechodzącym w zawziętość. Świat dookoła okrywał gęsty woal mgieł, a ja nudziłem się jak mops.

Woal... Raczej całe bele woalu! – myślałem coraz bardziej poirytowany brakiem widoczności. – Hurrrtownia firan! Magazyn gazy!! Skład waty!!! Oceean kisieeelu.

– Daleko jeszcze? – tym razem zwróciłem się do Indianina za moimi plecami.

W odpowiedzi poburczał przymilnie, a z twarzy nie wyczytałem nic, bo go było słabo widać. Siedział na samym końcu pirogi i przypominał mgławego ducha. Lewą ręką trzymał dyszel od peke-peke.

---

[33] UWAGA! UWAGA! Po szczęśliwym powrocie do domu, świnia dostaje inne ziółka i o całej sprawie zapomina.
A przy okazji:
Kosmetyki stosowane w tej książce nie były testowane na zwierzętach. Zwierzęta opisane w tej książce nie były tresowane, trzymane w zoo ani w cyrku i nie prowadzono na nich eksperymentów. Żywność jedzona w tej książce pochodzi wyłącznie z upraw ekologicznych, nie była modyfikowana genetycznie ani bita przez rodziców. Recyklujemy papier i szkło. Zużyte baterie wyrzucamy wyłącznie do odpowiednich pojemników. A emisję freonów zredukowaliśmy do zera (!!!), odkąd żadna z postaci obecnych na kartach książki nie stosuje dezodorantów. (W konsekwencji emisja pozostałych gazów trochę nam wzrosła, co wywołuje dyskomfort u osób trzecich, ale dla zmniejszenia dziury ozonowej można przecież pooddychać przez usta.)

Peke-peke to najbardziej popularny w Amazonii typ motoru do łodzi. Najkrócej mówiąc: trzymetrowa rura ze śrubą na jednym końcu, człowiekiem na drugim i silnikiem gdzieś pomiędzy, wsadzona ukośnie w wodę i zahaczona o burtę. Jest łatwy do zamontowania na pirodze, bo nie wymaga płaskiej rufy. Pływa baaa...aaardzo wolno, ale mało pali, co stanowi ogromną zaletę. Prosty silnik, chodzi na wszystko (benzyna, olej spożywczy, ropa, nafta, denaturat, rozpuszczalniki wszelkie...) i wydaje z siebie ten charakterystyczny odgłos: peke-peke-peke-peke-peke-peke.....

* * *

Płynęliśmy.

Monotonne pekania grzęzły w mgle.

Przysnąłem. Czas sunął w miękkiej ciszy. Niepostrzeżenie...

* * *

Obudziłem się gwałtownie i przez chwilę mrugałem oczami w poszukiwaniu ostrości. Dopiero kiedy uniosłem dłoń do twarzy, okazało się, że widzę poprawnie, tylko patrzeć nie ma na co – dookoła woal. W dodatku jakby zgęstniał.

Ciekawe, jak on steruje? – pomyślałem o Indianinie, w którego rękach spoczywał teraz mój los. A ponieważ i tak nie miałem nic lepszego do roboty, polazłem na tył zapytać. Chciałem to zrobić, patrząc Indianinowi w twarz – może wtedy się dowiem czegoś konkretnego, bo poburczeć to sam potrafię.

Gramoląc się przez moje beczki z benzyną, dotarłem jakoś na miejsce, nie wywracając łodzi i z przerażeniem stwierdziłem, że Indianin śpi!

– Ej! Obudź się! – szarpnąłem go za ramię.

Uchylił jedno oko, uśmiechnął się i uspokajająco kiwnął głową.

– Aaa. Przepraszam. Myślałem, żeś zasnął od tej mgły.

– E-e.

– Ty w ogóle wiesz gdzie płynąć, amigo?

– Yhy – znów się uśmiechnął.

– Ale jak? Przecież stąd nic nie widać. Kompletnie. Nawet dziobu i tej naszej świni, a co dopiero mówić o rzece przed dziobem.

W odpowiedzi zamknął oczy i popukał się palcem w ucho.

– Co? – pytam zbity z tropu.

Popukał się ponownie. Oczu nie otwierał.

– Mam czegoś posłuchać?

– E-e.

– Chcesz coś... Nie! Ty płyniesz na ucho, tak?

– Yhy.

– O rany! – byłem pełen podziwu. – Ale w jaki sposób?

– Słuchaj. Gringo.

Zacząłem słuchać... I niczego szczególnego nie usłyszałem. Tylko peke-peke-peke-peke...

– Oczy. Zamknij. Gringo.

Zamknąłem... I nadal nie słyszałem niczego poza pekaniem.

– Teraz. Gringo.

Usłyszałem!!! Lekkie szuranie o spód łodzi.

– Piach? – pytam.

– Żwir.

A potem twardy stukot, chrobotanie w burtę i lekki przechył na lewą stronę.

– Kamień, tak?!

– Yhy.

– Ty rzeczywiście płyniesz na ucho! Ojojoj, dobry jesteś.

Indianin był wyraźnie zadowolony z pochwały.

– No tak, ale to tylko omijanie mniej groźnych niebezpieczeństw. A jeśli kamień albo jakaś kłoda będzie sterczeć z wody dokładnie na wprost przed nami, to i tak możemy się wywrócić, prawda?

– E-e.

– E-e? A dlaczego e-e?

– Pamiętam. Gringo.

– Co pamiętasz?

– Dno. Gringo.

– Dno?

– Całe. Gringo.

– Całe?

– Do. Domu.

– Pamiętasz całe dno rzeki z Mitú aż do twojego domu?! No nie gadaj!

– Yhy – uśmiechnął się szeroko, promiennie.

A potem zbudował pierwsze w mojej obecności zdanie:

– Pamiętam, całe, dno, gringo.

– Wszystkie mielizny i skały?

– Yhy.

– Każdy zakręt?

– Yhy... Każdy.

– Nawet sterczące kłody?

– Yh.. Nawet one.

– Je. O kłodach mówi się „nawet *je*... pamiętam" albo „nawet *one*... płyną"

– Trudniuśkie. Gringo.

– Nauczymy cię. Nie masz się co martwić, amigo – klepnąłem go po bratersku w ramię. – Dla mnie hiszpański też kiedyś był obcy. Mój własny język, ten dopiero jest trudniuśki.

– E?

– No na przykład... *szorstka szczecina na grzbiecie szczenięcia*.

– Sz-sz-sz-sz-sz-sz-sz – Indianin śmiał się szeroko.

– Albo takie zdanie przy stole... matka pyta dziecko: *Jesz jeszcze, czy już nie jesz?*

– Prawdziwe?

– Yhy – odpowiedziałem, przedrzeźniając go i teraz śmialiśmy się obaj.

A potem – chrrruups!!! – zaryliśmy dziobem między skały.

* * *

Ściąganie pirogi ze skał kosztowało sporo wysiłku i czasu. Naszarpaliśmy się nieźle, bo kamienie były mocno wyślizgane i porośnięte jakąś podwodną zieleniną, nie dawały więc solidnego oparcia dla stóp.

Nasz *motorista* przepraszał, że to wszystko jego wina. Ja przepraszałem, że moja, bo nie powinienem był go zagadywać, kiedy płynął „na ucho". Indianin siedzący na dziobie przepraszał, że nie wypatrzył skał we mgle. Nawet świnia wyglądała przepraszająco. Przepraszaliśmy się nawzajem bez większego sensu. Ale lepsze bezsensowne przeprosiny od wzajemnych oskarżeń.

Kiedy wreszcie zepchnęliśmy łódź z powrotem na wodę, okazało się, że lekko pękła i niebezpiecznie cieknie. Indianie nie przejęli się tym wcale. Pogrzebali w tobołkach, a potem wyciągnęli kawał zwiniętej liany, zdarli z niej pasek kory i upchnęli w szczelinę.

Jeden z nich na to nasikał. Odczekali chwilę, popatrzyli, pomacali, umyli ręce i popłynęliśmy. Pęknięcie zostało skutecznie zasklepione. Najwyraźniej kora potraktowana mocznikiem spęczniała, zatykając szczelinę. W podręcznym zeszycie zanotowałem kolejną indiańską sztuczkę.

* * *

Mgła... Mg... No i cóż tu można powiedzieć nowego? Ujmę to tak: widoczność bez zmian. I nie ma widoków na zmianę widoczności na lepszą. W ogóle nie ma żadnych widoków. Chyba że ktoś poszuka wzrokiem czubka swego nosa. A jednak płynęliśmy! Dno łodzi chrobotało teraz znacznie częściej. Zza mgły słyszałem wyraźny szum wody i bulgotanie wirów. A my stale płynęliśmy. Przechylając się niebezpiecznie, zawadzając o coś ostrego ukrytego pod powierzchnią, narażając pirogę na nieprzyjemne trzeszczenie... Ale płynęliśmy!

I nagle wypłynęliśmy. Mgła urwała się jak firana, którą ktoś zbyt mocno szarpnął.

Ujrzałem miły pejzaż w kolorowych plamach popołudniowego słońca. Granat wody, czerwień nabrzeżnego błota, zieleń lasu i błękit nieba z pierwszymi śladami schyłku dnia. Tylko że to nie była ta sama rzeka... Zdecydowanie zbyt wąska jak na Vaupés... Ze trzy razy za wąska... I całkiem zmieniła kolor!

– Bo to nie to samo Vaupés co w Mitú – powiedział Indianin.

– Jak to nie to samo?! – pytam zadziwiony nie tylko faktami na temat rzeki, lecz także nagłą płynnością jego wymowy.

– Tu już są Ziemie Carapana. Jesteśmy za kataraktą.

– Za??? Ale przecież ją trzeba obchodzić lasem i to kawał drogi. Nie mogliśmy przepłynąć...

– My mogliśmy – Indianin uśmiechał się filuternie. – A ty, gringo, płynąłeś z nami. I była mgła, więc nie zapamiętałeś drogi. Obcy muszą omijać kataraktę piechotą. Jak ich nie chcemy wpuścić, to wystarczy mylić tropy, rozdwajać ścieżki i wtedy błądzą po dżungli, aż mają dość. Ale Indianie po prostu płyną. Trochę przez skały, trochę przez las, potem znowu przez skały...

– Jak to przez las? Po bagnie, czy po czym?

– Są tu różne odnogi, tylko trzeba wiedzieć, które wybierać, bo większość prowadzi donikąd.

– A czemu woda wygląda inaczej? To jakaś inna rzeka, tak?

– Ta sama, gringo. Ale Vaupés ma rozwidlenia i teraz jesteśmy na jednym z nich. Jest najmniejsze, ale najlepsze, bo dostaje czystą wodę z bocznych strug. No dobra. Nie ma co dalej gadać. Płyńmy do wioski. Dzień się kończy, a zostało nam jeszcze sporo drogi.

Popłynęliśmy.

Mgła zniknęła, jakby jej nigdy nie było. Rzeka zrobiła się bardziej kręta. Las zgęstniał i w niektórych miejscach prawie zamykał się nad naszymi głowami. A niebo płonęło zachodem.

SZAMANI

Aby spotkać któregoś z nich, trzeba dotrzeć na górzyste tereny Borneo, gdzie wciąż żyją ludożercy, na płaskie, wypalane słońcem pustkowia Australii, gdzie mieszkają wędrowne grupy Aborygenów, lub do dusznej, ciemnej i wilgotnej puszczy rozciągającej się między Orinoko a Río Negro.

W tych miejscach żyją jeszcze dzicy ludzie, którzy nie znają lekarzy, mają za to pod ręką prawdziwych szamanów. Nie szarlatanów, co to udają, że czarują, ale takich Czarowników, którzy swoją sztukę odziedziczyli po przodkach i którym tę sztukę przekazano z ręki do ręki – słowo po słowie, gest po geście, całymi latami powtarzając wszystkie reguły, procedury i zaklęcia.

* * *

Szaman to pośrednik między ludźmi a światem „*de lo más allá*", czyli tym, który leży „dalej niż najdalsze *tam*". Zależnie od umiejętności szaman dostaje przydomek *padre de los seres pequeños* (opiekun bytów mniejszych) albo któryś z przydomków wyższej rangi, związany z tym, nad jakimi bytami potrafi skutecznie zapanować.

Panowanie bardzo podstawowe i trochę prymitywne polega na powstrzymywaniu tych bytów. Trudniejszą od powstrzymywania jest umiejętność odsyłania bytów tam, skąd przyszły. A najtrudniejszą przywoływanie ich z zaświatów i kierowanie przeciw innym bytom lub ludziom. Ta ostatnia umiejętność jest sztuką bardzo rzadką i... moim zdaniem, chodzi tu wprost o czarną magię. (Słyszałem o „zapędzaniu" duchów. Przy czym „zapędzanie" dotyczyło miejsc (wioska wrogów) lub ludzi.)

Współcześnie szaman występuje w jednej z czterech ról:
asesor – wspomagający (przy porodzie lub umieraniu, ale także w podejmowaniu właściwych decyzji)
curador – ten, który leczy
sacerdote – kapłan
divino – wróżbita.

* * *

Szamana otaczają szacunek, wdzięczność i... lęk – może przecież użyć swojej Mocy przeciwko nam. Wtedy oczywiście „zgrzeszy", ale co to nas obchodzi w sytuacji, gdy zostaliśmy właśnie obrzuceni śmiertelnym urokiem, parchem, kokluszem, impotencją, krwawieniem nosa, głuchotą, pomieszaniem zmysłów, robactwem w kiszkach, ropą z ucha lub najzwyklejszym tabu*, które spowoduje, że nikt nam więcej ręki nie poda, nikt się do nas już nigdy nie odezwie i w ogóle zostaniemy w tym plemieniu... obłokiem niezbyt ładnie pachnącego powietrza; cóż nas to wtedy obchodzi, że szaman „zgrzeszył"?

Krążą plotki, że gdy czarownik nastąpi na jadowitego węża, to wąż zdycha, a czarownik nadal ma się dobrze. Jad krąży w jego ciele, ale go nie zabija. Krąży więc coraz żwawiej i w popłochu szuka ujścia. Chce uciekać! Bo jad to śmierć w płynie, a ona głupio się czuje, gdy nie działa na śmiertelnika.

Gdyby taki czarownik napluł ci do zupy, zdechniesz jak po ukąszeniu węża.

* * *

Szamanami zostają osoby najbardziej bystre, ciekawskie, głodne wiedzy wszelkiej. Funkcja nie jest dziedziczna – stary szaman szuka ucznia w całej społeczności, nie zwracając uwagi na pochodzenie, a jedynie na „jakość" umysłu, który musi podołać nauce. Potem uczeń zajmuje jego miejsce jako wyznaczony następca.

Można zostać *przeznaczonym* do roli szamana. Taki *przeznaczony* albo sam odkrywa w sobie Moc, albo szaman odczytuje znaki świadczące o jego wrodzonych umiejętnościach. Bywają też osoby *przeznaczone* w sposób gwałtowny i widowiskowy – na przykład ktoś taki, kogo piorun uderzył, ale nie zabił.

W szczególnych okolicznościach obowiązki szamana może przejąć kobieta – wdowa po szamanie. (Tylko w tych plemionach, gdzie szamanowi wolno mieć żonę.) Jest ona fizycznym wykonawcą poleceń przekazywanych z zaświatów; nie dysponuje własną Mocą ani wiedzą – działa jako metafizyczny transmiter. Indianie wierzą, że

---

* *Tabu – wyraz z języka polinezyjskiego; oznacza „święty" ale i „przeklęty". To niekoniecznie kategoryczny zakaz, raczej wskazówka w zakresie dobrego smaku.* Tak o tym pisze Olgierd Budrewicz w książce „Druga strona Księżyca – przygody na wyspach Pacyfiku" (National Geographic 2004).
Od siebie dodam, że poza wyspami Pacyfiku *tabu* oznacza kategoryczny zakaz stykania się z pewnymi przedmiotami, osobami albo zwierzętami lub zakaz dokonywania pewnych czynności. A jeśli mamy mówić o *wskazówce w zakresie dobrego smaku*, to nie wiem jak u pacyficznych wyspiarzy, ale u Indian jest to wskazówka bardzo ostro zakończona, zatruta i wycelowana w gardło każdego, kto ośmieli się złamać tabu.

Moc i „trafność" takich poleceń jest wyjątkowa, bo zmarły szaman operuje z zaświatów, a więc „widzi" więcej niż kiedy jeszcze był pośród żywych.

* * *

Życie codzienne szamana nie jest ani lekkie, ani tym bardziej gnuśne. Wolno mu przyjmować tylko drobne upominki jako wyrazy wdzięczności za okazaną pomoc, natomiast wynagrodzenie za czary jest surowo zakazane. Uprawia więc biedak ziemię i poluje tak jak inni członkowie plemienia, z tym że nie ma rodziny do pomocy, gdyż u większości plemion szamana obowiązuje celibat.

Zdarza się też coś gorszego – odwrotność celibatu czyli obowiązek „urzędowego" zapładniania wielu kobiet: zamężnych – na prośbę ich bezpłodnych mężów, oraz wdów – na prośbę ich zmarłych mężów[*].

Tak czy owak, nie jest to życie lekkie ani tym bardziej gnuśne – dwa pełne etaty plus dodatkowo nocki.

* * *

Z większością szamanów udało mi się zaprzyjaźnić. I to całkiem łatwo.

Nie jest to zaskakujące, gdy się chwilę zastanowić. Otóż szaman to najbardziej inteligentny i w pewnym sensie wykształcony członek plemienia, prawda? Szamanami zostają ludzie ciekawi świata, głodni wiedzy wszelkiej itd., a biały człowiek pośród tropikalnej puszczy zaciekawia. Z kolei wzajemna ciekawość to pierwszy stopień do przyjaźni. Proste?

---

[*] Ohoho! Widzę tu szerokie pole do nadużyć, bo skoro kontakty ze zmarłym mężem utrzymuje wyłącznie szaman... [przyp. tłumacza][**]

[**] Pani Heleno, bardzo proszę bez takich! Próbowała pani kiedyś zapładniać wdowy po indiańskich wojownikach? Takie, które urodziły już stadko dzieci? A potem jeszcze przychodzi jeden z drugim duch zmarłego i ma pretensje, że „nie dała mu pani syna", to znaczy... ma pretensje, że szaman nie dał mu syna. No więc niech pani łaskawie nie gada o rzeczach, o których pani nie ma pojęcia.
Aha i niech pani spojrzy w lustro, a potem zastanowi się, czy któryś szaman uznałby ten widok za zachęcający. E? No właśnie, pani Heleno, no właśnie – celibat to czasami najlepsze wyjście ewakuacyjne i ustawiają się do niego kolejki. [przyp. Autora]

WIOSKA

 Dopłynęliśmy. Słońce już zaszło, ale na szczęście było wciąż na tyle widno, by się rozejrzeć, gdzie jesteśmy.

Nie byłem zachwycony – spodziewałem się czegoś bardziej egzotycznego, a tu tylko kilka chałup na palach, za nimi karczowisko i ciemny las. Na karczowisku rośnie juka, bananowce, sporadycznie także ananasy oraz strzeliste palmy, na których błyszczą wielkie kiście pupuñi.

Domy tylko trzy. Stoją przytulone do siebie i nie ma w nich nic indiańskiego. Na jednym z dachów położono nawet kilka płacht blachy falistej i zamontowano odprowadzenie dla deszczówki, a pod nim plastikowy baniak na wodę. Na baniaku biały napis; coś o projekcie UNICEF-u – zwalczanie cholery, ameby i ogólne ple, ple, ple.

Ludzie, którzy wybiegli nam na spotkanie też nie wyglądali po indiańsku. Gdyby nie twarze można by ich pomylić z metyskimi mieszkańcami Mitú. Mieli na sobie najnormalniejsze w świecie ubrania – koszulki z nadrukami, krótkie spodenki, u kobiet sukienki, u dziewcząt spódniczki. Dookoła walały się też liczne plastikowe i aluminiowe wytwory chińskiego przemysłu. Tylko wprawne oko potrafiło wyłuskać z tego ogólnego obrazu znaki świadczące o tym, że mamy do czynienia z Indianami: pod jednym z domów wisiały sita wykonane z liany i pasków kory, opodal stał wielki gliniany gar na cziczę ulepiony starym sposobem, a podłoga i ściany domostw zostały zrobione nie z desek, lecz ze specjalnego rodzaju drewna, które w naturalny sposób pęka na podłużne deskopodobne kawałki, a więc nie wymaga piły.

Tak więc nie byłem zachwycony, ale rozczarowany też nie. Bo czego właściwie mogłem się tu spodziewać? Jasne było, że najpierw wylądujemy w jakimś takim miejscu, które najczęściej kontaktuje się ze światem zewnętrznym. Wioska buforowa. Dopiero gdzieś głębiej w lesie mam szansę na spotkanie z bardziej autentyczną kulturą Carapana.

Tak myślałem na początku pobytu. Tak mi się wydawało i takie były moje pierwsze wrażenia.

Jakże mylne! Patrzyłem, a nie widziałem. Wydawało mi się, ale źle...

* * *

Rano obudził mnie dziwny chlupot. Jakby ktoś przelewał wiadra wody z dużej wysokości. Rozsunąłem poszycie chałupy i wyjrzałem na świat. Trzy kobiety napełniały właśnie zbiornik UNICEF-u wodą przyniesioną z leśnego strumienia.

Lepsze to niż deszczówka – pomyślałem. – I zdrowsze. Ale oczywiście UNICEF nie miałby się wtedy czym chwalić.

Zbieranie deszczówki wydaje się świetnym pomysłem, kiedy się go prezentuje na papierze, gdzieś daleko od dżungli. Można wtedy napisać, że to PROJEKT EKOLOGICZNY i że *deszczówka zapewni zdrowie indiańskim dzieciom, które w przeciwnym razie musiałyby pić brudną wodę z rzeki.* Niestety nie ma w tym papierowym projekcie wzmianki o czyszczeniu zbiorników. Bo przecież kiedyś w końcu zabrudzą się, prawda? Kiedyś, powiedzmy po roku, zaczną zarastać glonami... i może niekoniecznie zdrowymi dla człowieka. Ale wtedy PROJEKT będzie już zamknięty, zakończony sukcesem i wpisany do raportów z działalności.

Nikt też nie wspomina o tym, że zbiorniki wody stojącej są idealnym środowiskiem dla rozwoju moskitów, ameb i innych niebezpiecznych żyjątek. Co innego woda bieżąca – tam owady nie znoszą jaj. Indianie wiedzą o tym od dawna. Carapana też najwyraźniej wiedzieli i przynosili sobie dzienny zapas świeżej wody z lasu, wlewali ją do plastikowej beczki, ale tylko tyle, ile im było akurat potrzeba. Zresztą po co w dżungli składować wodę na zapas? Po co ją zbierać w baniaki i kisić, kiedy w pobliżu każdej wioski, a nawet każdej pojedynczej chudoby jest jakiś strumyk? Indianie po prostu nie osiedlają się w miejscach, gdzie wody brak.

* * *

Postanowiłem wyjść z hamaka i zapoznać się z moim nowym otoczeniem. Wczoraj nie było okazji – znużeni drogą wyskoczyliśmy z łodzi, zjedliśmy po kawałku zimnego mięsa, którym nas przywitano, i ruszyliśmy spać. Wskazano mi chatę najbliżej rzeki, a moi przewodnicy poszli gdzieś do siebie. A zatem pierwszą noc spędziłem sam w pustej chacie. Pustej, ale nie opuszczonej – pod podłogą, między palami, na których stała, całą noc kotłowały się świnie. Mościły sobie legowisko, pochrumkiwały, czasami ktoś kogoś kopnął, potem ten kopnięty się odgryzał i zaczynało się pięciominutowe kwiczenie przerywane groźnymi kłapnięciami paszcz. Tak minęła noc. A rano...

Bezpośrednio pod miejscem, gdzie zawiesiłem hamak, mieszkał kogut. I nie omieszkał dać o sobie znać! Piał o szarym świcie dobre pół godziny. Kiedy przestał, świnie uznały, że czas wstawać. Zanim wylazły z barłogów, zdążyły się jeszcze głośno pokłócić. Po świniach wstały papugi i wrzeszczały jak to one. Kiedy wreszcie całe to towarzystwo sobie poszło na pierwszy żer, słońce lizało już niebo nad drzewami. Niby pora wstawać, ale zrobiło się tak cicho... Przysnąłem. I obudziło mnie dopiero przelewanie wody. Przewróciłem się energicznie na drugi bok...

– Hola, gringo – powiedział do mnie ktoś siedzący o dwa kroki ode mnie.

– Hola... amigo.

– Wstawaj, wstawaj, bo zaraz idziemy.

– Idziemy? Gdzie?

– Ja i ty. Będziemy chodzić do spółki, bo tylko ja znam się na hiszpańskim.

– A ci dwaj, co mnie tu wczoraj przywieźli? Oni też znają hiszpański – zaprotestowałem.

– Już nie znają, bo odpłynęli.

– Aha. A dokąd będziemy chodzić? – spytałem, gramoląc się z hamaka.

– Wszędzie – odpowiedział nieznajomy z uśmiechem.

Był to mężczyzna w wieku nieokreślonym, ale na pewno o jedno pokolenie starszy ode mnie. Ubrany w dżinsowe obrzyny, to znaczy w coś, co było długimi spodniami, ale zostało obcięte na wysokości ud. Koszuli nie miał, za to przy spodniach nosił pasek, a przy pasku krótką maczetę bez pochwy. Na głowie kapelusz. No... to kiedyś BYŁ kapelusz, ale od tamtej pory musiał sporo przejść. A i po nim też musiało sporo przejść – na przykład stado bydła, walec, kibice po meczu, brona talerzowa, mrówki legionistki, a potem jeszcze jakiś osioł albo koza, która ten kapelusz przeżuła i wypluła – przynajmniej takie miało się wrażenie na pierwszy rzut oka. A na drugi?... Gdyby chcieć go jakoś opisać, najłatwiej posługiwać się zaprzeczeniami:

Ten kapelusz NIE był dziurawy, bo trudno mówić o dziurawości w sytuacji, gdy w jednym miejscu jest taki otwór, przez który dałoby się wystawić głowę, a w kilku innych miejscach są ubytki poszycia wielkości spodków. NIE był porwany, bo trudno mówić o rozerwaniach w sytuacji, gdy coś jest zestawem luźnych części do samodzielnego montażu na głowie klienta – rondo osobno, dekiel osobno, otok osobno, a do tego szlajfka i fragment posiepanej podszewki. NIE był też zdefasonowany ani brudny, bo... z podobnych powodów [34].

– Ładniuśkie – nieznajomy wskazał palcem moje skarpetki, które schły na belce.

– Skarpetki – objaśniłem.

– Zaszyffka – poprawił mnie.

– Co?

– Zaszyffka. Tu – puknął palcem w cerę na pięcie.

– Aaa, to. No przetarło się, więc zacerowałem. To jest cera.

– Skóra?

– Nie. Cera.

– A cera to nie skóra?

– Cera... Aaa, rzeczywiście na skórę mówi się czasami „cera", ale to jest inna cera.

– Fuj, fuj, fuj. Trudniuśkie.

– Co jest trudniuśkie?

– Hiszpański.

– E tam. Jak chcesz, to cię będę uczył.

– Ucz, gringo.

W tym momencie nieznajomy wstał, przeszedł w najciemniejszy kąt chałupy i zdjął coś, co wisiało pod strzechą.

– Patrz. Też mam! – przystawił mi do nosa starą skarpetkę zawiązaną na supeł.

Coś w niej było schowane; jakieś przedmioty. A na pięcie, podobnie jak u mnie, miała sporą cerę.

– Moja własna zaszyffka.. ce-ra. Umiesz zaszyffkować, gringo.

– Mówi się: cerować. No, ale i ty umiesz, jak widzę.

---

[34] No, na przykład czysty żywy brud nie może się pobrudzić i być zabrudzony, skoro jest brudem, prawda? A fason... Fason był od tego kapelusza tak odległy jak kura od kurzajki.

– Sam wymyśliłem! – Kiedy to powiedział, był z siebie bardzo dumny.

Jeszcze przez chwilę pokazywał mi tę cerę, a ja grzecznie podziwiałem ścieg. Następnie z szacunkiem ucałował skarpetkę i przytroczył ją sobie do paska.

– Co tam jest? – zapytałem.

– Takie... nic, gringo.

– A dlaczego całujesz skarpetkę?

– Bo... To jest *woreczek ze świętościami*.

– A ty kim jesteś? Wodzem?

– Do wodza pójdziemy wieczorem, a teraz idziemy na zupę.

I poszliśmy.

KIÑA PIRA

Był to mój pierwszy kontakt z indiańską Zupką Codzienną, która miała mnie potem prześladować latami. Jestem wszystkożerny i nie wybrzydzam, szczególnie w dżungli, a już najszczególniej u Indian, ale Zupka Codzienna stanowi problem. Każdy jej łyk to udręka. Niezmiennie. Niezależnie od okoliczności. Nie sposób przywyknąć i zobojętnieć. Nie sposób też zgłodnieć wystarczająco, by zaczęła ci smakować albo przynajmniej przestała aktywnie i agresywnie odrzucać.

Słowo „zupka" w jej przypadku jest mylące. Kamufluje fakty, a fakty są takie, że chodzi raczej o herbatkę z ryby. Albo może o rodzaj kompotu, do którego zamiast owoców nawrzucano ryb. Dobra! Koniec ceregieli! Podaję przepis:

Garnek stoi na ogniu. W garnku bulgoce woda. Kobiety krzątające się wokół paleniska dorzucają do wrzątku niewielkie porcje składników: garść wściekle ostrych papryczek zerwanych z krzaka rosnącego za domem, trochę mrówek upieczonych na rozgrzanym kamieniu, kawałątek juki, ale naprawdę kawałątek, kawałątuńcio; czasami wrzucą też jakiejś zieleniny, jeśli jest pod ręką, ale najczęściej nie ma. Ogólnie wychodzi z tego gar gorącej wody, w której coś tam z rzadka pływa.

Po chwili do kuchni wpadają mali chłopcy z koszykiem niewielkich srebrnych rybek, które właśnie przed chwilą złapali. Rybki skaczą w popłochu, zupełnie jakby wiedziały, co się z nimi stanie.

No, a cóż tu się może stać? – pomyślicie. – Normalka: skrobanie, krojenie i do zupy.

Nic z tych rzeczy. „Do zupy" owszem – jest, ale skrobania ani krojenia nikt nie robi. Żywe ryby wrzucane są wprost do wrzątku.[35] Zaraz potem przystępujemy do jedzenia.

* * *

– Dohre? – zapytał mój nowy znajomy ustami pełnymi gorącej ryby.

– Yy-e – odpowiedziałem wymijająco; ale jadłem.

Smak... Nie bardzo był. Za to niesmak występował w obfitości.

Najgorsze były mrówki. Do dziś ich nie lubię i nie rozumiem, dlaczego Indianie uważają je za delikates. Półsurowe rybki w całości (z flakami, łuską, głowami) też nie należały do przysmaków, a wywar, poza tym, że był gorący, miał same wady. Najlepsze z tego wszystkiego były papryczki – paliły tak, że na pewien czas zagłuszały wszystko inne. Poza zapachem, niestety.

– Oh tyh mróweh więdnie *pinga*, grinho – poinformował mnie uprzejmie, napychając sobie usta wrzątkiem. – Ale za to od papryheh *pinga* lepiej *pinga* i bahdziej się chce, więc moheh jehh spokohnie.

– A czy ja mam zamiar *pinga-pinga*, żeby się martwić?

– Nihdy nie wiadomo, ho hę phydahy.

Przełknął. Siorbnął ostatni łyk z gara. Beknął. Otarł usta wierzchem dłoni. A potem roześmiał się szeroko.

– No to co, pojadłeś, gringo?

– Pojadłem.

– Dobre było?

– Yy-e. A jak to się nazywa?

– *Kiña pira*, czyli zupa z ryb ze wściekiełką.

– Wściekiełka to ta ostra papryczka, tak?

– Po naszemu nazywa się *kiña*.

– A ty jak się nazywasz... amigo? – zapytałem ostrożnie.

– Mów mi Angelino.

---

[35] Tylko bardzo proszę nie wyjeżdżać mi teraz z tekstami o bezdusznym okrucieństwie Indian. A jeśli już, to najpierw proszę wyjechać na Mazury lub do Szwecji i popatrzeć, w jaki sposób przygotowuje się tradycyjne europejskie dania z raków.

SZAMAN

Tego dnia obeszliśmy całą wieś i najbliższą okolicę. Okazało się, że poza trzema chałupami, które widziałem zaraz po przypłynięciu, jest ich tu jeszcze ze dwadzieścia rozsianych w sporej odległości jedna od drugiej. Angelino przedstawiał mnie wszystkim mieszkańcom oraz tłumaczył, kim kto jest.

Poznałem kilku Najstarszych, czyli po indiańsku *pamiętających--wiele-wiosek*, kilku wojowników, czyli *pamiętających-wiele-polowań*, oraz całą rzeszę dzieci, czyli *pamiętających-głównie-o-jedzeniu*, jak się wyraził Angelino. (Był bardzo zadowolony z tego żartu i powtarzał go potem przy każdej sposobności.)

– A jest jakieś osobne określenie na młodzież? Na przykład: *pamiętający-jedną-wioskę*? – spytałem.

– Nie ma potrzeby. U nas najpierw jesteś dzieckiem, a zaraz potem dorosłym. Pewnego dnia przechodzi się inicjację i zostaje *pamiętającym-wiele-polowań*.

– Z dnia na dzień, od razu „wiele polowań"?

– No tak, bo każdy chłopiec najpierw chodzi na polowania z ojcem, a w dniu, gdy zostaje mężczyzną, ojciec długo przemawia, wspominając ich wspólne wyprawy, wychwala czyny swego syna i ogłasza, że chłopiec dorósł.

– A czarownik? – spytałem niby to przypadkiem. – Jak się na niego mówi w języku carapana?

– Payé.

– To coś znaczy?

– *Pamiętający-wszystkie-wioski... -w-przód-i-wstecz* – odpowiedział z pewnym wahaniem.

– Dlaczego „w przód i wstecz"?

– Szaman zna całą naszą historię, czyli „pamięta wszystkie wioski wstecz", zna też przyszłość, a więc „wszystkie wioski w przód".

Po tych słowach zamilkł i zapatrzył się w nieskończoność. Po jego twarzy pląsało słońce, ale jednocześnie krył się w niej jakiś cień. Po jego ustach błądził uśmiech, ale taki, w którym brak było radości.

– Dobra, gringo! – poderwał się gwałtownie. – Idziemy rwać kokę.

I poszliśmy.

* * *

Koka miała być naszym prezentem dla wodza. Podkreślam, że nie chodziło o kokainę, lecz o kokę, którą Indianie stosują jako popularną używkę, podobnie jak my tabakę.

Jej przygotowanie zabrało nam całe popołudnie – najpierw suszyliśmy listki nad ogniem na specjalnych płaskich koszach, potem rozbijaliśmy je w drewnianym moździerzu na proszek, mieszaliśmy z popiołem, który przyspiesza wchłanianie, przesiewaliśmy, by uzyskać „najsmaczniejszy" gładziutki i czyściutki pył, w końcu nasypaliśmy trochę tego pyłu do starego słoika po kawie i poszliśmy do wodza.

U wodza trwało właśnie przyjęcie. Podobno „urodziny", ale nie mogłem ufać w trafność tego słowa – Angelino hiszpańskim władał zamaszyście, lecz koślawo, a ponadto Indianie nie znają kalendarza ani dat swoich urodzin, więc urodzin nie obchodzą. Już prędzej coś w rodzaju imienin, czyli pamiątkę inicjacji na wojownika, ale jest to wtedy święto grupowe wszystkich mężczyzn, a nie tylko wodza. Tak czy siak, weszliśmy na przyjęcie.

W niewielkiej chacie zgromadziło się kilkunastu *pamiętających-wiele-polowań*, kilku *pamiętających-wiele-wiosek* oraz jeden *pamiętający-niewiele-za-to-dokładnie* (tak Angelino określił wesołego staruszka z wyraźnymi oznakami demencji). Wszyscy siedzieli pod ścianami i popijali czoczę. Kolejno wznosili tykwę pełną żółtego napoju i przemawiali. Domyślałem się, że wygłaszają jakieś życzenia lub ogólnie wychwalają zasługi wodza.

W pewnym momencie przyszła kolej na mnie – ja także musiałem wstać, przemówić, a następnie wypić. (Angelino instruował mnie szeptem.)

Wstałem więc i przemówiłem. Starałem się, by mój toast trwał mniej więcej tyle, ile u pozostałych osób, czyli długo. Ponieważ mówiłem po hiszpańsku i prawie nikt mnie nie rozumiał, intonowałem słowa podobnie, jak to robili Indianie przemawiający w carapana. A kiedy mi już całkiem zabrakło konceptu, przeszedłem na język polski. Zacząłem powtarzać to samo, wtrącać kawałki wierszy, które pamiętałem z podstawówki i ogólnie płynąłem w słowotok. Udało się! A nawet wywarło dobre wrażenie. Moja szeleszcząca polszczyzna przykuła ich uwagę. Wsłuchiwali się w każdą głoskę, jakbym mówił coś niezmiernie ciekawego. Na koniec wypiłem i usiadłem, a dookoła mnie rozległy się aprobujące pomruki. Wtedy wstał wódz.

– Witamy cię, gringo. Bądź z nami, ile zechcesz. Śpij z nami, odpoczywaj z nami i męcz się z nami. Poluj z nami, wychodź z nami w pole i baw się z nami. Jedz z nami i, jeśli nadejdzie czas głodu, głoduj z nami – tak mi to przetłumaczył Angelino.

– No to mamy spokój – dodał od siebie. – Prosiłem wodza, żeby się zgodził na twój pobyt, a on przekazał cię pod moją opiekę i możemy tu teraz robić, co nam się podoba.

– Fajnie, ale kim ty jesteś, Angelino?

– Nie wiesz?

– Czarownikiem tak?

– Eee, zaraz czarownikiem. Szamanem jestem i tyle.

– A jak brzmi twoje indiańskie imię, bo przecież nie Angelino, prawda?

– Mam dwa, jedno szamańskie, ale nie wolno go wypowiadać na głos. A drugie, po ojcu, brzmi: ...mmghszx.

– Jak?

– ...mmghszx.

– Jak to się wymawia?

– ...mmghszx.

– Wiesz co? Niech już lepiej zostanie Angelino.

– Angelino wcale nie jest prawdziwe – powiedział Angelino – tak tylko sobie wymyśliłem, jak z kimś rozmawiam po hiszpańsku i nie jest w stanie wymówić „...mmghszx". A twoje imię, gringo?

– Wojciech.

– Bohsig?

– Woj–cie–ch!

– Boh–si–gh? – wykaszlał pytająco.

– Wiesz co? Lepiej spróbuj „Antonio". To moje drugie imię.

– Antonio jest o wiele lepsze – zgodził się, poważnie kiwając głową. – Bo ten „Bohsig" brzmi trochę jak burczenie w świńskich kiszkach. Ale Antonio to nie jest twoje imię, gringo.

– Skąd wiesz? – spytałem zaskoczony.

Indianin popatrzył mi filuternie w oczy i powiedział:

– Wiem. Twój dziadek nie żyje, więc zostaw jego imię w spokoju. On nie chce się nerwowo podrywać za każdym razem, kiedy ktoś ciebie zawoła. Gdybyś sobie wziął jakieś puste imię, to co innego. Ale ty wziąłeś Antonio z myślą o dziadku, prawda?

– Prawda...

– To teraz je zostaw.

– Ale ja lubię Antonio! Przyzwyczaiłem się. Znajomi się przyzwyczaili...

– W takim razie musimy zdjąć z ciebie imię dziadka i nałożyć jakieś inne Antonio.

– Przestanę być Antoniem po dziadku, a zacznę być Antoniem... bez dziadka, tak?

– Tak. Nałożymy ci nowe imię, które będzie puste.

– A jak to się robi?

– Nie wiem. Nigdy czegoś takiego nie robiłem. Ale brzmi logicznie, więc musi być na to jakiś sposób.

MORAŁ:

Brzmi logicznie. Więc musi być na to jakiś sposób – te słowa mruknął kiedyś pod nosem Albert Einstein. Mruczało je wielu fizyków, bo fizyka w sporej części polega na poszukiwaniu sposobu wykonania czegoś, co „brzmi logicznie" albo „niezbicie wychodzi w rachunkach", ale nie wiadomo, jak to zrobić. W fizyce wielu rzeczy nikt wcześniej nie robił i być może nigdy nie zrobi, a mimo to wielu wierzy, że „musi się dać". Niektórych zjawisk nikt nigdy nie widział i nie zobaczy, a jednak poważni ludzie z tytułami są mocno przekonani o ich istnieniu. W dodatku przyszłość pokazuje, że często mają rację. Fizycy przypominają czarowników. A czarownicy... fizyków.

KOKA KONTRA KOKAINA

Koka to chwast – pleni się sama, rozmnaża łatwo, jest niewybredna, jeśli chodzi o warunki glebowe. Rośnie lub jest uprawiana w strefie tropikalnej (najwięcej w Boliwii, Peru, Kolumbii i Ekwadorze, ale także np. w Indonezji), najbardziej lubi lasy położone na stokach gór. Nazwa oficjalna to krzew kokainowy lub krasnodrzew (*Erythroxylon coca*).

Rozmnaża się ją bardzo prosto – wystarczy połamać gałązki na kawałki i wetknąć w ziemię w niewielkich odstępach. Byle nie do góry nogami, choć nawet wtedy jest spora szansa, że puści korzenie.

Krzaki koki są trochę mniejsze od porzeczkowych. Ciemnozielone liście kształtem i wielkością przypominają laurowe. Produkuje się z nich kokainę – silny narkotyk – alkaloid.

* * *

Koka była i jest tradycyjną używką w Andach – stosowana od czasów preinkaskich do współczesności. Indianie żują liście (suszone, rzadziej świeże), Metysi i Biali wolą pić herbatkę – *mate de coca*.

W tej formie koka działa na organizm podobnie jak kawa; czasami tylko język lekko drętwieje, ale na krótko. Ma zbawienny wpływ na człowieka, który zapadł np. na chorobę wysokościową lub lokomocyjną. Wszystko pod warunkiem, że stosuje się nieprzetworzone listki, a nie biały proszek! I oczywiście należy pamiętać o zachowaniu umiaru – zbyt wiele kaw lub zbyt dużo esencji herbacianej prowadzi do palpitacji serca; zbyt wiele listków koki podobnie.

* * *

W Kolumbii wolno mieć cztery krzaki koki w przydomowym ogródku (wyłącznie na własny użytek!); w Peru nawet całe poletko. Większe uprawy (handlowe) są tam rejestrowane podobnie jak uprawy maku w Polsce i tylko wtedy legalne. W Boliwii nie obowiązują żadne ograniczenia. Istnieje tam nawet silna partia chłopska zrzeszająca producentów koki (nie mylić z producentami kokainy), a szef tej partii – niejaki Evo Morales – został w roku 2005 prezydentem republiki.

We wspomnianych krajach *mate de coca* serwuje się nawet na oficjalnych przyjęciach dyplomatycznych. Nie mówiąc o tym, że jest ona dostępna w każdej kafejce, na bazarach, a także w supermarketach (paczkowana w torebki do zaparzania).

* * *

Koka to nie kokaina! – i warto o tym pamiętać. Przecież garść zielonych listków to nie to samo co działka białego proszku uzyskana z kilku worków takich listków. Dla Indian koka jest niezbędnym elementem życia, towarzyszem codzienności, ulgą w znoju, w głodzie... A kokainy nie biorą do ust (ani nosa)! Mówią, że koka jest darem Boga, kokaina zaś wytworem diabelskim (*Coca es regalo del Dios, cocaina es regalo del diablo*). Tej różnicy nie chcą zrozumieć ani zachodnie rządy, ani ONZ-ety, ani misjonarze – krzyczą unisono, że koka to zło!

W Kolumbii i Ekwadorze na wielkich obszarach indiańskich ziem robi się opryski z pestycydów. Cudowne wybiórcze pestycydy produkcji amerykańskiej mają wykończyć jedynie krzew kokainowy, a być zupełnie nieszkodliwe dla pozostałej roślinności oraz ludzi i zwierząt.

Nawet gdyby ta bzdura była prawdą, to i tak oprysk będzie zabójczy dla Indian – większość z nich nie ma bowiem żadnych innych źródeł dochodu – tylko koka zapewnia im byt.

Kukurydza w dżungli rosnąć nie chce, a jak urośnie, daje słaby plon; podobnie ryż, ziemniaki... Ponadto na legalne produkty rolne nie ma odbiorców – trzeba by je transportować daleko poza puszczę. No i wszystko prócz koki wymaga wiedzy agronomicznej, znajomości kalendarza i ogólnie o wiele więcej zachodu. Na wszystko inne przychodzą zarazy, susze, powodzie... Za to koka nie zwraca uwagi na takie rzeczy, rośnie ochoczo praktycznie wszędzie, odbiorca sam zgłasza się po towar bezpośrednio u producentów i płaci gotówką! Albo nawet czymś o wiele lepszym – przedmiotami codziennego użytku, których Indianie w inny sposób zdobyć nie mogą (przecież nie pojadą na zakupy z dżungli do miasta). I tak to się mniej więcej kręci.

* * *

W tropikalnych lasach Indianie uprawiają kokę bez ograniczeń. Są daleko poza zasięgiem państwa i kontrolą kogokolwiek oprócz karteli. Tego zjawiska się nie wypleni, chyba że wypleni się Indian; ale to byłoby przecież ludobójstwo; a poza tym bardzo trudna robota, bo Indianie wiedzą, jak się chować, tak by żadna armia ich nie znalazła. Bardzo często nie zakładają pól (kokę sadzi się w lesie pod drzewami), ponieważ pola można by wypatrzeć z samolotów, a potem wysłać helikopter z trucizną lub napalmem.

To nie przenośnia – napalmowe opryski miały miejsce (może wciąż mają). Robiono je z użyciem amerykańskich helikopterów i amerykańskiego napalmu oraz z pomocą amerykańskich... (aż boję się tego słowa, ale właśnie ono pojawiało się w oficjalnych komunikatach) ...ekspertów.

Widziałem coś takiego w kolumbijskiej telewizji i przypominało to wypisz wymaluj sceny z filmów o Wietnamie. Przedstawiciele rządowej Agencji ds. Zwalczania Narkotyków byli z siebie dumni. Jakoś żaden nie wspomniał o usmażonych ludziach. (A skąd wiadomo, że ich tam nie było? Przecież kiedy nadlatuje helikopter z napalmem, ludzie raczej nie machają na powitanie.) Nie wspomniano też o wypalonym lesie ani o... MINIMALNEJ SKUTECZNOŚCI TAKICH AKCJI. Są spektakularne i fotogeniczne, ale nie powodują spadku produkcji koki. No dobra – powodują – na tym jednym spalonym polu i na jakieś trzy tygodnie, bo już po trzech tygodniach od wsadzenia patyczka w ziemię młody krzaczek daje kolejny plon.

* * *

Kokę do spożycia lub do celów rytualnych zbierają wyłącznie kobiety. Na handel i przetworzenie dla Obcych – mężczyźni, dzieci... wszyscy.

Jutowe wory i ogromne kosze pełne liści odbierane są przez indiańskich tragarzy wynajętych przez kartel. Na ich plecach surowiec podąża do ukrytych w lesie przetwórni. Tam odbywa się wstępna faza procesu chemicznego – kondensacja – powstaje brązowa maź, która w plastikowych paczkach opuści terytoria indiańskie i trafi w miejsca bardziej cywilizowane. Kolejny etap produkcji wymaga laboratorium chemicznego, gdzie maź zostanie przetworzona na biały proszek – największy, najbardziej ekologiczny i z całą pewnością najbardziej lukratywny produkt eksportowy Kolumbii, Boliwii, Peru i Ekwadoru. Dlaczego ekologiczny? No cóż, tak po prostu jest, że wydobycie ropy naftowej, kopanie złota i szmaragdów, rud metali, wyrąb tropikalnego drewna, połów ryb, uprawa kawy... – wszystko to jest bardziej szkodliwe dla środowiska naturalnego niż samorosnąca koka i produkcja kokainy.

* * *

Indianie spożywają kokę w formie nieprzetworzonej – liście wkłada się między język a policzek i żuje lub ssie. Aby przyspieszyć proces wchłaniania dodają popiół ze spalonych roślin, który zawiera wapno i sole mineralne.

Plemiona żyjące w bardziej tradycyjnych grupach „przyrządzają" kokę po swojemu. Na przykład tłuką ususzone liście w drewnianym moździerzu, aż zrobi się z nich zielony pył. Potem mieszają go z popiołem, przesiewają (widziałem, jak robili to za pomocą nylonowej pończochy otrzymanej od misjonarzy), a następnie rozprowadzają niewielkie ilości po śluzówce ust lub też zażywają tak jak my zażywamy tabakę.

Plemię Kogi, w górach Santa Marta na północy Kolumbii, stosuje specjalne naczynie z tykwy zwane *el poporo*. Do *el poporo* wsypuje się proszek uzyskany z roztartych morskich muszli. Bez tego proszku koka nie ma mocy, gdyż zbyt wolno i zbyt słabo się wchłania.

Świeże liście umieszcza się w ustach, następnie Indianin ślini cienką drewnianą pałeczkę (w komplecie z *el poporo*), wsadza do naczynia (nabierając odrobinkę muszelkowego proszku) i oblizuje. Można by prościej, prawda? Ale tu chodzi o rytuał, a nie o ćpanie. To dopiero biały człowiek zrobił narkotyk z niewinnej używki, którą Indianie stosowali od tysiąca lat.

ANGELINO

Czas przedstawić szamana.

Mógłbym to robić w sposób, w jaki ja go poznawałem, czyli po kawałku – utykając drobne informacje na jego temat to tu, to tam, pośród scen z życia codziennego Indian. Mógłbym. Ale obawiam się, że czytelnik by tego nie zniósł i odszedł zniecierpliwiony. Sam wielokrotnie miałem ochotę odejść, gdy Angelino wydzielał mi wiedzę na swój temat jak zalotna panienka, która wabi, pokazując i zasłaniając kolanko. Dlatego po prostu opowiem, co o nim wiem i postaram się streszczać. (Bo dżungla czeka!!!!!)

Ángel to po hiszpańsku anioł, *angélico* – anielski, *angelito* – aniołek, a imienia Angelino nie ma w żadnym słowniku. Zostało wymyślone przez kogoś, kto hiszpański znał... niedokładnie. Gdyby się uprzeć, można by je przetłumaczyć na „Anielec" (powstało wedle podobnej zasady co Rudy – Rudzielec) lub na „Anielico", tyle że przy imionach lepiej nie grzebać. Są jakie są i nikomu nic do tego. Przerabianie Johna Smitha na Jana Kowalskiego uważam za niestosowne. Kiedy już imię na kimś osiadło i przylgnęło siłą przyzwyczajenia, trudno je poprawić na bardziej zgodne z regułami gramatyki. Można sobie wymienić całe imię na nowe, ale żadne przeróbki nie są mile widziane. Poza tym imię wcale nie musi być zgodne z regułami gramatyki, za to powinno być zgodne z osobą, która go używa.

Tak więc – poprawnie czy nie – Angelino miał na imię Angelino i nawet nie próbowałem go uświadamiać, że to brzmi dziwacznie. Zresztą imię z błędem pasowało do niego znakomicie, ponieważ cały jego hiszpański był... błędem.

Powiem to tak: gdyby z wypowiedzi Angelino wyciąć i wyrzucić wszystkie błędy językowe, pozostałby nam bełkot noworodka przerywany dłuuuugimi pauzami. Gdyby z kolei te pauzy wypełnić szumem wody, mielibyśmy wrażenie, że ktoś tonie i od czasu do czasu wystawia głowę nad powierzchnię, wykrzykując pojedyncze wyrazy. Tak krótkie, że nie dało się ich zepsuć.[36] Jak go w tej sytuacji rozumiałem? Świetnie! Przecież nie chodzi o to, że był niekomunikatywny. Przeciwnie – jego hiszpańszczyzna była absolutnie niepoprawna, ale zrozumiała. A nawet... nad-zrozumiała. Przypominała nowoczesną poezję, która sięga głęboko pod korę mózgu i przenosi treści na poziomie fal zamiast słów. Zresztą – sami wkrótce usłyszycie.

Dodam tylko, że większość wypowiedzi Angelino przetłumaczyłem na kolokwialną polszczyznę, bo inaczej nie dałoby się tego czytać. (Nie wierzycie? To posłuchajcie tego zdania raz jeszcze tak, jakby to on je powiedział: *Kupe wygatków Angelina nawalonych tutaj, przet... przeee.. p...sratatata! Hodzi o to, rze tera wygatki Angelina so w polskim, bo jakby nie byli, to byśta guwno zrozumli.*) A więc większość wypowiedzi Angelino przetłumaczyłem, lecz w kilku miejscach pozostawiłem najbardziej charakterystyczne wykwity[37] językowe jego autorstwa.

* * *

Angelino był mistrzem sztuk wielu – poetą, filozofem, medykiem, a także wynalazcą. No, na przykład... jako jedyny w swoim plemieniu potrafił cerować i sam tę sztukę wymyślił! (Przedtem

---

[36] Mam podać przykłady wyrazów zbyt krótkich, by zmieścić błąd? Proszę bardzo: *on, no, bo, co, o!, to, ty, te, ta, a, ja, że* lub nawet takie trochę dłuższe: *yhy* i *e-e*.

[37] Wykwit to kolorowa plama na suficie, której matką jest wilgoć, a ojcem grzyb. [przyp. Autora]*

* Co pan p...sratatata?! W słowniku piszą, że wykwit to śluzowiec żółtej barwy, pospolity na butwiejących resztkach roślinnych, drewnie i korze; gniłek. [przyp. tłumacza]**

** A w pani referencjach piszą PYSKATA NIELOJALNA JĘDZA. [przyp. Autora]

u Carapana jedynie zaszywano i łatano.) Moje pocerowane skarpetki, jak już wiecie, wzbudziły jego podziw. Nie detronizowały Angelino jako wynalazcy, gdyż miały trochę inny ścieg, za to mnie wywindowały na dużo wyższe pozycje startowe, niż zajmuje przeciętny gringo. Patrząc na to z perspektywy lat, dochodzę do wniosku, że początkiem naszej przyjaźni były cery na piętach.

Angelino władał nie tylko igłą – także wszystkimi rodzajami broni stosowanej w Amazonii: od dmuchawki, poprzez proce, łuki, pięści, czoło, dzidy i oszczepy, do broni palnej, włącznie z tą nabijaną od przodu. Posługiwał się płynnie kilkunastoma narzeczami okolicznych plemion, a także (do pewnego stopnia) językiem hiszpańskim. No i rzecz najważniejsza: potrafił czarować. Czarował zarówno w sensie dosłownym, jak i przenośnym. Opowiadał niestworzone historie, co do których za każdym razem miałem pewność, że są zmyślone i prawie zawsze okazywało się potem, że to jednak czysta żywa prawda. Prawda nieprawdopodobna do granic wytrzymałości logiki, do granic akceptowalnych przez zdrowy rozsądek i ludzki rozum, ale jednak prawda!

Ulubioną formą literacką Angelino była banialuka. Stosował ją do wszystkiego, przez co prawda brzmiała w jego ustach jak konfabulacja, kłamstwo też jak konfabulacja, a prawdziwa konfabulacja najwiarygodniej z tych trzech. Krokodyl Dundee to przy nim frajer pompka, Zagłoba to stetryczały nudziarz, a Eddie Murphy to kiczowaty bibelot ze sklepu, gdzie wszystko kosztuje jednego dolara.

Angelino miał fantazję tak bujną, że kiedy coś wymyślał, było to zaskakujące nawet dla niego samego. Potem wraz z innymi śmiał się z własnych pomysłów, kawałów i powiedzonek. Rechotał tak szczerze, jakby jego głowa (gdzie zrodził się koncept) oraz brzuch (skąd wydobywał się śmiech) należały do dwóch różnych osób.[38]

* * *

Na początku znajomości „Angelino" wcale mi do niego nie pasowało. Wyglądał raczej na bandytę niż na aniołka. Na całym ciele miał różne blizny, szramy, sznyty, naderwane ucho, poważne

---

[38] Ahaaa, czyli był chory na to samo, co nasz Pan Autor, który w Nocie umieszczonej na początku książki odradza nam czytanie jego własnych przypisów, gdyż są one „rezultatem choroby umysłu". Hmm, hmm, hmm. [przyp. tłumacza]

braki w uzębieniu, coś nie tak z jednym okiem, dziwnie skręcony kręgosłup i jakieś świństwo w płucach, bo charczał jak kot, na którego niechcący postawiono worek kartofli.

Po kilku dniach okazało się jednak, że „Anioł" może nie, ale „Anioł Stróż" pasuje do niego całkiem nieźle, ponieważ strzegł mnie w dżungli przed każdym nieopatrznym krokiem. Zachowywał się trochę jak kwoka wobec kurczęcia. Pokazywał różne jadalne i trujące robaki, liszki, jaszczurki, żaby i węże, jadowite pnącza, zwierzęta strzelające kolcami, a także rośliny, których warto unikać.

* * *

– Zrywasz i wachlujesz. Wtedy żadne moskity do ciebie nie podlecą. One strasznie nie lubią tego zapachu – objaśnił, oganiając się liściem podobnym do łopianu.

Zerwałem sobie taki liść i też zacząłem wachlować powietrze dookoła. Miał wielkość słoniowego ucha. Na pierwszy rzut oka wyglądał identycznie jak to, co dzierżył w dłoniach Angelino. Niestety mój liść należał do jakiejś innej odmiany, bo parzył jak pokrzywa i kłuł jak oset, tyle że robił to z pewnym opóźnieniem.

– Aj jaj jaj jaj! – zawołał boleśnie Angelino, choć to przecież mnie zaczęły wyskakiwać bąble na rękach.

Taki już miał irytujący zwyczaj, że w imieniu poszkodowanych sam wznosił okrzyki cierpienia. Nigdy nie widziałem żeby jego coś pogryzło albo pokłuło, a jednak w całym plemieniu Carapana to on najczęściej wydawał dźwięki w rodzaju: *ałć, uj, ałaa, ałałał* i całą rodzinę pokrewnych.

* * *

Pewnego razu w drodze powrotnej z polowania szliśmy dość dobrze wydeptaną ścieżką. Ponieważ od wioski dzieliło nas nie więcej niż pół godziny marszu, nie spodziewałem się napotkać już żadnych niebezpieczeństw, a więc także niczego ciekawego. Schowałem aparat fotograficzny, flintę przerzuciłem na plecy i zająłem się myśleniem o tak zwanych „różnych sprawach".

Oczywiście dżungla jest zawsze fascynująca, jednak po kilku tygodniach siedzenia w samym jej środku, pospolite „byle co" już nie cieszy tak jak dawniej.

Na przykład gniazdo szerszeni (trzy ukąszenia i śmierć w wyniku palpitacji serca) omija się szerokim kołem i już. Mrówki długości jednego cala bezwiednie strzepuje się ze stóp i idzie dalej, bez „achów", „ochów" i „aj jaj jajów". Węże tkwiące nieruchomo na gałęziach ponad głową obserwuje się mało ważnym kątem oka – na wypadek gdyby im coś głupiego strzeliło do głowy. Zresztą w pobliżu ludzkiej chudoby mało co się przydarza. Dżungla jest tam zdecydowanie sflaczała i nie ma dla nas tajemnic.

A jednak...

W pewnej chwili Angelino położył mi rękę na ramieniu i ostrzegawczo wbił pazury. Pod tym kłującym uchwytem stanąłem gwałtownie. Tuż przed nadepnięciem na żmijkę wielkości rosówki! Była wyjątkowo mała i prawie niewidoczna w zgniłym listowiu.

Angelino wyjaśnił, że nieostrożnych zabija w kilka sekund. Dorosłego mężczyznę w siedem, a byka ważącego pół tony w dwadzieścia. Oczywiście byka sobie wymyślił, bo byki po dżungli nie chodzą, ale i tak zrobił na mnie wrażenie.

– Angelino, a skąd ty wiesz, że ona zabija akurat w siedem sekund?

– Był tu niedawno pewien Obcy, co właził na drzewa i podglądał kwiaty. Pytał, jak długo będzie umierał po ukąszeniu. To mu pokazałem. Zmierzył se na zegarku i powiedział, że siedem sekund.

– A jak tyś mu to pokazał?

– A tak... – w tym momencie Angelino zaczął wykonywać szerokie wymachy rękami, wywracał oczy białym do wierzchu i charczał, a każdy wymach kończył innym rodzajem jęku lub westchnienia.

Dał popisowy numer – wyimitował wszystkie możliwe dźwięki, które wydaje poliglota w konwulsjach. Jego dłonie kreśliły w powietrzu coś na kształt prawosławnego krucyfiksu porzuconego w koszu na parasole. Wyglądał jak marynarz, który za pomocą chorągiewek nadaje hasło: „ŚMIERĆ", stosując przy tym znaki alfabetu chińskiego. To, co zrobił, rzeczywiście trwało siedem sekund. (Wykonał kilka powtórek i za każdym razem wychodziło tyle samo.)

* * *

– Angelino... Ta skarpetka...

– *Woreczek ze świętościami.*

– Tak, wiem, ale czy to prezent od Obcego?

– Mnie nie wolno przyjmować prezentów. Po prostu zostawił u nas kupkę. Dla wszystkich.

– Kupkę?... Czy chodzi o to, że zostawił tu wiele skarpetek?

– Nie! Zostawił kupkę różnych rzeczy, a skarpetki były tylko dwie. Dziurawe. To se jedną zaszyffkowałem.

– Zacerowałeś. A druga?

– Drugą zabrali i zostawili na ścieżce Dzikich.

– Kto zabrał?

– Noo... on i ci dwaj, co z tobą przypłynęli... Wchodzili na Dzikie Ziemie.

– Też chcę tam iść!

– Wiem.

– No to załatw mi przewodników.

– Nie teraz.

– A kiedy?

– Jak nadejdzie pora.

– Jaka pora?

– Odpowiednia.

Tak kończyła się większość rozmów z Angelino i bardzo mnie to wtedy irytowało! Dzisiaj – po latach – rozumiem, że był to dowód najgłębszej sympatii do mnie oraz pewien rodzaj desperacji. Desperacji człowieka, który spotkał pierwszego w życiu kumpla i zdaje sobie sprawę, że jest to jednocześnie jego ostatni kumpel.

Nasza znajomość była wszak od początku skazana na krótki żywot. Wiedział o tym on, wiedziałem i ja. Przybyłem tu, by poznać kulturę Carapana, a więc w chwili, gdy to się spełni, nastanie czas rozstania. Dlatego Angelino w każdej rozmowie pozostawiał szerokie niedopowiedzenia... Był jak Szeherezada, która walczy o kolejny dzień naszej znajomości.

Na szczęście w porę zrozumiał, że jest też inna droga... Że można wyjawić wszystkie sekrety, a to zbuduje między nami więź tak mocną, że przetrwa ona każde rozstanie. Wtedy odsłonił się i zaczął opowiadać. Tak poznałem jego Tajemnicę...

WĘŻE

Pocerowane skarpetki w bagażu eksplorera? To takie nie... nie-eksplorerskie, prawda?

Otóż NIE-prawda. Skarpetki bardzo przydają się do kaloszy, a kalosze są najlepszą ochroną przed wężem. Tam, gdzie kalosze weszły do powszechnego użytku, liczba śmiertelnych ukąszeń spadła o dziewięćdziesiąt procent. Większość węży kąsa poniżej kolana, a większość tej większości w stopę. No i nie znam żadnego, który potrafi przebić kalosz.

* * *

Są na świecie węże niewinne, są jadowite, są też takie, które pożerają ludzi. (Anakonda – potrafi wywrócić czółno, okręcić się wokół człowieka, wciągnąć go pod wodę, udusić, a potem powolutku pożreć... w całości... z butami... i lornetką na szyi.) Dlatego winne czy niewinne, jadowite czy dusiciele – węży lepiej unikać.

Oczywiście istnieją w przyrodzie narwańcy, którzy węże podglądają, łapią i w dodatku uważają za „milutkie", ale większość normalnych ludzi węże depcze. Niechcący. I takich właśnie sytuacji – nieumyślnych nadepnięć – należy unikać.

Wbrew pozorom nie jest to trudne. Większość węży nie atakuje ludzi, dopóki człowiek nie zaatakuje ich. Atakują ze strachu, w obronie własnej, w desperacji. I wyłącznie wtedy, gdy leżą zwinięte w spiralę, bo tylko wtedy mogą się wybić i skoczyć jak sprężyna. Kiedy są rozciągnięte, najchętniej ustępują z drogi.

Kto chce sprawić, by węże przed nim uciekały, powinien mocno tupać oraz chłostać ścieżkę przed sobą za pomocą długiego giętkiego kijaszka. Drżąca ziemia przegoni węże, a jeśliby któregoś nie przegoniła, zrobi to kijaszek. I to on zostanie ukąszony, nie my.

* * *

No tak, ale tupanie, kijaszek i gumiaki to sposób na węże naziemne, a jak się zabezpieczyć przed zwisającą z gałęzi żararaką albo innym zieloniutkim cudeńkiem, które wisi wśród liści, jest małe, niewidoczne i bardzo, bardzo, bardzo jadowite, a ty idziesz i trącasz to ramieniem lub czubkiem głowy, co zostaje przez węża uznane za atak, zagrożenie życia i ogólny powód do desperacji, co wtedy? Wtedy już nic, bo zostaje zbyt mało czasu na działania. Można próbować się modlić, i ja bym to właśnie zrobił, z tym, że osobom bezpośrednio zainteresowanym doradzam raczej Akty Strzeliste niż litanie.

Po ukąszeniu najczęściej nie można już zrobić nic. Oczywiście wszyscy próbują – a to przeciąć ranę i krwawić, a to wysysać... Istnieje wiele ludowych sposobów radzenia sobie z ukąszeniami i część z nich działa (szczególnie gdy w pobliżu jest jeszcze jakiś zdolny szaman). Są też sposoby naukowe (czyli szpital i surowice) i one najczęściej nie działają.

No bo jak dotrzeć do szpitala w dwadzieścia minut, kiedy jesteś daleko w dżungli? Albo jak zabrać na wyprawę surowicę, skoro ona wymaga trzymania w lodówce? Ponadto nie ma jednej uniwersalnej surowicy na każdy jad – trzeba by zabrać kilkadziesiąt różnych. Aha, no i jeszcze trzeba mieć katalog gadów, żeby węża rozpoznać i właściwie dobrać lek.

Znajomy doktor powiedział mi o tym tak: *Jak cię ukąsi wąż, to go natychmiast złap i przynieś. Bez węża możesz do mnie nie przychodzić, bo nie będę wiedział, co ci podać.* Smutna prawda jest taka, że najlepiej być ukąszonym na przyszpitalnym parkingu.

Skoro więc po ukąszeniu niewiele można zrobić, warto się postarać, by wąż nie miał szansy nas ugryźć. W tym celu od lat stosuję zasadę „Z przodu Indianin, z tyłu Indianin". Ten z przodu zgarnia na siebie wszystkie węże (leżące i wiszące), w porę je dostrzega i przegania; a ten z tyłu... jest jak koło zapasowe, na wypadek gdyby ten z przodu coś przeoczył i odpadł z gry.

* * *

Od reguł jest wyjątek. Nazywają go *siusiupi*. To jedyny wąż, który nie ucieka, lecz goni człowieka. Atakuje ze wściekłością i rzuca się w pościg, by kąsać. Sadzi wielkie susy – siup, siup – i stara się wylądować na twoich plecach. W ten sposób broni terenu, gdzie samica złożyła jaja. Na domiar złego atakuje parami.

Trzeba uciekać, najlepiej zygzakiem, uskakiwać za krzaki, zerwać z siebie koszulę i rzucić ją za siebie; koszulę, kapelusz, torbę – cokolwiek, co pachnie potem – węże zaczną kąsać nasze rzeczy, a to da nam czas na ucieczkę.

Jeżeli mamy kogoś do pomocy, jeden z nas ucieka, a drugi może próbować przetrącić wężowi kręgosłup. Zawsze i tylko płazem maczety! Podkreślam – przetrącić, a nie przeciąć, bo wąż przecięty nadal sprawnie się porusza, a przetrąconego obciąża bezwładna część ciała.

* * *

Najgroźniejsze dla człowieka są dusiciele. Wprawdzie niejadowite, wprawdzie towarzystwo ludzi je onieśmiela, wprawdzie nie szukają okazji do próby sił, wprawdzie jadają rzadko i niewiele, wprawdzie atakują tylko wtedy, gdy są głodne, ale... po pierwsze czasami głodne są i wtedy polują, po drugie czasami są tak duże, że nikogo się nie boją, a po trzecie, niektóre z nich polują na ludzi. Nasze tupanie i kijaszek tylko im w tym pomogą. A ten Indianin, którego puściliśmy przodem? *Hmm... No cccóż, tego sss przodu się przepuśśści, bo gdy dwaj Indianie blokują drogę sss przodu i sss tyłu, to temu w śśśrodku będzie najtrudniej uciecc.*

Wygłodniały dusiciel może polować za dnia i po ciemku. Jego zdobyczą są najczęściej niewielkie ssaki, ryby, żółwie i kajmany, u dusicieli nadrzewnych ptaki, u pustynnych nietoperze. Duży boa chętnie pożre sześćdziesięciokilogramową kapibarę lub inne stworzenie pokaźnych rozmiarów. I nie zawadzą mu pazury, kopyta ni rogi.

Atak jest błyskawiczny. Wąż wygina szyję, po czym uderza z rozwartą paszczą, aby wbić w ofiarę długie zęby. Nie są to kły jadowe, lecz rodzaj haka, którym wąż przymocowuje się do ofiary, by ją potem ciasno owinąć, udusić, krusząc klatkę piersiową, a potem zjeść. W tym celu wąż nawleka się na ciało... no na przykład byka. Ponieważ nie jest w stanie przełknąć rogów, czeka, aż głowa odpadnie. W przypadku człowieka czekać nie musi – w dziewięciometrowej anakondzie, która waży pół tony, ciało dorosłego mężczyzny stanowi tylko niewielkie zgrubienie, które zniknie po kilku dniach.

Dusiciele opanowały niemal wszystkie środowiska – pustynne skały, korony drzew, jaskinie, bagna i rzeki.

Masywne anakondy większość życia spędzają w wodzie. Tam są najbardziej zwinne. Po posiłku wylegują się na jakiejś grubej gałęzi nad wodą i oczekują cierpliwie na przepływające czółno...

* * *

A czy jest jakiś sposób na dusiciele?

Jest... ale kontrowersyjny – niewielkie urządzenie elektryczne, tzw. stunner, do obezwładniania napastników za pomocą kopa o napięciu stu tysięcy volt. Wadą tego sposobu jest to, że wilgotny wąż przewodzi prąd i czasami nie tylko on wiotczeje. A potem wszystko zależy od tego, które z was się ocknie pierwsze – opleciony czy oplatający.

Osoby bez stunnera zazwyczaj dźgają węża czymś ostrym. Pomaga, ale dźgany dusiciel najpierw jeszcze mocniej skręca się w agonii (krusząc wasze kości), a dopiero potem wiotczeje.

Aha, byłbym zapomniał – powyższy sposób ma sens jedynie na lądzie, bo gdy płyniesz czółnem i ssssunie się na ciebie ta anakonda z gałęzi, to... Cokolwiek zrobisz – utoniesz.

ANIOŁ STRÓŻ

Mój pierwszy święty obrazek dostałem od dziadka, Antoniego Cejrowskiego. Przedstawiał pobożne chłopię w spodenkach na szelkach idące przez mostek w lesie. Pół kroku za chłopięciem podążał Anioł Stróż o pięknych wysokich skrzydłach. Prawą rękę trzymał na ramieniu chłopca. Tak na wszelki wypadek. Albo dla dodania otuchy. Wręczając obrazek, dziadek powiedział mi, że każdy człowiek ma swojego Anioła Stróża. Potem przez całe lato chodziłem na pewien mostek w lesie i znienacka oglądałem się przez ramię – chciałem sprawdzić, jak wygląda mój Anioł. Niestety za każdym razem był szybszy i w porę znikał.

Mimo to wierzyłem święcie,
że zawsze tam był, jest i będzie.

* * *

Minęło sporo lat. Przestałem nosić krótkie spodenki na szelkach, ale akurat tego dnia włożyłem bardzo podobne – sięgały trochę za kolano. (Pierwotnie były do kostek, jednak poprzedniego wieczoru Angelino upychał śrut w patrony i zabrakło mu gałganków, odciąłem więc po kawałku nogawicy i dałem mu w prezencie.)

Z kolei mostek stanowiły dwie oślizgłe żerdzie – cienkie i sprężyste – zupełnie jak tyczki do skoków rzucone niedbale w poprzek stromego parowu. Żadnej poręczy, a dookoła baaardzo dużo pustej przestrzeni. Szło się po tym fantastycznie. Kotu! A człowiek musiał spaść.

Musiał, a jednocześnie pod żadnym pozorem nie wolno było do tego dopuścić, bo w mulistym rowie pod „mostkiem" mieszkało jakieś świństwo. Coś takiego, co się wkręca w skórę, tworzy ropiejącą gulę i siedzi tam aż do przepoczwarzenia. Następnie wylatuje jako śliczna mała ważka. Angelino ze stanowczością kafara zabraniał mi wpadać w błoto!

Nie było rady – mogłem iść albo dołem, po kolana w larwach, albo górą przez ten nieprzyjemny mostek.

Angelino poszedł pierwszy.

Hyc, hyc, hyc, hyc i już szczerzył się do mnie z drugiego brzegu. A potem hyc, hyc, hyc, hyc i był z powrotem. Bardzo sprawnie przerzucał ciężar ciała z jednej tyczki na drugą. Kolejne cztery „hyce" i znowu był tam. A ja wciąż tu.

I tym się właśnie różnią ludzie od małp – pomyślałem złośliwie.

To, jak sprawnie skakał po żerdziach, wcale nie dodawało otuchy. Wyglądał jak gibon albo dobrze wyważona wańka-wstańka. Kiwał się tak, że od samego patrzenia brała choroba morska.

– I ja mam niby zrobić to samo? – zapytałem w nadziei, że zaproponuje jakieś obejście, bo ten jego „mostek" nie zachowywał się jak normalne drewno, raczej jak to, z czego robią trampoliny.

– Idź! I nic nie bój! – zawołał.

* * *

Najpierw ostrożnie postawiłem lewą stopę – żerdź pod nią zaczęła się uginać... Uginała się i uginała. A potem uginała i uginała i uginała. Skończyła dopiero wówczas, gdy prawe kolano miałem powyżej ucha. Wtedy na drugiej żerdzi umieściłem prawą stopę. Znów to samo... Pół metra w dół i jeszcze do tego z nieprzyjemnym trzeszczeniem.

Niestety żerdzie nie były uprzejme ugiąć się do jednakowego poziomu. Ten, kto je dobierał, spaprał robotę – dwa rodzaje drewna pracowały rozbieżnie. Jedną nogę miałem wyżej, drugą niżej, a różnica wynosiła około trzydziestu centymetrów i wciąż oscylowała.

Żeby wyrównać poziomy, musiałem obciążyć jedną nóżkę bardziej, czyli stanąć krzywo. No to stanąłem.

Teraz byłem już na mostku, jakieś marne centymetry od jego początku, a mimo to bez możliwości odwrotu, bo nie było jak zawrócić. Dookoła sporo pustego powietrza, a pośrodku ekwilibrium złożone z moich kości, mięśni, dwóch kawałków drewna i kłębowiska myśli: jak to wszystko utrzymać w bezruchu?

Nadszedł moment najważniejszy – pierwszy krok.

Postąpiłem.

Okazało się, że głupio. Delikatny układ pt. „Człowiek na mostku" nagle stracił wszelki sens. Ekwilibrium trafił szlag, bo żerdzie ożyły – zaczęły gwałtownie dygotać, każda we własnym rytmie i amplitudzie. Byłem o krok od upadku w błoto pełne robactwa.

Może nawet o pół kroku...

Ćwie-e-erć!

* * *

Nagle tuż przede mną pojawił się Angelino. Wyrósł jak spod ziemi. Musiał chyba przelecieć nad parowem, bo gdyby hycnął kolejne cztery razy po tyczkach, to leżałbym teraz o trzy metry niżej pośród stada głodnych larw.

Stanął jakoś tak... twardo i w jednej chwili uspokoił rozdygotany mostek. Mnie wciąż jeszcze trzęsły się nogi, ale tyczki zesztywniały, jakby je zamurowało.

Angelino kazał sobie położyć rękę na ramieniu. I usztywnić w łokciu! Drugą wyciągnąć w bok. Jak skrzydło! I rozcapierzyć palce!!! A potem zamknąć oczy i iść za nim przesuwaaając nooogi po żeeerdziach tak, jak przesuuuwa się naaarty po śnieeegu.

– Zauuufać... I myyyśleć o czymś innym!!! – brzmiała ostatnia komenda.

Zaufaaałem.

A on przeprowadził mnie na drugą stronę tak gładko, jakby mostek był zrobiony z betonu.

W trakcie przesuwaaania nóóóg po galaretowatych kijach skupiałem myśli na pobożnym chłopięciu w spodenkach, które idzie przez mostek, a pół kroku za nim Anioł Stróż. Zanim zdążyłem sobie wyobrazić wygląd Anioła, było po wszystkim.

Pod stopami poczułem ziemię. Otworzyłem oczy... Angelino zniknął!!!

Po chwili wystawił głowę spomiędzy lian, jakieś trzy metry ode mnie, i powiedział:

– To teraz idź przez dżunglę sam, w kierunku łodzi, a ja będę cię z daleka pilnował. Jak już się kompletnie zgubisz, to węsz.

– ???

– W zasięgu wzroku rozpalę ogień i zacznę gotować. W zasięgu MOJEGO wzroku, więc ty węsz. Masz dobry węch. Zamknij oczy i idź za swoim nosem, to się spotkamy.

– A jak nie?

– Spotkamy się, spotkamy. Cały czas będę cię miał na oku; nie zginiesz. W końcu jestem Anielec – zakończył z diabelskim uśmieszkiem.

Ten uśmieszek wciąż czaił się na jego twarzy. „Czaił" oznacza, że stale był widoczny, choć nie zawsze na pierwszym planie. Czasami krył się w jakimś grymasie, ale na ogół po prostu siedział między zmarszczkami i czekał na sposobny moment. A potem, kiedy się tego nie spodziewałeś, wyskakiwał na ciebie bardzo zadowolony, że znów udał mu się jakiś żart.

* * *

Wieczorem, przy ognisku, jedliśmy rybki pieczone na patyku, a przy okazji Angelino wyjaśnił mi tajemnicę swojego bezbłędnego hyc, hyc, hyc, hyc:

– Trzeba zadbać o Poczucie Równowagi. To taki mały demon, który mieszka w głowie. No więc ten demon musi siedzieć w samym środku czaszki i się nie ruszać. To najłatwiejsze z zamkniętymi oczami, bo on wygląda na świat przez nasze oczy, a jak je zamkniesz, siedzi po ciemku nieruchomo. Zapiera się rękami o twoje skronie i czeka. Dopóki trzymasz oczy zamknięte, nie ma możliwości, żebyś się zachwiał – Angelino skończył tonem, który miał oznaczać, że nie oczekuje żadnych pytań, bo przecież wszystko jest bardzo jasne.

– Poczucie Równowagi, tak?

– Yhy.

– Mały demon, tak?

– Yhy.

– I ja go mam w głowie?

– Yhy.

– I w dodatku mam w to uwierzyć, co?

– Yhy – odrzekł po prostu. – Każdy go ma, tylko nie każdy potrafi kontrolować. A z tym jest najgorzej, jak się napijesz. Kiedy czicza uderza do głowy, szczypie demona w skórę i ten się miota po całej czaszce. Dlatego ludzie po pijanemu się przewracają, dzwoni im w uszach i oczy łzawią. On czasem sieje taki zamęt, że ci się plączą myśli i słowa; można dostać wizji... – zamilkł nagle jakby lekko rozmarzony.

Widywałem już u niego takie stany. Siedział nieraz kilkanaście minut i gapił się w jakiś gnat, w ognisko albo w nieskończoność. Indianie wierzyli, że wtedy rozmawia z duchami i nie śmieli mu przerywać, ale ja nie jestem Indianie...

– Mów dalej – szturchnąłem go patykiem z resztką pieczonej ryby. – Czegoś podobnego nie słyszy się zbyt często.

Angelino zdjął rybi ogon z mojego kijka, wsadził go sobie do ust razem z płetwą i kontynuował:

– Jah ktoh wypije za duho, to jehhe następneho dnia go hłowa boli – ogon był najwyraźniej zbyt gorący. – Demon gohinami wyje od siniahów, które sobie ponabijał. Rozumieh?

Kiwnąłem, że rozumiem. Angelino przełknął i mówił dalej:

– Wyje i gwiżdże, jak wiatr w starej dziupli, a do tego potrafi czymś dzwonić w uszach, tylko nikt nie wie czym.

– Tego demona u nas nazywają „kac", a dzwoni zębami, bo ma dreszcze po przepiciu – skomentowałem z przekąsem.

Angelino uwielbiał zmyślać i już nieraz robił mnie w trąbę. Oczywiście tym razem mogło być inaczej, tylko jak to sprawdzić? I jak sprawić, by pozbył się tej swojej maniery kpiarza i zaczął mówić poważnie?

Rozwiązanie przyszło samo. Posłuchajcie...

KASSAWA

Kassawa (hiszp. *cazabe*) – indiański chleb powszedni, czyli duże okrągłe placki pieczone z tartego manioku. Ze względu na śladową zawartość cyjanku potasu nigdy nie pleśnieją – dobry prowiant do dżungli. Po upieczeniu kassawę suszy się na słońcu jak pranie.

WYNALAZCA

Następnego ranka Angelino postanowił mi coś pokazać. Pytałem co, ale stanowczo nie chciał powiedzieć. Po prostu ruszył w drogę, a ja za nim.

– Łódź zostawiamy?

– Yhy.

– A tam, dokąd idziemy, nie dałoby się podpłynąć?

– E-e.

– Aha. No dobra. Chodźmy.

Szliśmy długo. Zbyt długo. Forsowny monotonny marsz przez dżunglę i kleiste powietrze nabijane moskitami. Kiedy maszerujesz odpowiednio szybko, moskity nie gryzą, ale jednocześnie uniemożliwiają odpoczynek – zatrzymanie się choćby na minutę to gwarantowany atak całej ich chmary. Kto raz wyruszy w drogę, musi iść tak długo, aż się moskity skończą. Nie wiadomo, na czym to polega, ale one mają swoje obszary – tam się gromadzą i tam żerują. Kilka kroków dalej możesz usiąść spocony i tylko od czasu do czasu usłyszysz pojedyncze bzyknięcie.

Szliśmy więc i szliśmy, bez przerw, a ja miałem coraz bardziej dość. Na szczęście był to marsz bez karczowania – pod stopami widziałem ślady jakiejś starej ścieżki.

– Daleko jeszcze?

– Yhy.

– A po co w ogóle tam idziemy?

– Umhum – burknął.

– A dokąd?

– Umhum.

– To twoje „umhum" coś znaczy, czy tylko burczysz?

– E-e.

– Czyli tylko burczysz, tak?

– Yhy.

– I mam nie pytać, bo i tak mi nie powiesz?

– E-e.

– Nie pytać, tak?

– Yhy.

– Dziękuję.

– Umhum.

* * *

Szliśmy już cały dzień. Nóg nie czułem. Chciałem zwalić kalosze i ruszyć dalej na bosaka, lecz Angelino powiedział, że nie ma czasu wypatrywać węży. Kisiłem się więc w gumiakach, ocierałem pięty i łydki, ale stopniowo przestawało mnie to obchodzić. Z wolna ulegałem hipnozie monotonii. Tak jest zawsze w trakcie długich marszy. Dżungla zabija najczęściej właśnie dlatego, że usypia wędrowców. Idziesz i idziesz pośród mrocznej zieloności; pejzaż nie zmienia się godzinami, dniami, tygodniami... Idziesz i idziesz, bez możliwości zaczepienia wzroku na czymś innym niż liście i liście. Ścieżka szeleści, szeleści, a ty idziesz i idziesz... I dyszysz. Już nie wiesz, czy to szelest liści i dudnienie twoich stóp o grunt, czy dudnienie zmęczonego serca i szum płytkich oddechów. Łomotanie krwi w skroniach usypia. Monotonny krok za krokiem usypia, usypia...

Czujność!!!

– Angelino! – ocknąłem się nagle – czemu tu tak zimno?

– Mgła.

– Jakaś taka... no nie wiem... inna.

– Lepka.

– Ale mgła o tej porze?

– Tu zawsze jest mgła.

– Zawsze? Skąd?

– Się robi.

– Ale skąd „się robi"?

– Umhum.

– Aha. Wszystko jasne. Dziękuję.

– Już się kończy.

– Skąd wiesz?

– Zaraz wyjdziemy na drugą stronę.

I wyszliśmy! Dosłownie po kilku krokach. A kiedy po następnych kilku krokach odwróciłem się, już jej tam nie było.

Dziwna mgła...

* * *

Teren wznosił się. W gęstym lesie nie widziałem tego, ale wyraźnie czułem pod stopami.

– Jakaś góra? – pytam.

– Umhum.

201

– Dziękuję za objaśnienie. Góra Umhum. Bardzo ładna nazwa.
Po chwili zrobiło się stromo. Teraz darliśmy po zboczu, łapiąc za gałęzie i korzenie. Z wysiłku huczało mi w głowie. Nie mogłem złapać oddechu. Potykałem się. Przystawałem. Szło mi coraz gorzej. A moskity gryzły.

Nie cierpię gór w dżungli. Po płaskim mogę iść bardzo długo, nawet kiedy jest gorąco i parno lub przeraźliwie sucho. Sahara w samo południe – proszę bardzo. Dżungla, przy temperaturze 45 stopni – proszę bardzo. Ale nie góry! Mam jedno płuco i ono pod górkę wysiada.[39]

Szedłem ostatkiem sił, z opuszczoną głową, opierając dłonie o kolana. Szedłem jak ostatnia noga... Noga za nogą... Ledwo, ledwo... Nie widziałem, co dzieje się przede mną; patrzyłem w ziemię na odciśnięte w błocie ślady Angelino. Robiłem po dwa, trzy kroki tam, gdzie on stawiał jeden. Szedłem, lazłem, wlokłem się... I wyszedłem.

W pierwszej chwili stwierdziłem tylko, że czuję miły powiew. Potem, że zrobiło się widno i słońce piecze mnie w plecy... Podniosłem oczy.

Przede mną rozpościerała się polana wykarczowana na szczycie góry. W kilku miejscach sterczały kikuty dawno powalonych drzew. Angelino siedział na murszejącym pniu w najwyższym punkcie wzniesienia. Był zapatrzony w pejzaż. Podszedłem do niego i usiadłem obok.

– To mi chciałeś pokazać? – spytałem, dysząc ciężko.
– Yhy.
– Piękne miejsce. Piękne! Warto było iść.

Widok rzeczywiście zachwycał. Byliśmy ponad koroną lasu. Wokół, jak okiem sięgnąć, rozpościerał się zielony dywan. Ponad nim to tu, to tam wzlatywały kolorowe papugi. Siedząc w tym miejscu, miało się świat u stóp.

– Powiedz mi, jak to się nazywa po hiszpańsku – poprosił Angelino. – Bo w carapana nie mamy na to słowa.
– Na co nie macie słowa?

---

[39] Autor rzeczywiście zasuwa (lub ciągnie) na jednym płucu. Więcej o tym w jego książce „Gringo wśród dzikich plemion". [przyp. tłumacza]

– Na to – pokazał ręką przed siebie.

– Las.

– Nie las! Dalej.

– Niebo?

– A pomiędzy nimi?

– Horyzont.

– Sam wymyśliłem! – oświadczył bardzo dumnym głosem.

– Co wymyśliłeś? Horyzont?

– Yhy. Nikt, nigdy, nigdzie i nikomu nie pokazywał tego wcześniej. Dopiero ja. Carapana nie widują... horyzonta. Mieszkamy w puszczy, wszędzie drzewa i drzewa. Czasami wykarczujemy pole, ale za polem znowu drzewa... Zastanawiało mnie, jak wyglądałby świat bez drzew. A potem myślałem sobie, że kiedy wchodzisz na drzewo, to widzisz dalej niż z ziemi, ale kiedy wchodzisz na górę, to nie widzisz dalej, bo widok zasłaniają drzewa. A przecież góra jest wyższa od najwyższego drzewa. Wyciąłem więc drzewa na szczycie najwyższej góry i zobaczyłem to – powiódł ręką w stronę widnokręgu.

Pierwszy raz nie szczerzył się, nie kpił, nie wygłupiał – rozmawiał ze mną poważnie i postanowiłem nie przegapić okazji.

– Skoro żaden Carapana tego nie widział, możemy uznać, że jesteś odkrywcą horyzontu.

– Nie ja. Stary Człowiek mówił, że kiedy jest ptakiem, patrzy na krańce świata i one są okrągłe. Myśleliśmy, że to bajki, bo nigdy się w ptaka nie zamieniał, ale kiedy wyciąłem tu drzewa, zrozumiałem... On nie kłamał.

– Słyszałem o nim od jednego faceta w Mitú. Chwalił bezbolesne wyrywanie zębów i sposoby na węże.

– Stary Człowiek był... potężny. Leczył i nas, i Białych. To był prawdziwy Czarownik, a nie zwykły szaman jak ja.

– Przecież leczysz ludzi...

– Eee tam, leczenie to jeszcze nie czary – znowu zapatrzył się w nieskończoność.

* * *

– A czemu zostawiłeś tutaj to jedno drzewo? – zapytałem po dłuższej chwili. – Trochę zasłania widok.

– Bo takich drzew nie wolno zabijać.

– Wycinać.

– Jak wycinasz, to zabijasz. Drzewa żyją. I z nimi jest podobnie jak ze zwierzętami: wolno upolować, kiedy ci potrzeba mięsa albo łoju, albo skór, albo kłów. Ale są też takie zwierzęta, których nie wolno zabić nigdy. Nawet gdy jesteś bardzo głodny.

– Jakieś konkretne gatunki?

– Konkretne sztuki. Jednego jaguara możesz zabić, innego nie.

– A to czemu?

– W niektórych siedzą ludzie.

– ???

– Kiedy jaguar pożarł człowieka, zostaje w nim ludzka dusza. I mogłaby na ciebie... skoczyć. Zabić takiego jaguara jest niebezpiecznie i trudno, bo robi się po ludzku przebiegły. Dlatego lepiej niech sam zdechnie albo niech go zagryzie jakiś inny zwierz.

– No a te drzewa, których nie wolno wycinać? Przecież nikogo nie pożarły, prawda?

– Nie pożarły. Ale są różne drzewa. Jedne dobre i użyteczne, inne złe i trujące, a czasami wyrośnie gdzieś drzewo *dobre-i-złe*. Takiego nie wolno ruszać. Pachamama nie pozwala.

– W jaki sposób drzewo może być dobre i złe jednocześnie?

– No na przykład kora trująca, a owoce leczą chory brzuch. Albo liście dobre do obkładania ran, ale dostaniesz kręćka jak ci wpadną w ognisko i nawdychasz się dymu. Dobre i złe w jednej roślinie. Rozpoznać, rozeznać i rozdzielić to sztuka szamańska. Dawno temu szamani odkryli czarną jukę, z której robimy kassawę. Ona też jest *dobra-i-zła*. Dopóki jej nie wymoczysz i nie wypłuczesz, truje. Jednym plackiem załatwiłbyś całą wioskę.[40]

– Wiem.

– A skąd niby wiesz, gringo? – spytał prawdziwie zaskoczony.

– Umhum.

---

[40] Juka (hiszp. *yuca*) – potoczna nazwa manioku. Bylina dostarczająca mąki na indiańskie placki. Jej dzika („czarna") odmiana zawiera śmiertelne ilości cyjanku potasu. Przed spożyciem musi być wielokrotnie poddana procesowi płukania i odciskania. Trująca woda spod juki jest zakopywana poza wioską w specjalnych „grobach". [przyp. tłumacza]

W tym momencie obaj ryknęliśmy śmiechem. I śmialiśmy się długo.

Tak jak wcześniej cery na piętach były początkiem naszej przyjaźni, tak teraz moje „umhum" stało się początkiem nieskrępowanej rozmowy na każdy temat.

– Byłem tu przedtem wiele razy, Angelino. To znaczy w świecie Indian. Znam inne plemiona, znam wasze jedzenie, sposoby polowania i uprawy roli, waszą broń, część obyczajów... O robieniu kassawy też wiem wszystko. A teraz... chciałbym poznać twoje czary.

– Bezczelna prośba – odparł spokojnie. – Żaden Carapana nie odważyłby się o to prosić. Oni boją się moich demonów. A ty nie?

– Mam swoje. Ochronią mnie.

– Tak? Poopowiadaj trochę.

Opowiedziałem. Zaczynając od Anioła Stróża, poprzez świętych pańskich do największego – Jezusa Chrystusa – który ma jeszcze potężniejszego od siebie Ojca, a jednocześnie jest tym Ojcem i obaj zgodnie tchną Duchem. Wydawało mi się to trochę zawiłe jak na początek, a tymczasem Angelino odparł:

– Wiem to wszystko.

– A skąd? – teraz ja byłem zaskoczony.

– Znam twój świat, gringo. Jako chłopiec, pływałem z ojcem do Osady Obcych. Zawoziliśmy kauczuk. Dawali nam za to strzelby, maczety... Bywałem tam wiele razy... dawno temu. I widziałem dom waszego trójgłowego boga. Musi być mocny, bo to był największy dom w Osadzie.

– A potem nie chcieli już więcej kauczuku, tak? I te wyprawy się skończyły?

– Potem... – głos Angelino stwardniał. – Obcy zaczęli źle traktować Indian. I musieliśmy odbyć największą wyprawę w dziejach Carapana. Opuściliśmy nasze dawne ziemie i przyszliśmy tutaj.

– A gdzie były te dawne ziemie?

– Tam – wskazał ręką na południe. – Mieszkaliśmy wtedy nad inną rzeką... – zamyślił się, jakby rozmarzył. – No dobra, gringo! Wracamy! – uciął temat.

– Może lepiej zostańmy tutaj. Szliśmy cały dzień i nie dojdziemy już do łodzi przed nocą.

– Łódź stoi blisko. Wystarczy zejść z góry.

– Jak to?

– Jesteśmy za drugą kataraktą.

– Jak to?!!!

– Ano obeszliśmy – uśmiechnął się po swojemu.

– A łódź?

– Powiedzmy, że i ona „obeszła" – teraz śmiał się już na całego.

– Jak to obeszła?? Nie mogła... Aaa... pewnie myśmy łazili po lesie, a ktoś tę łódź za nas przeprowadził rzeką, tak?

– Tu nikogo nie ma, gringo. Tylko ty i ja.

– No więc?

– No więc od tej chwili jesteś już na ziemiach Carapana za drugą kataraktą. A ja przestaję być Angelino i zaczynam być Payé.

– Pamiętający-wszystkie-wioski-w-przód-i-wstecz, tak?

– Eee tam. Z tym -w-przód- to przesada, ale ludzie muszą wierzyć, że mają tu prawdziwego Czarownika... No dobra, gringo! Idziemy! Czujesz dym?

Pociągnąłem nosem...

– Tam, Czarowniku – wskazałem kierunek.

– Tak, tam. Ale nie mów do mnie „Czarowniku", jesteśmy przecież po imieniu.

– To czemu ty stale mówisz do mnie „gringo"?

– Przestanę, gdy zdejmę z ciebie imię zmarłego i nałożę jakieś nowe „Antonio".

– Wiesz już jak?

– Wiem. Przejdziesz przez dym. Dym odmienia. Mięso w dymie zmienia właściwości i nazwę: staje się wędzonką. Imię zmarłego uleci, a nowe dam ci, kiedy wyjdziesz na drugą stronę dymu.

W tym miejscu
kończy się Księga Mgły.
Pora na Księgę Dymu.

STRZELBA

Podstawowe narzędzie podboju Amazonii. I nie chodzi o zabijanie Indian, lecz o handel – strzelba to waluta, za którą skupowano kauczuk. Handel się skończył, strzelby pozostały. Zardzewiałe, powiązanie drutem, służą do dziś.
To modele tak stare, że nie produkuje się już do nich naboi. Indianie robią więc naboje sami. Niekiedy gilza wykonana jest z kawałka drewna lub mocnej kory. Jeśli domowej roboty nabój nie wchodzi do strzelby, strzelbę rozkłada się na części, a następnie składa „dookoła" naboju i całość wiąże sznurkiem.

Część 4

KSIĘGA DYMU

Dym – żywioł magiczny. Jest *dobry-i-zły*. Osłania i maskuje, ale jednocześnie zdradza naszą obecność. Płoszy moskity, ale przyciąga drapieżniki. Jest zapowiedzią ogniska domowego, ciepła i bezpieczeństwa, ale także zwiastunem pożogi. Przedłuża żywotność mięsa, ale stanowi niebezpieczną materię, z której korzystają zmarli...

Dym – żywioł magiczny, *dobry-i-zły*...

Nieokiełznany.

Przed deszczem ochronisz się, stawiając dach, przed ogniem, korzystając z wody. Łatwo osłonić się przed wichrem, łatwo dać sobie radę z chłodem... Tylko dym nie daje nad sobą panować – jest nieokiełznany.

Chyba że trafi na szamana.

Posłuchajcie...

DRUGA KATARAKTA

Maloka była ogromna. Dużo większa od tej w Mitú i okrągła. To oznaczało, że nie jest maloką mieszkalną, lecz służy do organizowania plemiennych zgromadzeń. Dzieliło nas od niej około stu kroków i słyszałem wyraźnie, że trwa tam jakaś uroczystość. Zgromadzeni we wnętrzu ludzie śpiewali monotonnie: *uu-a, uu-e, uu-i-i-i*.

– Czekają na nas – szepnął mi w ucho Angelino.

– To czemu szepczesz? – odszepnąłem zdziwiony.

– Żeby nas nie usłyszeli – uniósł brwi i popatrzył na mnie jak na idiotę.

– Aha, nigdy bym się nie domyślił. A dlaczego właściwie nie powinni nas usłyszeć?

– Bo na nas czekają.

– I co?

– Zwołałem zebranie.

– Jak niby zwołałeś i kiedy, skoro dopiero przed chwilą dopłynęliśmy?

– Mam swoje sposoby.

– No, ale nadal nie rozumiem, czemu się teraz skradamy, skoro oni tam na nas czekają?

– Jeśli wejdziemy znienacka, będą bardziej zaskoczeni.

– A powinni?

– No pewnie! Oni chcą, żeby Czarownik był zaskakujący znienacka.

Ściany maloki zrobione były z kijów wbitych w ziemię, dzięki czemu wyraźnie widziałem cienie postaci siedzących wokół dużego ogniska. Na zewnątrz zapadła bezksiężycowa noc, co jeszcze ułatwiało obserwację.

Gdy od wejścia dzieliło nas już tylko kilka metrów, Angelino zakazał mi się odzywać.

– Nie mów nic, nikomu nie odpowiadaj i w ogóle nie wydawaj z siebie żadnych dźwięków. Nawet... jakby cię zabolało – szeptał stanowczo.

– A ma mnie coś boleć???

– No... nie. Ale będziesz przechodził przez dym, więc gdybyś się zakrztusił, albo cię szczypały oczy, albo... coś, to milcz.

– Jakie „albo coś"?!

– No... cokolwiek.

– Nie chcę żadnych „cokolwiek"! Miałem tylko przejść przez dym! Na żadne „cokolwiek" się nie umawialiśmy!!! – wrzeszczałem szeptem, w poczuciu, że Angelino planuje coś, przed czym powinienem uciekać.

– Ten dym po prostu może być taki trochę... dziwny. Ale jakby co, to ty spokojnie milcz i już.

– Ma nie boleć!!! – popatrzyłem mu mocno w oczy.

– Wiem.

– NIE-boleć!

– Nie będzie... raczej – powiedział i czmychnął.

Był o jakieś trzy susy przede mną. Wpadł do maloki, a ja zaraz za nim.

W chwili, gdy pochyliłem głowę, by przejść przez niskie wejście, ognisko zgasło. Skwierczało i kopciło, ale płomienie zniknęły. Wstrzymałem oddech, przymknąłem oczy i ruszyłem do przodu.

Nagle na ramieniu poczułem jego rękę – charakterystyczny szponiasty uścisk palców. Popchnął mnie lekko, prosto w gęsty dym. Postanowiłem nie myśleć zbyt wiele... Energicznym krokiem przeszedłem na drugą stronę.

W tym momencie ogień powrócił, a naprzeciwko mnie ujrzałem Angelino z bardzo poważną miną. Tylko oczy mu się śmiały. Szerokim gestem pokazał mi wnętrze maloki, gdzie pod ścianami siedziało w krąg ze dwieście osób. Przemówił do nich. Zrobił to w dziwnym języku, którego nigdy wcześniej nie słyszałem. Na pewno nie był to carapana. Bardziej przypominał naśladowanie głosów natury niż ludzką mowę. Był melodyjny, przeciągły, pełen urody lasu i żyjących w nim stworzeń. Jedyne słowo, które rozumiałem, to moje imię – moje nowe *Antonio*.

Po zakończeniu przemówienia Angelino przedstawił mnie pierwszej z brzegu osobie, potem drugiej, trzeciej, czwartej... A ja uścisnąłem[41] pierwszą dłoń, potem drugą, trzecią, czwartą... Naliczyłem ich w sumie 203 i pół. (Jedna była niekompletna – składała się wyłącznie z kciuka, bo resztę odgryzł kajman.) Powitanie trwało długo, ale kiedy dobiegło końca, ludzie przestali na mnie zwracać uwagę.

– Udają – wyjaśnił Angelino. – Chcą w ten sposób pokazać, że jesteś tu mile widziany. Zaczną cię zauważać dopiero po kilku dniach, a na razie traktują cię tak jak siebie nawzajem, czyli bez ciekawości.

– A kim oni wszyscy są?

– Poschodzili tu z kilku wiosek. Carapana dzielą się na klany. Każdy klan ma osobnego wodza i inny język. To znaczy języki są bardzo podobne, ale ludzie udają, że się nawzajem nie rozumieją.

– A to po co?

– Żeby zaznaczyć przynależność do odrębnego klanu. Kiedyś było nas więcej i każdy klan miał wiele wiosek, dzisiaj... Wiosek zostało mniej niż klanów. Ale zasady trwają. Na przykład: *Twoja żona musi mówić w innym języku niż ty*. Albo: *Twoja córka weźmie język od swej matki i nie będziesz go rozumiał.*

– Po co te komplikacje?

---

[41] Określenie „uścisnąłem" jest... nieścisłe, a może za bardzo „ścisłe". Chodzi o to, że Indianie nie ściskają rąk tak jak my – z użyciem siły – lecz dotykają się dłońmi, miękko i delikatnie, czasami zaledwie końcami palców. Uczucie to takie, jakby ci ktoś zamiast ręki podał ciepłego śledzia. Tak więc „uścisnąłem" należy tu rozumieć metaforycznie – jako powitanie z użyciem dłoni – nie zaś dosłownie.

– Nie wiem, ale... *Tak trzeba, żeby dzieci miały po pięć palców.*
– A skąd to wszystko wiesz?
– Tradycja. Wyuczyłem się na pamięć i... *strzegę.*

* * *

Angelino nie opowiedział mi niczego nowego – większość plemion ma silne tradycje (tabu) regulujące zasady zawierania małżeństw. Nawet ludy pierwotne spostrzegły dość oczywisty związek między poślubieniem własnej siostry a sześcioma palcami u potomstwa.

Co do klanów, znalazłem kilka klasyfikacji naukowych. Część z nich mówi o Grupie Carapana (*Grupo Carapana*), inne o Plemionach z Rejonu Ñamú (*Tribus de Ñamú*), a nazewnictwo klanów zmienia pisownię zależnie od autora opracowania. W przybliżeniu są to klany: Sancudos, Tucano, Desano, Kubeo, Ciriano, Guanano, Yurutí Tuyukas, Barasanos i Piratapuyus.

* * *

Siedzieliśmy pod ścianą maloki w oczekiwaniu na cziczę. Tykwa napełniona żółtym płynem robiła już trzecie okrążenie, ale zbliżała się do nas ślamazarnie. Każdy z obecnych celebrował picie – niuchał, siorbał, cmoktał, mlaskał, wywracał oczami i mruczał pochwały dla smaku i aromatu. Robił to tak długo, aż wypił zawartość do dna, a trzeba Wam wiedzieć, że w tej tykwie mieściło się sporo – na moje oko półtora litra. Po wypiciu należało jeszcze mocno strzepnąć naczynie, tak by ostatnie kropelki upadły na ziemię. To symboliczna ofiara dla Pachamamy. Potem napełniano tykwę kolejną porcją cziczy i podawano następnemu.

– A musimy wszyscy pić z jednej miski? To się strasznie wlecze.
– Musimy.
– W Mitú każdy miał swoją i się nie przejmował. Byłoby szybciej.
– Tu się pije ze wspólnej tykwy. Tradycja.
– To dlatego, że jesteśmy na Dzikich Ziemiach, tak?
– Coś ty! Do Dzikich Ziem jeszcze kawał drogi.
– Ale przeszliśmy za drugą kataraktę.
– No i co z tego?
– W Mitú wszyscy mi mówili, że Dzikie Ziemie zaczynają się już za pierwszą.

– Bo chcemy, żeby się od nas trzymali z daleka. Co jest za pierwszą kataraktą sam widziałeś; normalna wioska. Za drugą jesteśmy teraz...
    – I to jest nadal dość normalna wioska. Nie ma szałasów; same chałupy na palach. Ludzie w spodenkach i koszulkach. Tylko kilku Najstarszych ma wymalowane twarze...
    – Poczekaj trochę. Niech się napiją. Wtedy będą tańce. I wtedy oni zamienią się w prawdziwych Indian.
    – A czy przedtem moglibyśmy coś zjeść?
    – Jest *kiña pira*. Chcesz?
    Na tę nazwę mój żołądek zareagował gwałtownym skurczem. Poczułem wyraźnie, że mi grozi.
    – Nie, nie. Jakoś... nie jestem głodny – zełgałem szybko. – Tak tylko spytałem.
    – Ale od rana nic nie jedliśmy.
    – No właśnie. Nie jedliśmy, a mnie się wcale nie chce jeść. Cha, cha, czy to nie dziwne?
    – Nie chcesz, to nie, ale ja sobie trochę wezmę. *Pirita* jest pycha!

                                    * * *

    Nie mogłem uwierzyć własnym uszom – on powiedział: *pirita*. PIRITA, czyli zdrobniale i z miłością, o wywarze z żywych ryb bez soli, w którym pływa ta ich wściekiełka oraz garść pieczonych mrówek. (Jako skwarki?) Tfu, tfu, tfu! I on to świństwo zdrabnia na *pirita*, czyli pirunia, pirusia, pircia, pirińcia... Tfu, tfu, tfu!!!
    A w dodatku nie mogłem się od niej uwolnić – częstowano mnie nią na każdym kroku i najczęściej nie wypadało się wykręcać. Musiałem jeść. Cierpiałem więc srodze, ale jadłem. Od wielu dni to samo: *kiña pira* – kassawa – *kiña pira* – kassawa...
    Indianie niestety tak mają, że potrafią codziennie jeść to samo i nigdy im się nie nudzi. Są jak drapieżniki w puszczy – liczy się, czy brzuch pełen, a nie, cośmy zjedli. Jedzą więc codziennie rano, w południe i wieczorem tę swoją pircię i nie wybrzydzają. A do tego kassawa, którą moczą w zupie, żeby zrobiła się bardziej miękka i „lepiej smakowała”. (Doprawdy nie wiem jak coś może lepiej smakować po unurzaniu w *kiña pira*.)

A gdy brakuje ryb, robią pirunię bez ryb! Czyli: woda, pieczone mrówki plus wściekiełka. Wrzucą jeszcze do tego ze trzy garście suszonego manioku (*fariña*) i są szczęśliwi, bo brzuchy pełne.

Aha, byłbym zapomniał. Otóż wściekiełka piecze dwa razy – kiedy ją zjadasz i kiedy... pac, pac, pac. Wściekiełka już taka jest, że agresywnie atakuje śluzówki; gdziekolwiek na nie trafi.

* * *

Kilka dni wcześniej kucaliśmy wśród gęstych krzaków i było nam tak – posłuchajcie... (ale z zamkniętymi oczami, proszę.)

– Ajajajaj!!!!!

– Co ci jest? – zapytał Angelino zza krzaka obok.

– Nic. To ta wasza wściekiełka!

– Piecze?

– Ajajajaj!!!!!

– Ajajajaj!!!!!

– Co jest, Angelino? Ciebie też piecze?

– Nie.

– To czemu jęczysz?

– Dla towarzystwa.

TANIEC

Czicza robiła swoje: twarze czerwieniały, rósł gwar, oczy szkliły się, wzrok mętniał, z głów szedł dym. Wszystkim, także mnie, zrobiło się zdecydowanie za gorąco. Może to kwestia ogniska, może krążącej szybciej krwi... W efekcie niektórzy mężczyźni pościągali koszulki. Były to tanie, cienkie i podarte koszulki z wyborczymi nadrukami. Jakieś dawno zapomniane osoby, które kandydowały na stanowiska we władzach Mitú i Departamentu Vaupés, próbowały skusić Indian do głosowania, rozdając darmową odzież. Najczęściej widywałem nazwę partii MIC – Movimiento Indígena Colombiano, czyli Kolumbijskiego Ruchu Indian; ale jakoś żadna z twarzy na koszulkach nie miała indiańskich rysów.

* * *

Minęła północ. Kilka glinianych stągwi opróżniono, a potem wyniesiono. Kilka nowych – pełnych czyczy – wniesiono. Kilka z nowo wniesionych opróżniono, wyniesiono i zastąpiono pełnymi, które bardzo szybko przestawały być pełne.

Krew w żyłach krążyła coraz żwawiej. Coraz mocniej pulsowała w skroniach.

Tykwa krążyła coraz szybciej. I coraz mocniej czerwieniały twarze.

Teraz już większość mężczyzn była obnażona. Na ciemnych torsach widziałem wytarte resztki starych tatuaży, blizny po ukąszeniach, jakieś zacięcia... ślady polowań, pościgów... ślady przedzierania się przez zarośla, ślady pojedynków ze zwierzętami... i ludźmi – ślady życia w pierwotnej puszczy. W puszczy, która nie wybacza, nie głaszcze, niczego nie rozdaje darmo, lecz wszystko każe sobie wydzierać. Puszczy, która stale żąda ofiar. Czasami ofiara to tylko krople potu, innym razem kropelka krwi, ból, struga krwi, ból, kałuża krwi... ból.

* * *

Ktoś przyniósł drewnianą skrzynkę. Było to chyba fabryczne opakowanie jednej ze strzelb. Po odsunięciu wieczka okazało się, że w środku leżą fujarki. Indianie podchodzili i brali po jednej.

Wniesiono następną skrzynkę. Tym razem w środku były grzechotki i naszyjniki ze skorupek po orzechach.

Trzecia skrzynka... jakieś dziwaczne ozdoby. Pióra, zawiłe konstrukcje na głowę, wiechcie suszonych roślin...

Na końcu wniesiono kosz ze świeżym zielskiem. Rozpoznałem tylko łodygi bananowca; reszta to nieznane mi liście i gałązki...

W ciągu kilku chwil tłum zgromadzony w maloce zmienił się w pierwotne indiańskie plemię. I już mi nie przeszkadzały ani koszulki, ani gumowe klapki, ani nawet podarte adidasy wodza. Już mi nie przeszkadzały ich dżinsowe spodenki ani perkalowe sukienki u kobiet. Już nic mi nie przeszkadzało – blaszane garnki, plastikowe miski, rozwalone radio bez baterii porzucone w kącie, czyjś dyplom ukończenia szkoły powszechnej wiszący na ścianie, kawałek kabla rozciągnięty na belce pod sufitem... To wszystko straciło znaczenie, gdy spod warstwy szmelcu podrzuconego Indianom wyłaniać się zaczęła ich prawdziwa kultura. Tradycja.

* * *

Zostałem ubrany w dziwaczną koronę uplecioną z bananowej łodygi i piór. Zostałem wymalowany na twarzy. Zostałem uzbrojony w czyjąś żonę, która miała za zadanie prowadzić mnie w tańcu i nadawać rytm. A potem ruszyliśmy do ludzkiego kręgu wokół ogniska.

To nie to samo co zaproszenie do tańca w dyskotece. O nie! Indiański taniec jest zawsze obrzędem, nigdy rozrywką. Obrzędem przyjemnym, ale nie rozrywką. Obrzędem, który pozostawia ślady.

Tej nocy otrzymałem nowe imię. Tej nocy zaproszono mnie do tanecznego kręgu. Tej nocy przestałem być Obcym.

ŚWIĘTO PLEMIENNE

Dzicy nie znają kalendarza, a pory roku w dżungli nie są tak wyraźne jak u nas. W konsekwencji życie ludów pierwotnych nie składa się z kolejnych lat, lecz z przychodzących naprzemiennie okresów deszczy i susz, obfitości i głodu, szczęścia i smutku, lenistwa i znoju... Nikt tych okresów nie liczy i nie ustawia w chronologiczne szeregi. Jeżeli nasze życie nazywamy księgą (o ponumerowanych kartach), ich życie byłoby workiem wspomnień. Kiedy wrzucasz coś do worka, kolejność nie jest istotna. A kiedy wyciągasz, liczy się waga, kształt i charakter przedmiotu, nie czas, z którego przedmiot (wspomnienie) pochodzi.

Tak myślą Dzicy. I warto o tym pamiętać.

* * *

Jak w takim razie wyznaczyć dni świąteczne, tam, gdzie tydzień, rok, rocznica, niedziela, urodziny itp. to pojęcia nieznane?

Sprawa jest banalnie prosta – święta plemienne zarządza wódz lub zwołuje szaman*; zależnie od potrzeby. Oni obaj po prostu

---

* Nasze święta zresztą też (w pewnym sensie) – „zarządza" jakiś parlament czy prezydent albo „zwołuje" Kościół.

„czują", kiedy powinno się zorganizować ludziom zabawę lub modły. Przedłużająca się susza jest dość oczywistym powodem, by odbyć Taniec Deszczów, a wyjątkowo udane polowanie to okazja, by ogłosić Noc Sytości (obrzędowe wielkie żarcie – żeby się nadmiar mięsa nie zmarnował).

I tak to u nich jest, że nie kalendarz, ale... „nastroje społeczne" indiańskiego ludu „wywołują" święta. Wódz ogłasza dni fiesty (kiedy poczuje, że ludzie chcą się zabawić), a szaman ogłasza dni modłów (gdy wyczuje u nich narastający strach). To część ich obowiązków.

* * *

Przygotowanie do święta rozpoczynają kobiety – przez kilka dni produkują duży zapas cziczy. Musi się to odbywać tradycyjnym sposobem – z przeżuwaniem i pluciem – bo tylko wówczas czicza uzyskuje Moc. Napój dojrzewa co najmniej trzy dni, czasami pięć. Są oczywiście sposoby*, by ten czas skrócić, ale prawdziwe święto wymaga, by czicza też była „święta".

Reszta przygotowań podobna jest do tego, co robi każdy z nas przed wyjściem na bal – elegancka kreacja, fryzjer, makijaż i biżuteria:

Indianie nacierają włosy łojem (tak jak my żelem) lub farbują na kolor biały albo czerwony. Biały uzyskuje się, posypując natłuszczone włosy popiołem, kredą, ewentualnie piaskiem. Czerwony to najczęściej błoto rozsmarowane na głowie, które po wyschnięciu przypomina kask. Strojnisie uzupełniają fryzurę ptasim puchem poprzyklejanym do tego błota.

Najważniejszy, zawsze obecny u Indian, jest makijaż. I nie tylko na twarzy – wzory i desenie maluje się również na torsach i plecach, a „bransolety" na rękach i nogach... Barwniki są dwa: czerwony (z nasion *achiote*) i czarny (sok z rośliny *huito*, niezmywalny przez wiele dni).

---

* W Mitú cziczę przygotowywano z myślą o zabawie organizowanej przez Obcych. Ponieważ w tym przypadku nie musiała być „święta", Indianie bez skrupułów dolewali do niej aguardiente, co radykalnie przyspieszało proces fermentacji i... „wzmacniało" napój.

Z kolei w wiosce za pierwszą kataraktą widziałem, jak dla celów dnia powszedniego produkowano cziczę z cziczy. Nikt tam nie bawił się w żmudne przeżuwanie – do zacieru dolewano kilka ostatnich misek starej cziczy i następnego dnia znów było co pić. (Oczywiście tak przygotowana czicza nie miała Mocy, ale za to miała swoją moc.)

Mają też Dzicy swoją biżuterię – kępki piór albo ozdobne patyczki powtykane w otwory w nosie, uszach, a nawet w specjalne dziurki na twarzy; srebrzysto-błękitny pył ze skrzydeł motyla *Morpho* stosowany jako brokat i cień pod oczy; pstrokate korony z piór, które przypominają kapelusze bogatych dam noszone w Europie sto lat temu, a do tego cała masa naszyjników i wisiorków z kości, nasion, kłów, muszelek, kamieni i orzechów.

Są też specjalne świąteczne ubrania. Ale ponieważ zasłaniają niewiele, nie będziemy się nimi zajmować.*

* * *

Kiedy nadejdzie już pora święta, ustrojeni Indianie przychodzą na główny plac wioski lub do największej maloki i rozpoczynają wielkie żarcie i picie. To oczywiście nic dziwnego – święta we wszystkich kulturach związane są z uroczystymi posiłkami – dziwić zaczynamy się dopiero, gdy zajrzymy Indianom w talerze.

U nas świąteczne jedzenie jest bardziej wyszukane i na ogół lepsze od posiłków dnia powszedniego, a u Dzikich świąteczne od powszedniego nie różni się niczym... poza wielkością porcji i nieograniczoną liczbą dokładek.

Dla Indianina „świąteczne" to tyle co „obfite". Odświętnie jest wtedy, gdy można jeść do oporu. A największa fiesta fiest to dzień, gdy człowiek zje tyle, że potem wymiotuje... i znowu je i wymiotuje... i je, i je, i je...

Takie fiesty wspomina się latami. O takim żarciu i przeżarciu (a także o tym, jak przepełniony brzuch zwracał pokarm) opowiada się następnym pokoleniom. Tak! – wymiotowanie z przejedzenia jest dla Indian marzeniem. Przejedzenie to luksus, który wspominają rzewnie.

* * *

Porozmawiajmy przez chwilę o smaku ich potraw.

---

* No dobra. Opowiem o jednym. Nazwijmy go indiańskim odpowiednikiem stringów. Posłuchajcie...
Wojownik obwiązuje końcówkę swojego *pinga* sznureczkiem uplecionym z włókien roślinnych. Następnie zarzuca końce tego sznureczka na szyję i zawiązuje na karku podobnie, jak naszyjnik. Z tym, że... ten jego naszyjnik znajduje się zdecydowanie niżej niż większość klasycznych naszyjników. I... mówiąc szczerze... mimo że wisi, to jednocześnie sterczy ku górze. No w każdym razie jest to jakby odwrotność krawata. Uff. Skończyłem. (I mam nadzieję, że obejdzie się bez fotografii!)

Ludy pierwotne nie zwracają uwagi na smak i nie stosują przypraw. Jedyne, co nauczyli się nazywać, to słodycz. Natomiast kwaśne to dla nich zepsute. W tym miejscu kończy się repertuar smaków.

Co do soli... nie solą, bo jej nie mają. A gdy mają, to niewiele, gdyż w wilgotnych warunkach dżungli sól kamienna praktycznie nie występuje. Zrobienie zapasów na dłużej niż kilka dni jest niewykonalne, a najlepszą spiżarnią jest własny brzuch. (Przy okazji to także bardzo poręczny tobołek.)

Indianie starają się zjadać natychmiast wszystko, co upolowali. Jedzą łapczywie, szybko i dużo – jakby na zapas – i tego uczą swoje dzieci. To strategia przetrwania w tropikalnej puszczy. Kto nie je wtedy, kiedy ma co jeść, szybko ginie. *Nie patrz, co jesz; patrz, czy brzuch pełen* – tak myślą Dzicy. I warto o tym pamiętać.

* * *

Zwieńczeniem plemiennego święta jest taniec. Nie tańce, tylko jeden! taniec. Dłuuuuugi i nuuuudny, monnotonnnny, wielogodzinnnny marszobieg po okręgu. W dodatku przy bardzo ubogiej muzyce, której głównym składnikiem jest fujarka i bębenek.

Niech Was nie zwiodą fujarki andyjskie, bo one są wyjątkowe, zaś przeciętna fujarka amazońska wydaje jeden tonnn. Monnotonnnny.

To samo dotyczy bębnów – to nie są afrykańskie konga, na których można wyśpiewywać skomplikowane melodie. Amazoński bęben to ubogi rytmmm. Jeden. Monnotonnnny. (Z wyjątkiem kilku plemion, które jako bębnów używają wydrążonych pni i walą w nie pałkami z kauczuku, uzyskując coś na kształt melodii.)

Słowem: muzyka Dzikich jest szczątkowa, a taniec... łatwy do opanowania.

Dlaczego?

Bo u Indian święto odbywa się w głowie, a to, co obserwujemy na zewnątrz, nie ma szczególnego znaczenia – ot, szczątkowa emanacja zdarzeń następujących w duszy. A skoro im gra w duszach, nie ma potrzeby, żeby jeszcze grało na zewnątrz.

Oczywiście duszę – jak każdy instrument – trzeba odpowiednio nastroić. Do tego służy czicza. I tu koło się zamyka.

FILOZOF NA PUSZCZY

Skończyło się święto, skończył taniec...
Ale czicza wciąż krążyła we krwi. W głowach nadal szumiało, w uszach dzwoniło, a żołądek zdecydowanie odrzucał każdą propozycję jedzenia. Popijaliśmy więc wodę – małymi łyczkami – i siedzieliśmy nieruchomo, by odparować resztki święta.

Siedzenie w bezruchu było jedyną rzeczą, która nie sprawiała nam kłopotu. Spacery odpadały – wczoraj nachodziliśmy się tyle (taniec), że mieliśmy dość na kilka dni. Odpadały też z powodu zawrotów głowy i ogólnej niechęci do czegokolwiek poza siedzeniem i moczeniem nóg w rzece.

Powietrze drżało żarem.

Liście więdły.

A Angelino zebrało się na filozofowanie:

– Antonio...?

– Mmm...?

– Dlaczego od słońca jaśnieje koszula, ale skóra ciemnieje?

– E?

– Albo gdzie właściwie odchodzi ogień, kiedy wygasa?

– E?

– Rozgrzebujesz popioły, a jego tam nie ma. To gdzie jest? Gdzie się schował, kiedy nie płonie?

– Strasznie dzisiaj gorąco – próbowałem zmienić temat na prostszy.

– Albo... w jakim języku myśli ktoś, kto jest głuchy od urodzenia? No bo skoro nigdy nie słyszał ludzkiej mowy, to co? Ma jakąś własną?

– I w dodatku wyjątkowo parno jest.

– A zastanawiałeś się kiedykolwiek, co jest przyczyną szaleństwa?

– Nerwy. Jak cię ktoś prześladuje pytaniami, to można oszaleć.

– Nie żartuj.

– Nie żartuję – w tym momencie rzeczywiście przestałem żartować. – Oszaleć można ze wściekłości, bezsilności, ze smutku albo ze strachu. To już chyba wszystkie możliwości.

– A z gorąca?

– Z gorąca dostaniesz udaru i mózg ci przestanie działać, ale to nie jest szaleństwo.

- Tylko co?
- Awaria.
- A z bólu?
- Kiedy szalejesz z bólu, przyczyną jest bezsilność albo strach.
- A ze swędzenia?
- Nie słyszałem, żeby ktoś oszalał ze swędzenia.
- To chyba cię porządnie nie swędziało. A z gorąca?
- Bezsilność...
- A z...
- Zaraz to ja oszaleję, jak nie przestaniesz zadawać głupich pytań!
- One nie są głupie - powiedział poważnym tonem.
- Masz rację. Przepraszam. Po prostu jest tak gorąco, że nie chce mi się gadać.

* * *

Czas sunął leniwie jak zmęczony ślimak. Niestety nie miało to nic wspólnego z błogim lenistwem nad brzegiem ruczaju. O nie! Chodziło raczej o lenistwo wymuszone i niechciane - wywołane falą niespotykanego gorąca. Żaru, który ociekał z nieba gęsty i lepki jak świeżo wytopiony smalec.

Przepocony dzień dyszał ciężko. Przesuwał się wokół nas powolutku. Czołgał ospale. I co chwilę przystawał dla złapania oddechu. Wszyscy marzyli, żeby wreszcie minął, ustępując miejsca wieczorowi. Ale on mijał i mijał, ale minąć nie mógł. Dociągnął jakoś do południa, potem jednak upadł i po prostu zaległ, skwiercząc w słońcu.

Zaległiśmy i my. Poukrywani w szałasach.

Świat sapał z gorąca. Ludzie wisieli w hamakach.

* * *

Taaak... Ten dzień był leniwy i lepki.

Idealny dla owadów, które wykazywały namolną aktywność i zmuszały do aktywności innych - trzeba się było stale opędzać. Gryzły, jakby to był ostatni dzień ich życia. No cóż, dla wielu z nich był, bo ginęły masowo zabijane chlaśnięciami naszych dłoni. Gdyby nie muchy, dzień byłby po prostu leniwy i lepki, a tak był leniwy, lepki i wredny.

Mimo przygniatającego gorąca Angelino nie przestawał mówić. Na szczęście od dłuższego czasu nie oczekiwał żadnych odpowiedzi. Monologował sobie, sprawdzając tylko, czy słucham. Myślę, że od dawna nie miał odpowiedniego słuchacza i teraz korzystał z okazji. Ponieważ opowiadał interesująco, nie przerywałem.

Przedstawił mi na przykład bardzo ciekawą teorię dotyczącą robactwa. Spostrzegawczą i tak szeroką, że poza owadami obejmowała właściwie całą resztę świata. Była to w pewnym sensie Teoria Wszystkiego.

Posłuchajcie...

Angelino zaczął od tego, że wszystkie normalne zwierzęta (ryby, jaszczurki, żaby, żółwie, ptaki, małpy, świnie...) wyglądają podobnie, czyli: mają żebra, głowy i tułowia, po cztery kończyny, po dwoje oczu i uszu i tak dalej. Nawet wąż, kiedy go rozkroić, okazuje się być zbudowany jak trzeba.

To dlatego – twierdził Angelino – że ulepiła je Pachamama, która też ma żebra i tułów, głowę, dwie ręce i dwie nogi, a kiedy lepi swoje stworzenia, robi to według boskiego wzorca doskonałości, czyli na swój obraz i podobieństwo. Robaki z kolei, zdecydowanie nie pasują do tego wzorca, bo mają po sześć albo więcej nóg i korpusy podzielone na kilka części.

Wszystko inne – argument dodatkowy – ma skórę, a robale są zbudowane jak... plastik. Są sztuczne jak maszyny. Ergo: Robaki to *twory-nie-stąd*, jak się wyraził, które zdecydowanie nie pasują do naszego świata.

No i – argument koronny – one nie mają w sobie normalnego życia (takiego jak nasze), lecz jakieś inne... *życie-nie-stąd*. Nas ożywia krew, która jest czerwona, a robaki mają zamiast krwi różne brzydkie lepkie mazie, tajemnicze żółte smary, zielone gluty i cuchnące galarety, słowem: *posoki-nie-stąd*.

– A wiesz, że gdyby nasz świat zginął, to one by przetrwały, Antonio? Widziałem żuki, które wychodziły z ogniska i dalej żyły! A przecież wszystko inne w ogniu ginie! W dodatku robaki zachowują się inaczej niż reszta stworzeń. Robak nigdy się nie uczy. Przez to nigdy się nie zniechęca i to jest straszne. Mucha potrafi siadać po sto razy w tym samym miejscu, a ty ją odpędzasz i odpędzasz, a ona wraca i wraca. Inne stworzenia uczą się, że nie warto i możesz się od nich uwolnić. Od robala się nie uwolnisz.

Ale te same robale, choć takie przerażająco głupie, to jednak robią się przerażająco mądre, kiedy są w grupie. Wtedy stają się bardziej inteligentne i skomplikowane i... bardziej umiejętne od wszystkich innych znanych stworzeń. Widziałeś, jak one lepią gniazda, Antonio? Jak pracują? To jest aż... nieludzkie. Nienaturalne. Taaak, robale zdecydowanie nie pasują do reszty świata. Nie są stąd. Czyli są *nie-stąd*. Skoro zaś nie stworzyła ich Pachamama, to muszą być stwory szatana; inne od nas i stworzone przeciwko nam.

– Chyba nie wszystkie... – wtrąciłem leniwie.

– Wszystkie! Nawet motyl, kiedy mu się dobrze przyjrzeć, jest obrzydliwym robalem. Tylko się zasłania skrzydłami. Ale mnie nie zmyli, Antonio. Każdy, każdeńki motyl, to zwykły obrzydliwy robal. A rozgnieciony, jest tak samo zielony i glutowaty jak cała reszta.

– Hmm...

– A widziałeś ich oczy, Antonio? To nie są normalne oczy, tylko taka... cała masa... czegoś. Czegoś drobnego pozlepianego w kulkę. Czegoś, co tylko udaje oko, ale naprawdę jest czymś zupełnie innym. Nie mają źrenicy, nie mają powiek, i są suche. Nie wodzą wzrokiem, ale cały czas patrzą! Jakby podglądały.

Tak mi to wyłożył Angelino. Teoria jak teoria[42], ale jego spostrzegawczość i zdolność analizy dostrzeżonych faktów zaskakiwała. Pamiętajcie, że to samouk. W dodatku człowiek zupełnie niewykształcony. Pozbawiony tej wiedzy podstawowej, którą my mamy ze szkoły. Człowiek, którego nie przysposobiono do spekulowania na poziomie filozoficznym ani naukowym. Angelino był filozofem samorodnym. Filozofem, który wyrósł z niczego – na puszczy.

---

[42] Teoria, jak teoria, ale z drugiej strony wcale nie taka głupia. Otóż w co najmniej kilku książkach z gatunku fantastyki **naukowej**, czytałem o owadach jako o urządzeniach mechanicznych lub biomechanicznych. I rzeczywiście... kiedy im się przyjrzeć, człowiek widzi pewne podobieństwa: chityna przypomina plastik. Płyny ustrojowe owada są jak smary w silniku. Powtarzane w nieskończoność, bez „nudzenia się", reakcje na bodźce, to przecież to samo, co robi każdy tranzystor. A pojedynczy egzemplarz połączony w system (tranzystorowy „rój") uzyskuje „inteligencję" komputera. No i wreszcie oko owada, które przypomina budową oko kamery – obraz składa się z wielu punktów światłoczułych.

PODGLĄDACZE

Nadszedł wieczór, a z nim przyjemny chłód. Siedziałem w progu, skubiąc papugę na kolację. (Niesmaczne szare mięso, ale tylko to udało się upolować.) Ognisko za moimi plecami kopciło, jakby to były płonące opony.

– Dodałem świńskich raciczek. Fajny pomysł, co? – powiedział Angelino.

– Śmierdzący.

– I o to chodzi! W całej wiosce czują, że robimy tu coś magicznego i na pewno do jutra nikt nie odważy się zbliżyć do mojego szałasu. Jak tylko zapadną ciemności, możemy się bezpiecznie wymknąć.

– Masz jakieś sekrety do załatwienia?

– Pójdziemy podglądać.

– Że co?

– Pójdziemy podglądać.

– Usłyszałem. Chodzi mi o to...

– Czy słowo „usłyszałem" ma coś wspólnego z „szałem"?

– Nie ma. Ale jeśli masz zamiar znowu kogoś straszyć, że za drugą kataraktą nie powinien rozmawiać po hiszpańsku, to pasuje. Ja nikogo z błędu wyprowadzał nie będę. To twoja wioska.

– No to chodźmy podglądać.

– Kogo?

– Ci młodzi, którzy sobie postawili szałas w lesie.

– Co z nimi?

– Nie mają dzieci.

– I?

– I idziemy podpatrywać, czy oni to dobrze robią.

– No coś ty! Będziemy podglądać jak mąż żonę *pinga-pinga*?!

– Tak. Bo on chyba nie wie jak.

– Jak to nie wie? Jak to nie wie?!!! – zirytowałem się. – Przecież tutaj każdy wszystko wie, bo ciągle widzi, jak inni to robią. Mieszkacie po dwadzieścia osób w jednej chałupie i nikt się specjalnie nie maskuje.

– On, owszem, wie... tak ogólnie. Ale szczegółowo chyba popełnia pewne błędy. Właściwie jeden zasadniczy błąd. I to właśnie idziemy sprawdzić.

– Ja nigdzie nie idę! Nie będę ludzi podglądał.

– Musisz mi pomóc, Antonio.

– Sam sobie dasz radę. Masz lepsze oczy.

– Tak, ale jak oni zaczną się wiercić, to przecież nie nadążę być ze wszystkich stron naraz. Już wczoraj próbowałem, alem ich spłoszył.

– Podglądałeś ich wczoraj?!

– Próbowałem chodzić dookoła szałasu, ale tam pełno liści i cierni. Strasznie szeleści. Potem jeszcze nadepnąłem na kurę, zaczęło się gdakanie, odskoczyłem, poślizgnąłem się na ślimaku, kopnąłem w jakieś dzbanki, zaczepiłem nogą o koszyk... No i musiałem uciekać. Z tym koszykiem na nodze, bo nie chciał zejść.

– Tym bardziej nigdzie nie idę.

– Dzisiaj już mają wszystko uprzątnięte. Tak jakoś, mimochodem, napomknąłem, że bałagan przyciąga szczury, a szczury przyciągają węże, więc lepiej mieć czysto dookoła szałasu. Przestraszyli się i pozamiatali.

– No to będziesz sobie biegał po zamiecionym. Ale sam!

– Nie dam rady. Kury i dzbanki zostały, tylko liście sprzątnęli. Antonio, nie bądź uparty. Kucniesz po jednej stronie, ja po drugiej, posiedzimy trochę, popatrzymy, potem zatrzemy ślady i po krzyku.

* * *

No cóż – poszliśmy.

Posiedzieliśmy, popatrzyliśmy, a po pierwszym krzyku zatarliśmy nasze ślady i wróciliśmy do szałasu szamana.

– No i widzisz, Antonio, miałem rację. On zupełnie nie wiedział, co robi.

– Wyglądał na dość sprawnego i oboje byli zadowoleni.

– Przecież wszystko robił źle! Nie widziałeś?!

– Nie patrzyłem. Jakoś... było mi wstyd podglądać.

– Podglądaliśmy w dobrej wierze, Antonio!

– Tak, tak. No więc co niby robił źle, skoro robił wszystko tak, że aż krzyczeli z rozkoszy.

– Miał kłopot ze szczerbinką.

– Wiesz, co? Raczej nie mów już nic więcej. Wystarczy!

– Eee... Użyłem złego słowa, tak?

– Przeciwnie, całkiem celne, ale nie mówmy już o tym. Błagam!

– Celne!!! Właśnie o to słowo mi szło. No wiesz, jak w strzelbie: muszka i szczerbinka, a potem strzał.

– Zamilknij człowieku!

– Celował nie tam, gdzie trzeba i to moja wina, Antonio.

– Twoja wina???

– Tak, bo to ja im kazałem wybudować szałas zamiast chałupy na palach i to ja im powiedziałem, jak się *pinga-pinga* po indiańsku.

– A to jest jakoś inaczej niż normalnie? – moje zainteresowanie było czysto naukowe.

– W dawnych czasach robiliśmy to tak jak Dzicy.

– ...aaa... Czyli jak małpy, kapibary, jak ptaki... i cała reszta przyrody, tak?

– Właśnie. I ja mu to wyjaśniłem, ale chyba złymi słowami.

– A co powiedziałeś?

– Powiedziałem, że „od tyłu”.

– No to teraz masz problem.

– Eee, zaraz problem. Jutro upoluję parę małp i zaniosę im w prezencie.

– A na co im twoje małpy?

– Przy patroszeniu pooglądamy sobie niektóre części ciała.

– To nie będzie dla nich krępujące?

– Nieżywych małp nie musisz wiązać, gringo.

– Że co???

– Powiedziałeś „krępujące”, to słowo ma coś wspólnego ze sznurkiem, prawda?

– Ma. Ale nie teraz. Już ci mówiłem, że słowa mogą mieć po kilka znaczeń. Chodziło mi o..

– To dlaczego nie wymyślicie osobnego słowa na każde ze znaczeń?

– Słów się nie wymyśla. One jakby... żyją. I tak jak wszystko co żywe rodzą się ze starszych osobników swojego gatunku. Każde nowe słowo jest podobne do kilku innych: do braci, do ojca, do dziadków. Jak w rodzinie. A czasami masz do czynienia ze słowami-bliźniakami i na pierwszy rzut oka nie odróżnisz jednego od drugiego. Żeby je przestać mylić, musisz się z nimi dobrze zaznajomić. Wyglądają tak samo, ale są to dwie osobne istoty; w tym przypadku dwa osobne słowa. Różnią się od siebie nie na zewnątrz, ale w środku. SĄ inne, choć wyglądają identycznie.

– My to robimy inaczej. Łączymy słowa w pary i wtedy zaczynają nabierać podwójnych znaczeń.

– Wiem, wiem. Woda to woda, a *woda-woda* to ulewa.

– Powódź.

– *Woda-woda* to powódź? Od kiedy?

– Odkąd pamiętam. Musisz uważnie słuchać, Antonio. Ulewa wymawia się *wooda-wooda*.

– E?

– Nie słyszysz różnicy? *Wooda-wooda* leeje, z wysokieego nieeba. A *woda-woda*, czyli powódź, to po prostu dużo zwykłej wody, która leży jak zawsze na ziemi; tylko jest jej więcej niż normalnie i jest rozlana.

– A co to znaczy *piiinga-piiinga*?

– Ojojojoj! Bardzo obraźliwe słowo. *Bardzo-bardzo* obraźliwe. Nie wiedziałem, że je znasz, Antonio.

– Przed chwilą wymyśliłem; jako żart.

– To od razu zapomnij. Tego słowa nie mówi nikt nikomu nigdy i nigdzie.

– To skąd ty je znasz?

– Czasami wypowie je niechcący jakieś dziecko.

– I co się wówczas dzieje?

– Jest... krępująco.

– Krępująco? A skąd ty możesz wiedzieć, co oznacza „krępująco"?

– Domyśliłem się: „krępująco" oznacza dużo chichrania, prawda?

Angelino miał rację. Przynajmniej w świecie Indian. Posłuchajcie...

Następnego dnia zaciągnął mnie na wspomniane patroszenie małp. I było *bardzo-bardzo* krępująco. Z tym że każdy krępował się po swojemu – Indianie chichrali (analizując małpie genitalia), ja zaś byłem przez większość czasu czerwony (na uszach i twarzy).

Gdy młody mężczyzna zrozumiał wreszcie, co robił źle, chwycił żonę wpół, zadarł jej kieckę, zrzucił gatki i poprosił szamana o...

konsultacje bezpośrednie. W tym momencie nasze skrępowanie osiągnęło zenit – oni wyli ze śmiechu, a ja próbowałem się jakoś zapaść pod ziemię. Kolor mojej skóry przekroczył skalę dostępnych czerwieni. Manometr zażenowania eksplodował. Przywiezione z domu konwenanse jeden po drugim podawały się do dymisji. A wstyd powiedział, że to go przerasta i wyszedł. Zaraz potem przepaliły mi się kulturowe bezpieczniki i zacząłem rechotać jak Indianin. No bo co innego mogłem zrobić, gdy Angelino przeszedł na... sterowanie ręczne, a panna młoda z panem młodym odkryli, że „od tyłu" to to samo co „od przodu", tylko że od tyłu, a poza tym, że kiedy ich szaman doty... konsultuje, to oboje mają łaskotki?

A potem jeszcze jakoś tak się zaplątali, że Angelino poprosił mnie o pomoc:

– Możesz mi tu przytrzymać, Antonio?

No i co ja biedny miałem począć? Przyjaciel prosi, to... przytrzymałem... mu... (a właściwie im) tam, gdzie mi pokazał. Czym? No jak to czym? PALCEM.

ŻYCIE SEKSUALNE DZIKICH[*]

W Amazonii seks nie jest tematem wstydliwym. Zresztą dlaczego miałby być? W świecie dzikich plemion nie ma miejsca na prywatność – cokolwiek robisz, robisz na oczach wspólnoty. Ludzie mieszkają w wielopokoleniowych szałasach, pracują, śpią i uprawiają miłość pod wspólnym dachem w obecności bliższej i dalszej rodziny. Wszystko widać i słychać, a głośne komentarze i śmiech nie są niczym nadzwyczajnym. To sprawia, że Indianin od dziecka traktuje miłość fizyczną jako zupełnie zwyczajną, niesensacyjną część życia. Podobnie jak my traktujemy chrapanie, kichanie albo dłubanie w uchu.

Można oczywiście na ten temat pożartować, ale żarty kończą się z chwilą, gdy przywykniemy już do czyjegoś do chrapania. Wszystko kiedyś powszednieje. Wszystko. Nawet to, że tamta para w hamaku robi to bardzo głośno i... zamaszyście.

* * *

W świecie Indian właściwie nie istnieje kategoria grzechów ciała. Nie da się przecież popełnić cudzołóstwa we wspólnym domu.

---

[*] Klasykiem tematu jest oczywiście Bronisław Malinowski, który na początku XX w. badał dzikie ludy Nowej Gwinei i Wysp Triobriandzkich. Za zasługi na polu naukowego podglądactwa został kierownikiem katedry antropologii kultury w Londynie i profesorem uniwersytetu Yale. Światowy rozgłos przyniosła mu książka „Życie seksualne dzikich...", z której pożyczyłem ten tytuł.

Kazirodztwo, sodomia, pedofilia... wszystkie te brzydkie rzeczy nie przydarzają się, kiedy inni patrzą. Ojcowie stale widzą swoje córki, żony mężów, wódz strzeże ogólnego ładu, a wodza strzeże szaman.

Kto pilnuje szamana?

Wszyscy. Seks wiąże się z czasową utratą Mocy, a ludzie wolą, kiedy ich medyk jest w każdej chwili gotowy do podjęcia leczenia. Dlatego we własnym interesie starają się dbać o celibat szamana.

* * *

W górach Santa Marta, na północy Kolumbii, spotkałem pewne wyjątkowe plemię – Kogi – różne od pozostałych. Nie buduje wspólnych szałasów, a kobiety i mężczyźni nie mieszkają razem, lecz osobno. W sąsiadujących szałasach, ale osobno – ojcowie z synami, a matki z córkami i oseskami.

– Domy męskie i żeńskie – objaśnił mi szaman. – Nie wolno się pomylić i wejść do niewłaściwego szałasu.

– To gdzie się spotyka mąż z żoną? – pytam.

– W lesie.

– Nie o to mi chodzi. Gdzie oni... wiszą ze sobą w hamaku?

– Nigdy tego nie robią, gringo.

– No, ale przecież mają całą kupę dzieci!

– Idą do lasu i tam ze sobą stoją – odrzekł szaman.

– Jak to? Na stojąco?! Strasznie niewygodnie.

– Widziałem kiedyś, jak to robią Biali i nie wyglądało wygodniej. On gruby, ona drobniutka, ściśnięci w hamaku, zdyszali się, umęczyli... U nas jak kogoś najdzie ochota, to sobie staje w lesie.

– Stoją w tym lesie i co...? *Pinga-pinga*? – Tu niestety musiałem mu pokazać pewne ruchy biodrami, bo mi słów zabrakło.

– Nieee, gringo. Nie ruszają się. Po prostu stoją i czekają na wezbranie Mocy. A potem, kiedy Moc przez nich przechodzi, oboje krzyczą z rozkoszy.

Po powrocie do cywilizacji, wyszukałem w literaturze fachowej wzmianki na temat tego typu prokreacji. I rzeczywiście – u kilku rzadkich plemion stymulacja fizyczna wyparta została stymulacją duchową. Wszystko odbywa się w głowie, a sensacje fizyczne są konsekwencją poruszeń wyobraźni, a nie bioder.

* * *

W Brazylii spotkałem polskiego misjonarza, który miał poważny kłopot. W ciągu roku od jego przybycia do indiańskiej wioski przetoczyła się przez tę niewielką społeczność fala zadziwiających porodów. Na świat przychodziły dzieci o płowych włosach i niebieskich oczach. Nasz misjonarz też miał płowe włosy i niebieskie oczy, więc sprawa była co najmniej kłopotliwa, żeby nie powiedzieć „śmiertelnie niebezpieczna".

Indianie nie miewają płowych włosów ani niebieskich oczu. Indianie też nie są głupi i już dawno spostrzegli związek między wyglądem ojca a wyglądem potomstwa. Dodatkowy kłopot polegał na tym, że dziwaczne porody dotyczyły wszystkich kobiet w wiosce – zarówno zamężnych, jak i panien.

Ksiądz przeprowadził śledztwo i co odkrył?

Kilkanaście miesięcy wcześniej w pobliżu tego miejsca swoją bazę mieli poszukiwacze ropy. Zatrudniali Indian przy karczowaniu drzew, a Indianki do prac domowych. Jednym z przybyszów był biały inżynier z Europy, który też miał płowe włosy i niebieskie oczy...

Samotne tygodnie w dżungli plus piękne indiańskie dziewczyny – to by tłumaczyło, dlaczego on to zrobił. Ale dlaczego indiańskie kobiety złamały plemienne tabu? Dlaczego wbrew obyczajom i pomimo strachu przed karą męża, wodza oraz szamana, Indianki zdradziły swoich mężów?

Odpowiedź, której w końcu udzieliły, zadziwiła misjonarza: Biali gringos mają ogień w pupie.

Chodziło o bardzo subtelną, ale jak się okazuje kluczową różnicę kulturową między nami a Indianami. Plemię, o którym mowa, nie jest wyjątkowe. Przeciwnie, to zbiorowość dość typowa dla całej Amazonii. Seks uprawia się w szałasach, na oczach i uszach innych i jak to zwykle u Indian, mężczyzna jest praktycznie nieaktywny. Nie porusza się! To kobieta musi posiąść jego.

Kiedy więc pierwszej z nich zdarzyło się doświadczyć naszego sposobu bycia z tym inżynierem z Europy, była bardzo zaskoczona. Mile... jeśli wiecie, co mam na myśli. Natychmiast opowiedziała wszystko koleżankom, ale żadna jej nie uwierzyła. Każda musiała sprawdzić na własnej skórze.

* * *

Zdrada małżeńska jest u Indian zjawiskiem mało znanym. Może dlatego, że oni miewają po kilka żon. Wielożeństwo jest tam nieuniknione i nieodzowne – to po prostu kwestia przetrwania. Mężczyźni w dżungli giną tragicznie dużo częściej niż kobiety. Dlatego jeden mężczyzna przypada zwykle na dwie–trzy kobiety.

Wódz ma prawo wziąć sobie tyle żon, ile jest w stanie utrzymać, a w dodatku może powybierać te najładniejsze. Ale nie powinien przesadzać z ich liczbą, bo z racji sprawowanego urzędu ma też pewne obowiązki. Otóż musi się żenić ze wszystkimi samotnymi pannami, których nikt inny nie chciał. Nie koniec na tym – wódz często „dziedziczy" żony po poległych wojownikach i jest zobowiązany otoczyć je opieką i... ramieniem, jeśli rozumiecie, co mam na myśli. Musi przyjąć pod swój dach i do hamaka wszystkie „żony-sieroty" – po bracie, po koledze, stare, wredne, brzydkie... To odpowiednik naszego państwa opiekuńczego i zasiłków dla samotnych matek. Wódz musi i już.

* * *

To tyle na temat życia seksualnego Dzikich. Oczywiście można by pociągnąć niektóre wątki i wgłębić się w pewne szczegóły, ale moim zdaniem na razie wystarczy.

A o życiu seksualnym wodza opowiadał nie będę, bo... Na początku kariery może i jest miło, ale potem... No naprawdę nie ma czego zazdrościć. Widziałem to na własne oczy. Słyszałem na własne uszy. A raz nawet, w pewnym sensie, odczułem na własnej skórze, kiedy w szałasie było ciasno i hamak wodza stykał się z moim. Zapewniam Was – nikt, kto był świadkiem sprawowania urzędu przez wodza, nie chce być wodzem.

KOT SZAMANA

Papuzi skrzek rozpruł ciszę.

Pierwszy promień słońca przebił liście i dziobnął mnie w oko. Chłód nocy wciąż kąsał kości, ale z każdą chwilą gubił zęby. Czas wstawać. Przyszedł dzień.

Przewróciłem się na drugi bok. W łóżku ta czynność jest prosta, w hamaku wiąże się z podrygiwaniem. A podrygiwanie pod palmową strzechą wywołuje opady owadów. Pac, pac, pac i w moim uchu rozgorzała jakaś szamotanina. Ze wstrętem wydłubałem stamtąd coś, co miało zbyt wiele nóg. Niestety zrobiłem to o sekundę za późno – robal użył mojej małżowiny jako toalety. Za karę cisnąłem nim w palenisko. Potem okazało się, że jego koledzy są właśnie w moich włosach i gryzą. Wyskoczyłem z posłania, zwiesiłem głowę między kolana i zacząłem wytrząsać.

W kącie szałasu siedział kot. Normalne koty się nie uśmiechają, ale to był kot szamana. Ogryzał sobie paznokcie i najwyraźniej miał niezły ubaw.

Lubię koty. I na ogół koty lubią mnie, lecz tym razem było na odwrót – niechęć z wzajemnością. To znaczy... z mojej strony chodziło bardziej o niepokój, bo kiedy ten kot na mnie patrzył, miałem wrażenie, że wie o mnie wszystko. I jeszcze kombinuje, jak tę wiedzę wykorzystać. To był jego dom, a ja byłem tu mniej więcej tak mile widziany jak kupa kompostu na prześcieradle.

Kiedy wytrzepałem już wszystkie robaki, kot stracił zainteresowanie moją osobą i zabrał się za wylizywanie własnych.

– Chodź kiciuś do pańcia, dośtanieś lipke – zagadał Angelino od strony paleniska. – Pańcio ugotował piritkę i ma dla kicia piśne lipki.

– Musisz się tak pieścić z tym kotem? Zbiera mi się na wymioty.

– Bo nic nie jesz.

– Jem...

– Jakoś ostatnio nie widziałem.

– No bo wczoraj miałem post.

– A to czemu?

– A temu, że brzuch mnie bolał.

– Powiedz, jak cię bolał, to wyleczę.

– Czułem się, jakbym zjadł coś bardzo ruchliwego.

– Na to najlepiej pomaga *kiňa pira*. Masz i jedz.

– Na pewno nie!

– Jedz! Szaman każe. A szamanowi się nie odmawia, prawda?

– Prawda.

– No to jedz – podsunął mi pod nos garnek znienawidzonej zupy.

Zajrzałem i aż mi poszły łzy.

– Nie oglądaj, bo ci wściekiełka oczy poparzy. Jedz!

– Śmierdzi jakoś. Zepsuta jest i trzeba wylać. Albo daj kotu.

– To mrówki. One rzeczywiście trochę... wydzielają wyraźny zapach. Nie wąchaj. Jedz!

No cóż – szaman kazał, więc zacząłem jeść. Kot miał kolejny ubaw. Patrzył na mnie jak na coś lepkiego, co mu przywarło do podeszwy i uśmiechał się wrednie.

– Lipka dla kicia – Angelino położył przed nim rybę wyjętą z mojej zupy.

Została połknięta w mgnieniu oka, bez gryzienia i chyba nawet bez kontaktu z przełykiem. Jednym... haustem wylądowała w brzuchu zwierzęcia.

Może to jest sposób – pomyślałem. – Wlewać sobie to świństwo wprost do żołądka z pominięciem ust.

W tym momencie... Przysiągłbym, że ten kot spojrzał na mnie z podziwem, uniósł brew, a potem z szacunkiem skinął głową; jakby uchylał melonika. Od tej pory byliśmy już przyjaciółmi.

* * *

Wyszedłem przed szałas.

Ciepły jęzor wiatru polizał mi twarz.

Dzień rozkładał właśnie na trawie pierwsze plamy słońca. Noc sprzątała ciemności. Zostawiała jednak mroczne cienie pod drzewami – wszędzie tam, gdzie dzień nigdy nie zaglądał.

– Antonio... – rozległ się głos za moimi plecami – co to znaczy *pierdziu-pierdziu*?

– A gdzieś ty to słyszał?

– W Mitú.

– Tak myślałem.

– No więc? Co to znaczy?

– To jest *bardzo-bardzo* delikatny odpowiednik waszego *piiinga-piiinga*.

– Ojojojojoooj! – Angelino też wyszedł przed szałas. – A co to znaczy *sraty-taty*?

– Mniej więcej to samo.

– A jaka jest różnica między nimi?

– Nie ma.

– Hmm... A *pitu-pitu*?

– To samo, co *sraty-taty*, tylko może troszkę ładniej.

– Hmm...

– Angelino... a od kogoś ty to słyszał w Mitú?

– Znasz „Comedor Lola"?

– Znam.

– A Kochasia znasz?

– Kochasia znają wszyscy.

– No więc kiedyś rano Kochaś słuchał radia, a w radiu przemawiał prezydent. Transmitowali wiec polityczny. I za każdym razem, kiedy ludzie bili brawo, Kochaś krzyczał do radia *pierdziu-pierdziu*, *sraty-taty* albo *pitu-pitu*. Teraz tak sobie myślę, że jak następnym razem będę w Mitú, to nauczę Kochasia krzyczeć *piiinga-piiinga*.

– Ty go lepiej naucz *piiinga-piiinga-piiinga*.

– Widzę, że znasz naszego prezydenta, Antonio.

– Nie znam, ale prezydent to prezydent. Poznać jednego, to tak jak znać ich wszystkich.

* * *

Poszliśmy nad rzekę myć zęby. Ja umyłem ze trzy razy i chciałem myć jeszcze, bo mrówki tego dnia miały wyjątkowo wyraźny zapach – agresywnie wyraźny! Przestałem dopiero, gdy Angelino przypomniał mi, że najbliższy sklep z pastą jest *bardzo-bardzo* daleko stąd. Usiadłem więc na kamieniu obok niego i tylko od czasu do czasu płukałem usta wodą.

– O! Czary jakieś. Brzuch mnie przestał boleć!

– To nie czary, tylko *kiña pira*.

– Mimo wszystko dziękuję ci Angelino. A tak przy okazji i zupełnie poważnie... Umiesz czarować?

– Nie bardzo. Nawet nie wiem, czy to czary, czy... zdolności.

– Ale co konkretnie?

– Mam Dotyk. Nie wiem, co to jest, ale mam. Wystarczy, że kogoś dotknę w chore miejsce i od razu wiem, co go boli i jak. Nie muszę o nic pytać. I potrafię tak dotykać, żeby przestało boleć. Najpierw wyczuwam boleść pod palcami jako... zgrubienie... naróśl... Albo coś takiego jak warstwa popiołu czy zakrzepłe błoto. I takie... *rzeczy*, nazwijmy to rzeczami, potrafię usunąć... *zerwać, złuszczyć, zetrzeć*... Zależnie od tego, jaki to ból i gdzie leży, ja go inaczej *dotykam*.

Popatrzył na mnie lekko speszony. Myślał chyba, że mu nie uwierzę, albo wyśmieję. Ale mnie nie było do śmiechu.

– Mów dalej, Angelino.

– Na początku to był po prostu Dar. Niewyuczony. Pewnego dnia go w sobie odkryłem i zacząłem leczyć ludzi. A potem odkrywałem, co jeszcze z tym Darem mogę robić. Sięgałem coraz dalej... głębiej... więcej... Teraz *dotykam* nie tylko bólu. Umiem na przykład wyciągać ciernie, które weszły komuś głęboko pod skórę i zarosły. Pod moimi palcami przebijają się z powrotem na zewnątrz i dają wyjąć.

– A poza Dotykiem? Masz jeszcze jakieś inne Dary?

– Umiem... *przywołać* rój os. Nie wiem jak, ale umiem. Myślę o roju i on przylatuje. A potem mogę skierować jego wściekłość, gdzie tylko zechcę. Umiem też zatrzymać rój, który atakuje; ale to mi wychodzi rzadziej. I prawie nigdy, jeśli rój już kogoś zaczął żądlić. Wtedy osy mnie nie słyszą. Ich wściekłość jest zbyt wielka... No i umiem *przywołać* i *rozwołać* mgłę – uśmiechnął się.

Mimo to nasza rozmowa nagle spoważniała. Skończyły się żarty, zaczęły... czary.

– To dlatego tamta mgła całą drogę się nie podnosiła, tak? Dopiero gdy wyszliśmy za kataraktę...

– Yhy – Angelino kiwnął głową.

Zajrzałem mu w oczy z nadzieją, że znajdę tam dowody kłamstwa. Jakoś nie chciało mi się wierzyć w te... czary. No bo cóż to było innego, jeśli nie czary? A jeśli czary, to... Nie, nie, nie! Czarów nie ma!

– A jak to się robi, Angelino? Jak *przywołujesz* rój albo mgłę? Co konkretnie wtedy robisz?

– Myślałeś kiedyś o psach, Antonio? Skąd one wiedzą, jak zaganiać tapira? Skąd wiedzą, jak szczuć na polowaniu? W jaki sposób rozumieją polecenia wydawane przez człowieka? Przecież nie rozumieją naszych słów. Owszem, reagują na niektóre często powtarzane dźwięki; słyszą je i rozpoznają, wiedzą, że słyszały już wcześniej, ale nie rozumieją. Myślę więc, że zwierzęta jakoś... *odczuwają* nasze intencje. Nie są w stanie odczytać wszystkiego, ale wiele rzeczy tak.

W tym momencie pomyślałem o jego kocie. Zawsze kiedy na mnie patrzył, miałem wrażenie, że szpera mi w głowie.

– Kiedy wykrzykujesz polecenie dla psa, jednocześnie wydajesz mu to samo polecenie myślami; nawet nie zdając sobie z tego sprawy. Tak, Antonio! Każdy z nas to potrafi, tylko o tym nie wie i nie umie tym sterować. Taka myśl-komenda wysyłana psu jest... *mocniejsza* od zwykłej myśli. Słowa wypowiadane ustami pomagają to w tobie wyzwolić, ale sam dźwięk psiej komendy nic nie czyni. Żeby słowo stało się zaklęciem, musisz je wypełnić Mocą.

– A co to jest Moc?

– Nie bardzo wiem. Tajemnicza siła z zewnątrz, która czasami kieruje tobą, a innym razem pozwala tobie kierować innymi. Nie wiem, czym jest. Wiem za to, kiedy nadchodzi. Czuję jej... *powiewy.* I wtedy wychodzą mi zaklęcia. Gdy mam Moc, potrafię czarować. Problem w tym, że aby zostać prawdziwym Czarownikiem, musisz się nauczyć tę Moc przywoływać. Tak, by była na każde twoje wezwanie. A ja... Jestem zwykły szaman. Miewam Moc tylko, kiedy ona sama do mnie przyjdzie. Albo kiedy ktoś ją do mnie wyśle...

Na kamieniu po drugiej stronie rzeki usiadł kot szamana. Patrzył na nas spode łba, liżąc jednocześnie okolicę, w której ogon łączy się z resztą kota. Jak on dotarł na przeciwległy brzeg? Dlaczego miał suche futerko? I dlaczego miałem wrażenie, że wie o mnie wszystko?

– Są pytania, na które nie znajdziesz odpowiedzi, gringo.

KÓŁKO NA WODZIE

 Rzeka rwała brzeg.
Liście szarpał wiatr.
Powietrze prażył skwar.
A my nadal siedzieliśmy na przybrzeżnym kamieniu. Nie wiadomo co lepsze – tkwić tu w słońcu, ale za to nad wodą, czy uciec w cień szałasu, gdzie będzie dużo goręcej i duszno? Chyba na jedno wychodzi... Siedzieliśmy więc i dyszeliśmy. Kot lizał futro u nasady ud.

* * *

Nie wiem, czy na chwilę przysnąłem – raczej nie – ale w pewnej chwili spostrzegłem, że za naszymi plecami stoją czterej *pamiętający-wiele-polowań* i pies. Pojawili się znikąd. To znaczy, pewnie podeszli bardzo cicho, jak to myśliwi.

Kot szamana miauknął, a następnie zaczął czyścić pazury. Robił to gestem tak wymownym, że nawet ja od razu odczytałem groźbę. Dzieliła nas od niego cała rzeka rwącej wody, mimo to pies podkulił ogon i schował się za najbliższym kamieniem. Kot miauknął znowu. Pies próbował nie wystawać zza kamienia. Kot miauknął po raz trzeci. Pies nie wytrzymał i zanurkował w krzaki. Jeszcze przez chwilę słychać było, jak w popłochu przedziera się przez kolczaste pnącza i skomle. Kot z satysfakcją powrócił do toalety intymnej.

– Czarowniku... – zagaił jeden z myśliwych. – Czy będzie dobra pogoda? Chcemy iść na polowanie.

– A na co będziecie polować? To znaczy... właściwie nie musicie mówić, bo sam wiem. Tak tylko spytałem.

Angelino przepowiadał pogodę co rano. W tym celu spoglądał w wodę. Osłaniał ją sobie rękami albo prosił myśliwych, żeby mu przynieśli kółko uplecione z kawałka giętkiej gałązki. Rzucał kółko na wodę i wypatrywał tam czegoś, kręcąc głową.

– Co robisz? – spytałem szeptem.

Myśliwi tego nie słyszeli, bo stali o kilka kroków od nas; oddaleni z szacunkiem.

– Patrzę, czy będzie deszcz. Kiedy pada, zwierzęta siedzą w norach i nie warto polować.

– A co tam widzisz?

– Widzę, że niebo jest dzisiaj czyste. Bez jednej chmurki. Więc deszczu nie będzie.

– Nie mogłeś po prostu spojrzeć w niebo?

– W niebo to oni sami sobie mogli spojrzeć. Albo spytać własną babkę, czy ją łupie w kościach. – Angelino próbował nie chichotać, ale nie bardzo mu to wychodziło. – To taki mój prywatny żarcik. Wszyscy myślą, że ja tam widzę coś szczególnego. A ja po prostu patrzę na odbicie nieba w wodzie.

– A po co ci kółko?

– Woda przestaje się marszczyć i lepiej widać. Normalnie popatrzyłbym w górę i tak jak każdy, stwierdził, czy idzie na deszcz. Ale ja tu mam być Czarownikiem, prawda? No to oni przepowiadają z nieba, a ja z wody. Dzięki temu wierzą, że znam czary.

– A jak ci się przepowiednia nie sprawdzi, to co? Tracisz zaufanie? Zaczynają gadać, żeś postradał Moc?

– Eeee tam. Wtedy ich opieprzam, że mi przynieśli gałązkę oszczaną przez psa.

– A kiedy wróżysz bez gałązki?

– To im mówię, że pewnie jakaś miesiączkująca baba brała kąpiel w rzece; albo że się wydry parzyły w wodzie. No, cokolwiek nieprzyzwoitego wymyślę, bo wtedy każdy wie, że woda jest do kitu.

* * *

Angelino miał jeszcze kilka takich „prywatnych żarcików", dzięki którym ludzie wierzyli w jego Moc. Na przykład przepowiadał pecha. Nic wielkiego, nie żadne kolosalne nieszczęścia, ale zwykłego pecha. Takiego, który przytrafia się każdemu z nas, każdego dnia.

Tyle że pech przepowiedziany przez szamana przytrafia się... bardziej.

Posłuchajcie...

Przepowiadanie pecha jest proste i pewne (szczególnie gdy masz pod ręką jakiegoś nerwusa). Proste i pewne, bo wszyscy mu pomagają.

Ludzie zrobią wiele, żeby pecha uniknąć, a to gwarantowany sposób, by im się przytrafiło coś złego. Po prostu sami sprowadzają go na siebie. Zaczynają być zdenerwowani, zaniepokojeni i rozkojarzeni. Koncentrują uwagę na uniknięciu nieszczęścia i wtedy nie zauważają różnych drobnych zwykłych zagrożeń.

Skupiają się na omijaniu pecha, zamiast uważać, by nie wdepnąć w coś, co pechem nie jest. No i kłopot murowany – w dżungli powinieneś uważać na to, co się dzieje, a nie myśleć o tym, co ci się zdarzyć może.

Z kolei przepowiadanie szczęścia nie udaje się prawie nigdy, bo ludzie nie robią nic, żeby mu pomóc – siedzą i czekają, aż ich szczęście samo się ziści. W dodatku podchodzą do szczęścia sceptycznie: *Eeee tam. Ja i milion na loterii? Na pewno nie.* Za to pech... Pecha wszyscy traktują poważnie. W pecha się wierzy. Pech jest pewny jak w banku. Fortuna kołem się toczy i na pstrym koniu jeździ, a pech to pech – solidna firma.

* * *

Myśliwi odeszli niepostrzeżenie.
Upał narastał. I dręczył.
Rzeka opadała gwałtownie.
Świat wchodził w okres susz...

My zaś siedzieliśmy na naszym kamieniu. A on potężniał z każdą chwilą i stopniowo przemieniał się w skałę. Jeśli rzeka nadal będzie opadała w tym tempie, to wieczorem odkryjemy, że zdobyliśmy bardzo wysoki szczyt, z którego nie umiemy zejść.

Kot wytrwale lizał sobie futro... to tu, to tam. Najwyraźniej robił sezonowe pranie całej garderoby. Pomyślałem, że do wieczora wyliże się na łyso i zacznie przypominać pawiana.

Angelino milczał od wielu minut. Twarz mu skamieniała w smutnym wyrazie. Uśmiech, który zwykle błąkał się pośród zmarszczek, teraz odszedł gdzieś z biletem w jedną stronę.

– Jestem tylko mizernym szamanem. A nam tu potrzebny prawdziwy Czarownik – powiedział w końcu.

– Jesteś Czarownikiem! Masz przecież Dotyk, więc o co ci chodzi?

– O to, że prawdziwa magia zginęła, kiedy odszedł Stary Człowiek. Nie zdążył mnie wprowadzić. Zbyt mało wiem. Poszarpane urywki. Niekompletne formuły. Niedokończone lekarstwa... Mam różne pojedyncze umiejętności, ale brak mi Wiedzy.

– Leczysz ludzi.

– Eee tam. Większość mojej pracy, to tylko sprytne myślenie. Obserwuję i jestem uważny; może też trochę bardziej spostrzegawczy od innych, bo się rozglądam za Znakami. Zawsze pierwszy widzę, kiedy ryby odpływają albo ptaki przestają śpiewać. I wtedy ogłaszam, że „coś nadchodzi". Ale to nie ma nic wspólnego z jasnowidzeniem. To tylko takie dość oczywiste wnioski, że skoro zwierzęta reagują nienormalnie, to jakieś „coś" nadchodzi. Niestety nie wiem, co to konkretnie będzie. A Stary Człowiek wiedział...

– Carapana czują się przy tobie bezpiecznie, a to przecież także twoja rola.

– Ale ja się nie czuję bezpiecznie sam ze sobą! Te... dary, które mam, to za mało. Trzeba jeszcze wiedzieć, jak ich używać, żeby kogoś nie skrzywdzić. Zbyt mało umiem i nie mam się skąd nauczyć, Antonio. I nikt mi w niczym nie może pomóc. Wiedza przepadła.

Nie umiałem mu na to odpowiedzieć. Ale potem przyszło mi do głowy...

– Angelino...

– Hmm...

– Czy twój nauczyciel przekazał ci kiedykolwiek, jakąś ogólną zasadę przewodnią? Takie, coś, co daje się zastosować do wszystkiego i w każdej sytuacji?

– Bo co?

– Bo być może, zanim odszedł, zostawił ci jednak wskazówkę, gdzie szukać Wiedzy.

– „Słuchaj głosu serca" to jedyna zasada, którą wciąż powtarzał. Ale ona była dla wszystkich, a nie tylko dla mnie. A potem żartował, że oprócz serca dobrze jest słuchać także kości, kiszek, wątroby, nerek...

– Nerek?

– Nerek! Ty sobie nawet nie wyobrażasz, ile ci potrafią opowiedzieć własne nerki. Tam mieszka strach, złość, chuć... Tylko musisz się wsłuchać. Skup się, Antonio, i pomyśl, co czujesz w nerkach?

– Teraz?

– Teraz.

– Siku.

– Hmm... Dla nerek to dość charakterystyczne – uśmiechnął się wreszcie i byłem szczęśliwy, że udało mi się przegnać jego melancholię.

– A ja najczęściej słucham łokcia – rozluźnił się, usiadł wygodnie i od razu było widać, że coś szykuje.

– Czemu akurat łokcia?

– Strzaskałem go kiedyś. Od tamtej pory zawsze mnie zawiadamia o niespodziewanych burzach z wichurami. W przepowiadaniu burz jestem mistrzem. To znaczy mój łokieć. Kiedy ogłaszam burzę łokciową, żaden Carapana mi nie wierzy, bo nic a nic jej nie zwiastuje. A potem zrywa im prania ze sznurków, zdmuchuje strzechy, spłukuje dobytek do rzeki, a ja siedzę sobie bezpiecznie w suchym miejscu i grzeję łokietka przy ognisku.

W tym momencie kot wstał, przeciągnął się leniwie i ziewnął, jakby słyszał już te przechwałki ze sto razy.

– Warto też słuchać kiszek. Kiedy kiszki piszczą, wiesz, że nadeszła pora obiadu. No i właśnie nadeszła. Słyszę wyraźnie, jak ci burczy w brzuchu, Antonio.

– Cha, cha, cha. A co będziemy jeść? – zapytałem lekko zaniepokojony.

– Chłodnik.

– Nie gadaj! Naprawdę? Chłodnik to moja ulubiona zu... A SKĄD TY NIBY ZNASZ CHŁODNIK, CO?!!!

– No a jak się nazywa taka zupa, co to nie jest podgrzana?

– Jaka? Zupa?... – zaniepokojenie ustąpiło miejsca podejrzeniom.

– Zwykła zupa. Tyle że ostygnięta. Ta, co stoi od rana i na ciebie czek...

– Aaaaaa!!!!!!!!!! – zrzuciłem czarownika ze skały.

FIZYKA CZARÓW

Wkrótce będę opowiadać o czarach. Nie o tych wyjętych z bajek, ale o takich, które znam... osobiście. Widziałem je na własnej skórze i odczułem własnymi oczami, dotykałem węchem i słyszałem nosem. Bo tak to już jest z czarami, że normalne słowa do nich nie pasują.

Opowiem też trochę o fizyce. Niewiele, żeby nie zanudzać, ale jednak trochę opowiedzieć muszę, bo terminy wyjęte z fizyki pasują do opisu czarów wyjątkowo dobrze.

A więc opowiem o fizyce i o czarach. Takie połączenie już samo w sobie wymaga kilku słów wyjaśnienia. Ponieważ zaś wyjaśnianie czegokolwiek zaczyna się od zadawania pytań, na początek pytanie: Wierzysz w czary? (Bo w fizykę na pewno tak.)

Większość osób odpowiada zakłopotanym uśmiechem albo gwałtownym zaprzeczeniem. A jednak ta sama większość omija czarnego kota, odpukuje w niemalowane, uważa, że trzynastka przynosi pecha, a siódemka jest szczęśliwa. Wiele osób chodzi do jasnowidzów, wróży sobie z kart, nie podaje ręki przez próg... No, to jak to jest? Wierzysz w czary?

Ja wierzę. I to jest mój punkt wyjścia.

PUNKT WYJŚCIA: Jestem człowiekiem wiary w rzeczy nadprzyrodzone – wierzę w istnienie Boga, w to, że stworzył wszechświat; Biblia jest dla mnie zbiorem prawd i faktów, a nie tylko legendą. Jednocześnie jestem człowiekiem nauki – poszukuję prawd i faktów sprawdzalnych naukowo, chcę odkrywać prawa rządzące wszechświatem i godzić z nauką rzeczy nadprzyrodzone opisane w Biblii.

ZAŁOŻENIE: Zakładam więc, że czary istnieją REALNIE (w przeciwieństwie do „baśniowo"), i staram się sprawdzić, czy to może być prawda. Nie chcę UDOWODNIĆ, że to JEST prawda, ale jedynie sprawdzić, czy jest wystarczająco wiele twardych przesłanek, by postawić następującą tezę:

TEZA: Czary istnieją i są wpisane w fizykę naszego świata od chwili jego stworzenia.

Innymi słowy: Bóg stworzył czary, kiedy stwarzał świat i tak to wszystko doskonale skomponował, że CZARY NIE KŁÓCĄ SIĘ Z PRAWAMI FIZYKI.

Taka teza (jeśli może być udowodniona, a przynajmniej wystarczająco uprawdopodobniona) godzi chrześcijanina z człowiekiem nauki i wprowadza harmonię światopoglądową do dusz i umysłów wszystkich tych, którzy, podobnie do mnie, są jednocześnie ludźmi nauki i ludźmi wiary.

* * *

A co Biblia mówi o czarach?

Niech się u ciebie nie znajdzie nikt, kto by przeprowadzał przez ogień swego syna albo córkę, uprawiał wróżbiarstwo, zamawiania, zaklinanie czy też magię, lub kto odwoływałby się do czarów, kto zwracałby się z pytaniem do duchów, do jasnowidzów, ani też poszukiwałby rady u umarłych. Każdy bowiem, kto tak postępuje, budzi wstręt u Jahwe... [Księga Powtórzonego Prawa 18,10-12]

A więc, Pismo Święte ZABRANIA UPRAWIANIA CZARÓW. Tak jak zabrania wielu innych rzeczy szkodliwych lub niebezpiecznych dla człowieka.

Można stąd wysnuć wniosek, że skoro się czegoś zabrania, to to coś po pierwsze istnieje, a po drugie jest realnym zagrożeniem. To oczywiście jedynie dowód pośredni, dedukcyjny i myślowy, na istnienie czarów, ale na razie wystarczy.

A jak to możliwe, żeby czary były zgodnie z zasadami fizyki???
Jak mogą być zgodne z fizyką takie rzeczy jak: lewitacja (przeczy grawitacji), unoszenie przedmiotów siłą woli (to samo), bilokacja (przebywanie w dwóch miejscach w tym samym czasie), zaglądanie w przyszłość, czytanie cudzych myśli...?
Oczywiście nie wiadomo, jak to działa, ale to jeszcze nie znaczy, że mamy do czynienia z czymś nienaturalnym albo zmyślonym przez bajkopisarzy.
Gdy w latach 40. XX wieku dzikie plemiona z wysp Pacyfiku po raz pierwszy spotkały białych ludzi (amerykańskie wojsko) i usłyszały muzykę płynącą z radia, też uważały, że to czary. Dzisiaj mają swoje własne radiostacje.
Na razie więc nie wiemy, jak działa to wszystko, co dzisiaj jeszcze uważamy za czary, ale niewykluczone, że kiedyś odkryjemy fizyczne reguły, które rządzą światem magii. Tym bardziej że jest to świat doskonale logiczny – zwarty system prawideł niezależnych od woli człowieka; jakby „zadany" z góry. W czarach, którymi posługują się Indianie z Amazonii, istnieje na przykład znana nam ze szkoły zasada zachowania energii i masy. I choćby czarownik był najpotężniejszy, choćby lewitował pod niebiosy i tak wyżej tyłka nie podskoczy – ogranicza go fizyka... czarów.
Od lat znajduję szczątki tej fizyki rozsypane to tu to tam pośród dzikich plemion. Oderwane fragmenty Opowieści jak niewielkie ułomki glinianej tabliczki. Jak resztki potłuczonego dzbana, któremu się ucho urwało. Mozolnie składam całość. Na razie mam niewiele, ale z każdym kolejnym kawałkiem ten dzban przybiera dziwnie znajomy kształt: E...

Pewien szaman mówił mi, że jego Moc wzrasta, gdy „mocniej" siedzi.
– Siadam – powiada – i siedzę coraz *twardziej*. A im cięższy potrafię się zrobić, tym silniejszy czar potem rzucam. Im *ciężej* siedzę, tym więcej mam w sobie Mocy.
Ja, na miejscu tego szamana, ująłbym to tak: $E=mc^2$ – oto fizyka czarów.

LEPKIE POPOŁUDNIE

– Aaaaaa!!!!!!!!! – upadłem na ziemię.

– Co się stało?! – Angelino doskoczył do mnie przestraszony.

– Ugryzło mnie w nogę.

– Daj, zobaczę...

– Ssss!!!! Nie rusz! Boli!

– Aja-jaja-jaaaj – zmartwił się Angelino.

– Wąż?!

– Mrówka. Masz wygryzioną dziurę.

– Jadowita?

– *Veinticuatro*, czyli „dwadzieściaczterymilimetry", jak mówią jedni, albo „dwadzieściaczterygodzinyżycia", jak mówią inni.

– Przecież od jednej mrówki nie umrę. Musiałoby mnie pokąsać stado.

– Wystarczą trzy.

– Trzy?!!!

– Zależy, jakie masz serce. Czasami wystarczy ta jedna.

– Mam serce jak koń!!! I nie umieram od jednej mrówki! Gwarantuję ci!

– To niedobrze, że jak koń. Mocne serce walczy i pcha jad, gdzie nie trzeba. A słabe poddaje się, zwalnia, mdlejesz i wszystko szybciej mija. Rozluźnij się, a ja wycisnę ranę...

– Aaaaaa!!!!!!!!! – wrzasnąłem z bólu.

– Aaaaaa!!!!!!!!! – wrzasnął i on.

– Czemu wrzeszczysz? Przecież to mnie boli!

– Dla towarzystwa.

– Aaaaaa!!!!!!!!!

– Przestań wierzgać, Antonio! Muszę wycisnąć. Inaczej noga ci spuchnie jak arbuz i utkniemy tu na noc.

– Już spuchła. Jak terrrmoforrr. Ssss!!!!

– Dobra. Więcej nie wyciskam – uniósł ręce. – Wiem, że boli... Hej, Antonio. Antonio! Popatrz na mnie! Hej!!! Wzrok ci się szkli. Nie odpływaj. Popatrz na mnie...

* * *

Minął... jakiś czas. Niepostrzeżenie.

Otworzyłem oczy.

Pochylony nade mną Angelino szepnął coś. Jeden wyraz. Nieznany. A potem wykonał palcami kilka dziwacznych gestów. Jakieś zawijasy, zakrętasy... Jakby zdejmował sobie ten wyraz z ust. I jakby go dodatkowo zaplatał... skłębił... zlepił w twardą kulkę. Następnie odsunął się i strzepnął palce w kierunku mojej nogi.

– Co robisz? – spytałem przytomniejąc ze strachu.

– Rzucam czar.

– I to się robi tak dosłownie? Ręką? Myślałem, że jakoś... w głowie.

– Można różnie. Ale ja jestem słaby w czarowaniu, więc pomagam sobie palcami. Tak jak inni pomagają sobie w pisaniu, wysuwając język.

Strzepnął palce po raz drugi, tym razem w stronę mego czoła.

– A co to za czaarrr...

* * *

Czas... przystanął.

Takie rzeczy dzieją się czasem... z czasem. Ale zawsze na krótko. Czas, jeśli przystaje, to tylko na chwilę. Tym razem nie dość, że przystanął na dłużej niż zwyczajowe kilka sekund, to jeszcze... No... najpierw przestał mijać, a teraz dodatkowo przestał stać – położył się. I zasnął!!!

Normalnie czas płynie. Szybciej, wolniej, ale płynie. W generalnym kierunku od Było do Będzie. Niekiedy zatacza przy tym koła, robi pętle, w wyjątkowych sytuacjach może stanąć w miejscu i odetchnąć albo się powtórzyć... ale żeby POŁOŻYĆ SIĘ I SPAĆ???

Zwinięty w ciasny kłębek, leżał przytulony do kota. Najwyraźniej było im dobrze, bo obaj głośno mruczeli. Biały człowiek nie słyszał tego mruczenia. Był wprawdzie (fizycznie) w zasięgu słuchu, wzroku i pozostałych zmysłów, ale chwilowo poza czasem. Na tyle daleko od teraźniejszości, że... nie sięgał własnych zmysłów.

* * *

Ocknąłem się po kilku dniach. Ale dla mnie było to wciąż to samo lepkie popołudnie...

Angelino naprawiał sieć.

– O...? Jesteśmy w szałasie? – spytałem zdziwiony. – Myślałem, że na polowaniu. Coś mi się chyba śniło. Pamiętam tylko, że ukąsiła mnie mrówka, a potem... że ty miałeś taką lodowatą twarz, całą srebrnozieloną jak z metalu. Świeciła trupio. I było pełno ludzi. I śpiewali... Ale sen! Jak jawa.

– To nie był sen, Antonio. Byłeś chory. Pogryzły cię mrówki. Najpierw jedna i do tego miejsca powinieneś wszystko pamiętać. A potem jeszcze dwie. Podeszły, kiedy ci wyciskałem ranę. Bo wiesz... usiadłeś na ich ścieżce.

– W co mnie ugryzły? – zapytałem podejrzliwie.

– A czy to nie wszystko jedno? Nie ty wysysałeś jad.

– Mówiłeś o wyciskaniu, a nie o wysysaniu.

– Są takie miejsca, z których nie da się wiele wycisnąć. Zbyt miękkie. I nie rozmawiajmy już o tym.

– Cz...

– Nie rozmawiajmy o tym!

– Aaaa... – W mojej głowie zaświtał pewien obrazek i porozumiewawczo mrugnął oczkiem. – Chyba rozumiemmm. Czyl...

– NIE! Rozmawiajmy! O tym!

– Al...

– Nikt, nigdy i nigdzie nie może się dowiedzieć o tamtych dwóch dodatkowych mrówkach. Rozumiemy się?! Tu chodzi o moją reputację.

– Jasne! Jasne, jasne! Oczywiste. No wiesz, Angelino... ostatecznie dla mnie to też byłoby krępujące, gdyby ktoś kiedyś dowiedział się, że ty mnie...

– NIEROZMAWIAJMYOTYM!

– Jasne. Ale wiesz... To prawdziwe poświęcenie. Dużo większe od tych normalnych poświęceń, które mają miejsce każdego dnia. Heroiczne, prawdę powiedziawszy. To znaczy, kiedy na to spojrzeć z dystansu. I abstrahując od konkretnych osób zaangażowanych w... w... w to, co się stało. W ten... akt. To znaczy, może niezupełnie akt. Raczej czynnn... e.. bohaterski.

– Skończyłeś? Bo jak nie, to mam tu coś dla ciebie. Zimna *kińa pira*, twój ulubiony pokarm. I zapewniam cię Antonio, że jesteś zbyt słaby, by się obronić przed nakarmieniem.

Zamknąłem usta na sztywno. Nie miałem zamiaru ich otwierać, dopóki Angelino się nie uspokoi.

– No, gringo. Widzę, że się wreszcie rozumiemy.

– Yhym.

– Nikomu, nigdy i nigdzie, nawet na torturach, nie piśniesz słówka o naszym małym sekrecie, tak?

– Ymhym.

– Możesz otworzyć usta.

– Y-y.

– Pozwalam.

– Y-y.

– Nic ci nie grozi.

– Yyyy?

– Naprawdę. Jesteś jeszcze zbyt słaby na jedzenie *kiña pira*.

– Uff. Dziękuję ci Angelino, że mnie wyleczyłeś.

– Też byś to dla mnie zrobił – powiedział machnąwszy ręką. A ja nie byłem tego tak całkiem pewien.

– Czarowałeś przy tym? – zapytałem, żeby jakoś zakamuflować własne wątpliwości.

– Niewiele. Przede wszystkim stosowałem wywary z ziół, a potem maść na łoju tapira. Magii używa się tylko w wyjątkowych przypadkach. Wtedy, gdy wszystko inne zawiodło.

– Myślałem, że magia ułatwia sprawy.

– Ułatwia, ale nad magią trudno zapanować. Ona się... *wyrywa*. Nie utrzymasz zaklęcia zbyt długo. Jest jak gorący kartofel. Magia częściej służy do rozpoznania choroby niż do jej leczenia. Dobry czarownik umie spojrzeć... *poprzez* przedmiot i dostrzec rzeczy ukryte. Na przykład w kościach albo pod skórą, albo przylepione do wewnętrznej ściany żołądka. Umie też patrzeć... *dookoła* różnych rzeczy. Zobaczyć, co masz na tylnej ścianie oka albo co masz pod spodem, kiedy leżysz nieprzytomny i nie wolno cię ruszać. Ale najczęściej patrzy zupełnie zwyczajnie; tyle że uważniej – po tych słowach Angelino zawiesił głos.

Wiedziałem, że zaraz powie coś, co muszę zapamiętać.

– Stary Człowiek uczył mnie nie tylko, jak używać magii. Nauczył mnie też rzeczy dużo ważniejszej: jak magii nie używać. Czasami wystarczy być przy chorym. Nie muszę nic robić, bo rzeczy dzieją się same. Wewnątrz człowieka.

– A kiedy wiesz, że pora na czary?

– Wtedy, gdy zioła są za słabe. We wszystkich innych przypadkach powinienem robić to, co wasi lekarze.

– A wiesz może, w jaki sposób leczą te twoje zioła? Nie tylko co one wywołują, ale także jak to robią? Wiesz?

– Wiem. Wszystko, co żyje ma w sobie odrobinę Mocy... *ślady* zostawione przez Pachamamę. Ta Moc powoduje, że pestka pęka i wypuszcza korzeń. Taka mała pestka, ale mieści w sobie korzeń, który jest dużo większy od niej samej. Jak? Ano tak, że rośliny czerpią z ziemi. Zwierzęta też. I ludzie. W ogóle wszystko jest zbudowane z ziemi. Każda rzecz i każde życie. Pachamama sprawia, że gromadzimy coraz więcej materii, a razem z materią nabieramy też Mocy. Każda roślina zawiera jej cząstkę i Czarownik uczy się rozpoznawać, która cząstka do czego pasuje. Ta do chorych nerek, inna do zaropiałego ucha. Potem, zależnie od tego, dokąd chce... *posłać* tę cząstkę, przyrządza wywar do wypicia, maść do wsmarowania, proszek do wdychania albo jeszcze coś innego. Czarownik zawsze najpierw stosuje materię. Dopiero jeśli Moc ukryta w materii okaże się zbyt mała, woła mocne duchy lub prosi o Moc Pachamamy.

Słuchałem tej jego... teologii z wielkim zainteresowaniem. Była bardzo bliska naszej; nie identyczna, ale na tyle bliska, by zadziwić niejednego misjonarza. I te jego, jakże trafne, intuicje na temat świata materialnego...

– Angelino, z ciebie jest bardzo mądry człowiek. Może ci brak wiedzy, ale i bez niej jesteś mądry.

– Nie wiem... Pośpij jeszcze do wieczora, Antonio. Nabieraj sił, bo nocą mamy coś do załatwienia.

– Dopiero co się obudziłem. Nie chce mi się spać.

– To popatrz na mnie... – Angelino strzepnął palce w stronę mego czoła.

Czas przystanął.

Lepkie popołudnie... trwało. Nieruchomo.

WYPRAWA PO LIŚCIE

Obudził mnie w środku nocy, potrząsając szałasem. Spod palmowej strzechy sypnął deszcz stworzeń suchych, wielonożnych i czepliwych. W jednej chwili miałem na sobie kolekcję gatunków, które lubią[43] człowieka. Znałem je doskonale i wiedziałem, że większość odżywia się... mną. Wyskoczyłem z hamaka i zacząłem się gwałtownie otrzepywać. Było ciemno. Żar ogniska pokazywał sam siebie, ale nie oświetlał niczego. Kilka razy nadepnąłem na coś, co najpierw chrzęściło, a potem rozmazywało się nieprzyjemnie. Każdy, kto kiedykolwiek wstając z łóżka, znalazł pod stopami miednicę budyniu ustawioną w miejscu, gdzie zwykle stoją kapcie, wie, co mam na myśli.

– Widzę, że jesteś bardzo obudzony i wyżwawiony – powiedział Angelino.

Innowacje, które wprowadzał do języka hiszpańskiego, dawno przestały mnie dziwić. Przyjmowałem je tak, jak przyjmuje się neologizmy u poety.

– Każdy byłby „wyżwawiony", gdyby się nagle obudził w chitynowym chruśniaku – odparłem.

– E?

– Nic, nic. Leśmiana nie czytałeś, prawda?

– Niczego nie czytałem. Nie umiem – oświadczył bez krzty zażenowania najbardziej wykształcony przedstawiciel plemienia Carapana. – A warto?

– Najczęściej.

– I jak to jest, kiedy człowiek czyta? Co się wtedy czuje?

– To tak, jakbyś sobie szeptał wewnątrz głowy.

---

[43] Ale bez wzajemności. Bo jak można lubić coś, co ma sześć nóg i wygląda na bardzo przerośniętego karalucha, a zajmuje się wbieganiem w nogawkę? Albo spadaniem na twoją twarz i wymachiwaniem czułkami w kierunku oka. Albo nie wiesz, jak wygląda, ale wiesz, że jego życie polega na błyskawicznym wkręcaniu się we włosy; wchodzeniu do nosa celem złożenia jaj; wciskaniu się w pory twojej skóry i urządzaniu tam kompostownika; albo siedzeniu ci w uchu, wyjadaniu tzw. miodu oraz wymiotowaniu niestrawionych resztek na bębenek.
Taak – jest wiele stworzeń, które lubią człowieka bez wzajemności. Właściwie większość. A spora część tej większości to ludzie. (Tak, ludzie! Bo jak można lubić kogoś, kto lubi ciebie, ale tylko dlatego, że jesteś jego klientem, targetem lub elektoratem?)

– Eee, to raczej nie warto. Mnie i bez tego często coś tam szepce. Śni mi się sporo, miewam wizje, no i chyba duchy też podszeptują swoje. Jakbym miał jeszcze doszeptywać sam do siebie, toby mi się całkiem pomieszało w głowie. Lepiej nie będę czytał.

Angelino poszurał polanami w popiele i wkrótce pojawił się ogień.

– Chodź. Zagrzej się przed wyjściem, bo noc chłodna – rzucił w moją stronę.

Właśnie skończyłem dokładne i wielokrotne strzepywanie robactwa, więc rozluźniony kucnąłem przy ognisku.

– A dokąd idziemy? – zapytałem.

Zamiast odpowiedzieć, Angelino zdjął mi z głowy kanciastego żuka wielkości kurzego jajka.

– Bleeee...! – zawołałem. – Zabieraj to! Musiał na mnie skoczyć w ostatniej chwili!

– Jadowite ścierwo – oświadczył Angelino głosem znawcy, po czym wyrwał żukowi czułki, odgryzł głowę, wsadził resztę do ust i zaczął chrupać ze smakiem.

– Hej!!! Co ty robisz?!

– Jemmm... – wymlaskał. – Przecież mówiłem, że jadowite.

– Chciałeś powiedzieć „jadalne", prawda?

Przełknął. Przytaknął. Kaszlnął. Wypluł fragmenty burego pancerza. Potem otarł z brody strużkę czegoś, co wyglądało, jak różowy kisiel pomieszany z kaszką manną – najwyraźniej zawartość żuka.

– Zbieraj się, Antonio. Idziemy szukać liści.

– W środku nocy? Przecież nic nie widać. Nie ma księżyca – próbowałem protestować, ale jednocześnie po omacku wkładałem kalosze. Wiedziałem, że cokolwiek powiem, i tak pójdziemy po te liście. – Nic nie widać! Nic, nic, nic.

– Piękna pora na liście.

– A nie lepiej iść rano? – podskakując na jednej nodze, próbowałem włożyć drugi kalosz.

– Są takie rzeczy, które zbiera się tylko nocą.

– Kwiat paproci?

– Paproć nie kwitnie, to legendy – powiedział, a potem rzucił w ogień garść świńskich raciczek.

Natychmiast pojawił się znany mi cuchnący dym. Zakaszlałem. Z oczu poszły łzy.

Angelino stał teraz w kącie szałasu i grzebał w moich rzeczach, intensywnie czegoś szukając.

– Gdzie masz świecidełka? – zapytał.

– Nie mam. Świecidełka to przeszłość. Dzisiaj wozi się Indianom haczyki, maczety, latarki...

– No właśnie, chodziło mi o latarki. A co to w takim razie są świecidełka?

– Tania biżuteria z kolorowych szkiełek.

– Dobra, znalazłem. Chodź.

Kot mruczał zwinięty w hamaku.

Świńskie raciczki kopciły w żarze.

A my ruszyliśmy w noc.

* * *

Uważnie stawiałem każdy krok. Nie mogłem być pewien, na czym stanę, albo gorzej – w co wdepnę. Ciemność była tak gęsta, że wciskała nam oczy do wnętrza czaszek. Moja latarka okazała się bezużyteczna, bo obiema rękami musiałem osłaniać twarz. Nocą przez dżunglę idzie się jak w poprzek typowego angielskiego żywopłotu, więc latarka głównie przeszkadza.

Jakieś dwieście kroków od wioski Angelino skręcił nagle i wtedy zrozumiałem, że zeszliśmy ze ścieżki – angielski żywopłot zmienił się w plantację malin.

Szliśmy chyba około godziny. Przynajmniej tak mi się wydawało. Co jakiś czas Angelino przystawał gwałtownie i wtedy wpadałem na jego plecy.

– Doszliśmy? – zapytałem po raz setny.

– Nie. To znowu tarantula. One żerują nocą i trochę je wkurza światło.

– A jak bardzo?

– Ta na przykład próbowała na mnie skoczyć.

– I?

– I dziabnąć.

– Jad tarantuli nie zabija, prawda?

– Ymmm...

– Ma się tylko gorączkę przez cały dzień, prawda?

– Ymmm...

– I niektóre z nich mają taki jadowity meszek, którym strzelają, prawda?

– Ym...

– I niby nic, ten meszek, ale lepiej, żeby nie wpadł do oka, prawda?... Angelino? Angelino?! Gdzie jesteś?!!!

– Tutaj. Chodź.

Był o trzy kroki ode mnie, ukryty za gęstym krzakiem, którego nie mógł ominąć. A jednak nie słyszałem, żeby się przedzierał.

Po kilku minutach walki o ubranie, skórę i oczy udało mi się jakoś wyleźć na jego stronę krzaka. Angelino stał pochylony i oglądał ściółkę.

– Liście, których nie widać za dnia – powiedział, wskazując światłem latarki zwyczajne zeschnięte liście.

– Te?

– Te.

– To ich nie widać? Czy może jakichś innych? Bo te wyglądają na bardzo widoczne – byłem tym wszystkim lekko poirytowany.

Skórę miałem poharataną, ubranie poszarpane, a w dodatku zaczynało mi się kręcić w głowie z osłabienia.

– Za dnia znikną.

– Jak chcesz, możemy tu posiedzieć do świtu i wtedy ci udowodnię, że będzie je świetnie widać.

– Znikną.

– Dobra! Siedzimy do rana i czekamy.

– Zgaś latarkę, Antonio. Szkoda baterii – powiedział spokojnie.

Zgasiłem.

I wtedy, w smolistej ciemności, zobaczyłem kilka zielonych plamek.

– Fosforyzują! – wyszeptałem z zachwytem.

Wszędzie dookoła, to tu, to tam, świeciły małe zielone listki. Nie było ich wiele – pojedyncze zadziwiające egzemplarze. Nie do odróżnienia w świetle dnia.

* * *

Świecące liście zbiera się, dokładnie suszy i uciera na szary proszek.

W trakcie nocnych obrzędów szaman siada blisko ognia i w jego świetle naciera sobie ręce i twarz tym proszkiem. Następnie przechodzi do ciemnego kąta szałasu, gdzie leży chory. Pochyla się nad nim, wypowiadając tajemnicze zaklęcia. Efekt jest piorunujący – fosforyzująca twarz i świecące ręce. Czasami też szaman wyrzuca w powietrze zieloną chmurę, którą trzymał w dłoni. Ta chmura wygląda jak duch, kiedy z wolna osiada na piersi chorego.

A rano... Trzeba jeszcze zatrzeć ślady. W tym celu szaman każe wymieść dokładnie wszystko z szałasu. Wszystko! I śmieci i popiół, i zeschłe liście. Wymieść i wrzucić do rzeki. Ubrania wyprać, sprzęty i ludzi dokładnie wyszorować. A na koniec jeszcze spłukać klepisko wodą.

– *Tak trzeba, żeby zmyć ślady Boleści.*

PROŚBA SZAMANA

 Minął kolejny dzień (który spędziliśmy na poceniu się). Nastał kolejny wieczór (pora, kiedy można przestać dyszeć). Rzeka całkiem opadła z sił. Niedawno rwąca brzeg – teraz smętnie lizała dno.

A my próbowaliśmy się wykąpać... albo przynajmniej porządnie umyć... a potem już nawet nie porządnie, tylko jakkolwiek... co okazało się niewykonalne, gdyż woda była rozpuszczona w mule. W tej sytuacji poprzestaliśmy na gruntownym szczotkowaniu zębów. (Ze wskazaniem na „gruntowne", bo w ustach chrzęścił grunt.) Angelino pluł i narzekał, ja zaś uważałem, że muł smakuje o wiele lepiej niż *kiña pira*.[44]

Ponieważ nadal byłem osłabiony i kołowaty, siedliśmy sobie oparci o pień. Zamierzałem w ten sposób spędzić resztę wieczoru – na odpoczynku, rekonwalescencji i nieśpiesznej konwersacji z inteligentnym interlokutorem.

Niestety nie posiedziałem długo – po kilku minutach leśną ciszę przerwał... chyba hejnał. Od strony wioski rozległo się buczenie, podobne do tego, które wydają dzieci za pomocą rur od odkurzaczy. W tym przypadku chodziło o rury zrobione ze zwiniętego kawałka kory.

– Chodź, Antonio. Wzywają nas.

– Dlaczego trąbią?

– Wioska zbiera się śpiewać śmiertelną kołysankę. Chodź.

– Co to jest „śmiertelna kołysanka"?

– Pieśń dla umierających. Kiedy trwa czyjaś agonia, zbieramy się przy chorym i śpiewamy mu kołysankę. Tak długo, aż umrze albo wyzdrowieje. Czasami kilka dni. U nas nikt, nigdy, nikomu nie pozwala umierać w samotności. Chodź.

* * *

W maloce panował mrok. I tłok.

Wkroczyliśmy w ciżbę ludzką, która kiwała się rytmicznie do taktu cichej mruczanki. Ludzie rozstępowali się, przepuszczając Angelino, i wtedy ich pieśń rosła. Nie było w tym śpiewie wyraźnych

---

[44] Dobrym prezentem dla Angelino byłaby makatka kuchenna z napisem „Lepszy muł w gębie niż pircia na zębie". Niestety, Angelino nie umiał czytać.

słów. I nie był to język Carapana; w każdym razie nie ten, który nauczyłem się rozpoznawać. Bardziej przypominał naśladowanie głosów natury niż ludzką mowę. Był melodyjny, przeciągły, pełen urody lasu i żyjących w nim stworzeń.

Podeszliśmy do niewielkiego hamaka, w którym leżał skulony chłopiec. Miał suchą białą skórę i mocno dygotał.

– Co mu jest?

– Nie wiem. W tym stanie wrócił wczoraj z lasu. Nie znalazłem żadnych śladów ukąszeń ani uderzeń, ani zadrapań, ani nawet otarcia... Nie ma rozwolnienia, nie wymiotuje, nie ma temperatury... Nie słyszy co się do niego mówi, nie reaguje na dotyk ani na ból, nie jęczy, nie kaszle, nie dyszy... Po prostu umiera.

– Bez powodu?

– Nie trzeba powodu, żeby umrzeć. Pachamama cię wzywa i odchodzisz w zaświaty. Kładziesz się spać zupełnie zdrowy, a rano wstajesz już po tamtej stronie.

– Często się tu zdarzają takie śmierci?

– Tu? W mojej wiosce? Jeszcze nigdy. I właśnie to mnie zaciekawia.

– Zaciekawia? Chyba raczej niepokoi, co?

– A czym tu się niepokoić?

– No jakżesz, czym?! Chłopiec umiera! Co ty, Angelino, serca nie masz?!

– Śmierć jest najzwyklejszą konsekwencją życia – popatrzył na mnie zdziwiony. – A u was nie?

Odsunął mnie na bok, dając do zrozumienia, że pogadamy o tym kiedy indziej. Potem odwrócił się twarzą do swoich ludzi i powiedział cicho, lecz jednocześnie bardzo głośno:

– WSZYSCY PRECZ POD ŚCIANY. NIE PATRZEĆ, *bo wam oczy zajdą mgłą*, NIE SŁUCHAĆ, *bo wam uszy wyżre żuk*.

Indianie natychmiast wykonali polecenia, ani na chwilę nie przerywając śpiewu i rytmicznego kołysania się.

Teraz, kiedy nie mogli nas słyszeć, Angelino przywołał mnie gestem dłoni i szepnął:

– Idź do szałasu i przynieś mi świecące liście. Wyleczę chłopca, a wtedy będzie mój.

– Twój?

– W tym stanie musi umrzeć, prawda? Wszyscy to wiedzą. Ale jeśli, jakimś cudem, przeżyje... będzie Odzyskanym. Jego rodzice dadzą mi go na wychowanie.

– Jako ucznia?

– Tak.

– Ale przecież nie wiesz, co mu jest.

– No właśnie! Czyli Pachamama zabiera go bez konkretnego powodu. I jeśli mi go teraz odda, to będzie Znak.

– A jak go będziesz leczył, skoro nie wiesz, co mu jest?

– Nic mu nie jest. To znaczy fizycznie nic. On po prostu okropnie się boi. Pewnie zobaczył coś w puszczy, może Potwora, i się zląkł. No to ja go przestraszę... *bardziej*.

* * *

Wróciliśmy do szałasu. Była noc. Ciemna, ciepła i cicha. Usiedliśmy przy ogniu. Różowe płomyki pełgały leniwie. W kącie mruczał kot.

– Ty ich oszukujesz, Angelino – powiedziałem surowo. – To wszystko blaga. Po co opowiadasz o czarach, skoro to tylko sztuczki? Te świecące liście, niebo odbite w wodzie...

– Nie, Antonio – odparł spokojnie. – Ja naprawdę widuję rzeczy, których nikt inny nie widzi. Mam taki Dar. Dlatego zostałem szamanem. Stary Człowiek spostrzegł, że wodzę wzrokiem za zjawami, które i on widział. Więc mnie wybrał, a potem uczył o ziołach, ranach, chorobach, złamaniach. Znam lekarstwa, które można przyrządzić. Znam też duchy, które można przywołać na pomoc, kiedy lekarstwa przestały działać. Nie jestem dobrym szamanem, ale nikt inny nie potrafił tego robić lepiej. Stary Człowiek nie miał wyboru. Tylko ja widzę to, co widział on.

– To po prostu im opowiedz, co widzisz! Ale nie oszukuj, że czarujesz, kiedy nie czarujesz.

– Na słowo nie uwierzą. Indianin musi zobaczyć i dotknąć, a czary to rzecz niedostępna dla kogoś, kto tego Daru nie ma. Gdyby wszyscy widzieli to co ja, Czarownik byłby niepotrzebny, bo wszyscy byliby Czarownikami. No więc jak mam ich przekonać, że rzeczywiście coś tam widzę? Że spotykam duchy twarzą w twarz. Że te rzeczy istnieją!

– Nie wiem... Może wcale nie musisz ich przekonywać.

– Muszę. Moc bez wiary nie działa, Kiedy ludzie przestają wierzyć... *odpływa*. A ich wiara w czary jest najbardziej skutecznym lekarstwem. Nie znam niczego lepszego, Antonio. Dlatego, żeby im pokazać, jak wygląda duch, smaruję sobie twarz świecącymi liśćmi. Dzięki tej... sztuczce ludzie wierzą w moją Moc i zdrowieją. Tylko o to chodzi, żeby byli zdrowi – skończył szeptem, a mnie zrobiło się głupio.

– Przepraszam, Angelino.

– Ym...

– Przepraszam. To ty masz rację, nie ja. Jeżeli jesteś w stanie uratować komuś życie, robiąc sztuczki, to oszukuj sobie, ile chcesz.

– Tylko tyle, ile muszę, Antonio. Tylko tyle, ile muszę...

* * *

Ostatnia żagiew dogorywała w popiele. Ostatnie gwiazdy gasły na niebie.

Róż świtu deptał po piętach mroku. Skrzek papug przegnał nocną ciszę.

A my wciąż siedzieliśmy przy ogniu.

– Angelino, ta skarpetka... *woreczek ze świętościami*, co w nim jest?

– Nie wiem, nigdy nie widziałem.

– Jak to? Przecież sam ją cerowałeś i wtedy była pusta. To kto do niej nawsadzał *świętości*?

– Ja. Ale ich nie widziałem. Tego nie wolno oglądać. *Woreczek ze świętościami* dostajesz od poprzedniego szamana w dniu, gdy przestajesz być jego uczniem. To prezent na dobry początek. Rozstajecie się wtedy na zawsze, a on przekazuje tobie *świętości* wraz z częścią swojej Mocy. Potem, gdy *woreczek* się zniszczy i zaczyna drzeć, wsadzasz go w całości do nowego *woreczka*. Ale bez otwierania!

– Czyli w tej skarpetce jest *woreczek ze świętościami*, który ty dostałeś od Starego Człowieka, tak?

Angelino kiwnął głową.

– I nawet się nie domyślasz, co zawiera?

– Nie.

– A gdzie on odszedł?

– Na Dzikie Ziemie, a potem jeszcze dalej. Stary Człowiek chciał ocalić swoją wiedzę. Chciał spotkać innych Czarowników... To było dawno. A teraz ja tu jestem sam i zbyt mało wiem... – po tych słowach zamilkł.

Nie przerywałem ciszy. Zgodnie z zasadą, że zły myśliwy ściga, a dobry myśliwy czeka. Czekałem i doczekałem się:

– Nadal chcesz iść na Dzikie Ziemie, Antonio?

– Chcę.

– Wiesz, że Dzicy nie wpuszczają Obcych?

– Wiem.

– Nawet nas nie zawsze.

– To też wiem. Ale mam swoje sposoby... – uśmiechnąłem się uspokajająco, choć obaj wiedzieliśmy, że to uśmiech na wyrost.

– Jutro dam ci dwóch *pamiętających-wiele-polowań*. Tych samych, którzy już z tobą płynęli. To najlepsi myśliwi Carapana i najlepsi tropiciele. Wyprawicie się za trzecią kataraktę i dalej ścieżką Dzikich. A gdyby ścieżki nie było... Bo wiesz, jej czasami nie można znaleźć. No więc, gdyby jej nie było, to skręcicie w pierwszą boczną rzekę, a potem w następną. Tylko pamiętaj, Antonio, chcę, żebyś wrócił! I opowiedział mi, jak tam jest. I czy mogę tam wyprowadzić moich ludzi.

– Wyprowadzić?! A tutaj wam źle?

– Tutaj Carapana są skazani na wymarcie. Coraz więcej młodych pływa do Mitú. Potem przynoszą coraz więcej chorób, coraz więcej przedmiotów. Nie umiem nad tym zapanować. Tam ich nikt nie chce, bo są Indianami, więc oni myślą co zrobić, żeby przestać być Indianami. A ja myślę, co zrobić, żeby mogli Indianami pozostać...

– Czego mam szukać na Dzikich Ziemiach? – spytałem ostrożnie. – Miejsca na nową wioskę?

– Nie. Szukaj śladów Starego Człowieka albo jakiegoś innego Czarownika. Ale prawdziwego! Mnie jest potrzebny nauczyciel. Choć boję się, że nie znajdziesz...

Ja bałem się czego innego – że znajdę. Niestety nie miałem odwrotu. Angelino prosił, a ja zabrnąłem zbyt daleko, by mu odmówić.

TRZECIA KATARAKTA

Indianin kucnął i zamachał na mnie ręką.
– Dotąd doszliśmy poprzednio, gringo. O tu, widzisz? Zeschłe łupiny pupuñi – trącił palcem suche wiórki leżące na ziemi. – Tu wtedy stały skrzyżowane włócznie, więc dalej nie poszliśmy. Zostawiliśmy tylko okup.
– Okup? Z czego?
– No takie tam różne, co to Dzicy tego nie mają – powiedział lekko zawstydzony.
– A konkretnie?
– Siekierę i parę garnków.
– Siekiera to bardzo dobry podarunek, więc czemu się wstydzisz powiedzieć?
– No, bo jeszcześmy zostawiali różne głupstwa. Takie nic nie warte... Odpadki, których Dzicy nie znają.
–?
– Japończyk dał skarpetkę. Była dziurawa, tu rzucił. W dodatku druga gdzieś mu się zapodziała.
– A wy?
– Daliśmy puste flaszki po aguardiente, nawet takie potłuczone. No bo dla Dzikich to i tak nowość. Oni szkła nie mają – zaczął się usprawiedliwiać. – Robią sobie z tego skrobaki i noże.
– Jeszcze coś?
– Latarka, ale baterie miała rozlane... I trochę ubrań! Ubrania były całkiem dobre!
– Przecież to wasi bracia, więc dlaczego zamiast porządnych podarunków zanosicie im szmelc?
– Sami niewiele mamy. A poza tym co to za bracia, skorośmy ich nigdy nie widzieli? Czasami tylko, jak któryś do nas sam przyjdzie.
– To są Carapana jak wy! Ale... wasza sprawa. Tylko teraz ja będę miał trudniej, bo jeżeli oni zorientowali się, że to wszystko były śmieci...
– Ubranie i siekiera były całkiem dobre!!!
– ...mogą nas nie chcieć wpuścić, prawda?
– Nieprawda. Wpuszczą was jeszcze bardziej, ale nie wypuszczą. Tak, gringo, Dzikich lepiej nie obrażać.

Tego mógł mi nie mówić – sam doskonale wiedziałem, że Dzikich lepiej nie obrażać. Perspektywa wpuszczenia na Dzikie Ziemie tylko po to, by nas stamtąd nie wypuścić, nie uśmiechała mi się. Przeżyłem nawet chwilę wahania – może zawrócić? Potem jednak pomyślałem, że to przecież tylko strach, więc nie ma się czego bać. I ruszyłem na jego spotkanie.

W tym
miejscu kończy się
Księga Dymu. Wkrótce dotrzemy
w głąb Dzikich Ziem. To znaczy dotrę
ja i może w pewnym sensie Wy, lecz moi
przewodnicy... „odpadną" gdzieś po drodze. Już
wkrótce Angelino i jego lud zostaną tak daleko za
naszymi plecami, że zrobią się nierealni. Za to strach
będzie namacalny i gęsty jak czarny kisiel. Dzikie Ziemie
to świat... *inny* od naszego. Obcy! Dlatego możecie teraz
zapomnieć o wszystkim, co opowiedziałem do tej
pory, o wszystkim, czego Was nauczono w szkole,
a także o wszystkim, co podpowiada zdrowy
rozsądek. Przechodzimy na drugą stronę
dymu...

TANIEC

Indiańska potańcówka przypomina naszą – odświętny strój, muzyka i alkohol. Jednak cel jest inny – im nie chodzi o zabawę...
Zgodny rytm i wspólny krok ludzi w tanecznym kręgu powoduje duchowe zjednoczenie plemienia.
Dla Indianina taniec to tyle co znak pokoju, który wygasza spory i zamyka kłótnie.

Nie musisz przepraszać sąsiada, tłumaczyć się żonie, ani usprawiedliwiać przed resztą plemienia – wystarczy, że z nimi zatańczysz, a twoje winy będą zapomniane. Taniec jest pojednaniem.

Część 5

KSIĘGA STRACHU

 Strach bywa twórczy. Napędza wyobraźnię i mobilizuje ducha. To lepsze niż instynkt, który wspaniale uruchamia mięśnie i emocje, ale przy okazji całkowicie blokuje myśli.

Gdy pod wpływem instynktu zaczynasz uciekać, najprawdopodobniej nie pomyślisz, że twoja ucieczka jest zaproszeniem do pogoni. Uciekasz, unikając niebezpieczeństwa, a jednocześnie ciągniesz to niebezpieczeństwo za sobą. Widok twoich pięt wywołuje u ścigającego automatyczną reakcję: goń, goń, goń – tak działają instynkty.

Z kolei rozum może ci w podobnej sytuacji kazać stanąć w miejscu i odważnie spojrzeć śmierci w oczy – wbrew instynktowi. A śmierć tego nie lubi – natychmiast odwraca wzrok i zaczyna sobie szukać innej ofiary.

Instynkt nigdy by się na coś takiego nie poważył, bo rolą instynktu jest gnać – w pogoni czy w ucieczce – obojętne, ale gnać! Byle szybciej, dalej. Gnać ze strachu czy z żądzy krwi – obojętne. Z przerażenia czy pożądania – obojętne. Sygnały nadawane przez instynkt są proste – krótkie komendy: gnać, gnać, gnać; zabić, zabić, zabić; jeść, jeść, jeść; żyć, żyć, żyć...

Instynkt już taki jest i taki być musi, że wyzwala w tobie sprawnego i szybkiego tchórza[45]. Strach natomiast potrafi wyzwolić odwagę.

Dlatego warto się bać.

---

[45] Tchórz nie tylko ucieka. Czasami goni, zabija. Kibice po meczu, uliczne gangi... – to wszystko hordy tchórzów. Bardzo agresywne i śmiertelnie niebezpieczne, ale nie odważne. Kierują nimi zwierzęce instynkty, za którymi nie stoi nawet cień ludzkiej wyobraźni. Rozum mógłby oczywiście przechwycić puszczone luzem lejce emocji, ale najpierw musiałby być gdzieś w pobliżu. A on, niestety, nie wszędzie bywa. *Myśl na stadionach nie gości – tam jeno wrzask igrzyska*, jak pisał poeta.

RIO ANACONDA

⊠ Było to gdzieś na Dzikich Ziemiach. Nad jedną z tysięcy rzek, tak małych, że nie zaznaczono ich na żadnej mapie. Ot, kolejna rzeczka bez nazwy, która wpada do innej rzeczki bez nazwy, ta z kolei wpada do rzeki Vaupés, Vaupés do Río Negro, a Río Negro do Amazonki.

Nazwałem ją *Río Anaconda*.

Nazwa nie dla map ani dla potomności, tylko dla własnej wygody. Żeby uniknąć bałaganu w notatkach i nie musieć stosować tasiemcowych zapisów w rodzaju: *rzeka b.n.1* ➤ *rzeka b.n.2* ➤ *Vaupés* ➤ *Río Negro* ➤ *Amazonka*.

A dlaczego akurat Anakonda?

Wcale nie dlatego, że była kręta jak wąż. Zresztą ona była kręta dużo bardziej. Kręta w stopniu irytującym błędnik – od samego patrzenia dostawało się choroby morskiej. Płynąc czółnem, człowiek odnosił wrażenie, że jest na karuzeli, którą ktoś zapomniał wyłączyć i wyjechał na urlop. Zakrętów było więcej niż całej reszty rzeki i... jakoś tak ogólnie zbyt wiele.

Jedyny sposób przybliżenia Wam tego zjawiska jest taki: gdyby to była autostrada nocą, oślepialibyście kierowców jadących za Wami i oglądalibyście światła wsteczne samochodów nadjeżdżających z przeciwka.

Mówiąc jeszcze inaczej: ta rzeka miała więcej zakrętów, niż ich dopuszcza normalna geometria wszechświata – każdy zakręt zakręcał jakoś tak dodatkowo... wewnętrznie... (i nie chodzi mi o wiry wodne) ...każdy zakręt zakręcał dodatkowo... poza swoim normalnym zakręcaniem. Żaden wąż tego nie potrafi. A gdyby spróbował, toby się połamał.

Skoro więc nie z powodu wężowych zakrętów, to dlaczego Anakonda?

Nazwałem ją tak, bo miała k o l o r anakondy: zgniło-ciemnozielono-brunatny w ciapki.

Poza tym anakondy to dusiciele, które polują w zgniło-ciemnozielono-brunatnej wodzie, okręcając swoje ofiary tak ciasno, jak się tylko da, i z punktu widzenia tego, kto jest akurat pośrodku, mają wtedy zdecydowanie zbyt wiele zakrętów – zupełnie jak Río Anaconda.

* * *

– Czy te zakręty są aby normalne? – zagadnąłem szamana.

– Jesteś pierwszym, który o to pyta, gringo. I pierwszym, który coś w ogóle zauważył – mówiąc te słowa, szaman zmrużył oczy i popatrzył na mnie podejrzliwie.

W odpowiedzi ja także zmrużyłem oczy i popatrzyłem na niego znacząco. Nie bardzo wiedziałem, co to moje spojrzenie powinno wyrażać, ale byłem pewien, że szaman sam sobie dopowie, ile trzeba. I w dodatku mnie o tym poinformuje...

– Domyśliłeś się, gringo – stwierdził raczej, niż zapytał, a ja siedziałem cicho w oczekiwaniu na to, co będzie dalej. – Widzisz... my nie chcemy, żeby tu na nasze ziemie przypływali Obcy. Po to te wszystkie zakręty. Do tej pory wystarczały. Jesteś jedynym Obcym, którego nie odepchnęły.

– Odepchnęły...?

– Ludzie się zniechęcają. Z każdym dniem wiosłowania w górę naszej rzeki wydaje im się, że pokonują coraz krótsze odcinki. W końcu mają wrażenie, że nie płyną wcale, tylko kręcą się w kółko po małym terenie. To ich przeraża. A wtedy zawracają swoje czółna i nagle okazuje się, że w drugą stronę, za ich plecami, ta rzeka jest zupełnie normalna. Zakręty gdzieś znikają; droga do domu jest taka prosta. Może nawet trochę zbyt prosta... Czary. A czarów boją się wszyscy. Nawet tacy, którzy w czary nie wierzą.

– Czyli to jakieś sztuczki? Złudzenia, tak?

– O nie. Te zakręty istnieją naprawdę. Zostały... *przesunięte* z innych okolic i stłoczone w jednym miejscu. Trochę nienaturalnie, ale właśnie o to chodziło.

– Poprzesuwałeś zakręty?! – zapytałem, nie mogąc uwierzyć w to, co mi właśnie powiedział.

– Och, nie ja. Ja jestem na to za słaby. Żeby zmienić rzekę w taki sposób, potrzebna była praca wielu Czarowników. Ja je tylko utrzymuję na miejscu. Ale, skoro się tu przedarłeś, gringo, to znaczy, że moja Moc słabnie i zakręty *odpływają* na swoje stare miejsca. Albo to ty...

– Bez obawy, nie słabnie! – przerwałem mu zaniepokojony tym, co zaczął mówić. – Mnie tu coś ciągnęło. Jakby... wzywało. I to coś było silniejsze niż zniechęcenie wywoływane zakrętami. Silniejsze

275

niż narastający strach. Moi przewodnicy od wielu dni chcieli zawracać. I w końcu przecież uciekli. A mnie tu coś ciągnęło... i pchało jednocześnie. Jakaś Moc. Gdyby nie ona, ja też bym zrezygnował i zawrócił.

Zamilkliśmy obaj. Żagwie w ognisku trzeszczały, zielone liście rzucone na wierzch kopciły smrodliwie, ale dzięki temu moskity trzymały się na dystans. W ciszy, która zapadła, było je wyraźnie słychać. Szalały tuż poza granicą dymu, wściekłe, że nie mogą nas kąsać.

– Teraz muszę odnaleźć powód, dla którego tu trafiłem.

– Nie odnajdziesz go, gringo – mruknął szaman. – To on odnajdzie ciebie – dodał po chwili. – Więc chyba lepiej, żebyś zawsze był gotów do ucieczki – zakończył złowieszczo.

Popatrzył na mnie jakoś tak dziwnie, że nie wiedziałem, czy wypowiada groźbę, czy ostrzeżenie. Na wszelki wypadek zacząłem się bać.

SZTUKA RÓWNOWAGI

W magii obowiązują zasady podobne do zasad znanych z nauk ścisłych: zasada zachowania energii, zasada zachowania masy, żeby gdzieś przybyło, to najpierw musi skądś ubyć itd. (Na przykład zakręty na rzece: gdyby je jakoś magicznie „przesunąć" w górę, wówczas w dolnym biegu ta rzeka zrobi się bardziej prosta. Logiczne, prawda? I zgodne z zasadami fizyki.)

* * *

Nawet najlepszy czarownik nie jest Stwórcą. A tylko Stwórca potrafi stwarzać rzeczy „z niczego". Szaman umie jedynie przekształcać zastaną w przyrodzie materię lub energię.

Robi to lepiej lub gorzej, ale zawsze zgodnie z regułami, na które sam nie ma wpływu. Podobnie jak fizyk, który może sobie do woli eksperymentować, ale żaden z jego eksperymentów nie zmieni praw grawitacji ani prędkości światła.

Szaman może więc (jeśli tylko potrafi) „przyciągnąć" zakręt z jakiegoś innego odcinka rzeki i osadzić go tam, gdzie jest mu to akurat potrzebne, ale w wyniku jego działań ogólna liczba zakrętów we wszechświecie nie ulegnie zmianie – ich stwarzanie bądź unicestwianie pozostaje wyłączną domeną Stwórcy.

* * *

A teraz rzecz ostatnia, może najważniejsza:

Szaman działa zgodnie z zasadą *Czyńcie sobie ziemię poddaną*. I – wierzcie mi – nikomu ze śmiertelników ziemia nie jest równie posłuszna jak szamanom. To, do czego nam, ludziom cywilizowanym, potrzebne są ogromne nakłady sił i środków, szaman załatwia pstryknięciem palców. Nooo... na przykład regulacja jakiejś rzeki. U nas to są tysiące buldożerów i ludzi, a u szamana – zbierają się kumple przy ognisku, popiją, popalą, pośpiewają i na rano robota skończona.

Należy tylko pamiętać, że nie ma nic za darmo – w obu przypadkach ilość zaangażowanej energii będzie taka sama. $E=mc^2$.

KLESZCZE

Od Wielkiej Ulewy upłynęło kilka dni.
W tym czasie rzeka wyżłobiła sobie nowe leże – mniej pokrę-
cone niż poprzednie – i trochę się uspokoiła. Jakby zmęczyła. Albo
po prostu wyszalała.

Nadal była zgniło-ciemno-zielonobrunatna w ciapki i na tyle
pozakręcana, że mogłem o niej mówić: *Río Anaconda*, ale teraz już
żaden wąż by się tu nie połamał, a płynąc czółnem, człowiek miał
wrażenie, że trochę wyrósł z karuzeli i już go to nie kręci tak jak
dawniej.

Río Anaconda – rzeka z moich marzeń. Dokładnie taka jak
te wszystkie rzeki, które sobie wyobrażałem, czytając powieści
podróżnicze – obrośnięta kożuchem roślin, z pięknymi palmami
pochylonymi nad wodą, z latającymi rybami, z pływającymi dywa-
nami kwiatów, kolorowymi żabkami śpiącymi na wielkich liściach
o podwiniętych brzegach... Teraz wreszcie miała nazwę, była pełna
wody i życia.

Życie wróciło także do otaczającej nas puszczy. Co noc słysze-
liśmy, jak wbiega tu ze wszystkich stron i zaczyna się nawoływać.
Pierwsze oczywiście wróciły ptaki, ale cała reszta fauny wkrótce
potem. Przybór zwierzyny był tak gwałtowny, że *pamiętający-wiele-
-wiosek* zaczęli wspominać Epokę Pełnych Brzuchów. Indianie mieli
rację: to jednak była dobra okolica.

* * *

Stałem po kolana w wodzie. Wystudzona przez nocne chłody była orzeźwiająca. Ponadto czyściutka, i lekko pachniała żywicą. Widać nakapało do niej czegoś z gałęzi zwieszających się nad brzegami. Wieczorem rzeka zupełnie nie nadaje się do mycia – zmieszana wiosłami rybaków, zbełtana przez praczki, brudna od resztek oprawianych zwierząt i patroszonych ryb... I ciągle mącona stopami dzieci. Jest wtedy aż gęsta od gorąca i błota. Dlatego warto wstawać rano, przed wszystkimi. Warto przemykać się cichaczem wśród porannej mgły, kiedy Indianie kulą się jeszcze w swoich hamakach, nieprzyzwyczajeni do chłodów. To była moja przewaga – znałem i znosiłem chłody lepiej od nich. Codziennie, o szarym świcie, byłem tu sam i mogłem zażywać nieskażonej przyrody. Myłem się przy porannych wrzaskach papug, a zęby szorowałem do taktu tukanów, które wydają z siebie rytmiczne gulgnięcia: truk-truk, truk-truk.

Poranna toaleta w Amazonii to sama radość: czysta chłodna woda, lekko bieżąca, ale przede wszytkim brak wścibskich oczu, które z niepohamowaną ciekawością kultury pierwotnej taksują ciało białego człowieka. Od stóp do głów, z uwzględnieniem wszystkich najintymniejszych szczegółów znajdujących się pomiędzy stopami a głową. Bez szczególnego wyróżniania któregokolwiek z nich, ale, niestety, także bez pomijania czegokolwiek.

Indianin nigdy nie odwraca oczu. To kolejne przystosowanie do życia w dzikiej puszczy – kto odwraca wzrok, nie widzi, co go może zaatakować. Oczywiście, kiedy się kąpiesz, to żadna z rzeczy, które z takim zaangażowaniem obserwują Indianie, nie może ich zaatakować, ale i tak obserwują uważnie – z przyzwyczajenia. I jakoś nie nudzi im się, nawet po miesiącu. A tobie... Tobie to nie powszednieje, nawet po miesiącu. To kwestia sposobu, w jaki patrzą – są zawsze bardzo zainteresowani, spostrzegawczy i... czekają. Czekają z cierpliwością kamieni narzutowych. Na co? Na cokolwiek. Albo inaczej: czekają na to, co się akurat wydarzy. Bez niepotrzebnego przewidywania, co by to konkretnie miało być. Nieważne co – ważne, że na pewno prędzej czy później COŚ się wydarzy. Na przykład...

– Gringo, masz kleszcze na pupie. Powyciągać ci? – spyta ktoś usłużnie, a ty zupełnie nie będziesz wiedział, co odpowiedzieć.

 279

W czasie polowania wzajemne wyrywanie kleszczy to byłaby normalna „męska rzecz" – trzeba sobie pomagać, żeby nas nie stoczyły robale i choroby. Co innego, gdy takie pytanie pada nad brzegiem rzeki w środku wioski. Wtedy to się robi odpowiednik naszego zaproszenia na kawę bądź do kina. Swoją pomoc oferują ci bowiem chichotliwe panny na wydaniu – żeby zademonstrować, jak dobrymi żonami będą. A ponadto, żeby zaraz po wyrwaniu twoich kleszczy zademonstrować ci swoje... te, no... żeby zademonstrować, jakimi dobrymi żonami będą. Bo w chwilę po usunięciu ostatniego kleszcza słyszysz to ich sakramentalne:

– A teraz ty mi powyrywaj, gringo – wypinają się zgrabnie i nie masz odwrotu. U Indian obowiązuje najściślej przestrzegane prawo wzajemności.

Wyrywasz więc. Wyrywasz... i robisz wszystko, co tylko potrafisz, żeby nie patrzeć na tę swoją robotę. No, ale jak tu wyrywać kleszcze bez patrzenia, choćby troszeczkę? Przecież nie będziesz wyrywał po omacku. To byłoby jeszcze gorsze – takie macanie terenu przed tobą w poszukiwaniu kolejnego robala. To już lepiej zerknąć, wypatrzeć, złapać, odwrócić wzrok i wyrwać. Sęk w tym, że to nic nie pomaga. Wzrok odwróciłeś wprawdzie, ale przedtem zerknąłeś. I to wystarczy. Krew nie sok pomidorowy, nie woda – zaczyna ci płynąć szybciej. Indiańska panna wypięta zgrabnie, w dodatku nadstawia się, pokazując kolejne kleszcze. Krew nie sok pomidorowy, nie woda... Robi ci się gorąco, twarz cała czerwona, a potem... Krew, jak to krew, pcha się żyłami w różne miejsca. A cała wioska patrzy. I komentuje, bo jakże tu nie komentować. A ponadto dziewczyny zaczynają się ustawiać w kolejkę i każda prosi:

– Mi też powyrywaj, gringo.

Krew pcha się dalej. Wioska w śmiech.

– I mi! I mi! I mi! – proszą kolejne panny.

Dlatego zdecydowanie lepiej jest brać kąpiel rano, kiedy nikt nie patrzy. Chociaż... „nikt nie patrzy" to tylko takie ogólne stwierdzenie, bo prawda jest taka, że kiedy jesteś u Indian, to tam zawsze ktoś na ciebie patrzy. Nawet wówczas, gdy „nikt nie patrzy". Albo inaczej: u Indian nawet jak nikt na ciebie nie patrzy, to i tak ktoś widzi, co robisz. Obserwuje. Podejrzliwie. Nie, żeby zaraz podglądał, ale jednak patrzy. Stale. Tak na wszelki wypadek.

OCZY

Stałem po kolana w wodzie, cicho jak trusia, i patrzyłem w dżunglę na przeciwległym brzegu. Ona zaś patrzyła na mnie...

Setkami oczu, nosów i czułków. Ostrożna i baaardzo czujna. Stężała w wyczekiwaniu, ale wcale nie przerażona. Raczej ciekawa białego intruza, który wygląda dziwnie i pachnie inaczej, niż wszystko dookoła... *niuch, niuch* ...pachnie obco... *niuch* ...intrygująco... *niuuuch?* ...kontrastowo[46].

W pewnej chwili między zwojami roślin coś mignęło. Zatrzęsło liśćmi, kwiknęło, następnie poszeleściło przez chwilę i zamarło. Potem zapadła cisza.

---

[46] Jak można pachnieć *kontrastowo*?

Woń stada bawołów, która sączy się z kratki klimatyzacyjnej w Saloniku Lawendowym hotelu Ritz, jest niewątpliwie kontrastowa wobec otoczenia, w którym się znalazła. Nie *brzydka* – bo bawoły pachną całkiem... przystępnie – ale *kontrastowa* właśnie.

Lub na odwrót: spocone stado bawołów, które pachnie jak komplet eleganckich skórzanych foteli – znowu intrygujący kontrast, prawda?

Podobnie *kontrastowy* jest zapach gringo, który pośród amazońskiej dżungli rozsiewa woń pasty do zębów, szamponu i mydła, podczas gdy cała reszta otoczenia bez przerwy tylko poci się, kisi, gnije i pokrywa pleśnią.

Oczywiście nie była to jedna z tych cisz, o których się mówi „grobowa" albo „kompletna". Nic podobnego – to była zwyczajna, bardzo hałaśliwa cisza żyjącej puszczy. Cisza pełna bulgotów, mlaśnięć, kląsknięć. Dziobnięć, warknięć, bzyków. Trzepotów. Odgłosów czochrania się grzbietami o pnie, dyndania na ogonach, trzaskania kruchych gałązek...

.

.

.

rozpaczliwego spadania

.

.

.

przez

.

.

.

plątaninę liści
i
lian

.

.

oraz
finalnych uderzeń o glebę

.

.

.

!!! _{pac} !!!

Potem taką ciszę wypełniają szmery (i zapachy) związane ze spoczywaniem na dnie puszczy...
...na szarym końcu łańcucha pokarmowego...
...w oczekiwaniu na robaki i pleśń.
Oczywiście zdarza się też, że po uderzeniu o glebę – !pac!– następują jęki, a za nimi odgłosy obolałych poderwań się do lotu, biegu, skoku, pełzania... Ale są zdecydowanie rzadsze niż martwa cisza rozkładu.

Te wszystkie dźwięki to efekt uboczny obiegu materii – nieustanny szum życia – wszechobecne dźwiękowe tło, które zazwyczaj pomijamy milczeniem i wtedy pojawiają się w literaturze skrótowe określenia w stylu: „zapadła cisza".

W tej ciszy poczułem na sobie zwierzęce oczy. Ich dotyk był niechętnie-świdrujący i w każdej chwili gotowy do ucieczki.

Pewnie pekari – pomyślałem cichutko. – Locha z warchlakami, com ją tu wczoraj zaskoczył i niechcący przepłoszył od wodopoju. Sięgnąłem po łuk i strzałę. Była to wprawdzie strzała na ryby – niezatruta, cienka, ze specjalnymi zadziorami – ale młode pekari mają miękką skórę; powinienem się przebić. Wycelowałem gdzieś w okolice tajemniczych szelestów. Liście powyżej wciąż trzęsły się lekko. A może to tylko wiatr?

Zamarłem w bezruchu. Spłyciłem oddech. Zignorowałem lepką strużkę potu torującą sobie drogę wzdłuż kręgosłupa, mimo że pełzła prosto w kierunku łaskotek. Udawałem niegroźny pień sterczący z rzeki. Tylko wzrok wytężałem tak, że aż oczy trzeszczały.

Niestety nadbrzeżna roślinność była zbyt gęsta i nie dawało się przez nią niczego wypatrzeć. Pekari mogły sobie stać dokładnie na wprost mojego nosa, a i tak bym ich nie spostrzegł. Zbity, kudłaty parawan zielska pozostawał nieprzenikniony dla oka.

I nagle, tuż przy moim uchu odezwał się znajomy głos:

– Tam nic nie ma. To tylko ja.

Szaman podkradł się bezszelestnie jak to on. Ludzie z wioski powiedzieliby, że „się pojawił". Ale ja nie wierzyłem w te bzdury. Nikt się nie pojawia! Po prostu umiał cicho chodzić.

– Przestraszyłeś mnie, Czarowniku – powiedziałem dla dodania sobie otuchy. (Strach nazwany po imieniu i na głos staje się trochę bardziej... „oswojony", a przez to trochę mniej straszny.)

– Strach jest dobry, gringo.

– Niekoniecznie dla tych, co się boją, Czarowniku.

– Jest dobry dla obu stron.

– Co to było, tam za rzeką? – zmieniłem temat na bardziej obojętny; bardziej bezpieczny. – Pekari?

– Trochę pekari, a trochę nie. Ja tam byłem, gringo.

– Niemożliwe. A jak tu przepłynąłeś, że tego nie słyszałem? I w dodatku wcale nie jesteś mokry.

– Nie każde „być" jest takie samo. Ty też bywasz w różnych miejscach, chociaż ciebie tam nie ma.

Miał rację. Tylko skąd on – człowiek puszczy – mógł wiedzieć o transmisjach radiowych albo o telewizyjnych przekazach na żywo? Skąd?

– Byłem tam bez chodzenia, gringo.

– A pekari?

– Odprowadzały mnie do domu.

– Trzeba było dać mi jakiś znak. Przecież mogłem strzelić i co wtedy?

– Strach jest dobry.

– Lubisz się bać, Czarowniku?

Nie odpowiedział. Bo już go tu nie było!

Ludzie z wioski powiedzieliby, że „się zniknął". Ale ja nie wierzyłem w te bzdury. Nikt się nie pojawia ani się nie znika! Po prostu umiał cicho chodzić. Wystarczyło, że na chwilę spuściłem go z oczu, a on odszedł gdzieś bezszelestnie.

STRACH

Z tym szamanem od początku miałem poważny kłopot. Był manifestacyjnie nieufny i obnosił się z tym po całej wiosce. Niby grzeczny, poprawny, czasami nawet usłużny (bo nie bardzo mógł kwestionować decyzję wodza, który mnie zaakceptował jako Przyjaciela), ale jednak nieufny i podejrzliwy. To akurat u szamanów norma – taka „urzędowa" nieufność – lecz on przy okazji był także przestraszony.

Bał się mnie. Bardzo! I za wszelką cenę próbował to ukryć. Wobec pozostałych mieszkańców wioski może mu to jakoś wychodziło, ale mnie nie był w stanie oszukać. Kiedy ze mną rozmawiał, jego oczy poruszały się nerwowo niczym dwa szczury szukające dróg ucieczki z oczodołu. Patrzył wszędzie, byle nie na mnie. Widziałem wyraźnie, czułem!, że ta jego ostentacyjna nieufność jest jedynie przykrywką – pod spodem dygotał ze strachu.

Cóż z tego? – powiecie. – A niech się boi. Może to nawet lepiej...

Wcale nie lepiej. Ooo, nie! Człowiek przerażony reaguje nerwowo; czasami panikuje. I tu zaczynał się mój kłopot, bo niewiele jest rzeczy groźniejszych niż spanikowany szaman. Jedyne, co mi w tej chwili przychodzi do głowy, to nożownik, który zaczyna ciskać sztylety w ciemnym pokoju pełnym ludzi. Zapalacie światło i okazuje się, że wpadł w panikę z powodu myszki chroboczącej w kącie. Myszka chrobocze nadal, a ściany ociekają krwią.

Szaman bał się mnie, choć byłem tylko taką małą myszką, która nie może w niczym zagrozić jego potędze. Ten strach go blokował i usztywniał. Stosunki między nami stawały się coraz bardziej oschłe. Zamiast stopniowego zbliżenia i koleżeństwa z każdym dniem rósł dystans; tworzył się mur niechęci, czytelnej już nie tylko dla mnie. A przecież szaman to klucz do reszty indiańskich serc – bez jego przyzwolenia, choćby milczącego, nie miałem szans na zaprzyjaźnienie się z kimkolwiek innym. I w tej sytuacji nie pomogłyby ani rozdawane przeze mnie prezenty, ani wrodzona indiańska ciekawość każąca poznawać nowe, ani indywidualne chęci poszczególnych osób – jeśli szaman odbierał mnie nieprzyjaźnie lub wrogo, to dawał tym sygnał wszystkim pozostałym mieszkańcom wioski, by czynili podobnie.

* * *

Indianie są trochę jak dzieci – czekają na sygnał starszego. Kiedy tatuś powie, że ten ślicznie pachnący owoc jest jadalny, wówczas jedzą. Ale dopóki tatuś nie pozwoli, owoc może sobie pachnieć najcudowniej w świecie, a i tak wszyscy będą go obchodzić szerokim łukiem.

Takie zachowanie jest uzasadnione – dżungla może się komuś mylić z wielką spiżarnią pełną wszelkich smakołyków, ale Indianie pamiętają o tym, że sporo z tych smakołyków to trucizna. W dodatku taka, która potrafi na ciebie skoczyć i się samodzielnie zaaplikować.

Pięknie wyglądająca żółta żabka... pluje jadem w oko. I już tym okiem na nic nie spojrzysz. Maleńki szmaragdowy wąż, śliczny jak zabaweczka... zabije cię w kilka sekund. Niewielki ptak, który chętnie siada na dłoni... nie jest zainteresowany okruszkami, które mu proponujesz, ale wydziobaniem mięsa z policzka. A ten wielki tęczowy żuk... aha, czujesz już, jak piecze w palce, prawda? Czujesz swąd skóry przypalonej kwasem. Czujesz przeraźliwy ból!

Pachnący kwiatek – nie wąchaj, bo zwymiotujesz. Dorodny owoc – nie jedz, bo się otrujesz. Krystaliczne źródełko – nawet nie próbuj pić!!!

Indianie szkoleni w ten sposób – przez życie... i śmierć – nie sięgają po nic bez zezwolenia starszych. A najstarszym – nie w sensie wieku, lecz autorytetu i wiedzy – jest w każdej wiosce szaman. Musiał więc mnie zaakceptować. I wszystkim innym dać sygnał, że ja dla nich jestem bezpieczny. Na razie jednak się mnie bał. Miałem wrażenie, że śmiertelnie.

* * *

Jego nieufność nie osłabła po Wielkiej Ulewie. Przeciwnie – wzmagała się z każdym dniem. Narastała niepokojąco. Może myślał, że miałem coś wspólnego z Ulewą?

Dlatego znowu postanowiłem odejść poza obręb wioski i – tak jak w czasie suszy – zamieszkać samotnie w Szałasie Rodzących. Do wioski przychodziłem już tylko o zmierzchu – na kolację i wieczorne Opowieści. Do jedynej maloki[47], gdzie mieszkańcy wciąż traktowali mnie ze szczerą przyjaźnią; bez tej uprzejmej, ale bardzo ostrożnej rezerwy, wymuszonej przez szamana.

Głową rodu w maloce był myśliwy, który mnie przyniósł do wioski; jeszcze jako Potwora. Tamto swoje Wezwanie uznał za zaproszenie do braterstwa i zobowiązanie do opieki nade mną. Przyjął mnie do rodzinnego domu, wyposażył w pierwszą broń, uczył lasu, polowania, oprowadzał po Dzikich Ziemiach i tłumaczył Opowieści. Nie tylko dlatego, że jedynie on znał tu hiszpański. Także dlatego, że... chciał.

Był dumnym Indianinem. Dumnym z siebie, ze swego pochodzenia, ze swej kultury i z dorobku swego plemienia. Dlatego właśnie przesiadywaliśmy nocami przy ognisku, a on spraszał kolejno wszystkich Najstarszych, by przy mnie snuli stare Opowieści.

W czasie jednego z takich wieczorów nastąpił przełom. W jednej dramatycznej chwili moje stosunki z szamanem uległy radykalnej zmianie. Była to chwila gwałtowna. Chwila grozy. Chwila śmiertelnej konfrontacji i walki o życie. Była to jedna z tych chwil, o których człowiek mówi potem, że zapamięta ją do końca życia. Pewnie dlatego, że koniec życia był bardzo blisko – miał nastąpić już za chwilę.

Posłuchajcie...

PIES SZAMANA

Psy mieszkają z ludźmi od tysięcy lat.
Także wśród dzikich plemion w głębi dżungli.
I również tam są w pełni udomowione.

Ale Dzicy – w przeciwieństwie do nas – nigdy nie głaszczą swoich psów, nigdy się z nimi nie przyjaźnią, nie bawią, nie nadają imion...

---

[47] Tym razem nie chodzi o Chatę Zgromadzeń, lecz o typowy szałas mieszkalny. Pod wspólnym dachem żyje tu kilka pokoleń jednej rodziny – np. ojciec z żoną, jego synowie ze swoimi żonami, synowie tych synów... i cała masa dzieci należących do wszystkich po kolei.

W tych warunkach słowa: *Pożycz trochę mleka, bo mi się skończyło*, oznaczają prawie to samo, co u nas, ale przekazanie mleka odbywa się inaczej – my podajemy butelkę, oni podają dziecko.

Znane w Europie hasło *Wszystkie dzieci są nasze*, u Indian zostało wcielone w życie już dawno, dawno temu. Tym bardziej że w maloce słychać czasami także i takie słowa: *Pożycz żonę, bo mi trochę zimno.*

Ot, pozwalają żyć w pobliżu. Nawet ich nie karmią – indiańskie psy muszą sobie radzić same. Wiecznie głodne, służą Dzikim za korpus sanitarny, który sprząta wszelkie jadalne resztki[48] wyrzucone w pobliżu szałasów. (To bardzo pożyteczne zajęcie, ponieważ gnijące odpadki mogłyby przyciągnąć wygłodniałego drapieżnika, węża lub choroby zakaźne, znane Indianom jako Boleści.)

Psy dzikich plemion są wyjątkowo biedne: chude, zaropiałe, często chore; parchate. Ale przecież Indianie też najczęściej wyglądają biednie. Ludzi tłustych pośród nich się nie widuje – zazwyczaj nie dojadają, a to co jedzą nie ma w sobie zbyt wielu witamin. Poza tym życie w dżungli wymaga ciężkiego wysiłku – Indianin niewiele ma czasu na odpoczynek. A skoro mało je i niewiele odpoczywa, nie ma kiedy obrosnąć sadłem. Tak więc, indiańskie psy są chude, na podobieństwo swoich właścicieli.

Od tej reguły są dwa wyjątki:

Pierwszy stanowią szczenięta – zawsze porządnie odpasione. Często zdarza się, że Indianka karmi szczenię własną piersią – jak ludzkie niemowlę – ale nie chodzi jej wtedy o psa, tylko o... sierotę.

Indianie mają słabość do sierot. Dotyczy to w równym stopniu sierot ludzkich, co małych piesków, kociąt pumy, świnek pekari, czy też małpiąt, które pozostały samotne i bezbronne po tym, jak ich rodziców upolowano i zjedzono w zupie. Dla Indianina sierota zawsze wymaga opieki, bez względu na to, czy jej rodzice byli krwiożerczymi jaguarami, czy parą smakowitych tapirów.

Drugim wyjątkiem jest pies szamana.

* * *

Psu szamana nikt nie odmawia jedzenia. Rozsądniej byłoby odmówić sobie. Jemu lepiej natychmiast, gdy tylko się pojawi, rzucić pod nogi kawałek mięsa, albo przynajmniej pieczoną rybę – ŻEBY SOBIE POSZEDŁ. Bo...

---

[48] Czasami także niejadalne. I niekoniecznie resztki.
Wystarczy, że psy idą za tobą w ślad, a tobie coś niechcący upadnie na ziemię. Na przykład skórzana pochwa do maczety. Pamiętam, jak moja została rozszarpana i pożarta w kilkanaście sekund.
Innym razem była to para mokrych sandałów, które suszyłem na lince przed szałasem. Linka pękła... !ping! ...i z sandałów zostały tylko dwie plastikowe sprzączki. (Znalazłem je następnego dnia połyskujące w... między innymi w słońcu.)

...kiedy tak stoi w progu szałasu... ...i patrzy na nas badawczo...

...ludzie czują się niepewnie. A gdyby warknął... wtedy dzieci zaczynają płakać ze strachu. Pies szamana, podobnie jak kot czarownicy, nie jest mile widzianym gościem. Nigdy i nigdzie.

Przede wszystkim dlatego, że to zwierzę przeznaczone do specjalnych poruczeń. I jakoś tak się składa, że kiedy te poruczenia są miłe, wówczas szaman fatyguje się osobiście, kiedy zaś chodzi o robotę mniej przyjemną, wówczas posyła swojego psa. Psa mądrego jak niejeden człowiek. Przebiegłego jak sam szaman. I t r e s o w a n e g o, co w dżungli jest zjawiskiem nieznanym i niepokojącym.

Rozpoznać go bardzo łatwo (nie tylko po nadwadze) – pies szamana niesie pod szyją charakterystyczny *woreczek ze świętościami*, widoczny z daleka. Owe *świętości* mogą służyć do ochrony psa i wówczas powiedzielibyśmy, że to jego osobiste amulety. Na pchły, kleszcze, wrzody, na Złe Oko, na celne kamienie... gdyby jakimś dziwnym trafem ktoś we wsi niedowidział (albo gdyby był nadzwyczajnie głupim samobójcą) i próbował psa szamana potraktować tak samo, jak traktuje się zwykłe psy.

Może też być tak, że pies dostał zadanie zawleczenia dokądś złego uroku, Boleści lub nawet śmierci – wówczas w woreczku pod szyją zamiast amuletów znajdować się będą „wabiki", które „ciągną" Złą Moc. (A potem zostawiają ją tam, gdzie pies oszczy próg.[49])

Nie wiedziałem o tym wszystkim, kiedy do naszego szałasu po raz pierwszy wszedł pies szamana.

* * *

Spojrzał na mnie groźnie i potrząsnął łbem.

Zrobił to w sposób, który u Indian siedzących obok wywołał przerażenie. Ja zaś, nieświadomy zagrożenia, zawołałem go do siebie. (Oczywiście nie powinienem był tego robić. Szczególnie za pomocą świeżo ogryzionej kości z charakterystyczną raciczką na końcu.)

---

[49] To nie żart. Mocz służy psom, kotom i wielu innym zwierzętom do znakowania terytorium. Do zaznaczania swego JA; do odciskania piętna w eterze. Mocz to hasło, słowo, sygnał. Dlatego wielu szamanów uważa, że mocz mieści w sobie Moc i dobrze przenosi zaklęcia. Dla szamana mocz (psi, ludzki – obojętne) jest tym, czym dla chemika rozpuszczalnik.
(A poza tym, wszystko inne, co jego pies mógłby zostawić na Twoim progu, jest zbyt łatwe do usunięcia.)

Pies szamana podszedł o dwa kroki. Był bardzo zdziwiony tym, że ktoś do niego przemawia przyjaźnie, zamiast rzucić coś do jedzenia w nadziei, że sobie pójdzie.

Zawołałem go znowu.

Przysunął się... o krok.

– No chodź Burek, chodź. Ja nie gryzę – zawołałem go przyjaźnie po polsku.

Któryś z Indian za moimi plecami jęknął cicho; a kłoda, na której siedzieliśmy, zaczęła lekko dygotać. (Wojownik trząsł się ze strachu. Było to zjawisko tak bardzo sprzeczne z normalnym zachowaniem tych odważnych ludzi, że, zajęty psem, chwilowo niczego nie zauważyłem.)

– Buu-rek... Chodź!

Pies był teraz na wyciągnięcie ręki.

Dałem mu do powąchania pustą otwartą dłoń. (Pachniała pieczonym mięsem i świeżo ogryzioną kością pekari). Kiedy lekko, wciąż niepewnie, merdnął ogonem, ostrożnie pogłaskałem go po głowie. Wtedy szczeknął radośnie, zaczął podskakiwać, łasić się i ocierać. Potem padł na grzbiet i prosił, żeby go czochrać po brzuchu. Pierwszy raz w jego życiu ktoś go potraktował bez uprzedzeń, bez strachu – normalnie: jak psa, a nie, jak psa szamana.

Dopiero po dłuższej chwili zorientowałem się, że w szałasie panuje kompletna cisza – nienaturalna i złowroga – nawet dzieci przestały gadać. Indianie zgromadzeni dookoła wlepiali we mnie przerażony wzrok.

* * *

Po godzinie przyszedł szaman. Z pretensjami! (To zdecydowanie nie jest rzecz miła. Ani bezpieczna. Zapewniam Was: niewiele jest na ziemi zagrożeń bardziej śmiertelnych niż szaman z pretensjami.)

Stanął naprzeciwko mnie i powiedział oskarżycielskim tonem:

– Zepsułeś mi psa, gringo.

I znowu zorientowałem się, że w szałasie panuje kompletna cisza – nienaturalna i złowroga – nawet niemowlęta przestały kwilić. Indianie zgromadzeni dookoła wlepiali w nas przerażony wzrok.

– Zepsułem psa, Czarowniku? A cóż mu jest?

– Merda.

– Merda?

– Ogonem.

– Nie powinien?

– TO JEST PIES SZAMANA! – wrzasnął na mnie bez podnoszenia[50] głosu.

– Merda, powiadasz?

– Merda.

– A nie powinien?

– TO JES..

– Tak wiem, to jest pies szamanna, nie powinien mmerdać. W żadnym razie. Nie ogonem! To skandal! Psy szammannów nie mmerdają... A... a ten... nnn... teraz mmerda – zakończyłemmm... no, po prostu zakończyłemmm... trzęsąc się ze strachu jak galareta. (Ale tylko w środku, bo na zewnątrz pozorowałem pełen spokój.)

– Wiem, że się z nim z a b a w i a ł e ś, gringo. I zepsułeś mi psa! Teraz...

* * *

Teraz... miałem do wyboru dwie drogi:

Poddać się jego woli. Ale wówczas byłbym w tej wiosce skończony. Szaman mógłby ze mną zrobić wszystko. Byłbym skazany na jego łaskawość, a gdyby akurat nie miał ochoty być wspaniałomyślny, tylko przykładnie surowy... Nie, nie, o poddawaniu się nie ma mowy! Poddanie oznaczało śmierć cywilną. Natychmiastowe usunięcie poza obręb wioski – wprost na Dzikie Ziemie. Bez przewodników, bez zapasów, bez broni... bez szans na przeżycie więcej niż kilku dni. A więc poddanie nie wchodziło w grę.

Drugie wyjście to stanąć jak wilk naprzeciwko wilka i pokazać kły. Tylko że konfrontacja z szamanem musiała się dla mnie skończyć albo przejęciem jego władzy, albo śmiercią. Raczej śmiercią, bo jak niby miałbym wygrać z jego czarami, jego sztuczkami, jego doświadczeniem, jego znajomością lokalnego obyczaju, jego autorytetem u pobratymców; jak z tym wszystkim wygrać? I co potem? Zostanę tutejszym szamanem? Na zawsze? Odpowiedzialnym za tych ludzi, za ich leczenie, odbieranie porodów, za wyznaczanie pór sadzenia manioku, pór łowienia ryb, za wyprowadzanie dusz do Krainy Śmierci... Poddać się? Nie mogłem! Stanąć do pojedynku, którego nie miałem szansy wygrać? Po co? Co w takim razie robić? Co robić?!!! Jak się ratować? Myśl! MYYYŚL!!! Czy masz jakieś atuty? Czy masz coś, czego nie ma on? Czy go potrafisz czymś zaskoczyć?... Przekupić?... Przechytrzyć?... TAK! Przechytrzyć! Przechytrzyć!!!

* * *

– To nie był twój pies, Czarowniku – przerwałem mu trochę brutalnie. – Z twoim nie ośmieliłbym się z a b a w i a ć. Pożyczyłem sobie tylko jego ciało. W ten sposób mogę, kiedy zechcę, rozmawiać z moim psem, który został w dalekim kraju, za lasem. Przywołałem go, a w tym czasie dusza twojego psa spała.

Szaman zmrużył oczy i zrobił minę, która miała wyrażać niedowierzanie. Mimo to łatwo było poznać, że moje słowa trafiły na podatny grunt.

To dlatego, że Indianie wierzą w wędrówkę dusz; w to, że dusza żyjącego stworzenia może czasowo skorzystać z czyjegoś ciała; a także w to, że duch nieboszczyka może posiąść obce ciało, usypiając lub zagłuszając żyjącą w tym ciele duszę prawowitego „właściciela".

Brzmi to trochę zawile, ale przecież i my, ludzie cywilizowani, wierzymy w opętanie – wtedy stosujemy egzorcyzmy. Wierzymy też w to, że istnieją osoby, które udzielają swego ciała obcym duszom – mówimy wówczas, że ktoś jest medium.

Szaman zrozumiał moje słowa właśnie tak – jego pies był medium – przekazywał sygnały ode mnie do mojego psa i z powrotem.

Czy to taka niedorzeczna koncepcja? Coś jak biologiczna wersja radiotelefonu. Tu fale i tam fale. Nadajnik-odbiornik...

– Ale on teraz merda – upierał się jeszcze dla zachowania twarzy.

Trochę mu było głupio, że przyszedł tu z pretensjami, podczas gdy sam powinien się zorientować, że jego pies w czasie naszej zabawy nie był sobą.

– Merdanie to moja wina, przyznaję Czarowniku. Widocznie jestem zmęczony i nie odesłałem całej duszy z powrotem. Po prostu kiedy znów zamerda, trzepnij go po ogonie i sam przegnaj resztkę mojego psa za wielką wodę. Na pewno ulegnie twojej Mocy.

Dzięki tym wyjaśnieniom Czarownik zachował twarz, jego pies był nadal groźnym psem szamana, a ja ocaliłem głowę. (Zapewniam Was: niewiele jest na ziemi zagrożeń bardziej śmiertelnych niż szaman z pretensjami. Pretensja szamana przypomina kowadło, które ci spada na głowę. Szansa, że w ostatniej chwili skręci jest równa zeru. No, chyba że masz pod ręką czary.)

MORAŁ:

Mimo całej naszej nauki, mimo szkiełka i oka, komputerów i rakiet, mimo to wszystko... horrory Stephena Kinga wciąż sprzedają się świetnie.

Wciąż też różne „wróżki" mają klientelę gotową słono płacić za chwilę rozmowy z dawno zmarłą babcią.

Nie dziwmy się więc Indianom. A już na pewno nie śmiejmy się z nich, że wierzą w takie rzeczy.

Oni nie widzieli rakiet kosmicznych, nie kończyli szkół – oni MAJĄ PRAWO wierzyć w duchy.

Dużo większe prawo niż my – dzieci racjonalizmu i przedstawiciele cywilizacji elektronicznej.

BOLEŚCI

Szaman nie leczy chorób.

Owszem, kiedy trzeba, potrafi poskładać złamane kości, oczyścić ropiejącą ranę, przeciąć wrzód czy pomóc rodzącej, ale traktuje to wszystko tak, jak my traktujemy zabiegi kosmetyczne. Chorobami się nie zajmuje – chyba że przy okazji – od chorób są *curanderos** i lekarze. Szamani zaś są od Boleści.

---

* *Curandero* (hiszp.) – uzdrowiciel, znachor

W Ameryce Południowej, gdzie na rozległych terenach trudno o lekarza, a jednocześnie w wielu miejscach wytrzebiono indiańską tradycję (i wiedzę), pojawiają się różni uzdrowiciele, zielarze, a często zwykli oszuści powołujący się na rzekomych szamańskich przodków. Wszyscy oni nazywani są *curandero* (przy czym zależnie od okoliczności słowo to wypowiada się z większym lub mniejszym szacunkiem). Różnica między szamanem a *curandero* jest taka, jak między lekarzem a felczerem – pierwszy posiadł Wiedzę, drugi jedynie umiejętności.

Boleści to istoty nadprzyrodzone. Złe. Wredne. Nienawistne. Wnikają w ludzkie ciało i wywołują zaburzenia wewnętrzne. *Kiedy Boleść „zamieszka" w kościach, pojawia się artretyzm. Kiedy legnie na dnie brzucha, dostajesz biegunki. Kiedy wlezie pod skórę, wyskakują krosty. Gdy ułoży się w pęcherzu, sikasz krwią. Kiedy wierzga w kiszkach, zdychasz. Gdy się skręca w sercu, mrzesz* – tak rozumują Indianie.

Choroba jest dla nich zjawiskiem mało interesującym; ubocznym. Chorób się nie leczy – służą do rozpoznania charakteru Boleści, która je wywołała. To wszystko. Potem szaman skupia uwagę na usuwaniu źródła choroby, a więc samej Boleści, nie zaś na przynoszeniu ulgi cierpiącemu ciału. Leczenie objawów chorobowych byłoby niepotrzebnym trwonieniem Mocy.

Angelino opowiedział mi o tym tak:

Kiedy rycząca bestia choroby nie daje spać białemu człowiekowi, przychodzi curandero i podaje mu proszek na sen; albo coś do zatkania uszu. Można potem spokojnie usnąć, ale bestia nadal jest w pobliżu. I wciąż groźnie ryczy.

Kiedy ta sama bestia nie daje spać Indianinowi, przychodzi Czarownik i stara się przegnać bestię. Albo przynajmniej zatkać jej ryczącą gębę.

* * *

Boleści są zdecydowanie osobami (a co najmniej bytami), nie zaś przedmiotami, czy zjawiskami przyrody. Kieruje nimi świadomość.

Dlatego, w mniemaniu Indian, są o wiele bardziej groźne niż, powiedzmy, cegła spadająca z ósmego piętra. Cegłą kieruje obiektywna i bezmyślna siła grawitacji. Dlatego żadna cegła nie skręci gwałtownie w pogoni za uskakującym z jej drogi człowiekiem. A Boleść?

Boleści mają świadomość i nie da się przed nimi uskoczyć. Z Boleściami trzeba się układać. Dogadywać. Negocjować. Każda Boleść ma swoją cenę, którą pobiera za opuszczenie ludzkiego ciała, i jest kwestią umiejętności naszego szamana, by tę cenę poznał i zapłacił.

Zamiast paktować z diabłem, można też oczywiście próbować Boleść przechytrzyć. Ale to się jeszcze nikomu nie udało. Wielu, baaardzo wielu, próbowało, i wciąż są następni naiwniacy chętni do próbowania – wszyscy z góry skazani na niepowodzenie. Nawet bardzo pospolita Boleść – tępa jak pień i głupia jak rzeczny muł

– potrafi czytać w ludzkim umyśle. I choćby ciężko przy tym dukała, choćby ledwo ledwo sylabizowała, wysuwając z gęby końcówkę jęzora, to i tak umysł człowieka knującego podstępy nie stanowi dla Boleści żadnej tajemnicy. W tej sytuacji próba przechytrzenia jej podobna jest do partyjki pokera, w której ktoś blefuje, mając za plecami wielkie lustro.

Słowem: Boleści przechytrzyć się nie da, można się z nią jednak targować i dogadać. Można też z nią stanąć do walki. Ale tylko twarzą w twarz – uczciwie. To jest zmaganie dwóch Mocy – która silniejsza: Boleść, czy Szaman?

* * *

O wyglądzie Boleści nie da się nic sensownego powiedzieć. Ani narysować*. Nie dlatego, że nie mają wyglądu, ale dlatego, że są... zbyt przestrzenne.

Po wielu godzinach rozmowy z szamanem, wiem tyle:

Materia, z której są zbudowane Boleści, to odwrotność czarnej dziury.

Czarna dziura, jak wiadomo, stanowi najbardziej skoncentrowaną materię wszechświata – drobinkę o ogromnej masie; zapadniętą gwiazdę. Atomy czarnej dziury są tak sprasowane, że nie ma w ich wnętrzu wolnej przestrzeni z chmurą wirujących elektronów – w czarnej dziurze elektrony przylegają ciasno jeden do drugiego i ani drgną. Nie są w stanie drgnąć – taki tam panuje ścisk. Czarna dziura jest najgęstszym rodzajem materii – bez miejsca na próżnię. Odwrotnością czarnej dziury byłby zatem taki rodzaj materii, w którym nie ma miejsca na nic innego poza próżnią.

Czarna dziura to najgęstsze możliwe ciało (złożone z samej materii). Boleść to najrzadsze możliwe ciało (złożone wyłącznie z próżni).

Narysować czarną dziurę jest łatwo – wystarczy postawić maleńką kropkę. Narysować Boleść jest niemożliwe, bo jak tu narysować puste przestrzenie międzyatomowe?

---

* Australijscy Aborygeni wprawdzie próbują, ale... Widzieli Państwo aborygeńskie malarstwo? Jakieś takie kolorowe punkciki stawiane jeden przy drugim i ułożone w rodzaj chmury... No, niby toto regularne, ale bardzo abstrakcyjne.... Z daleka jaszczurka – nawet całkiem ładna – a z bliska.... obraz rozpływa się i widać już tylko rozedrgane kropki. Boleść dla oczu.

* * *

Mówiąc po indiańsku:

Boleści są ucieleśnieniem duchów, które przyszły do naszego świata z wizytą. Przy czym NIE są to duchy zmarłych ludzi, lecz inne rodzaje duchów. Przyszły na ziemię i odcisnęły swój kształt w materii. (Na podobieństwo znaku wodnego w banknocie.) Nie stały się przez to niczym materialnie konkretnym, ale jednak widać je, słychać i czuć.

* * *

Czy Boleści mają jakieś odpowiedniki w innych kulturach? (Może wtedy byłoby je łatwiej pojąć?)

Owszem:

W Biblii, na przykład, występują liczne demony (złe duchy), które zostały przysłane do naszego świata z zaświatów. Mogą one wejść w ciało człowieka, zwierzęcia, a nawet w przedmiot nieożywiony (mówimy wówczas o opętaniu). Mogą przybrać dowolną postać („zbudować" się z naszej materii) i czasami będzie to odwzorowanie czegoś, co już realnie istnieje, innym razem zmyślony koszmar z naszych snów. Mogą wreszcie harcować po naszym świecie w formie bezcielesnej i niewidzialnej, czyli w swojej formie „naturalnej".

Najbliższym odpowiednikiem Boleści wydaje mi się jednak arabski *dżinn.* (patrz: *Koran, Baśnie z 1001 nocy, Legendy Beduinów*)

Dżinny – to istoty nadprzyrodzone zajmujące miejsce pośrednie między ludźmi a duchami (duszami); stworzone z ognia i dymu (w odróżnieniu od ludzi stworzonych z ziemi i wody oraz duchów „ulepionych" ze światłości i mroku). Dżinny, podobnie jak Boleści, są śmiertelne, chociaż mogą żyć przez wiele wieków. Mogą, na zawołanie, przybierać dowolne postaci ludzi, zwierząt i potworów, lub też stać się niewidzialne i bezcielesne. Mogą być huraganem, nawałnicą, pożarem – każdą niszczycielską potęgą i żywiołem. Lub całkiem inaczej – mogą się stać słodkim śpiewem syren lub upojnym zapachem kwiecia, który wabi, przyciąga, przyzwa. Wszystko po to, by ostatecznie zaszkodzić człowiekowi. Uprzykrzyć mu życie, a w końcu zabić.

Chroniono się przed nimi za pomocą talizmanów i różnych wypowiadanych formuł. A znajomość odpowiednich zaklęć mogła dać ludziom władzę nad nimi. Władzę dwojaką: do przepędzania lub do „zapędzania". (A więc władzę rzucenia lub zdjęcia uroku, choroby itp.) Ponieważ dżinny były śmiertelne, wprawny czarownik mógł je nie tylko przegnać, lecz nawet ostatecznie unicestwić – „zabić", choć słowo to niezupełnie pasuje do czegoś, co „żyje" bardziej jak duch niż człowiek.

* * *

Unicestwienie Boleści przez doświadczonego szamana – tzw. Pogromcę – oznacza, że ta Boleść już nigdy nie powróci i nikogo więcej nie zaatakuje. Utraciła Moc. Prawie...

O Boleściach, które kiedyś krążyły pośród ludzi, a dzisiaj są uwięzione w zaświatach, mówią plemienne legendy. Te Boleści nie mogą już powracać na ziemię, ale potrafią „przypominać" o sobie w ludzkich snach. Kiedy komuś śni się, że zapadł na nieistniejącą chorobę, szaman tłumaczy to tak: *Nawiedził cię duch zabitej Boleści. Ciała już nie ruszy, ale próbuje truć duszę. Nie bój się. Wystarczy, że we śnie wypowiesz moje imię, a Boleść odstąpi. One się boją Pogromców.*

A teraz najczarniejsza strona tej historii: uśmiercone Boleści zachowują Moc Zemsty na swoich zabójcach. Szaman, który zabił wiele Boleści, widuje je w swoich snach. Często! Codziennie. Te sny stopniowo stają się coraz bardziej uporczywe. Coraz... *gęstsze* od Boleści. Atakują już nawet we dnie. Robią się... *lepkie*, i coraz trudniej się przez nie *przedzierać* do rzeczywistości. Aż w końcu szamanowi nie starcza Mocy i nadchodzi Nawałnica Snów – sytuacja, gdy różne Boleści „dogadały się" ze sobą i wszystkie nawiedziły swego Pogromcę w jednej chwili.

* * *

Indianie nie chorują umysłowo. Wyjątek stanowi kasta szamańska. Ci ludzie poprzez swoje samotne kontakty ze światem nadprzyrodzonym czasami tracą zmysły. Można to nazywać schizofrenią paranoidalną, można też po indiańsku powiedzieć: *w jego głowie kłębi się Nawałnica Snów.*

I jest to smutny paradoks, bo schizofrenia jest w świecie dzikich plemion chorobą łatwą do wyleczenia. Niestety wyłącznie w przypadku, gdy jesteś szeregowym Indianinem i masz do pomocy szamana. Samego zaś szamana nie ma kto wyleczyć. Nawet drugi szaman jest bezsilny.

* * *

Do wyleczenia schizofrenii niezbędna jest mocna wiara w czary – niezachwiane przekonanie o realnym istnieniu duchów i demonów. Wiara, której ludziom cywilizowanym brak – wierzymy zbyt słabo albo wcale.

Szaman tłumaczy choremu, że jego urojenia to zwodnicze projekcje demona (Boleści). W przeciwieństwie do psychiatry nie stara się przekonać pacjenta, że to, co pacjent widzi, słyszy i odczuwa jest wytworem chorego umysłu, czyli że tego naprawdę nie ma. Przeciwnie – szaman przyznaje choremu rację: widzisz i słyszysz prawidłowo, zmysły cię nie zawodzą, to demon cię zwodzi. Incentor, impellator, excitator* – podżegacz, nakłaniacz, wzburzyciel. To on stwarza te projekcje. To on ci do ucha szepce dziwne głosy. To on w twoją głowę wkłada sny tak realne jak rzeczywistość. To on stawia ci przed oczami obrazy, których nie widzi nikt inny; tylko ty jeden. Samotny pośród tych wizji, odgłosów, odczuć...

Lekarstwem na demona (schizofrenię, Boleść) jest jego zignorowanie; albo wyśmianie. Najpierw szaman pomaga choremu zdać sobie sprawę z tego, co jest rzeczywiste, co zaś jest oszustwem złego ducha. Chory stopniowo uczy się ignorować fałszywe podszepty – przestaje słuchać, przestaje widzieć, przestaje wierzyć w to, co słyszy i widzi, jeśli obrazy i odgłosy nie są „autoryzowane" przez szamana. Szaman „prowadzi" go ostrożnie, wyjaśniając, co było podszeptem Boleści. W końcu pacjent pokonuje rozszczepienie jaźni, odrzucając wszystkie fałszywe wizje.

MORAŁ:

Dzicy, choć żyją w kulturze pierwotnej, nie są ani ciemni, ani mniej rozwinięci intelektualnie od nas. Ich wiedza medyczna posługuje się wprawdzie „prymitywnym" językiem, lecz od tysięcy lat wznosiła się na wyżyny, które my zaczęliśmy osiągać dopiero w czasach Zygmunta Freuda. To, co u nas leczy się za pomocą elektrowstrząsów, szamani leczą szeptem do ucha. Czary, prawda?

---

* Biblijne imiona szatana. [przyp. tłumacza]

STRACH SZAMANA

Od tamtej historii z psem wiele się między nami zmieniło. Manifestacyjna nieufność szamana całkiem wyparowała. Nasze stosunki stały się poprawne, a stopniowo nawet przyjazne. Zaczęliśmy rozmawiać. Sporo i coraz więcej. Dlatego czas kończyć „Księgę Strachu". Ale zanim ją zamknę, winien Wam jestem jeszcze jedną Opowieść. Jej miejsce jest właśnie tu.

Posłuchajcie...

Dym włóczył się po ziemi. Był dziwnie gęsty i... *lepki*. Cuchnący i ciężki. Nie chciał iść w górę. Jego smrodliwe kłęby trzymały się ziemi. Wiły się jak węże.

Liście, które szaman rzucał w ognisko, skwierczały dziwnie. Niepokojąco. Nie strzelały jasnym płomieniem jak zwyczajne suche liście. Nie dawały białego dymu jak zwyczajne mokre liście. I nie były ani mokre, ani suche, tylko jakieś takie... *skórzane*, trochę jak rybi pęcherz, ale tylko trochę. Ani w indiańskim języku, ani w myślach szamana nie było właściwego słowa na określenie tych liści. Dotykanie ich przyprawiało o dreszcz.

Rzucone do ognia... *ożywały*. Znowu brak innego słowa. Tak – ewidentnie ożywały. Zaczynały się ruszać, skręcać, zwijać, kurczyć. Zaczynały bulgotać, skwierczeć, trochę jak owady; jakby je zrobiono z tłustej zwierzęcej skóry. Ale nie był to żaden znany gatunek skóry. Takich zwierząt nie ma nigdzie w puszczy.

A ten smrodliwy dym... Jeżeli już trzeba by go z czymś porównać, to przypominał zapachem paloną sierść albo pazury, paznokcie, włosy. Ale nie były to paznokcie ani włosy człowieka, tylko... Potwora.

Dziwne te liście. Dziwne! Niepokojące.

Pod ich wpływem płomienie ogniska zmieniały kolor. Szaman nigdy wcześniej nie widział, by ogień miał kolor wody. A ten miał!

Odsunął się trochę. Nie ze strachu – szamani nie mają się czego bać – ale z ostrożności. Czarownik jest stale komuś potrzebny, więc lepiej, by pozostał nieuszkodzony.

* * *

A dlaczego szamani nie mają się czego bać?

To dosyć proste – człowiek boi się dwóch rzeczy: bólu i śmierci. Inne dolegliwości życiowe daje się sprowadzić do tych dwóch. Choroba, tortury, przemoc fizyczna, niewola... – to wszystko w ten czy inny sposób wiąże się z bólem lub śmiercią. A szaman panuje nad jednym i drugim. Panuje w stopniu wystarczającym nie tylko dla niego samego – umie przecież chronić przed bólem i śmiercią także swoich współplemieńców.

Jego panowanie nad śmiercią nie oznacza nieśmiertelności. Przeciwnie – oznacza raczej, że szaman umiera częściej niż inni. Nie raz w życiu, lecz wiele razy.

Bo czym jest umieranie? Czym jest śmierć? Przejściem do zaświatów. Do Krainy Duchów, do krainy, gdzie ludzie nadal istnieją, tyle że już bez ciał. Zresztą nie tylko ludzie. Także zwierzęta, rośliny, woda, wiatr... – wszystko, co w ten czy inny sposób żyło zaklęte w materii.

Szaman przez całe swoje ziemskie życie kontaktuje się ze światem zmarłych. Jest tam stałym gościem, właściwie pomieszkuje w zaświatach. Jest też negocjatorem między światem materii, a światem duchów. Wie, co jest TAM. Zna tamten świat, dlatego nie boi się śmierci. Przecież jeszcze za życia jest jakby częściowo umarłym.

A po śmierci?

No właśnie – po śmierci szaman jest częściowo żywym. (Już jako duch potrafi sprawniej niż inne duchy przychodzić i dawać o sobie znać w naszym świecie. Nadal pozostaje negocjatorem i opiekunem plemienia. Nadal leczy, radzi, odpędza złe duchy, przegania Boleści.) Dlatego szamani nie mają się czego bać – w pełni panują nad bólem, a śmierć nie jest dla nich ani końcem, ani początkiem. Traktują ją jak przeprowadzkę do sąsiedniej wioski.

* * *

Jest jeden wyjątek. Jedna jedyna rzecz, której szaman się boi. Śmiertelnie![51]   Tą rzeczą jest... magia. Czary! Nie własne, ale cudze. Los, jaki jeden szaman potrafi zgotować drugiemu za pomocą

---

[51] Ponieważ „śmiertelnie" nie jest dla szamana słowem strasznym, lepiej byłoby napisać... „nieskończenie" albo coś w tym rodzaju. Tylko co konkretnie? Każde inne słowo umieszczone w tym kontekście, brzmiałoby dziwacznie i odwracało uwagę Czytelnika. Dlatego niech już lepiej zostanie „śmiertelnie", choć szamani na śmierć bimbają.

magii. Normalnie żaden tego nie robi w obawie wzajemności, ale potrafi, gdyby chciał. I to wystarczy. Szaman szamanowi umie zrobić takie rzeczy, o których nie śniło się naszym filozofom. Nawet, kiedy miewali najbardziej koszmarne sny.

Dlatego właśnie szamani wolą trzymać się od siebie na dystans. Nigdy nie znajdziecie dwóch w jednej wiosce, chyba że to uczeń i Mistrz. Dwaj Mistrzowie widują się tylko wtedy, gdy absolutnie muszą. I rozchodzą w pośpiechu natychmiast, gdy ustaje przyczyna spotkania. Niby się przyjaźnią, ale jest to ten rodzaj przyjaźni, który charakteryzuje rekiny. Fizyczna bliskość nie jest mile widziana. Wolą kontakty na poziomie platonicznym.

I to była przyczyna, dla której szaman się mnie bał. Kilka moich zachowań kazało mu wierzyć, że ja także jestem szamanem. Ale najważniejsze było to, że miałem ze sobą „dziwne liście". Takie same jak te, nad którymi szaman łamał sobie głowę jeszcze przed moim pojawieniem się w jego wiosce.

* * *

– Od jakiegoś czasu przypływają tu rzeką. Złe liście, gringo. Złe! Nie gniją. Nie schną. Nie rozpadają się w proch tak jak wszystkie normalne liście. A kiedy je wrzucić do ognia, skwierczą nieprzyjemnie, szybko się zwijają i czernieją. Czasami nawet bulgocą. I dają obcy dym. Czarny cuchnący kopeć. Kiedy spod ziemi wypływa tłuszcz i się go zapali, powstaje podobny dym. Zły dym. I złe liście.

– Możesz mi pokazać taki liść, Czarowniku? – poprosiłem.

– Nie pozwalam ich nikomu dotykać. Kiedyś jedno z dzieci zaczęło go lizać, bo ładnie pachniał, a potem długo było chore. Krosty i wierzgający żołądek.

– Nie będę lizał. Mogę nawet nie dotykać, chcę tylko popatrzeć.

Na te słowa szaman ostrożnie uniósł matę rozłożoną na podłodze szałasu. Pod spodem zobaczyłem dokładnie to, czego się spodziewałem – kilka plastikowych torebek. Na jednej z nich było napisane: *detergente*[52].

– To pewnie ten ładnie pachniał, prawda?

---

[52] *Detergente* (hiszp.) – detergent, a tu proszek do prania. [przyp. tłumacza]

– Inny – odparł szaman. – Tamten natychmiast spaliłem. Ale rzeczywiście pachniał podobnie.

– Czarowniku, te liście... to nie są liście.

– Poświęciłem im wiele czasu, gringo. Najpierw myślałem, że to pęcherze ryb albo błony wewnętrzne leśnych zwierząt. Ale nie. One nie żyją, nie tak jak zwierzęta. Wyczuwam, że pochodzą z ziemi, a więc są roślinami. Liście, gringo, bo cóż innego?

– Czarowniku... One zostały zrobione. Nigdy nie żyły, nie wyrosły, są wytworem człowieka. Ludzi takich, jak ja. Bladolicych. Miałeś rację, że gdy płoną, to pachną podobnie do tego tłuszczu, który czasami wypływa z ziemi. Je się robi właśnie z tego tłuszczu[53].

– Umiesz zrobić choć jeden? Pokaż.

– Do tego potrzebna fabryka... Skomplikowana magia. Sam nie umiem, ale wiem, jak powstają. Mam kilka.

– Widziałem.

– One nie są groźne same w sobie. Nie bój się ich. Ale innym raczej nie pozwalaj dotykać, bo nie wiadomo, co zawierały. I pamiętaj: zakopane, nawet głęboko, nawet na *wiele-wiele-wiosek*, nie znikną. Ziemia już ich nie zechce; nie będzie umiała wchłonąć. Mimo, że z ziemi pochodzą.

– To nie jest dobra magia, gringo. Dobry jest tylko taki czar, który potrafisz odwrócić. Dlaczego więc tworzycie te liście?

– Mnie nie pytaj, nie ja je tworzę.

– Ale je masz. Dlaczego?

– Są wygodne. Nie przepuszczają wody.

– Ale nie chcą zniknąć, tak? Nie wchłonie ich ziemia, nie rozpuści woda, nie zjedzą robaki, a wrzucone w ogień dają zły dym, tak?

– Tak, Czarowniku.

---

[53] W Amazonii, występuje sporo pokładów ropy naftowej. Część z nich leży płytko pod powierzchnią ziemi. Tak płytko, że ropa samoistnie wypływa na powierzchnię. Zjawisko niezbyt częste, ale wcale nie takie rzadkie; niestety. Wielkie kompanie naftowe wyniszczają dżunglę w poszukiwaniu tej płytkiej ropy. I wszystkie spowodowane przez siebie wycieki próbują tłumaczyć jako „naturalne". [przyp. tłumacza]

– Złe Czary. Nieodwracalne! Tfu! – splunął podobnie jak my na psa urok. – Nieodwracalne wolno czynić tylko Bogu. Tfu! Tfu! tfu! Nieodwracalne należy do Pachamamy! Czy wy tego nie wiecie, gringo?!!!

– A ty nigdy nie korzystasz z czarów, których nie umiesz odwrócić?

– Nigdy, gringo. Cokolwiek czynisz, musisz umieć to zatrzymać i odwrócić. Bo przecież nigdy nie wiesz, czy obrana droga jest dobra.

MORAŁ:

 Nieodwracalne jest domeną Boga – tak myślą Indianie. To ich tabu.
Zgodnie z tą zasadą, nie powinniśmy stosować plastiku, dopóki nie nauczymy się go utylizować. A szerzej: *Zanim nabałaganisz, sprawdź, czy dasz radę posprzątać.* To dobra zasada. I mądra!

W tym
miejscu kończy się Księga
Strachu. Nadszedł czas na Księgę
Magii. Ale to wcale nie znaczy, że kończy
się strach. O nie! On się dopiero zaczyna.
I będzie się za nami ciągnął już
do końca.

INDIAŃSKIE ŻARCIE

Trudno to nazwać inaczej – żarcie i już. Owady, gryzonie, ślimaki, małpi mózg... Indianie jedzą wszystko, co się rusza. Ważne, żeby w ogóle było.
Podstawa indiańskiej diety to maniok i mięso. Żółw smaczny nie jest, ale daje się długo przechowywać; nie zdechnie całymi tygodniami. Papuga też smaczna nie jest, ale za to głupia

Indianom nigdy nie chodzi o smak – zawsze o ilość. Byle wypełnić żołądek. Nie brzydzą się niczym. Nie przeszkadza im brak soli. Nie męczy monotonia. Na określenie smaków znają tylko dwa słowa: *słodkie* i *kwaśne*; przy czym *kwaśne* znaczy to samo co *zepsute*.
Kto nie jest w stanie ze spokojem patrzeć na te zdjęcia, ucieknie z dżungli po pierwszym posiłku.

Część 6

KSIĘGA MAGII

Wypierani przez cywilizację, przenosili się coraz dalej w głąb Dzikich Ziem. Niewielu mieszkańcom Mitú udało się kiedykolwiek spotkać Dzikich, lecz drwale i myśliwi żyjący w puszczy czasami mieli okazję przelotnie ich ujrzeć.

Zdarzało się, że Dzicy znikali z tego rejonu na całe pokolenie lub dłużej, by później znów nagle się tam pojawić. Niewidoczni.

O ich obecności świadczyły jedynie skrzyżowane włócznie wbite w ziemię, tu i tam, zawsze na rzadko używanej ścieżce w dżungli.

ŚCIEŻKA W DŻUNGLI

Póki czarownik szedł przede mną, ścieżka była dość wyraźna, ale gdy tylko wychodziłem przed niego, znikała mi z oczu już po kilku krokach. Jakby się rozpływała w gęstwinie. Kiedy zaś próbowałem wracać po własnych śladach, okazywało się, że żadnych śladów nie ma – stałem zagubiony pośród zwartej puszczy. A czarownik stał tuż za mną i robił tajemnicze miny. Potem ruszał przodem i nagle znowu widziałem tę ścieżkę. Całkiem wyraźną!

– Bo to nie jest zwykła ścieżka, gringo – powiedział szaman.
– My nie chcemy żeby ktoś niepowołany tędy chodził. Dawniej, takie *ścieżki-niewidki* robiliśmy ze względu na jaguary; żeby nie potrafiły znaleźć drogi do naszych wiosek. Dzisiaj robimy je ze względu na Obcych.

Popatrzyłem na niego z niedowierzaniem. Opowiadał mi jakieś niestworzone rzeczy. Co to, bajka? A ja w tej bajce?

– Jeśli chcesz mnie sprawdzić – dodał – możesz zaznaczać drogę maczetą. Możesz zostawiać wyraźne ślady, łamać gałęzie, układać na ziemi strzałki z patyków... Ale i tak, gdy spróbujesz tędy iść beze mnie, trafisz donikąd.

*   *   *

Innym razem pokazał mi *ścieżkę-w-jedną-stronę*. Od *niewidki* różniła się tym, że mogłem nią chodzić samemu, ale tylko z wioski do lasu.

Była to bardzo wyraźna ścieżka – szeroka i komfortowa – prawie jak dukt. Pod warunkiem że człowiek nie próbował zawracać, bo wtedy natychmiast robiła się wąska, dziwnie kręta, zarośnięta i bez przerwy się rozwidlała. Gdy się nią odeszło odpowiednio daleko w las, wówczas w jedną stronę była nadal szeroka i komfortowa, w drugą zaś – w kierunku z powrotem do wioski – znikała. Nie ma na to innego słowa – znikała! Przed tobą wyraźnie wydeptany dukt, a za plecami splątana gęstwina. Odchodzisz kawałek dalej tym duktem, zawracasz i znowu nie widzisz ani kawałka ścieżki. Zbita gęstwina, której tu przecież nie było – przed chwilą tędy szedłeś!!!

– Ale teraz już nie pójdziesz, gringo. Chyba że w towarzystwie Indianina. Bez niego będziesz szedł tylko w jedną stronę. Tam, dokąd zechcemy cię posłać – objaśnił szaman.

Funkcją takich ścieżek jest wyprowadzanie intruzów z terytoriów plemiennych w stronę cywilizacji. Czyli tam, skąd intruzi przyszli. Albo... wyprowadzanie ich daleko w głąb Dzikich Ziem – w kierunku niezbadanej głuszy, pełnej drapieżnych zwierząt, orchidei i Tajemniczych Niebezpieczeństw. Czyli tam, skąd intruzi już nigdy nie powrócą.

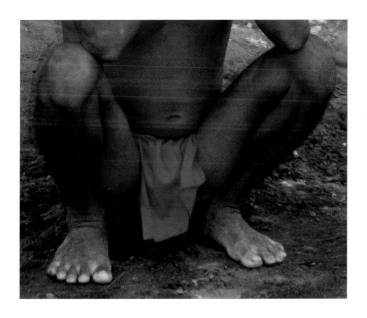

ZŁY LAS

 A czym właściwie są Tajemnicze Niebezpieczeństwa? Nie wiem.

Nie wiem o nich prawie nic. Bo niby skąd mam wiedzieć? Ten, kto je widział, najczęściej nie może już o tym opowiedzieć. A nawet jeżeli może, to nie chce.

Indianie wierzą, że rozmawianie o rzeczach groźnych to *przywoływanie*. Pojedyncze słowo potrafi ściągnąć nieszczęście, wywołać burzę, a czasami nawet stworzyć coś z niebytu – Potwora, Boleść, złe wizje.

Słowa mają Moc. Tym większą, im większą Moc ma to, co te słowa określają. Wypowiadanie słów w rodzaju „wiatr", „deszcz", „palenisko", „garnek" nie pociąga za sobą zbyt wielkiej Mocy, dlatego można się nimi posługiwać swobodnie. Ale ze słowami w rodzaju „wicher", „ulewa", „pożar" czy „siekiera" Indianie są bardzo ostrożni. Niektórych rzeczy po prostu wolą nie nazywać po imieniu. Wtedy szukają omówień – językowych wykrętów – i ogólnie robią wszystko, żeby nie zgłębiać tematu, którego się boją.[54]

Dlatego dość często słyszałem o Tajemniczych Niebezpieczeństwach, ale nigdy nie mogłem się dowiedzieć, o co konkretnie chodzi.

---

[54] A co ze słowem „skarpetka"?
Kiedy to jest jedna z wielu skarpetek w naszym domu, problemu nie ma – można o niej gadać do woli. Gorzej, gdy mamy do czynienia z pojedynczą skarpetką (dziurawą), która zbłądziła do wioski Dzikich – wtedy zaczynają się kłopoty. Taka skarpetka nabiera Mocy i lepiej o niej nie rozmawiać. Szczególnie, że nie bardzo wiadomo co powiedzieć, bo nikt w wiosce nie ma pojęcia, do czego toto służy. Ani z czego jest zrobione. Ani jak.
Taka skarpetka staje się tematem tabu. Ląduje u szamana, pośród kilku innych Tajemniczych Rzeczy, których nie wolno ani wyrzucić, ani zniszczyć, bo przecież mają Moc, która po ich zniszczeniu zostałaby uwolniona i... *Na kogo padnie, na tego bęc.*

* * *

Jedną z Tajemniczych Rzeczy były porzucone japońskie majtki. (O których ani szaman, ani tym bardziej nikt inny nie wiedział, czym są, z czego je zrobiono ani jak.) Domyślano się różnie. Wiele zamieszania wprowadzały otwory – gdyby nie one, można by uznać majtki za rodzaj torby, ale po co komu torba z tyloma dziurami?
Kiedy Indianie po raz pierwszy zobaczyli majtki w akcji (moje), wówczas komentarzom i śmiechom nie było końca. Wtedy dopiero wyszło na jaw, że wprawdzie nikt nic głośno nie mówił, ale wszyscy myśleli, że to skarpetka służy Obcym do tego, do czego, jak się ostatecznie wyjaśniło, służą majtki.
Tego pamiętnego wieczoru majtki straciły Moc. (A skarpetka? Hmm... Nie powiedziałem im do czego służy. Niech się domyślą sami. Po pierwsze: na pewno to zrobią źle, a po drugie: na pewno śmiesznie.)

– Nie wywołuj pumy z lasu – przestrzegli; a jednocześnie radzili bardzo uważać.

Zabobon – powiecie. – Przesąd i tyle. Żadne *przywoływanie* nie istnieje.

Owszem, może i głupi przesąd, ale spróbujcie o tym przekonać Indianina. Albo samych siebie, kiedy idziecie wąską ścieżką w dżungli, a wasi przewodnicy właśnie wpadli w popłoch. Jak się czuje człowiek... a raczej jak bardzo boi się człowiek, którego prowadzą dwaj przerażeni Indianie? I jak mocno wtedy wierzy w istnienie Tajemniczych Niebezpieczeństw?!

Posłuchajcie...

Przeżyłem to w drodze na Dzikie Ziemie. Najpierw płynęliśmy rzeką pełną zakrętów. Potem, kiedy woda opadła i spód pirogi zaczął szurać po dnie, próbowaliśmy iść brzegiem. Niestety, rzeka była tak kręta, że chodziliśmy w kółko. W końcu moi przewodnicy zdecydowali ruszyć na przełaj – z maczetą w dłoni przez zarośla, ale za to prosto.

Nie uszliśmy daleko – jeszcze tego samego dnia zaczęliśmy się błąkać. Najlepsi przewodnicy Carapana zgubili drogę??? Eee, niemożliwe. Czemu więc kluczyliśmy zamiast maszerować jak należy? I czemu Indianie zaczęli się bać?

Pytam, o co chodzi, a oni tylko kręcą głowami i mówią, że to Zły Las.

Co to ma oznaczać? Jakieś dzikie plemię, które strzela do obcych?

Mówią mi, że nie – tutaj to oni strzelają do obcych. A poza tym wszyscy obcy to w tej chwili ja jeden. Już od dawna nikt z zewnątrz nie ważył się wkraczać na Dzikie Ziemie.

No więc, co?! Skąd ten strach? I co oznacza Zły Las???

W końcu udaje mi się od nich wyciągnąć wyjaśnienie wypowiedziane najcichszym szeptem, na ucho, prawie niesłyszalne:

– Drapieżne Rośliny.

Bzdura jakaś i przesąd!

Ale Indianie wcale nie są przesądni (wbrew temu, co my o nich sądzimy). Owszem, wierzą w różne dziwne rzeczy, ale są przy tym po swojemu racjonalni – wierzą tylko w to, co im się zdarza naprawdę. W to, co istnieje. Dotykalne. Nigdy w wyssane z palca bujdy. Indianie to ludzie konkretni. Materialiści. Bardzo uduchowieni, ale jednak materialiści.

Kiedy ktoś zapada na nieznaną chorobę, mogą ją sobie tłumaczyć działaniem złych mocy, ale sama choroba istnieje i zabija realnie. Kiedy indziej mogą wierzyć, że duchy przodków nasyłają na nich jadowite węże, ale wtedy te węże też istnieją realnie. Skąd więc nagle hasło: Drapieżne Rośliny? Ono musi coś oznaczać. Coś konkretnego, dotykalnego. I w dodatku coś bardzo groźnego dla ludzi. Na pewno nie chodzi o te małe lepkie kwiatuszki, które wabią słodyczą, a potem zamykają się gwałtownie. Największe z nich potrafią strawić żabę, kolibra, ale przecież nie zagrożą nam... Więc co to mogło być?! Czegóż to Indianie bali się tak panicznie?

* * *

Rośliny atakujące ludzi? Niedorzeczność!

A jednak – w kilku książkach XVIII i XIX-wiecznych badaczy amazońskiej przyrody można znaleźć wzmianki o „chłoszczących lianach" oraz o roślinach, które „rzygają jadem", a potem okręcają się ciasno wokół ofiary i ją duszą. To podobno tylko legendy. Bujdy. Nikt tych roślin nie widział, nikt ich nie badał. Ale może dlatego, że żaden z badaczy nie przeżył kontaktu...?

Czy to możliwe, by jeszcze dzisiaj w dżungli kryły się jakieś nieodkryte tajemnice? Możliwe! Co roku odkrywamy wiele nowych roślin i setki nowych gatunków motyli. Raz na 10 lat ktoś natyka się na kolejne nieznane plemię i za każdym razem myślimy, że to już ostatnie. Może więc indiańskie Opowieści o drapieżnych roślinach nie są wyssane z palca?

* * *

Indianie nie obawiają się byle czego. Znają dżunglę jak my znamy własną dłoń. Większość niebezpieczeństw tropikalnego lasu to dla nich pospolita codzienność. Owszem groźna, ale tylko codzienność – trzeba uważać i już. Jeżeli więc oni bali się drapieżnych roślin, to to nie mogło być byle co. I na pewno nie bujda.

Indianie nie kłamią. Potrafią barwnie opowiadać, koloryzować, ale nie kłamią. Oni się boją kłamać! Powód jest prosty: kiedy coś zmyślisz i opowiesz na głos, to „coś" staje się realne – zostaje *przywołane* i ze świata wyobraźni przechodzi do świata materii. Wymyślony potwór może nagle wychynąć z nicości by rzucić się na ciebie. Dlatego Indianie nie kłamią. A skoro tak, to ja im wierzę. Także w Opowieści o roślinach umiejących zabić człowieka.[55] Wierzę w istnienie Tajemniczych Niebezpieczeństw, choć nie mam pojęcia co to konkretnie jest. I jakoś zupełnie nie rwę się dociekać. Skoro one są niebezpieczne, to niech lepiej pozostaną tajemnicze; nawet na zawsze. I gdzieś daleko ode mnie. Moją osobą naprawdę szkoda się zajmować. Strata czasu.

MORAŁ:

Nie każda Tajemnica musi zostać odkryta. Niektóre warto zostawić w spokoju. Nawet za cenę dozgonnego lęku przed... niewiadomoczym. To prawda – do odważnych świat należy. Tylko po co komu cały świat? Na awersie medalu za odwagę wygrawerowano maksymę: *Żyje się tylko raz!* No właśnie – *tylko raz.* Druga strona tego medalu też zawiera pewne życiowe prawdy. Wygrawerowano je dużo mniej krzykliwymi czcionkami, ale dość dobitnie. Posłuchajcie...
Ostrożni żyją dłużej od odważnych.
Umierają mniej tragicznie.
I rzadziej przy tym krzyczą ze strachu.

---

[55] W Europie szaleje groźna roślina o nazwie barszcz Sosnowskiego. Kiedy kwitnie, jest niewinna, ale gdy przyjdą upały, dojrzewa i wywołuje u ludzi ciężkie poparzenia ciała – na skórze pojawiają się trudne do wyleczenia bąble. W wyjątkowych przypadkach barszcz potrafi zabić.
Roślina ta powstała w wyniku manipulacji człowieka – pan Sosnowski szukał wydajnej paszy dla zwierząt. A „stworzył" parzącego potwora.
Natura jest w takich sprawach lepsza od nas. Dlatego myślę, że bez większego trudu potrafiłaby stworzyć potwora, Potwora, a nawet POTWORA. I być może stworzyła już dawno temu. [przyp. tłumacza]

DŻUNGLA BEZ KOŃCA

 A co właściwie wiadomo o strachu? Że jest blady i ma wielkie oczy? Hmm. Niewiele, jak na rysopis osobnika, którego każdy kiedyś spotkał. To dlatego, że strach robi coś dziwnego z naszą pamięcią. Dziurawi ją. Czasami nawet czyści do zera. Kiedy go spotykamy, zapominamy o bożym świecie, a w wyjątkowych przypadkach nawet o Bożym Narodzeniu.

Posłuchajcie...

Utrata kontaktu z kalendarzem nie jest w dżungli niczym nadzwyczajnym – przy dłuższym pobycie przytrafia się każdemu. W strefie równikowej dni i noce mają zawsze po 12 godzin – nieistotne, styczeń to, czy lipiec. Kolejne miesiące nie różnią się od siebie (może tylko wielkością kropel deszczu), a ogólna monotonia życia jeszcze zwiększa ten efekt. W tych warunkach łatwo przegapić dzień czy dwa. Ale Boże Narodzenie??? No cóż, jak widać i to się zdarza. To znaczy, zdarzyło się raz – mnie. O nikim innym nie słyszałem.

Było to właśnie wtedy – nad Río Anaconda – kiedy zeszliśmy na brzeg i zaczęliśmy iść piechotą. Najpierw panika wywołana przez drapieżne rośliny, a potem kilka dni mozolnego marszu, bez wyraźnego celu. Moi przewodnicy twierdzili wprawdzie, że wiedzą, gdzie szukać wioski Dzikich, ale między „wiedzą gdzie szukać" a „wreszcie znaleźć" była ogromna przestrzeń dziewiczej puszczy.

Indianie nazywali tę przestrzeń *dżunglą-bez-końca*. W moim rozumieniu oznaczało to, że pobłądzili, ale nie chcą się do tego przyznać. A w dodatku próbują wszystko zwalić na roślinność – *trochę zbyt gęstą*, ich zdaniem, *kłębiącą się agresywnie i tłoczącą* na naszej drodze w stopniu, który... *utrudnia orientację w terenie nawet najbardziej wytrawnym tropicielom.*

Mija dzień, mija drugi... trzeci... a my błądzimy. To znaczy, pardon, nie błądzimy, tylko „dżungla nie ma końca". Idziemy, idziemy, idziemy, a oni twardo obstają, że cały czas wiedzą dokąd. W tych warunkach przestało mnie obchodzić, który to dzień tygodnia.

Całe zainteresowanie skupiłem na przetrwaniu do dnia następnego.

* * *

Dżungla-bez-końca stanowi dla Indian rodzaj innego wymiaru położonego równolegle z naszym. Albo, jak kto woli, po prostu Krainę Duchów. Coś – może to być poirytowany demon albo urażony nieboszczyk – sprawia, że niepostrzeżenie przekraczamy granicę między dżunglą normalną a *dżunglą-bez-końca*. Potem człowiek zmuszony jest błąkać się tak długo, aż się wybłąka z powrotem na właściwą stronę rzeczywistości. Trzeba iść przed siebie, aż się dojdzie. Albo aż się umrze z głodu i wyczerpania, ale wtedy człowiek po prostu zostaje na zawsze w Krainie Duchów, czyli tam, gdzie jego nowe i – od chwili śmierci – *właściwe* miejsce.

* * *

Opowiedzieli mi o tym wieczorem. Czwartego czy piątego dnia – już żaden z nas nie pamiętał, ile tych dni minęło. Nakrzyczałem na nich, że CHCĘ WIEDZIEĆ, O CO TU CHODZI!!! Wtedy postanowili, że lepiej będzie mi powiedzieć, niż ryzykować, że sam się zacznę domyślać i wykrzykiwać te moje domysły na głos. One byłyby straszniejsze od faktów. W dodatku *dżungla-bez-końca* nie była niczym nadzwyczajnym. Nadzwyczajne (i trochę nieprzyjemne) było jedynie to, że trafiliśmy do niej bez „gry wstępnej", którą jest umieranie. Każdy człowiek w końcu ląduje w innym wymiarze, ale jest wtedy martwy. A my byliśmy żywi. Świadczyły o tym dobitnie swędzące ukąszenia moskitów i galopująca biegunka, której nabawiliśmy się, popijając wodę z nieznanego strumienia.

W znajomym lesie Indianie nie mylą strumieni – obowiązuje ścisły podział na te „do picia" i „do mycia". Ale teraz byliśmy już na Dzikich Ziemiach i nikt z nas nie wiedział, skąd wolno pić.

Podrapani do krwi, wycieńczeni przez biegunkę i strach, siedzieliśmy przy ognisku, opiekając nad żarem jakiegoś nędznego kuraka. Miał twarde, gumiaste mięso. Właściwie same kości i pióra... Ale był! Pozwolił się zabić i dawał się jeść.

* * *

Głód jest fantastycznym kucharzem. Potrafi wyczarować danie z byle czego oraz przekąski z rzeczy, których jeszcze kilka dni temu nie wzięlibyście do ust.

Na przykład poprzedniej nocy, odrobinkę tylko zdesperowany, zaserwował nam skolopendry na patyku. Nie można o tym... *czymś* powiedzieć „palce lizać", ale na pewno można powiedzieć „zamknij oczy". Można też dodać „najlepiej wyłącz smak i postaraj się jakoś przełknąć". Patrząc z tej perspektywy, nasz gumiasty kurak nadawał się na stół królowej brytyjskiej.[56]

* * *

Siedzieliśmy przy ogniu w nastrojach markotnych. Indianie snuli Opowieść o *dżungli-bez-końca*. Lubię Opowieści. Ale nie tę. Absolutnie nie spełniała normy. – BANIALUKI, panowie! – krzyczałem poirytowany. – Mieliście mnie doprowadzić do Dzikich, a nie popadać w panikę. Jesteście podobno najlepsi tropiciele! I co? Gucio!!! Tak żeście tropili, że wleźliśmy dzisiaj na nasze własne ślady sprzed kilku dni.

Krzyczałem ze strachu. Oni też się bali i to było najbardziej przerażające. Krzykiem chciałem ich przekonać, że z naszej trójki przynajmniej ja się nie boję niczego. Zadziałało. Niestety trochę inaczej, niż planowałem – Indianie uznali, że skoro oni się boją, a ja nie, to można mnie zupełnie spokojnie zostawić samego.

I uciekli.

* * *

Kiedy po powrocie do domu[57] przeglądałem notatki z wyprawy, doszedłem do wniosku, że tamta noc – pełna strachu i krzyku – wypadła w Wigilię.

Boże Narodzenie minęło niezauważone.

---

[56] Chyba tylko razem z uniżoną prośbą kucharza o natychmiastowe zwolnienie z pracy (bez odprawy). [przyp. tłumacza]

[57] Och, co za beznadziejny facet!!! Do jakiego domu??? Człowieku, a gdzie suspens?! Ludzie chcą być trzymani w niepewności, czy udało się Panu wrócić, czy może raczej to, co w tej chwili czytają pochodzi z pamiętnika znalezionego przez ekspedycję ratunkową. ...Której, mimo wielomiesięcznych wysiłków, nie udało się odszukać ani Autora, ani jego zwłok, ani ogryzionych kości, ani w ogóle nic!!!! Wychodzę! Nie robię więcej w tej chałowej książce! ŻEGNAM !!! [przyp. eks-tłumacza]

Niemożliwe? A jednak. Spróbujcie powłóczyć się tydzień po puszczy, będąc cały czas sterroryzowani myślą, że wasi przewodnicy nie mają pojęcia, w którą stronę jest „do domu". Dżungla zabija z taką łatwością... W tych warunkach Boże Narodzenie zginęło zaplątane w gąszczu ważniejszych spraw. Nie ono jedno – zgubiłem wtedy także Sylwestra! A odkryłem to dopiero po powrocie do cywilizacji:

Był czwartek – to znaczy w świadomości większości ludzi był czwartek – ja zaś próbowałem wsiąść do samolotu, który lata wyłącznie w poniedziałki. Nakrzyczałem nawet na obsługę lotniska, że są *cabrones* i że ja z kolei nie jestem *idiota*... Nic to jednak nie dało – upierali się przy swoim czwartku.

W końcu stanęło na tym, że oni jednak nie są *cabrones*, ja za to jestem jak najbardziej *idiota* i polecę grzecznie w następny poniedziałek, bo ten, o którym myślałem, już minął.

– A DZISIAJ JEST, JEST, JEST I JESZCZE PRZEZ KILKANAŚCIE GODZIN BĘDZIE, BĘDZIE, BĘDZIE CZWAAAARRRTEKKK! ZROZUMIAŁEŚ, GRINGO??? – wykrzyczał mi w twarz kapitan lotniska.

– Sí, señor – odpowiedziałem potulnie, ocierając z twarzy pot (i ślinę).

Jego oddech był oddechem rozjuszonej bestii, której bardzo niewiele trzeba, żeby mi odgryzła głowę. Na szczęście kapitan nie forsował sprawy niefortunnego słówka *cabrones*, którego nie powinienem był używać. Ja zaś, w ramach rewanżu, postanowiłem nie wracać do kwestii: *hijo de puta, pendejo* oraz *no me sale de los cojones verte más por aquí, gringo* (a także kilkunastu innych wyrażeń, których nie ujmują żadne słowniki[58]).

Gdy mnie dzisiaj pytają o najbardziej niesamowite święta w moim życiu, opowiadam o tamtych, które wtedy przegapiłem.

* * *

---

[58] Słowniki nie mogą ich ujmować, gdyż wyrażenia te nie mają pisowni – wyłącznie wymowę. Wypowiadane są dość często, ale nikomu nie przychodzi do głowy, by je zapisywać. Głównie dlatego, że kiedy dwoje wściekłych ludzi na siebie krzyczy, nie ma czasu na robienie notatek. A kiedy już się uspokoją i mogliby notować, żaden nie pamięta, co krzyczał. [przyp. tłumacza... no właśnie się uspokoiłam i nie bardzo pamiętam, co krzyczałam poprzednio.]

Tak więc moi przewodnicy uciekli. Przestraszyli się zbyt krętej rzeki, Tajemniczych Niebezpieczeństw i *dżungli-bez-końca*. A ja zostałem sam w Złym Lesie, gdzie czaiły się Drapieżne Rośliny.

Na szczęście niezbyt długo, bo wkrótce nastał ten pamiętny dzień, kiedy próbowałem fotografować kolibra i w pewnej chwili poczułem na karku bolesne ukłucie, a kiedy się odwróciłem, przede mną stał potwór o czarnej twarzy – wtedy zemdlałem po raz pierwszy. Potem słyszałem, jak ktoś nad moją głową rozmawia w nieznanym języku i zemdlałem po raz drugi. A kiedy ocknąłem się na dobre, byłem już w wiosce Dzikich, której wcześniej z takim mozołem szukałem. Naprzeciwko mnie siedział szaman i z przestrachem studiował kolor moich oczu.

Szaman, mój wróg – tak było wtedy.
Szaman, mój przyjaciel – tak było teraz.

MAWIANIE DO SERCA

Gdy ze mną rozmawiał, co rusz wplatał jakieś indiańskie słowa. W niektórych zdaniach tych słów było więcej niż hiszpańskich. Mimo to rozumiałem go świetnie.

Późną nocą, kiedy zostawaliśmy sami i kiedy zaczynał mi opowiadać o czarach i starych rytuałach, przemawiał już wyłącznie po indiańsku. Nie rozumiałem ani jednego słowa, a jednak... jakoś... *wiedziałem*, co ma na myśli. Każdy z tych nieznanych mi wcześniej wyrazów brzmiał w jego wykonaniu czytelnie i jasno. Chociaż nadal nie rozumiałem, co do mnie mówią pozostali członkowie plemienia.

– Czarowniku – pytam – czy oni mówią jakimś innym narzeczem niż ty?

– E-e. Tym samym.

– To czemu ich nie rozumiem?

– ...

– A czemu w takim razie rozumiem ciebie? I to ZAWSZE, kiedy do mnie mówisz?

– ...

– Może to w takim razie intonacja? Jakoś tak mówisz, że cię rozumiem z kontekstu?

– Po prostu jestem szamanem, gringo.

– I ?

– Gdy nie znam któregoś z twoich słów, posyłam ci nasze. Ale nie tak jak moi ziomkowie – do uszu – lecz tak, jak to potrafi robić tylko szaman – wprost do serca. Słyszysz to słowo uszami, ale nadal byś go nie rozumiał, gdybyś go równocześnie nie usłyszał sercem.

* * *

Wprawdzie czytałem już gdzieś, w literaturze fachowej, o „mawianiu do serca" – rodzaju telepatii służącej Indianom do porozumiewania się między sobą w sytuacjach, gdy rozmówcy nie znali nawzajem swoich języków – jednak wydawało mi się to tak nieprawdopodobne, tak niedorzeczne, że włożyłem tę rewelację między bajki. Teraz rewelacja wypełzła spośród bajek i stanąłem z nią twarzą w twarz. Miała dziwnie znajome kształty – wielka, kosmata... Panika!

Tak – bałem się! Śmiertelnie.

Obserwowanie zjawisk magicznych z bliska, najczęściej prowadzi do konkluzji w rodzaju: „sztuczka", „trik", „całkiem zręcznie zrobiona iluzja". Człowiek, wychowany w przeświadczeniu, że wszystko musi mieć naukowe wytłumaczenie, jest w stanie czary ignorować lub wyśmiewać nawet w sytuacjach, gdy widzi zjawiska paranormalne na własne oczy. Nasze przyzwyczajenie do racjonalnego porządku świata powoduje, że biały człowiek jest bardzo odporny na czary... Dopóki w nie nie uwierzy. Dopóki ich nie poczuje na własnej skórze.

A więc bałem się. Śmiertelnie.

Spróbujcie nie spanikować w podobnej sytuacji: Naprzeciwko siedzi szaman. Dookoła setki kilometrów dżungli, głucha noc i nie ma dokąd uciekać. Pośród tej nocy Indianin mówi coś do was w nieznanym języku, a wy wszystko rozumiecie... Każdy normalny człowiek by się bał.

Żeby ten strach jakoś udźwignąć, postanowiłem szamana sprawdzić – a może to jednak zwykła sztuczka i zaraz okaże się, że świat jest taki jak zawsze.

– Czarowniku?

– Tak, gringo?

– Czy możesz do mnie mówić, nie otwierając ust?

– ...

– Ale skąd mam wiedzieć, że to, co teraz słyszę w głowie... w sercu, to są słowa... myśli... wrażenia... płynące od ciebie, a nie moje własne?

– ...

– A jak mam to sprawdzić?

– ...

– Dobrze. O czym myślę w tej chwili? – zapytałem, myśląc o moim hamaku wiszącym w kącie szałasu.

W odpowiedzi, szaman uśmiechnął się i wskazał palcem na hamak.

– A teraz?

Szaman wskazał na mój plecak. Potem na moją latarkę, na maczetę, na mój łokieć, kolano, oko... Zawsze prawidłowo.

– A więc czytasz w myślach – stwierdziłem lekko spanikowany.

– I umiesz przeczytać wszystko co tam jest? Także uczucia?

– ...

– No tak, ale uczucia można rozpoznać, nawet nie zaglądając ludziom do serc. A kształty? Zobaczysz... odczytasz jakoś kształty z mojej głowy, gdybym ci je... posłał? – w tej rozmowie wciąż szukałem słów odpowiednich do określenia zjawisk, które w ucywilizowanym świecie nie występują.

– ...

– Narysuj, o czym myślę – poprosiłem.

Szaman sięgnął po jakiś patyk i narysował na klepisku krzywy trójkąt.

– A to?

Starł trójkąt stopą i w jego miejscu narysował koło.

– Niebywałe! A coś bardziej trudnego... To?

Szaman przez chwilę się wahał, a potem bardzo precyzyjnie odtworzył z mojej głowy obrys kontynentu europejskiego; tak koślawo i w niektórych miejscach niedokładnie, jak go sobie wyobraziłem.

– Tam mieszkasz, gringo? To jest twoja ziemia, prawda? – zapytał, tym razem na głos.

– Moja ziemia jest tutaj – pokazałem mu, gdzie w Europie leży Polska.

– A moja tam – szaman wskazał obszar klepiska położony o jakieś dwa metry od nas. – A między moją ziemią a twoją jest dużo wody... i to nie jest rzeka... tylko coś podobnego do... rozlewiska.

– Morze.

– Tak na to mówicie? Pomyśl jeszcze o morzu, gringo. Chcę je zobaczyć; chcę mu się dobrze przyjrzeć. To morze jest podejrzane. Za duże.

Zrobiłem, o co poprosił, choć czułem się wtedy bardzo dziwnie.

Później myślałem, dla niego, o wielu innych rzeczach – przedmiotach, zjawiskach, ludziach... – a szaman czytał mi to wszystko z serca i głowy. Był zafascynowany nowościami.

Niekiedy wymienialiśmy kilka słów na głos, ale najczęściej panowała między nami cisza. Pełna myśli. Co kilka chwil szaman zadziwiony czymś, co zobaczył, wzdychał albo pokrzykiwał: Ha! Wpatrywał się w moje myśli z wypiekami na twarzy. Przypominał dziecko, które po raz pierwszy zabrano do kina. A ja czułem się coraz bardziej idiotycznie – jak projektor.

W końcu nastał świt i wtedy szaman powiedział:

– Gringo?

– Tak, Czarowniku?

– Zauważyłeś może, że od kilku wieczorów mówisz do mnie we własnym języku, nie po hiszpańsku, a ja nadal wszystko rozumiem?

– Zauważyłem. Ale wolałem tego nie dostrzegać.

– Dziwni jesteście, wy Obcy.

– W tym akurat nie jestem dziwny. To zwykły strach. Mnie się nie mieści w głowie, że znasz polski.

– Bo nie znam.

– No tak, ale jakoś rozumiesz. To przeraża.

– Za dużo się boisz, gringo.

– A mówiłeś, że strach jest dobry.

– Niekoniecznie dla tych, co się boją.

– To akurat moje słowa. Ale... jak tyś to wtedy skomentował?...

– Powiedziałem, że strach jest dobry dla obu stron. Myliłem się. Zmieniam zdanie.

– Szamani nie zmieniają zdań.

– Szamani nie, gringo. Czarownicy tak – ton jego głosu nagle stwardniał. – Szaman ma Wiedzę. Czarownik ma Mądrość. To wielka różnica.

– Nie chciałem cię obrazić.

– Wiem. W twoim języku różnica jest niepozorna. „Czarownik" zawiera odrobinę więcej szacunku. Myśl sobie jak chcesz, ale na głos nigdy nie mów o mnie „szaman". A o co chciałeś zapytać, gringo? – nagle zmienił temat. Przyjąłem to z prawdziwą ulgą. Nie byłem pewien, ile dokładnie widzi, kiedy czyta z moich myśli, ale zdecydowanie wolałem, żeby nie widział wszystkiego.

– Chciałem zapytać?? Kiedy?

– Cały czas. Coś czai się w tyle twojej głowy. Nie widzę dokładnie co, ale to na pewno pytanie.

Ulżyło mi. Te słowa oznaczały, że nie „widział" rzeczy ukrywanych w podświadomości.

– Rozum jest jak gęste krzaki, gringo. Albo jak mętna woda. Myśl musi najpierw wypłynąć na powierzchnię; na czoło. Stanąć przed gąszczem innych myśli. Dopiero wtedy widzę ją wyraźnie.

Są osoby, które potrafię przejrzeć na wylot za pomocą jednego spojrzenia, ale tylko te najprostsze umysły. Twój jest... zawiły. Gmatwanina. Szumy, szepty. Hmm... – przymknął oczy i wyglądał jakby mnie skanował.

– Ej, stop! – zaprotestowałem. – Czy to w ogóle bezpieczne, kiedy tak buszujesz w mojej głowie?

– Bezpieczne. Tak samo jak patrzenie na twoją twarz. Przecież niczego nie dotykam. Tylko spoglądam.

– A mógłbyś „dotknąć"???

– Nie dotknę! Chybabym mógł, gdybym spróbował... Ale to złe! Nie mówmy o tym.

– Złe..?

– NIE mówmy o tym – przez chwilę jego głos przypominał stos granitu. Każde słowo ważyło tonę. Takich słów nikt nie rzuca na wiatr, a gdyby rzucił, to lepiej stać po zawietrznej.

– Jak się czujesz „podsłuchując" co myślą inni? – postanowiłem ewakuować rozmowę na bezpieczniejszy grunt.

– Słyszę cudze myśli, odkąd przestałem być chłopcem. I, uwierz mi, gringo, to wcale nie jest miłe. Ani ciekawe. Ludzie najczęściej rozmyślają o głupotach. A im głupota głupsza, tym bardziej hałaśliwa. Mnie się przy nich trudno skupić, dlatego mieszkam na krańcu wioski. Jeśli chcesz poczuć, jak to jest, powąchaj każdego, kogo dzisiaj spotkasz. Człowiek zawsze trochę śmierdzi, nawet ten najczystszy. Z myślami jest podobnie. Wsadzanie nosa w cudze sprawy, rzecz niemiła. Dlatego wsadzam tylko, kiedy muszę – zakończył z uśmiechem.

* * *

Możecie mi wierzyć lub nie – przegadałem z tym człowiekiem wiele nocy, choć jego hiszpański składał się zaledwie z kilkudziesięciu słów. Omawialiśmy sprawy bardzo skomplikowane – z indiańskiej medycyny, wierzeń, mitologii. Opowiadałem mu też wiele o naszym świecie. Kiedy brakowało mi odpowiednich słów, wtrącałem słowa polskie. A on nadal wszystko rozumiał – *czytał wprost z mego serca*.

MORAŁ:

 Są rzeczy na niebie i ziemi, o których nie śniło się naszym filozofom. Są! Jeszcze są.

SIEDLISKO UCZUĆ

czego szaman czyta myśli „z serca", a nie z głowy?
stoją za tym żadne konkretne powody. Ot, kwestia tradycji,
ecz umowna. A gdyby ktoś wyjątkowo uparcie dociekał przy-
słyszy odpowiedź w rodzaju: „Bo tak." Innej nie ma.
nas siedliskiem myśli jest oczywiście mózg, ale w starożyt-
yło inaczej. Wtedy biały człowiek myślał podobnie jak Dzicy
em. Nie do wiary? A jednak. Wystarczy sięgnąć do poezji
h czasów, choćby do Psalmów Dawida, by się przekonać, że
szych praprzodków serce było ośrodkiem rozumu. A mózg...
icą do krwi.

Gdzie w tej sytuacji umieszczano uczucia? Gdzie kwitła miłość? Kryła się nienawiść? Kipiała złość?

Gdyby Dzień Zakochanych przenieść w czasy Mojżesza, wówczas na walentynkowych pocztówkach widniałyby... nerki. A pudełeczka czekoladowych serduszek – tradycyjny podarunek dla ukochanej – trzeba by zastąpić półmiskami duszonych cynader.

W starożytności wszelkie gwałtowne uniesienia – miłość, gniew, furia, euforia, brawura... – wszystko to rodziło się w nerkach; w lędźwiach człowieka. Tak jakby oni wtedy skupiali uwagę bardziej na aspekcie fizjologicznym uczuć i poszukiwali ich źródła w gruczo-łach, a więc w chemii organizmu, a nie w ludzkiej duszy.

Dzisiaj wiadomo, że kochamy głową – mózgiem – i myślimy też głową. Medycyna udowodniła, że nasze serce jest wyłącznie pompką do krwi, a w nerkach nie powstają uczucia, tylko siuśki i kamienie. Na szczęście poezja wciąż nie bierze sobie tych dowo-dów do serca.

* * *

Jako się rzekło – wszystko to kwestia umowy.

Ja wciąż kocham po staremu – pompką. Staram się nie angażo-wać do tego głowy, gdyż chłodna myśl zabija miłosne porywy.

Mój sąsiad, któremu wstawiono sztuczne serce, nie ma wyboru – kocha chłodnicą.

Z kolei drugi mój sąsiad zwykł mawiać, że od myślenia boli go głowa, a od kochania... portfel. Więcej sąsiadów nie mam.[*]

Kochać można wszystkim.

Czasami słyszymy wyznania miłosne w rodzaju: Tak cię kocham, że mógłbym cię jeść łyżkami. To przecież nic innego jak kochanie podniebieniem. Albo: Mogę na ciebie patrzeć w nieskończoność – kochanie oczami. Kocham cię słuchać – uszami. Można nawet kochać za pomocą jakiejś cechy swego charakteru – na przykład naiwności, wrodzonej głupoty lub też wyjątkowej krótkowzrocz-ności i nieumiejętności przewidywania tego, co prędzej, czy później nastąpi: Ślubuję ci wierność, uczciwość oraz że cię nie opuszczę.

---

[*] Ale gdybym miał jeszcze jednego, to ten trzeci opowiedziałby sporo o sytuacjach, kiedy mózg zalany falą hormonów przestaje działać i zaczynamy myśleć innymi częściami ciała. (Z trzydziestocentymetrowym przybliżeniem, można powiedzieć, że chodziłoby mu o nerki.)

TAJEMNICZA RZECZ

Kiedy moja znajomość z szamanem okrzepła i nabrała rumieńców, poprosiłem, by mi pozwolił robić zdjęcia. Sądziłem, że się zgodzi – od dość dawna interesował go mój aparat fotograficzny. Nie pytał, do czego służy, nie dotykał... tylko zerkał. A ja nie odpowiadałem na niezadane pytania, nie proponowałem oględzin, tylko czekałem. Aż się szaman oswoi z obecnością tej Tajemniczej Rzeczy. I aż jego zaciekawienie osiągnie odpowiedni poziom. Podejrzewałem, że próbuje czytać moje myśli na ten temat. Dobrze – niech czyta – to go tylko jeszcze bardziej zaciekawi. W końcu chodziło o zapisywanie obrazów, które widzi moje oko i o późniejsze pokazywanie ich innym osobom w odległych miejscach – prawdziwie magiczna sztuka; ze swej natury szamańska.

* * *

Oswojenie Indian z aparatem fotograficznym nigdy nie jest proste – obiektyw, nawet najkrótszy, kojarzy im się z dmuchawką, a robienie zdjęć ze strzelaniem. Oczywiście mam na to swoje sposoby, ale oficjalna zgoda szamana jest bardziej skuteczna. I działa szybciej! Bez jego pomocy męczyłbym się wiele dni, a w dodatku mogło mi się nie udać.

Indianie najczęściej w końcu ulegają ciekawości i chętnie pozują. Czasami jednak zwycięża w nich strach albo wytrenowana w dżungli ostrożność. Wtedy nie skutkują już żadne zapewnienia bezpieczeństwa, żadne zabiegi z mojej strony – pojawia się twarde jak kamień: Nie i już!

Pierwsza zasada oswajania jest taka, że nie wolno sobie poczynać nachalnie. Jak się od razu zaatakuje i wyceluje aparat na przykład w czyjąś żonę lub dziecko, lub nawet w czyjegoś prosiaka albo dom, to kłopot murowany. Z celowaniem do ludzi trzeba bardzo ostrożnie; gdziekolwiek się jest i czymkolwiek się celuje. [59]

---

[59] Jedną z najgorszych rzeczy, jaką można wycelować w drugiego człowieka, jest palec. Kto nie wierzy, niech spróbuje najpierw ołówkiem, potem nożem, a następnie palcem. Ołówek jest po prostu niegrzeczny, nóż wywołuje uwagi w rodzaju: Ej, uważaj, bo jeszcze kogoś skaleczysz, a palec... Palec doprowadza ludzi do furii!!!
To jeden z symboli uniwersalnych – oznacza dokładnie to samo we wszystkich kulturach świata, niezmiennie na przestrzeni całych dziejów człowieka. (Wytykanie palcem irytowało już wtedy, gdy przed pójściem na spacer musieliśmy się opuszczać z gałęzi.)

Najpierw warto tubylców oczarować samym przedmiotem. Zaciekawić egzotycznym narzędziem białego człowieka. Wymienić przy nich film, wykręcić i oczyścić obiektyw. Pokazać jak „strzelam" do ptaszków: O! Słychać niepokojące pstryknięcie migawki, a ptak mimo to nie spada z drzewa! To wszystko Indian intryguje, a przy okazji uspokaja.

Dobry patent to pokazać im jakieś fotografie z rozpoznawalnymi obrazami – Indianom pokazuję innych Indian; w podobnych pirogach, podobnie wymalowanych... Jeśli to będzie sąsiednie plemię, które oni znają, od razu wszyscy zaczną prosić, żeby im także zrobić foto. Chyba że szaman powiedział: NIE! Na to nie ma żadnej rady, a w dodatku słowo szamana jest nieodwracalne, nawet gdyby on sam po jakimś czasie zmienił zdanie.

Dlatego warto mieć szamana po swojej stronie. Zresztą warto go mieć po swojej stronie zawsze – w każdej sprawie. A gdyby szaman jakimś nieszczęśliwym zbiegiem okoliczności znalazł się po innej stronie niż my, należy w trybie pilnym zmienić miejsce pobytu. Bez pakowania manatków! Bez pożegnań!!! Po prostu wynocha i to JUUUŻ!!! (Kiedy gilotyna zaczyna opadać, nie rozglądamy się na boki, prawda? A tym bardziej nie oglądamy się za siebie. Trzeba rwać do przodu, bo i tak jest spora szansa, że zostaniemy skróceni – jeżeli nie o głowę, to o nogi.)

* * *

Gdy doszedłem do wniosku, że szaman jest już wystarczająco oswojony z obecnością mojej Tajemniczej Rzeczy oraz że jego zaciekawienie osiągnęło odpowiedni poziom, poprosiłem, by mi pozwolił robić zdjęcia.

– A pokaż jeden z tych twoich... *widoków*, gringo. Chcę go dotknąć. To są *widoki*, które da się złapać w rękę, prawda?

– Raczej... iluzje, Czarowniku. Rzeczy, które wywołują urojenia innych rzeczy. Tego, co widzisz, nie ma w miejscu, gdzie patrzysz. Tego, co widzisz, nie ma już w ogóle nigdzie... poza przeszłością. Jak wspomnienia w pamięci. Widzisz coś, co było kiedyś, ale dzisiaj już tego nie ma. Widzisz to tak, jak było kiedyś, w miejscu, gdzie to coś wtedy było. Eee... No tak.

Czułem, że nie bardzo rozumie. Tylko jak wytłumaczyć fotografię osobie żyjącej w epoce kamiennej? Mogłem oczywiście wyciągnąć zdjęcie, podetknąć mu pod nos i czekać na efekt. Tyle że ten efekt byłby wtedy nieprzewidywalny. Co jeśli szaman wpadnie w panikę? Niee, najpierw muszę go jakoś przygotować...

– Woda czasami pokazuje niebo. A jak się nad nią nachylisz, pokazuje ciebie, Czarowniku. Nie da się dotknąć twojej twarzy w wodzie, bo jej tam nie ma. Możesz dotknąć tylko wody. Pokażę ci takie właśnie widoki. Biali ludzie potrafią je zatrzymywać. Na bardzo długo. Nie na wodzie, ale w podobny sposób. To, czego dotkniesz, to... no tak jakby woda, ale nie woda. Pamiętaj, to nie będzie prawdziwa twarz, tylko iluzja...

– Przestań się bać, gringo. Nie jestem głupi. I nie zlęknę się... rzeczy. Jeżeli to rzecz.

– Tak, tak, tak! Nie ma obawy! Najmniejszej. Rzecz. Przedmiot. N i e ż y w y. Iluzja, którą u ciebie wywoła, też będzie nieżywa. W twoich oczach powstanie obraz, nic więcej. To, co zobaczysz, to będę ja sam, taki, jaki byłem... ee... kilka wiosek temu.

– Jestem gotów. Bardziej gotów już nie będę.

– No to patrz – pokazałem mu moją czarno-białą fotografię w paszporcie.

Czułem się jak inżynier stojący pod wybudowanym przez siebie mostem, w czasie gdy nadjeżdżają ciężarówki pełne piachu.

Zrobiło się całkiem cicho. Ustały nawet owadzie szelesty w poszyciu szałasu. Przestał trzaskać ogień.

Zapadła ciężka cisza wypełniona strachem. Jego i moim.

PRZEJAŻDŻKI JAGUAREM

Indianie nie malują przedstawień ludzkich – jedynie ornamenty i proste kształty będące obrysem postaci. O perspektywie i trójwymiarowych sylwetkach na płaskiej powierzchni nie mają pojęcia. Dlatego widok mojej fotografii musiał być dla niego szokiem. Jak to przyjmie? To jego: „Bardziej gotów już nie będę" nie oznaczało wcale, że był gotów wystarczająco.

Drżącą ręką trzymałem przed nim mój otwarty paszport. A on patrzył...

W końcu powiedział całkiem spokojnie:

– Tak widzą świat niektóre zwierzęta.

– To znaczy jak? – spytałem zaskoczony.

– Bez kolorów. Tak samo jak człowiek nocą.

Miał rację – nauka potwierdza, że na przykład psy widzą w taki sposób. Tylko skąd on to wiedział??? Dziki człowiek, który całe życie spędził w tropikalnej puszczy.

– A skąd ty wiesz, jak widzą zwierzęta, Czarowniku?

– Czasami *wsiadam* na ich umysły i chodzę z nimi po lesie. Bez wychodzenia z szałasu. Jestem tutaj jakby we śnie, a jednocześnie tam... Jakby w środku zwierzęcia. Nie wolno mnie wtedy budzić, bo mogę się ostać bez ducha.

– Telepata... – powiedziałem bardziej do siebie niż do niego – Nie wierzę, Czarowniku – dodałem pełnym głosem. – Żartujesz sobie, prawda?

– A pamiętasz, jak stałeś nad wodą i patrzyłeś w gąszcz, gringo? Czułeś na sobie jakieś oczy i myślałeś, że to pekari. I nagle pojawiłem się ja. Pytasz, co to było tam za rzeką, a ja mówię, że pekari odprowadzały mnie do domu. Pamiętasz, gringo?

– Pamiętam, i co z tego?

– To były moje oczy, które patrzyły na ciebie oczami pekari. Kiedy zwierzę jest blisko, łatwiej na nie wsiąść i łatwiej z niego zsiąść. Dlatego o świcie podprowadzam je w okolice wioski. Do tych zwierząt nie wolno wtedy strzelać, bo mógłbym się ostać bez ducha. Dlatego przyszedłem tak nagle; żeby cię powstrzymać przed polowaniem.

* * *

Rozmawialiśmy na ten temat jeszcze długo. Nie chciałem wierzyć w to, co mi opowiadał, tak jak nie chciałaby wierzyć większość z Was. A jednak w końcu mnie przekonał. Jego słowa były zaskakujące, ale bardzo logiczne. Zwarte i uporządkowane jak wywód naukowy.

Posłuchajcie...

To może być jaguar lub żaba, ptak, pies... Wszystko, co ma rozum. Wszystko z wyjątkiem owadów. Na umysł moskita ani motyla nie wsiądziesz, bo jest za mały. Zarwałbyś się od ludzkich myśli.

Mrówki albo rój szerszeni są wyjątkowe – wiele małych umysłów da się dosiąść. Ale to ryzykowne! Gdyby w czasie twojej wizyty rój się rozdzielił na dwa nowe roje, wówczas nie masz jak wrócić. To tak jak ze staniem na dwóch płynących kłodach. Rozkraczasz się i rozkraczasz, coraz szerzej, aż w końcu: chlup! Twój duch pęka na pół. Bezpieczniej i łatwiej jest wsiadać na umysły zwierząt sprytnych. Im więcej podobieństw do człowieka, tym łatwiej się połapać w myśleniu za twojego gospodarza. Najlepsze do tego są jaguary, bo myślą prawie po ludzku.

Czujesz się wtedy tak, jakbyś był z tyłu jego głowy i wyglądał mu przez oczy. Kiedy wsiadasz, przejmujesz władzę. W pewnym sensie stajesz się tym jaguarem. Widzisz jego oczami, czujesz jego nosem, możesz mu kazać odejść od wioski albo przeciwnie – zaatakować wioskę twoich wrogów. Siadasz za oczami zwierzęcia, przenikasz jego mięśnie, wkładasz swoje zęby w jego kły... w ten sposób jesteś jego panem i władcą.

Rzecz odwrotna jest niemożliwa – zwierzę człowiekiem powodować nie może; ma za słaby rozum. Ale zwierzęta mają silniejsze od ludzkich instynkty. Więc mimo że nie są w stanie kontrolować myśli człowieka, mogą wpływać na ludzkie emocje. Jaguar, na którego wsiadłeś, może cię wściec, kiedy sam jest wściekły. Może cię zlęknąć i wtedy zaczynasz uciekać. Może cię rozjuszyć, zestrachać, pognać...

Bardzo trudno coś takiego opanować. Dlatego początkujący Czarownik zaczyna od niegroźnych zwierząt. Gdyby zaczął od jaguara, istnieje ryzyko, że kogoś rozszarpie i zje. Albo pobiegnie gdzieś daleko w las; tak daleko, że już nie da rady wrócić.

Zwierzę, na którym siedzisz, może cię też... *zjurnić*. Wtedy zaczynasz obwąchiwać teren w poszukiwaniu samicy. Obsikujesz drzewa, czochrasz się o pnie... A czasami niuchasz kobiety. Od tyłu. I one się strasznie denerwują.

Tak mi to wyłożył szaman.

Wyłożył, owszem, ale nie dał popróbować. Swoich współplemieńców zabierał czasem na „przejażdżki jaguarem" i był to jedyny przypadek, kiedy stosował magię w celach rozrywkowych.

Najpierw ich usypiał, potem kładł się w hamaku obok i przenosił uśpionego wraz z sobą do jaguara. Łazili z nim (w nim?) po puszczy przez kilka godzin i „podglądali", co zwierzę widzi.[60]

---

[60] „Przejażdżka jaguarem" polega na jednoczesnym zastosowaniu hipnozy i telepatii. Telepatia pozwala szamanowi „wsiąść" na umysł zwierzęcia, a za pomocą hipnozy przekazuje on swoje wrażenia drugiemu człowiekowi – w ten sposób podróżują razem... w jaguarze.

Czasami to nie były jaguary tylko małpy.

Czasami nie był to las, tylko miejsca gdzie się gromadzą młode dziewczęta.

Ale najczęściej ludzie chcieli, by ich zabierać na przejażdżkę sokołem. Wysoko ponad korony drzew. Nic nie wzbudzało u Indian większego entuzjazmu jak takie... wirtualne latanie. I wcale nie chodziło o sensację wywołaną unoszeniem się w powietrzu – nie! – oni wszyscy pragnęli zobaczyć horyzont. Linię zamykającą świat, który z dołu wydawał się nieskończenie wielki. Otwarty. W dżungli nikt, kto nie potrafi latać, nie ma szans oglądać horyzontu.

* * *

Szaman zabierał na te przejażdżki wszystkich. Niestety, mnie zabrać nie umiał. Najwyraźniej brakowało mi czegoś. Jakiejś klapki w mózgu, jakiejś skłonności, otwartości... A może po prostu nie wierzyłem w jego czary. Nie dość mocno. Mimo jawnych dowodów, których nie umiałby podważyć najbardziej zatwardziały materialista.

I to właśnie – ten mój sceptycyzm i podświadomy opór – połączyło nas węzłem sympatii. Byłem wyjątkiem. Umysłem nieodgadnionym, niepodległym. Umysłem w sporej części zamkniętym na zabiegi szamana. A on to szanował. To go zaciekawiało. Podziwiał to. I trochę się tego bał.

Okruchy wzajemnego lęku między nami, niepozorna szczypta strachu rzucona w tryby rodzącego się koleżeństwa – to nas zbliżyło ostatecznie i trwale.

Bałem się go nawet po tym, jak już zostaliśmy przyjaciółmi. I kryłem to skrzętnie. Przez grzeczność – jakoś tak nie wypada bać się przyjaciela, prawda?

A on bał się mnie. I też krył to, jak umiał. Ze wstydu – bo szamanowi zupełnie nie wypada bać się kogokolwiek.

ŚMIECH SZAMANA

Dobrym sposobem na maskowanie strachu jest śmiech. Równie dobrym jest brawura, czyli ten rodzaj odwagi, któremu bliżej do zdesperowanego szaleńca niż do bohatera. Wzajemny strach stworzył między nami przestrzeń dla odważnych pytań. Dla bezpiecznych rozmów na najbardziej niebezpieczne tematy. A także przestrzeń na humor.

Paradoks polegał na tym, że właśnie z powodu tego strachu mogłem sobie pozwolić na dowcipkowanie z najgroźniejszego człowieka pośród Dzikich. Żarty z szamana??? W normalnych warunkach należą do kategorii: nikt, nigdy, nigdzie, nikomu. A mnie wolno było zawsze i wszędzie – szaman nie wpadał w szał, tylko się śmiał.

Posłuchajcie...

Siedzieliśmy nad rzeką, mocząc pięty.

Nie było akurat nic do roboty, a dzień chylił się ku wieczorowi. Musieliśmy tylko trochę uważać – na piranie. One wprawdzie reagują wyłącznie na cieknącą krew, ale czasami zdarza im się skubnąć coś, co nie krwawi. Ot tak – z nudów. Gdyby akurat skubnęły którąś z naszych pięt, kłopot na całe tygodnie gotowy. Rana po zębach piranii goi się niechętnie – szarpane strzępy mięsa, ropa, a do tego trzeba jakoś chodzić... Ale i tak siedzieliśmy nad rzeką, mocząc pięty. Ot tak – z nudów.

Rozmawialiśmy:

– Widzisz oczami zwierzęcia, słyszysz jego uszami, to pewnie także czujesz jego *pingą*, kiedy jaguar sobie *pinga-pinga*. Czułeś kiedyś coś takiego, Czarowniku? – zapytałem z wolna. – Wiesz, jak to jest?

– Wiem, gringo – odparł tonem przesadnie rozmarzonym. – Zresztą wiem nie tylko jak to jest u jaguarów. Na słabsze ludzkie umysły też daje się wsiadać – uśmiechnął się po szelmowsku i pokazał mi ruchem głowy jednego z wojowników, który nie był specjalnie rozgarnięty, ale za to miał całą masę dzieci, a ponadto wiele innych dzieci w wiosce miało jego rysy twarzy.

– Zabawne życie wiedziesz – skomentowałem.

– E-e, gringo. Takie zabawy nie są bezpieczne. Kiedy zbyt często albo zbyt długo *zasiadam* jakiś umysł, wówczas on się odciska na mojej pamięci. Wśród moich myśli pojawiają się ślady myśli zwierzęcia; albo drugiego człowieka. Niekontrolowane przebłyski. Przebicia. I nad tym się nie panuje. W każdym razie bardzo trudno. Jak powstrzymywanie kaszlu czy kichnięcia.

– A musisz powstrzymywać? Co ci to przeszkadza?

– Zdarza mi się szczerzyć na ludzi zęby w rozmowie albo bezwiednie oszczywać wioskę dookoła, szałas po szałasie. Próbowałem też merdać.

– Merdać?!

– Merdać, merdać.

– Jak pies??

– Nie! Jak mrówka! No jasne, że jak pies, gringo! Wiesz, jakie to krępujące? W dodatku wszyscy chcą się z ciebie śmiać, ale nie mogą, bo się boją. Cała wioska się wtedy męczyła.

– Możesz mi pokazać, jak to było? Bo nie bardzo sobie wyobrażam ciebie merdającego...

– Mogę sprawić, że zaraz sam zamerdasz.

– Dziękuję. Może jutro. A czym się wtedy merda? Rośnie ogon?

– M y ś l i s z, że go masz. To w zupełności wystarczy. I gdyby ci go ktoś wtedy złamał albo urwał, to naprawdę zaczniesz krwawić. Tak, gringo, wsiadanie na umysły bywa niebezpieczne. Kilku z nas się w tym kompletnie pogubiło. Wisieli potem w gałęziach i twierdzili, że na drzewie im się najwygodniej śpi. Drapali się nogą za uchem, zagrzebywali kolację na później albo próbowali się myć własną śliną. W ten sposób powstają ludzie-jaguary, ludzie-węże[61] oraz niektóre Potwory. Znasz opowieści o delfinach bufeo, prawda?

* * *

Znałem. Są popularne w całej Amazonii. Wszędzie, gdzie żyją różowe delfiny słodkowodne.

Podobnie jak delfiny morskie, bufeo są inteligentne, przyjazne człowiekowi i bardzo lubią się bawić. Często wyskakują z wody w pobliżu łodzi i całym stadem płyną obok; czasami wiele kilometrów. Dla indiańskiego myśliwego to łatwy cel. Bardzo łatwy! Duży, różowy

---

[61] Kultury prekolumbijskie obu Ameryk są pełne takich hybryd.
Najsłynniejszy jest aztecki bóg Quetzalcoatl, znany też u Majów jako Kukulkan – pierzasty wąż, bóg-człowiek, który pojawił się na ziemi w ciele białego brodatego mężczyzny, ale przedstawiano go najczęściej jako grzechotnika (wąż – aspekt przyziemny; ludzki) z grzywą ptasich piór (ptak – aspekt podniebny; boski).

– widoczny z daleka... Ale w przeciwieństwie do wszystkich innych żywych stworzeń znanych w Amazonii na delfiny się nie poluje. I nigdy się ich nie jada! To jedna z tych zasad: nikt, nigdy, nigdzie, nikomu.

Indianie wierzą, że delfiny nie są w pełni zwierzętami. Że księżycową nocą wyłażą z wody i podkradają się do indiańskich szałasów. Że porywają młode dziewczęta i pod wodą robią z nimi... *pinga-pinga*. Potem te dziewczęta rodzą delfinom delfinich synów.

Bufeo, o ludzkiej skórze, jest dla Indian tym, czym dla nas wilkołak – ni to zwierzę, ni człowiek. Ani jedno, ani drugie... ale wszystkiego po trochu. Dwie przemieszane natury – każda z nich naznaczona cechami tej drugiej. A to zawsze jest groźne. Nie sposób przewidzieć, czy człowiek, który nocami zamienia się w wilka, nie przegryzie nam dzisiaj gardła. Podobnie nie sposób przewidzieć, czy delfin, którego właśnie upolowaliśmy, nie jest hybrydą: człowiekiem-zwierzęciem. Delfinim synem, którego mięso opiekane nad ogniem nagle zmieni swoją naturę.

My kojarzymy delfiny pozytywnie – są przyjazne, ratują rozbitków, mądre, wesołe, występują w parkach wodnych, ba, na tyle inteligentne, że tresuje się je dla potrzeb armii i próbuje uczyć komunikacji z człowiekiem za pomocą języka prostych symboli.

Tymczasem Indianie delfinów się boją. A kiedy zapytać, jak delfin smakuje, odpowiedź jest zawsze taka sama – bez względu na to, kogo i gdzie człowiek pyta – wszyscy twierdzą, że mięso delfina z Amazonki smakuje jak mięso ludzkie. Skąd to wiedzą, skoro nikt, nigdy, nigdzie, nikomu nie dał popróbować?

W tym przypadku całkowicie zgadzam się z szamanem – ten strach jest dobry dla obu stron. Dzięki niemu słodkowodny delfin z Amazonki ma szansę przetrwać, podczas gdy wiele innych chronionych gatunków wyłapano, wybito i wyjedzono do ostatniej kosteczki.

* * *

Nieprzerwanie moczyliśmy pięty. Ot tak – z nudów. Rozmawialiśmy:

– A czy poza owadami są jakieś zwierzęta, na które nie da się wsiąść?

– Żółw. To dlatego, że jest zbudowany odwrotnie niż człowiek. Przewinięty na lewą stronę. Nie znam szamana, który by kiedykolwiek opanował żółwia. Bo jak tu sobie wyobrazić, że masz kręgosłup na wierzchu, a wszystko inne w środku? No i węże... węże prawie zawsze już kogoś mają pośród myśli. Kogoś potężniejszego od nas. Wąż jest z pozoru dobry, bo wszędzie wlezie i raczej nic go nie zaatakuje i nie zje, ale tam prawie zawsze ktoś już jest. A takie przypadkowe *zderzenia* są bolesne. Myśl uderza w myśl. Jak walenie czołem w twardy pień. Za mocno walniesz i jest to twoje ostatnie walnięcie. Wsiadając na węża, łatwo się zabić.

– A nie możesz przedtem jakoś... no... wymacać terenu przed sobą.

– Nie da rady, gringo. Żeby wsiąść na umysł, musisz się... *rozpędzić*. I wskoczyć gwałtownie. W przeciwnym razie rodzi się opór i nic z tego nie wychodzi. Nawet najprostszy umysł cię zablokuje i już mu nie podołasz. A gdybyś próbował siłą, to możesz ten umysł zniszczyć... *zarwać*. To nieodwracalne. Tfu! tfu! tfu! – splunął na zły urok. – Złe Czary, gringo! Nieodwracalne należy do Boga. Nam nie wolno tego robić. *Możesz zabrać, jeśli umiesz dać. Możesz zabić, jeśli umiesz począć. Nie wolno zniszczyć, jeśli nie umiesz stworzyć.* Tak mówi Pachamama.

Szaman wyjął pięty z wody.

– Chodź, gringo. Pokażę ci coś.

– A co? – ruszyłem za nim.

– Pokażę ci, jak to robią kolczatki. Bardzo śmieszne. A potem mogę ci pokazać jak się śnisz niektórym pannom w wiosce.

– Nie gadaj!

– Mówię ci, gringo, ciekawa rzecz. Od czasu, kiedy im wyskubywałeś kleszcze marzą, żeby tych kleszczy złapać jeszcze. Śni im się, jak je skubiesz. Ciekawa rzecz... – zaśmiał się w głos, czym nieźle przestraszył kilka obserwujących nas osób.

– Mam podglądać babskie sny erotyczne???

– Ja będę podglądać, a tobie tylko trochę pokażę.

– Ty tak często?

– E-e. Czasami – tym razem wyraz jego twarzy przypominał ogromny szczęśliwy naleśnik wysmarowany konfiturą.

– Zabawne życie wiedziesz, Czarowniku.

– To taka moja niewinna rozrywka po pracy.

– Niewinna?

– Niewinna. Przecież to są wszystko jeszcze panny. Ich wyobrażenia jak to będzie, kiedy się wreszcie stanie, są tak nieporadne, że śmieję się cały czas. Sam zobaczysz, gringo.

– No nie wiem, czy zobaczę. Ja raczej zrezygnuję. Głupio tak włazić komuś do głowy.

– Z jaguarem nam się nie udało, ale teraz coś czuję, że jest w tobie chęć. Opór zniknął.

– Nie zniknął! Przecież ci mówię, że nie chcę.

– A ja ci mówię, że chcesz. Widzę to wyraźnie na samym przedzie twoich myśli. Wielkie rogate CHCĘ.

– Nie chcę!

– To idź spać. A ja ci poślę parę dziewczyńskich snów. Jeżeli rzeczywiście nie chcesz, to nic się nie przedrze. Dobrze?

– Niedobrze!... bo coś czuję, że się może odrobinkę przedrzeć.

– Mówiłem! Dzisiaj jesteś otwarty jak nigdy dotąd. Masz umysł jak bezchmurne niebo. Widać po horyzont. I tam jest teraz tylko jedna myśl: *pinga-pinga* – szaman śmiał się ze mnie na całe gardło.

– Nie podglądaj!!! Jesteś świniak!

– Ja??? A co mam powiedzieć o tobie, gringo-pingo?!

Nigdy przedtem nie widziałem go tak szczerze ubawionego.[62]

MORAŁ:

Szaman niewiele ma okazji do żartów. Indianie już na samą myśl o nim poważnieją. Z szamana nie wypada się śmiać, nawet gdy go tu nie ma – to oczywiste. Przy szamanie nie wypada się śmiać z niczego i nikogo – to zabobon, do którego stosują się wszyscy. Dlatego bycie szamanem jest najbardziej smutnym zajęciem wśród dzikich plemion.

I najbardziej samotnym.

---

[62] Po powrocie do cywilizacji, przestało być śmiesznie:
Kiedy pewien ksiądz usłyszał, co się działo tamtej nocy, nie chciał mi udzielić rozgrzeszenia. Nie uwierzył. I nawet nakrzyczał na mnie, że w czasie spowiedzi nie wolno kłamać.
Następnego dnia poszedłem do innego księdza i postanowiłem zataić część prawdy – powiedziałem tylko, że pewien kolega podrzucił mi bez mojej zgody kilka sprośnych obrazków. Ponadto przyznałem ze skruchą, że były dla mnie bardzo interesujące, bo jeszcze czegoś takiego nie widziałem. Tym razem spotkało mnie miłosierne zrozumienie.

SKANOWANIE MYŚLI

Naukowcy twierdzą, że „skanowanie" zawartości ludzkiego mózgu to tylko kwestia czasu. Prędzej czy później na pewno da się zrobić – fale to fale, choćby najbardziej złożone, a elektryczność to elektryczność, choćby prąd płynął po synapsach, a nie po drutach.

Podsłuchiwaniem, co się dzieje w cudzej głowie, są zainteresowane firmy badające rynek, socjologowie, spece od marketingu, policja, a także wszystkie agencje szpiegowskie na całym świecie. Badania trwają od dawna, a zaczęły się, jak zwykle w tego typu sprawach, od tajnych projektów militarnych.

* * *

Naukowych sposobów na podsłuchiwanie myśli zaczęto szukać na początku wieku XX. W Europie pojawiło się wówczas kilka reżimów totalitarnych bardzo zainteresowanych kontrolowaniem lojalności obywateli.

KGB prowadziło tajne badania nad ludzkim mózgiem przez kilka dziesięcioleci. Obrano dwie drogi:

Najprostszą (i jednocześnie najbardziej wulgarną) było przełamywanie oporu ofiary w taki sposób, by osoba przesłuchiwana „wyśpiewała" wszystko, co tylko wie na każdy możliwy temat. Tym zajmowali się farmakolodzy. Za pomocą chemii osłabiali wolę, wzmagali gadatliwość, a jednocześnie wspomagali pamięć, tak by ptaszek przypomniał sobie wszystkie szczegóły zdarzeń, nawet całkiem dla niego nieistotne i bardzo odległe w czasie.

Drugi sposób (dużo bardziej wyrafinowany, ale nie mniej wredny) polegał na przechwytywaniu zawartości cudzej głowy bez wiedzy delikwenta, a także na dyskretnym „wkładaniu" tam swoich myśli – najkrócej mówiąc, chodziło o telepatię (czytanie) i hipnozę (wpisywanie). Tym zajmowali się psychiatrzy, neurochirurdzy oraz spora grupa fizyków.

Były to twarde badania naukowe – nie żadne czary-mary. Nowoczesna elektronika, fizyka fal mózgowych i testy prowadzone na... szamanach i jasnowidzach zwożonych z całego obszaru sowieckiego imperium; głównie z Syberii, Mongolii, Chin, a potem także z Kuby i kilku komunizujących państw afrykańskich.

* * *

W Stanach Zjednoczonych – podobne tajne badania prowadzono (i najprawdopodobniej prowadzi się do dziś) na zlecenie CIA. Obok lekarzy, biologów i fizjologów pojawili się tam eksperci z dziedziny antropologii kultury; a szamani (bo nadal oni są głównymi „obiektami badawczymi") pochodzą z Borneo, Nowej Gwinei, Indii, Australii oraz z ogromnego obszaru Amazonii.

DZIWNA WODA

I znowu siedzieliśmy nad brzegiem rzeki. Moczyliśmy pięty...

– Widzisz coś w tej wodzie, gringo?

– Nie.

– To czemu tak czujnie patrzysz?

– Czujnie? Wydaje ci się. Po prostu ma dzisiaj kolor kawy z mlekiem, a ja dawno nie piłem kawy...

– Z kawy się przepowiada, prawda?

– Z fusów. Ale to bujdy. Szarlataneria dla naiwnych. A ty coś tu widzisz, Czarowniku?

– Teraz nie. Ale czasami, tam trochę dalej, robi się... *dziwna woda*. Są też miejsca na rzece, gdzie woda stale jest *dziwna*. Albo robi się *dziwna*, dopiero kiedy do niej skoczysz. Nagle. Niespodziewanie. I wtedy nie masz odwrotu. Ciągnie do dna. Mocno. Kto się broni, tego utopi. Nie dasz rady jej pokonać i wypłynąć.

– To co trzeba robić?

– Ja płynę w głąb; z prądem. Aż zrobi się ciemno. A potem nagle wypływam na powierzchnię... gdzieś z drugiej strony. Na... inną powierzchnię. To ta sama rzeka, gringo. Ta sama, ale jakby... od spodu. Tam jest już inny świat. Zaświat? Podświat? A może Nadświat? Sam nie wiem. I kiedy siedzę na brzegu, tam, po drugiej stronie, to widzę was tutaj. A czasami widzę także samego siebie, jak się nachylam nad wodą...

– Siebie???

– Siebie *na odwrót*. Kiedy pomacham sobie prawą ręką, to tamten ja na którego patrzę, macha do mnie lewą.

– To chyba normalne, kiedy patrzysz w odbicie.

– Nie o to chodzi, gringo. Dla próby zawiązywałem sobie rzemień na ręku. I kiedy machałem ręką z rzemieniem, ten drugi ja machał do mnie ręką bez rzemienia. Wszystko robił *na odwrót*. On cały jest... *odwrócony*. Widzisz tę bliznę na moim czole? Koło nosa jest głęboka i szersza, a nad okiem prawie znika. Byłem cięty od nosa w górę nad oko. On, to znaczy ja, oglądany z drugiej strony wody, ma tę bliznę szerszą nad okiem. Jego cięto w stronę nosa. Cała reszta się zgadza. Kolor blizny, szerokość, długość... Tylko kierunek cięcia jest na odwrót.

– Pokaż mi któreś z takich *dziwnych* miejsc.

– Nie da rady. One dla każdego są gdzie indziej. Gdybyś skoczył w moją *dziwną wodę*, nic się nie stanie. Nawet jej nie zobaczysz. Myślałem, że ci się pokazała twoja.

– Może mi się pokazała, tylko jej nie poznałem. A jak ona wygląda?

– Jest... *gęstsza* i duuużo głębsza. Wieje chłodem. Takich miejsc istnieje po kilka dla każdego z nas. Widać je długo. Pojawiają się też inne, na kilka dni. I znikają nagle. A kiedy jesteś akurat po drugiej stronie wody, a ona wtedy przestanie być *dziwna*, musisz wrócić innym miejscem. Bardzo niepokojące uczucie, gringo. Zanurkowałem w wiosce, i wszyscy to widzieli, a wypłynąłem daleko stąd. Do wioski wróciłem dopiero po kilku dniach. Mój szałas był już zaszyty i szykowali się go spalić. Myśleli, że utonąłem.

– To po co tam w ogóle pływasz?

– Z głodu. Kiedy u nas brakuje jedzenia, najadam się po drugiej stronie. Nie zawsze jest czym, ale w *porze obfitości* można tam znaleźć sporo śliwek i jest dużo słodkich pędraków. Chciałem też polować, ale tam się nie da zabrać łuku. Nie da się też stamtąd przenieść jedzenia na naszą stronę. Kiedy płyniesz, woda wyrywa ci wszystko z rąk i wyrzuca na właściwy brzeg. Nawet przepaska biodrowa zostaje. Wypływasz na golasa.

– A widziałeś kogoś po tamtej stronie?

– Kiedy byłem tam, to nie. Ale kiedy patrzę w wodę w tych miejscach, gdzie są przejścia, widuję czasami ludzi pochylonych nad brzegiem... od spodu. To Płaskonosi. Stary Lud. Bardzo stary. Najstarszy z żywych. Malują się na biało i lubią kropki.

– A jak tam u nich jest?

– ...Odwrotnie niż u nas. Pod każdym względem odwrotnie. Sucho. Ziemia twarda, sypka, a nie to nasze błoto. I skalista. Mało roślin. Nie przedzierasz się jak w dżungli, tylko idziesz sobie i widzisz daleeeko, jakbyś siedział na sokole. Pusto, sucho. I trzeba uważać na kolce. Tam wszystko kłuje. Nawet śliwki. Tylko słońce mają takie samo. Myślę, że to jest nasze słońce. U nich świeci nocą, kiedy u nas już zaszło. Za to księżyc i gwiazdy mają tam we dnie. To znaczy u nich wtedy jest noc, kiedy u nas dzień. Mają też swoją odmianę Obcych. Bladolicych, jak ty, gringo.

Szaman chwycił jakiś patyk i zaczął rysować na ziemi znajomy kształt.

– Co to jest, Czarowniku? Ja to znam...

– Wyspa Płaskonosych. Gdyby się wznieść wysooooko, prawie pod słońce, to tak wygląda ich ziemia.

– Ja to znam... Tylko... To jest Australia do góry nogami!! Południem na północ. To tam byłeś, Czarowniku???

– Byłem.

– Ja też.

– *Australia* powiadasz?

– Tak się nazywa.

– Nie w języku Płaskonosych. To ich ziemia, gringo, od zarania. I oni na nią mówią inaczej niż ty.

– A jak?

– Tak samo jak my.

– Ale konkretnie jak?

– To jedno z Imion Pachamamy, nie mogę go teraz wymówić. Nie przywołuje się Pachamamy bez powodu.

– I oni... Płaskonosi, nazywają swoją ziemię tym samym słowem co wy tutaj???

– Tym samym. A ty od strony pleców już nie jesteś *gringo* i masz inne imię? Przecież to ta sama ziemia, tylko pod spodem.

– Co to znaczy, kiedy mówisz „pod spodem"?

– Nurkuję, tak? Potem płynę w głąb i nagle wypływam na powierzchnię, która jest... była jeszcze przed chwilą w dole. Ale teraz już nie jest w dole, tylko znowu w górze. Za to moja powierzchnia wody znalazła się na dnie rzeki. Po odwrotnej stronie ziemi, tak? No to chyba jasne, że to jest ta sama ziemia, tylko Płaskonosi chodzą po niej od spodu. Ale dla nich, to my chodzimy od spodu. Zrozumiałeś coś?

– Zrozumiałem. Nie rozumiem tylko, skąd ty to wszystko możesz wiedzieć. Czytałeś coś o Australii w moich myślach?

– Nie czytałem. Przecież wiesz, że widzę myśli tylko wówczas, kiedy wyjdą na czoło. A o Płaskonosych rozmawiamy po raz pierwszy.

– No dobrze, załóżmy, że to prawda. Że pod spodem żyją Płaskonosi. Głowami w dół. Powiedz mi, dlaczego w takim razie nie spadają?

– Jesteś niedowiarkiem, gringo. Trzyma ich Pachamama. Przyciąga do siebie. Tak jak małpy trzymają swoje dzieci, nawet kiedy wiszą na ogonach głowami do dołu. Wszyscy jesteśmy jak małpiątka w objęciach Pachamamy.

– A jak wygląda ziemia? Ale cała.

– Myślałem o tym, kiedy po raz pierwszy trafiłem na drugą stronę. Na *spód*. To nie takie trudne. Właściwie oczywiste. Ziemia płynie po wielkiej wodzie. Gdybyś doszedł do krańców lądu i obszedł go dookoła, to ze wszystkich stron będzie woda. Ziemia stale płynie.

– W takim razie Płaskonosi siedzą pod wodą, tak?

– Nieee, gringo. Woda jest tak samo płaska jak ziemia i też ma spód. Wszystko w przyrodzie musi mieć dwie strony. Jak ludzka natura. Jak światło i ciemności. Jak sytość i głód. Jak zapach i smród. Ziemia podobnie.

– To gdzie w takim razie ma swój spód śliwka albo kokos? Albo jajko?!

– Z kulkami zawsze miałem kłopot. Kulki mi nie pasują. Można by je porozgniatać i wtedy zaczynają mieć spody. Można by też uznać, że mają spód w środku. Od wewnętrznej strony wierzchu. Wtedy na zewnątrz kulki miałbyś światło, a we wnętrzu ciemność. Na zewnątrz pustkę, a w środku miąższ. Może tak?... Kulki sprawiają kłopot. To jakaś zagadka Pachamamy. Może chodzi o to, że Pachamama sama jest kulą[63], a doskonałości się nie da zrozumieć. Można ją tylko podziwiać... Nie wiem, gringo. I to wielka radość, że nie wiem! Bo kiedy już wiesz wszystko, nastaje ogromy smutek. Nie masz już po co rozmawiać, nie masz o czym pomyśleć... Wszystko wiesz. Smutek.

– Pachamama wie wszystko... To smutek? – zaryzykowałem filozoficzną prowokację położoną niebezpiecznie blisko religijnej profanacji. I czekałem, co szaman na to...

---

[63] Tu szaman zbliżył się tak blisko do prawdy naukowej, jak to możliwe dla człowieka, który żyje w epoce kamienia i posługuje się wyłącznie intuicją: Pachamama, czyli Matka, Natura, Rodzicielka, ale na co dzień po prostu Ziemia – żyjąca planeta – oczywiście jest kulą. I czarownik to... wyczuł, zaczął podejrzewać, wywnioskował. Byłem pełen podziwu dla jego inteligencji. Pamiętajmy, że biały człowiek odkrył kulistość naszej planety eksperymentalnie, a szaman po prostu siadł i wymyślił.

– Tak, gringo. Pachamama wie wszystko. Dlatego stworzyła sobie człowieka. Jesteśmy jej radością, bo człowiek może nie posłuchać Pachamamy. Rozumiesz? Nie posłuchać! Albo posłuchać i uradować. Człowiek jest zagadką i to rozprasza smutek Pachamamy. A człowiek, który poznałby wszystko, całe dobro i całe zło, przestałby być zagadką. Stałby się równy Stwórcy.

– Nie chciałbyś?

– O nie, gringo. Nie, nie, nie! Stwórca nie ma przecież żadnego opiekuna. Wolę być człowiekiem. Kiedy sam nie daję rady, wołam o pomoc do Pachamamy. Nie, gringo. Lepiej nigdy nie poznać wszystkiego. Powinna zostać przynajmniej jedna śliwka, której nie zerwiesz, nie rozgryziesz i nie zajrzysz, co ma w środku. Ostatnia śliwka Pachamamy.

Po tej rozmowie nie po raz pierwszy byłem oniemiały. To znaczy odjęło mi mowę, zaparło dech w piersi, nie wiedziałem, co myśleć, oczy stanęły mi w słup, a serce trzepotało zalęknione. Siedziałem z rozdziawionymi usty w stanie, który przypominał zawieszony komputer.

– Ohoho! Znowu jedna panna śni, jak ją skubiesz. Chodź, popatrz – zresetował mnie szaman.

Wciąż nie wiem, czym są czary. Ale wszystko, czego się o nich dowiaduję, jest logiczne, uporządkowane i... pasuje do naukowego opisu świata! Mam wrażenie, że to po prostu jakieś fale i zupełnie zwyczajna – n a t u r a l n a – reakcja materii poddanej działaniu tych fal. Myślę, że kiedyś odkryjemy prawa fizyki, które nimi rządzą. Wtedy czary przestaną być czarami – staną się nauką. A czarownicy przestaną być czarownikami – staną się... zwykłymi ludźmi. Dla nas będzie to początek nowego – rozwój kolejnej dziedziny wiedzy i przemysłu. Dla Indian będzie to ostateczny koniec ich świata.

Kiedy poznamy czary, znikną ścieżki niewidki, rzeki pełne zakrętów, Tajemnicze Niebezpieczeństwa, Zły Las... Dzikie Ziemie przestaną być dzikie, a Dzicy... przestaną być[64].

W tym
miejscu kończy się Księga
Magii. Nadciąga Księga Szeptów.
Będzie z nich wszystkich najdziwniejsza.
Natchniona. Miejscami mroczna. Dlatego lepiej nie
czytać jej nocą. A jeśli już, to przy zapalonym świetle.
I niech się wtedy palą wszystkie żarówki, a nie tylko
nocna lampka! Ale najlepiej nie czytać jej nocą.
Bo przecież czasami wyłączają prąd.
I gaśnie świat...łooooo...

---

[64] Zaraz potem, nieuchronnie, zaczną mieć – np. majtki i biustonosze.

DZIKA KOBIETA

Indianki jak inne
kobiety – lubią
biżuterię, dbają
o włosy i ogólnie
chcą się podobać.
Stosują kolorowe
piórka zatknięte za
uszy, błękitny pył
ze skrzydeł motyla
wtarty pod oczy
i czerwone błoto,
którym smarują
głowę. Zielem
mydlanym szorują
zęby do białości.

Panny uporczywie polują na męża – kobieta samotna nie ma szansy przetrwać w dżungli. Mąż oznacza dostawy mięsa, wybudowanie szałasu, wykarczowanie poletka pod uprawę manioku. Męża trzeba mieć – to kwestia życia lub śmierci.

Żonę trzeba mieć – to kwestia życia lub śmierci. Żona da ci potomków, którzy zajmą się wami na stare lata, kiedy nie będziecie już mieli siły wychodzić w pole ani na polowanie.

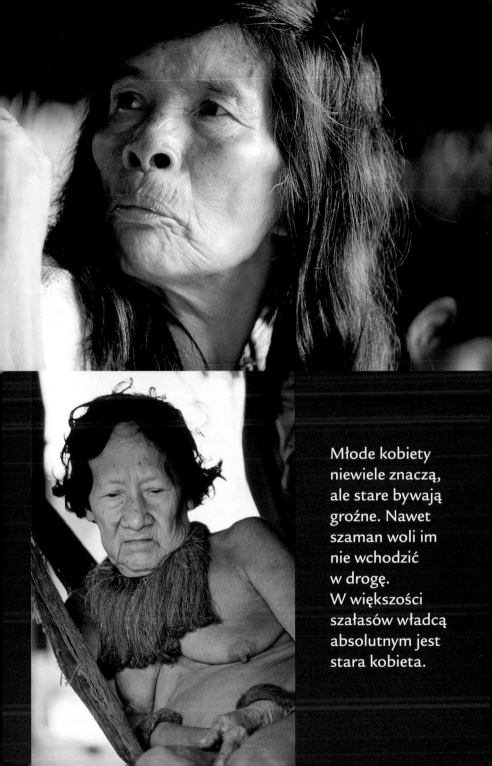

Młode kobiety niewiele znaczą, ale stare bywają groźne. Nawet szaman woli im nie wchodzić w drogę. W większości szałasów władcą absolutnym jest stara kobieta.

Część 7

KSIĘGA SZEPTÓW

 Rozmowa z użyciem słów to najmniej wydajna forma wymiany myśli – tak, jakby ktoś spisywał tekst z ekranu jednego komputera, by potem to wszystko wklepać ręcznie na inny komputer.

Potykamy się o kolory, zapachy, wrażenia dotykowe... Kulejemy, opowiadając o uczuciach, odczuciach, śpiewie ptaków[65]...

Wywracamy się zaplątani w sznurowadła słów, przy każdej próbie rozmowy o naszych emocjach...

A relacje kulinarne są jak spacer po polu minowym – prędzej czy później ktoś wpada na pomysł, że *to smakowało jak kurczak.*

---

[65] No właśnie! Na przykład tukan. Ma piękny kolorowy dziób i robi nim *truk-truk.* Tylko jaki to dźwięk? Podobny do chrupania, stukania, klekotania...? A może do nosowego kląskania? I jeżeli nawet ustalimy, że chodzi o kląskanie, to czym ono jest? W słowniku znalazłam na ten temat następujące wyjaśnienie: *Kląskanie – ptasi gwizd z przemieszczeniem języczka w kierunku dolnej części dzioba.* Hmm... Jasne i oczywiste. Bardzo klarowne, prawda? Pod warunkiem, że ma się dziób i można poeksperymentować. [przyp. tłumacza]

DZIEWCZYNA

Mijało popołudnie. Leniwie sunęło ku wieczorowi. Wolniutko i niepostrzeżenie, jakby nie chciało nam przeszkadzać. A my? Jak zwykle siedzieliśmy z nogami w rzece i moczyliśmy pięty. W ciszy. Słowa nie były nam potrzebne. Myśli też nie. Wystarczała cisza i delikatny dotyk wody.

W pewnej chwili szaman rzecze:

– Opowiedz mi o tej dziewczynie.

– O której?

– O tej, o której myślisz.

Po raz pierwszy nie pomyślałem, że to dziwne albo niepokojące, że on wie, o czym właśnie myślę.

I opowiedziałem mu tę historię. Historię, której jak dotąd nie opowiadałem nikomu.

Posłuchajcie...

Stała w szeregu kobiet, dziewcząt i dziewczynek. Śpiewała. Śpiewały wszystkie. Razem, równo, zgodnym chórem. A jednak ona śpiewała osobno. I stała pośród nich jako część równego szeregu, a mimo to osobno.

Wszystkie kiwały się we wspólnym rytmie w lewo i prawo. Od czasu do czasu wykonywały gesty, które miały podkreślić najważniejsze słowa monotonnej indiańskiej pieśni. I znowu: jej gesty były dokładnie takie same jak gesty pozostałych, a jednak bardziej wyraziste. Ich gesty odtwarzały – jej gesty tworzyły. Ich ilustrowały – jej opowiadały.

Była piękna. Ładna nie. Śliczna wcale! Ale piękna tak. Regularne indiańskie rysy; głębokie. Miedziany kolor skóry. Włosy długie lekko falujące. Musiała je zaplatać na noc, kiedy były jeszcze mokre po wieczornej kąpieli. Zaplatać ciasno, tak by potem w ciągu dnia widać było te fale. Normalne indiańskie włosy są proste, grube i nie dają się zakręcić, a same z siebie falują nigdy.

W przeciwieństwie do pozostałych kobiet i dziewcząt nie nosiła żadnych ozdób. Tylko jedno małe papuzie piórko wetknięte we włosy...

Taką ją zobaczyłem, kiedy przypłynąłem do tej wioski.

* * *

A kiedy odpływałem...

Stała na brzegu, na samotnej skale ponad wodą. Patrzyła, jak ruszam w górę rzeki, w stronę innego plemienia; jeszcze dalej w głąb puszczy. Wiedziała, że odpływam na zawsze; że nie będę wracał tą samą drogą; że chcę pokonać góry, obcy las, a potem dotrzeć do Wielkiej Rzeki, o której opowiadają Najstarsi.

Kiedy moja łódź zniknęła za pierwszym zakrętem, dziewczyna rzuciła się biegiem przez dżunglę – na przełaj przez chaszcze. Biegła długo, osłaniając twarz przed kolczastymi pnączami. Nie zważała na węże, które mogły leżeć na jej drodze, nie zważała na powalone pnie i kilkakrotnie się o nie przewracała, nie zwracała uwagi na próchniejące kłody pełne robactwa, na gniazda szerszeni, na parzące liście... Po prostu biegła, jakby od tego zależało jej życie. Biegła ile tchu w piersi. I kiedy moja łódź wypłynęła z kolejnego zakrętu, daleeeko przed sobą zobaczyłem ją znowu, jak spocona i zdyszana wspina się boso na skały sterczące wśród drzew. Tam patrzyliśmy na siebie po raz ostatni – dalej rzeka płynęła już w taki sposób, że nie było kolejnych zakrętów, które da się ominąć skrótem przez las.

Odpływałem, żeby nigdy nie wrócić.

Dwaj Indianie w mojej łodzi wiosłowali zawzięcie. Prąd był silny. Mimo to jeden z nich powiedział:

– Odłóż wiosło, gringo. Odwróć się i patrz. Póki możesz.

Patrzyłem. Do chwili, gdy zasłonił ją las.

A potem przed każdym kolejnym zakolem rzeki miałem nadzieję, że zobaczę ją znowu. Choć jednocześnie wiedziałem, że to niemożliwe.

* * *

Jej twarz pozostała mi w pamięci na wiele lat. Wyraźna w każdym szczególe, jak odświeżany codziennie obraz mojej własnej twarzy w lustrze.

Nie zamieniliśmy ani jednego słowa. Nie wymieniliśmy pojedynczego dotknięcia dłoni. Nigdy nie stała dość blisko, bym mógł uchwycić jej zapach... Nie zaszło między nami nic bezpośredniego – fizycznego – tylko te odległe spojrzenia... I jeszcze coś w duszy, o czym wtedy nie wiedziałem i nigdy wcześniej nie słyszałem. Coś

 363

takiego, na co żaden z białych języków nie ma nazwy, a Indianie mówią o tym Tchnienia[66].

Zostaliśmy *związani*. Węzłem Mocy. Siłą Tchnień, które przepłynęły między nami.

Była jedyną osobą w wiosce, z którą nie zamieniłem słowa, bo nie musiałem – nam wystarczało milczenie. I było bardziej wymowne od słów.

Ze wszystkimi innymi rozmawiałem, śmiałem się, klepałem po plecach, jadłem, polowałem – ona była z tego wyłączona. Nasza była cisza.

I nigdy nie poznałem jej imienia. To dziwne – nikt jej wobec mnie nie zawołał, nikt o niej nic nie mówił. Kręciła się pośród nas, ale tak jakbym tylko ja ją widział...

A kiedy po powrocie do domu przeglądałem zdjęcia zrobione w tej wiosce, nie znalazłem mojej Indianki na żadnym. Miałem tak wiele rolek, w sumie kilka tysięcy slajdów i na żadnym... Nawet tyłem, gdzieś w tle... Nigdzie!

Gdyby mnie ktoś zapytał o to wcześniej, przysiągłbym bez wahania, że pamiętam, jak jej robiłem zdjęcia. Pamiętam!!! A jednak potem nie znalazłem żadnego z nich. Nie znalazłem też czarnych, pustych klatek. Nic.

---

[66] W każdym razie tak bym to przetłumaczył. Chodzi bowiem o niejasne połączenie słów *duch*, *oddech*, *dusza* i *Duch* (dla nas Duch Święty). Kiedy wszystkie one zleją się w jedno, a ich znaczenia zaczną przenikać i wzajemnie uzupełniać, znajdziemy się dość blisko tego, co Indianie mają na myśli mówiąc o Tchnieniach.
(Pamiętajcie jednak, że od bycia blisko do trafienia w sedno może być bardzo daleko.)

ŚLADY

Po latach wróciłem w tamto miejsce.

Nie miało to nic wspólnego z nostalgiczną wyprawą w poszukiwaniu wspomnień. Noo.. prawie nic. Przede wszystkim chodziło o odnalezienie tych samych ludzi i zaobserwowanie, co się u nich zmieniło – jak się z nimi obszedł czas, który z nami obchodzi się łaskawiej? Chodziło o porównanie, jak starzeje się człowiek korzystający z udogodnień cywilizacji, a jak Indianin w dzikiej puszczy. Czy moje dziesięć lat życia to dla nich piętnaście?, dwadzieścia?, czy może przeciwnie – tylko osiem. Jednym słowem: wróciłem.

Ale indiańskiej wioski już tam nie było. Znalazłem tylko dawno wypalone zgliszcza zarastające lasem, a pośród nich utwardzone ogniem kręgi gliny, na której kiedyś stały szałasy. Ubite na twardo klepiska niechętnie oddawały pole roślinności. Poza tym natknąłem się na kilkanaście okrągłych dołów o średnicy około metra. Na dnie każdego leżał płaski kamień.

Opróżnione groby! – pomyślałem.

Najwyraźniej całe plemię odeszło gdzieś daleko. I nie miało zamiaru tutaj wracać. Nie chodziło więc o normalne całopalenie wioski, które robi się co kilka lat. To była emigracja na zawsze. Dlatego wykopano i zabrano zmarłych.

W tej sytuacji nie miałem szansy ich odnaleźć. Normalnie wioskę przenosi się zaledwie o kilka dni drogi, a plemię trzyma się tej samej rzeki. Odszukanie nowego siedliska to kwestia czasu i odrobiny intuicji. Tym razem jednak nie umiałem, nawet w przybliżeniu, określić kierunku migracji. Indianie zniknęli i musiałem się z tym pogodzić.

* * *

Nie byłem rozczarowany – tylko jedna na pięć wypraw kończy się sukcesem. Pozostałe są wyprawami donikąd. Przedzieram się przez puszczę, narażam na ukąszenia, choroby, kontuzje i szukam plemion, których już najprawdopodobniej nie ma. Moknę w ulewach, dygocę w chłodzie nocy, smażę w słonecznym skwarze, znoszę samotność, strach i głód... wszystko po to, by tylko raz na pięć wypraw odnaleźć ostatnich wolnych Indian. Pozostałe wyprawy to noclegi na mokrym dnie łodzi, bo brzegi rzeki były zbyt grząskie, by rozbić obozowisko. To jaszczurki pieczone na patyku, bo nie udało się upolować nic innego. Czarne kolce podwodnych gałęzi wbite w stopy, bo łódź trzeba było przeciągać przez zwalone kłody. Nadrzewne pijawki, które opadły ci na plecy, kiedy poszedłeś na stronę... I to wszystko po to, by nic nie znaleźć. By nie zrobić żadnego zdjęcia, które da się opublikować. By nie przeżyć żadnej spektakularnej przygody, którą da się potem barwnie opisać.

Kogo dzisiaj może zainteresować twój nieprzeciętny trud, jeśli nie przyniósł owoców? – oto dylemat podróżnika.

Kogo zainteresuje trasa, którą udało ci się pokonać, jeżeli na jej końcu nie leży jakiś biegun, szczyt, rekord prędkości, długości, wysokości? Jeżeli na jej końcu nie kryje się nieodkryte dzikie plemię, nowy gatunek orchidei, nowy motyl? Twój wyczyn, choćby niebywały, będzie dla świata nic niewart, jeżeli czegoś nie zdobędziesz – takie są fakty.

Cóż z tego, że dzielnie przetrwałeś śnieżną burzę w Himalajach, wisząc na jakiejś półce skalnej tuż pod szczytem, skoro twój kolega miał szczęście i zdobył ten szczyt jednodniowym marszem? Być może docenią cię koledzy z branży. Być może! Ale dużo pewniejsze jest, że zamiast cię docenić, będą ci współczuć.

A przecież nie ma czego – niepowodzenie to owoc czterech kolejnych wypraw; i jesteśmy do niego przyzwyczajeni. W prawdziwie trudnych, ekstremalnych przedsięwzięciach powodzenie wyprawy jest zaskoczeniem, a fiasko regułą. Nie kalkulowaliśmy, że się uda. Przeciwnie – spodziewaliśmy się, że nic z tego nie wyjdzie; że się narobimy jak osły w kieracie, że poświęcimy wszystkie oszczędności, kupę czasu, całego siebie, a i tak NIE UDA SIĘ. Kto myśli i kalkuluje inaczej, odpada ze Ściany Zdobywców – ulega zniechęceniu i odchodzi, bo liczył na sukces w miejscu, gdzie nie rozdają nagród. W miejscu, gdzie nie ma kamer. Gdzie umierasz sam, a jedyną osobą, która wtedy nad tobą zapłacze, możesz być tylko ty.

Pod Ścianą Zdobywców grunt jest grząski – skrapiany obficie przez pot i łzy. Pod Ścianą Zdobywców nie znajdziesz pomników ani grobów – kto tam spadnie, tonie w bagnisku niepamięci.

Spaść ze szczytu jest dobrze – wtedy zostaniesz legendą; bohaterem tragicznym. Niestety dużo częściej odpada się gdzieś po drodze – wtedy zostajesz małą częścią średniej statystycznej; bezimiennym szeregowcem życia.

Cztery wyprawy po nic.

A potem ta piąta, na końcu której coś jest! I w tym momencie okazuje się, że i ona byłaby niewiele warta, gdyby nie wszystkie poprzednie – nieudane.

Szaman powiedział: Strach jest dobry.

A ja Wam mówię: Porażka jest dobra. To porażki składają się na prawdziwy sukces. To one budują w tobie cechy niezbędne u Zdobywcy.

* * *

Spacerowałem po lesie w miejscach, gdzie kiedyś żyła setka ludzi. Szukałem wspomnień.

Wyszedłem na wielki kamień rzeczny, na którym co wieczór kąpali się Indianie. Poszedłem przez las, na tę ostatnią skałę, na którą wspięła się Indianka... I znalazłem *bastón*[67]!

Ktoś wielkim wysiłkiem wykuł w skale głęboki otwór, a potem wbił weń serce drzewa żelaznego – rzeźbiony pięknie czarny sopel – drzewny szpik długości około metra.

Był osadzony głęboko w kamieniu i sterczał wyzywająco... przyzywająco! Widoczny z daleka, jakby czekał, że zostanie odnaleziony.

* * *

Od lat słyszałem indiańskie Opowieści o tym, że „stare drzewa mają serca". Puszczałem to mimo uszu, bo przecież w Europie, w dawnych czasach, też mówiło się, że święte drzewa mają serca, gęste bory zamieszkują Drzewcy... a potem nastały tartaki i ludzie przestali wierzyć w bajki.

Aż tu pewnego dnia ujrzałem indiańską legendę na własne oczy – szaman plemienia Kuna trzymał w dłoni czarny kij wykonany z czegoś, co wyglądało jak szlifowane żelazo, ale gdy się człowiek dokładnie przyjrzał, widział na powierzchni drewniane słoje. To było Drzewne Serce – naturalna szpila, która czasami powstaje we

---

[67] *Bastón* – laska lub pałka ze szlachetnego gatunku drewna; rodzaj indiańskiego berła/ buławy; ogólnie symbol władzy i szlachectwa.
Może służyć jako list żelazny, czyli przepustka zapewniająca bezpieczne przejście przez terytoria pozostające pod panowaniem danego kacyka. Autor opisuje podobną sytuację w ostatniej części książki „Gringo wśród dzikich plemion", gdzie otrzymuje *bastón* będący „biletem wstępu" na terytoria plemienia Kuna. [przyp. tłumacza]

wnętrzu starego pnia. Takie Serce stanowi osobne żywe ciało we wnętrzu drzewa. Stale czerpie z jego soków, ale nie jest pasożytem. Jest... No właśnie, żaden botanik nie wie czym.[68] Tajemnicą i legendą – tylko tyle wiemy na pewno.

Odrębny układ słojów, pozwijanych bardziej ciasno niż inne dookoła, powoduje, że po rozłupaniu pnia-nosiciela Serce wypada – jak sęk z deski. Jest gładkie jak szkło, twarde jak stal i ciężkie jak ołów. Indianie wierzą, że ma w sobie Moc. I jeszcze coś: nigdy nie udało się żadnego z tych Serc na stałe wywieźć z dżungli. Przeniesione do klimatu choćby odrobinę mniej wilgotnego, dość prędko rozsychają się i rozpadają. Ciasno skręcone zwoje rozplatają się; jak warkocz, kiedy pęknie gumka. Igiełki drewna cieńsze niż wykałaczki odpryskują z powierzchni. A w pewnej chwili Drzewne Serce po prostu pęka z trzaskiem.

Tych kilku podróżników, którzy wykradli Serca z rąk Indian i wieźli je do Europy, znajdowało potem na dnie swoich kufrów jedynie garstkę pokruszonych drzazg. Pośród tych podróżników byłem i ja.

* * *

Stanąłem na skale, na której kilka lat wcześniej stała moja bezimienna dziewczyna. Chwyciłem *bastón* w dwa palce i lekko, zupełnie bez oporu, wyciągnąłem go ze skały. Potem zawróciłem moją łódź i odpłynąłem w stronę cywilizacji. *Bastón* spoczął w bagażu zawinięty w ręcznik.

Jeszcze na lotnisku, przed wejściem do samolotu, sprawdzałem w jakim jest stanie. Zmartwiło mnie, że już nie błyszczy. I zadziwiło, że... napuchł. Drewno stało się jakby włochate – na całej powierzchni sterczały małe łuszczące się igiełki. Drzewne Serce zaczynało umierać.

Jego wewnętrzne struktury rozprężały się pod wpływem klimatyzowanego powietrza. I nie pomagał stale wilgotny ręcznik. Chłód lotniska powodował wewnętrzne rozkurcze... Widziałem tę agonię. Miałem nawet wrażenie, że szlachetne drewno... cierpi fizyczny ból. A kiedy wylądowałem po drugiej stronie oceanu i rozwinąłem ręcznik, był pusty. O tym, że wiozłem w nim Drzewne

---

[68] Być może chodzi o **sklereidy** (in. komórki kamienne) – *bot.* mocno zmineralizowane komórki roślinne o zdrewniałych ścianach tworzące tkankę – **sklerenchymę** (in. twardzica) zbudowaną zwykle z martwych komórek. [przyp. tłumacza]

Serce, świadczył tylko trociniasty pył, a pośród tego pyłu kilka czarnych drzazg.

Zebrałem to wszystko starannie i wsypałem do rzeźbionej tykwy, którą przywiozłem z którejś z poprzednich wypraw. Potem zawiesiłem tę tykwę wraz z kilkoma innymi pod sufitem, podobnie jak to robią Indianie z rzeczami, których nie wolno dotykać nikomu poza *tym-który-je-zawiesił-pod-strzechą-szałasu*.

Wisiały tak kilka miesięcy, może rok. Na tyle długo, że nawet ja przestałem na nie zwracać uwagę – ot, przykurzona pamiątka jednej z tysiąca przygód.

Aż pewnej nocy miałem sen. Przyśniła mi się tykwa pełna trocin. Przyśniła tak wyraziście, jakbym leżał na podłodze i patrzył na nią wiszącą wprost nad moją głową. Odebrałem ten sen jako znak. Wezwanie.

ODPOWIEDŹ

Rozpaliłem ogień.

W świetle płomieni wysmarowałem ciało na czerwono pastą z utartych ziarenek *achiote*.

Potem założyłem moje indiańskie ozdoby i zabrałem się do przygotowywania rytualnego posiłku. Przywiezioną z Brazylii *farinhę* – utarty i ususzony maniok – wymieszałem z wodą, dodałem wiórki z Drzewnego Serca, ulepiłem w dłoniach niewielki placek i położyłem na rozgrzanym kamieniu w pobliżu ognia. W ten sposób upiekłem kassawę[69].

Zjadłem ją, kiedy była jeszcze gorąca i natychmiast poszedłem spać.

* * *

Sen przyszedł szybko i był nienaturalnie wyrazisty:

– Czemu odeszliście? – zapytałem.

– Z twojego powodu, miły – odpowiedziała śpiewnym głosem.

– Z mojego?! A cóż ja takiego zrobiłem?

– Pojawiłeś się w naszej wiosce.

– I?

---

[69] *Cazabe* (hiszp.) – indiański chleb z manioku; zwykle w formie dużego okrągłego placka. Jest twardy, jak tektura, biały w kolorze, a w smaku... wpada do kategorii „inne". [przyp. tłumacza]

– To wystarczy. Skoro ty znalazłeś drogę, znaleźliby ją inni. Musiałam przenieść plemię głębiej w puszczę. Tam, gdzie nie trafią Bladolicy.

– Ty musiałaś?!

– Ja. W dniu, kiedy odpłynąłeś, Czarownik powiedział, że jestem *przeznaczona*. Tej samej nocy wziął mnie do swego szałasu. Ale nie popatrzył, jak na kobietę, tylko jak na ucznia. Więc przestałam być kobietą, a stałam się uczniem. Dzień po dniu oddawał mi całą swoją wiedzę. A potem, kiedy umierał, śpiewałam przy jego hamaku i oddał mi całą swoją Moc; Tchnienie po Tchnieniu.

– I teraz jesteś... Czarownikiem?

– Nie było na to słowa. U nas jeszcze nigdy kobieta nie przejęła Mocy. Szaman wymyślił więc nowe, piękne słowo. Jedyne w swoim rodzaju. Mocne. Groźne. Ale kiedy ludzie o mnie mówią, nigdy nie używają tego słowa. Wystarcza im odpowiedni ton głosu. Po prostu o mnie mówią... ciszej.

– Ten *bastón* na skale to Wezwanie, prawda? Coś się stało...

– Nie. *Bastón* był tylko znakiem przyjaźni. Ale skoro przyjąłeś go jako Wezwanie, to tym się stał.

– I co teraz?

– Rozmawiajmy. Śmiejmy się. Ja tutaj nie mam z kim.

– Nie jesteś szczęśliwa?

– Ani mniej, ani bardziej niż Ty, miły – spojrzała na mnie smutno. – W życiu stale jesteśmy szczęśliwi i nieszczęśliwi jednocześnie. Tylko najczęściej o tym nie wiemy albo nie chcemy wiedzieć. Odrzucamy ciemne strony życia. A one przecież zawsze są. Szczęście i nieszczęście to jedność. Smutek i radość też. Strach i odwaga... Wystarczy się dobrze przyjrzeć jednemu, a zawsze zobaczysz to drugie. Dopełniające się przeciwieństwa. A więc jestem zawsze szczęśliwa-nieszczęśliwa. Nie wolno mi mieć dzieci: nieszczęście, ale odbieram porody i przez moje ręce wchodzi do życia więcej dzieci, niż mogłabym sama urodzić: szczęście. Nie mam rodziny: nieszczęście, ale wszyscy traktują mnie jak matkę: szczęście. Jedno i drugie naraz. Szczęśliwa-nieszczęśliwa. Podobnie jak Ty, prawda?

– Tak. Jestem szczęśliwy, że wtedy odpłynąłem z Twojej wioski, ale nieszczęśliwy, że nie zostałem.

– Wiem, miły.

– W życiu zawsze jest się szczęśliwym i nieszczęśliwym z tego samego powodu?

– Zawsze. Stale. Każdy. Wszędzie.

* * *

– Czy mam Cię szansę jakoś znaleźć tam, gdzie teraz jesteś? – zapytałem.

– Jeżeli będziesz bardzo chciał. I jeżeli ja też będę bardzo chciała. Ale to nie nastąpi prędko. Kiedy się spotkamy ponownie, oboje będziemy mieli białe włosy.

– Kawał czasu... I będę jeszcze wtedy jeździł do dżungli?

– Dużo chcesz wiedzieć, miły.

– A dużo wiesz?

– Mogę wiedzieć prawie wszystko, co tylko zechcę, ale to sporo kosztuje. Kiedy pytasz o rzeczy bliskie, zaglądanie w przyszłość po prostu męczy. Ale kiedy pytasz o czas odległy, o czas, gdy oboje będziemy mieli białe włosy, wtedy poszukiwanie odpowiedzi boli. Jeżeli sięgniesz zbyt daleko i źle ocenisz swoje siły, ten ból potrafi zabić. Jak każdy ból.

Po chwili milczenia odpowiedziała jednak na moje pytanie, a jej głos był pełen czułości:

– Kiedy włosy ci pobieleją, przestaniesz jeździć do dżungli, miły. Pewnego dnia po prostu przyjedziesz tu, żeby zostać. Odrywasz się od swojego świata. Już nie jesteś stamtąd, tylko coraz bardziej stąd. I kiedyś przyjedziesz, żeby zostać.

– A kiedy to będzie? Kiedy mi włosy zbieleją?

– Muszę wracać, miły. Każda chwila z Tobą jest bardzo szczęśliwa, ale równie bolesna. Rozmowa we śnie jest jak zaglądanie w przyszłość. Im dalej jesteś, tym bardziej boli. A Ty jesteś teraz tak daleko. Bywaj miły.

– Do zobaczenia... kiedyś.

– Już ci włosy bledną – dodała z uśmiechem.

* * *

Obudziłem się bardzo gwałtownie. Świtało.

Poranny chłód otrzeźwił mnie momentalnie.

Czy to był sen? Mara? Maligna? Marzenia? A może Drzewne Serce zawierało jakiś halucynogen?

Pobiegłem do łazienki opłukać twarz. Spojrzałem w lustro i zobaczyłem małe papuzie piórko wetknięte we włosy.

* * *

– Ładnie opowiadasz, gringo – powiedział szaman.

– I co o tym myślisz?

– To wielki... wielka... Jedyna kobieta pośród żywych Czarowników. Widziałem ją kilka razy. Rozmawialiśmy.

– Gdzie?! Pokażesz mi drogę?

– To droga nie dla ciebie, gringo. My się czasami... Jak to nazwać? ... *nawiedzamy*. Po prostu spotykamy się. Wszyscy Czarownicy naraz.

– Sabat, tak?

– Co to sabat?

– Zebranie czarowników. Tańce na golasa, najczęściej na jakiejś łysej górze. To znaczy tam, gdzie nie ma drzew i widać księżyc. I horyzont.

– U nas to jest inaczej. Wszystko dzieje się w głowie. Ja widzę ich, oni mnie, a żaden nie opuszcza swojego szałasu.

– Szamani *on line*. Telekonferencja. W dodatku bez anten i kabli...

– Nie wiem, co teraz gadasz, gringo.

– Nieważne, po prostu jestem pełen podziwu. I w czasie tych waszych *nawiedzeń* ją widujesz?

– Czasami.

– Mógłbyś mnie zabrać. Albo przynajmniej pokazać, tak jak te panieńskie sny.

– Co na to twoja rodzina?

– Na co? Nic!

– Spodobała ci się dzieweczka, co? Zalazła za skórę...

– Nie tak, jak myślisz. Była piękna, owszem...

– I całkiem goła!

– Przestań. Golizna Indian nie porusza mnie wcale. Uważam, że jesteście piękni, nieistotne starzy czy młodzi, czy dzieci. Tak jak jaguar jest piękny stary, młody czy kociak. I nie podnieca mnie fakt, że jaguary, czy w tym przypadku Indianie, chodzą bez majtek. To część natury.

– Yhym. Tylko, że jaguary mają futro, a twoja dziewczyna miała wszystko na wierzchu...

TCHNIENIA

Zjawisko ze świata indiańskiej... mitologii*. Rzadkie, a przez tę rzadkość bardziej doniosłe. A na pewno bardziej magiczne.

* * *

Tchnienia to maleńkie cząsteczki Ducha, które „uwalniają" się pod wpływem naszych uczuć i „przepływają" między ludźmi.

---

* Wystrzegam się tego słowa, ale czasami brak innego. *Mitologia* – kojarzy się zwykle z czymś nierzeczywistym. Tymczasem Indianie wierzą w swoje mity. Wierzą dużo mocniej niż nam udaje się uwierzyć w Boga. Dla Indian ich mity stanowią świat dotykalny, a nie tylko zbiór ludowych opowieści. Kiedy więc mówię o „świecie indiańskiej mitologii", mam na myśli coś, co dla nas, Białych, może być jedynie legendą, ale dla Indian jest tak realne, jak młotek, który uderza w palec.

Zawsze i wyłącznie na drodze wymiany, bo także i tu obowiązuje fizyka czarów z nienaruszalną zasadą zachowania energii.

Wzajemne uczucia i emocje są przez Indian pojmowane trochę jak zapach, który przenosi się z powietrzem. Miłość, niechęć, czy strach „przepływają" między dwiema osobami „doczepione" do fragmentów ludzkiej duszy.

Kiedy Tchnienie z ciebie wypływa, wówczas stajesz się niekompletny – na twej duszy powstaje uszczerbek – a ponieważ serce nie znosi pustki, nowe Tchnienie natychmiast zajmuje wolną przestrzeń. Twój duch zostaje uzupełniony o odpowiedni „kawałek" ducha drugiej osoby. W miejsce miłości, którą obdarzyłeś drugiego człowieka, wlewa się miłość, którą on obdarzył ciebie. W miejsce nienawiści, nienawiść. Wrogość za wrogość, niechęć za niechęć, przyjaźń za przyjaźń... – na tym polega wymiana Tchnień.

Jest to zjawisko rzadkie. Musi bowiem zaistnieć całkowita zgodność dusz i pragnień obojga zainteresowanych. Dwie osoby muszą się pokochać lub znienawidzić w jednej chwili – od pierwszego wejrzenia – i ze znaczną mocą. Tutaj nie ma miejsca na lekkie poruszenia serc. Tchnienie jest zawsze rezultatem gwałtownego uniesienia, porywu, pasji, furii, gorącej fali pożądania... Tchnienie jest jak grom – nie uderzy, jeśli ładunek energii nie jest wystarczająco duży.

* * *

I jeszcze rzecz ostatnia; dla której w ogóle warto o Tchnieniach wspomnieć:

Osoby, które wymieniły Tchnienia, stają się braćmi ducha, na podobieństwo braci krwi. Powstaje między nimi nierozerwalny Węzeł Mocy. Niewidoczny dla oka, niematerialny, ale realny. I trwały, jak wiązanie atomowe.

WIELKIE PRZEKLEŃSTWO

Moczenie pięt najwyraźniej weszło nam w krew. Już ludzie zaczynali gadać. Mówili: *Co oni tam tak wysiadują i codziennie moczą pięty?* Nie odpowiadaliśmy na te pytania – niech myślą, co chcą. Na pewno wymyślą coś bardziej szamańskiego niż my.

Siedzieliśmy więc jak co dzień, mocząc pięty...

– A ty widzisz przyszłość, Czarowniku?

– Tylko jej fragment, gringo. A im dalej chcę spojrzeć, tym bardziej muszę natężać wzrok; czasami aż do bólu. No i oczywiście jest tam pewien nieprzekraczalny horyzont, poza który mój wzrok nie sięga, choćbym się nie wiem jak wysilał, stawał na palce, wspinał na drzewa... Są też dni, kiedy mam lepsze oko i wtedy widzę dużo dalej. Albo takie, kiedy niezależnie od mego oka widoczność jest gorsza sama z siebie. Wówczas najlepsze oko nie pomoże. Jak we mgle. Innym razem jakaś siła unosi mnie wysoko ponad powierzchnię czasu niezależnie od mej woli. Oczyszcza powietrze przede mną i natęża mój wzrok tak bardzo, jak ja sam natężyć nie potrafię. Wtedy widzę rzeczy bardzo odległe. Prorokuję to, co chce mi pokazać Pachamama – Ostrzeżenia.

Mogę też spojrzeć w przeszłość, której nie przeżyłem. Nawet taką sprzed chwili mego narodzenia. To łatwiejsze od zaglądania w przyszłość. Przeszłość jest już tylko jedna, a przyszłości może być wiele różnych i nigdy nie wiadomo na pewno, która z nich się wydarzy.

To tak jak z pływaniem po rzece. Przyszłość leży w górę, pod prąd, a tam popłynąć trudniej. I rzeka się wciąż rozwidla, a ty nie wiesz, którą odnogę wybrać. Kiedy płyniesz w dół, nurt sam niesie twoją łódź, a kierunek jest tylko jeden. Wystarczy się poddać.

– I nie ma kłopotów z powrotem? Gdybyś... „odpłynął" zbyt daleko?

– Nie. To jest jak patrzenie; jak myślenie. Wystarczy przerwać. Zamykasz oczy i patrzysz w przeszłość, a potem otwierasz i jesteś z powrotem tutaj.

– To powiedz mi, co się zdarzyło w mojej ziemi w ostatnich dniach. Świeża przeszłość. Powinieneś ją widzieć wyraźnie.

– O nie, gringo. Tego nie potrafię. To nie nasza przeszłość. Stoję po kolana w wodach mojego życia i widzę jedynie własną rzekę oraz te strumienie innych osób, które się z nią krzyżują. Widzę więc twoją przeszłość od chwili, gdy twoja rzeka podpłynęła do mojej, a ich wody się zmieszały. Ale nie mogę opuścić mojego strumienia i wejść do zupełnie obcej przeszłości.

– Mówiłeś, że wystarczy się poddać.

– Wystarczy, kiedy odpływam w przeszłość moją lub twoją, lub kogokolwiek innego, ale pod warunkiem, że coś je łączy. A ty chcesz wiedzieć, co się stało kilka dni temu w twojej ziemi. To nie jest nasza przeszłość. Byłeś tutaj ze mną, a nie tam. Nie przeżywałeś zdarzeń, o które pytasz. One działy się gdzieś z boku. Mogę w każdej chwili sięgnąć do czasu twoich dalekich przodków, nawet takich, o których nigdy nie słyszałeś, ale przeszłość twoich żyjących krewnych jest dla mnie dostępna dopiero od chwili, gdyś ich opuścił. Co z nimi było potem, nie wiem.

– A przyszłość? Jeśli mi opowiesz ich przyszłość, może wywnioskuję, co robią dzisiaj.

– Ich przyszłość widzę dopiero od chwili, gdy się znowu spotkacie. I jak zwykle jest mało pewna. Zbyt wiele możliwości. Im dalej w przyszłość, tym więcej rozgałęzień. A niektóre z nich są przerażające, więc lepiej nie pytaj o przyszłość. Jeśli nie musisz.

– I nigdy nie masz pewności, że któraś jest prawdziwa?

– Czasami można się porozumieć z człowiekiem nienarodzonym. On wie dokładnie, co się wydarzy od dziś aż do chwili... w której przebywa. Dla niego to wszystko jest już przeszłością, choć dla nas jeszcze się nie wydarzyło. Niestety nie możesz z nim normalnie porozmawiać, bo Nienarodzony nie zna słów. Przekazuje ci obrazy, smaki, dźwięki, dotyk...

– I co ty z tego rozumiesz?

– Niewiele. Ale podobno można się nauczyć. Ja wyczuwam głównie nieszczęścia: głód, ból, chorobę, pożar, powódź.

– Co wtedy? Wiadomo, że się zdarzy na pewno, tak? Bo w pewnym sensie już się zdarzyło, w przeszłości tego Nienarodzonego. No więc nie możesz tego uniknąć, prawda? Ani zapobiec.

– Mogę. Jeżeli głód, pożar czy powódź dotyczy części lasu, przenoszę plemię gdzie indziej.

– Sprytne. Ale skąd wiesz, kiedy nadejdzie głód i komu się przydarzy, skoro Nienarodzony nie zna słów.

– Badam kolejno wszystkie strumienie, od mojej strony. Nienarodzony powiedział, co ma nadejść, a ja sprawdzam kiedy i którędy. Idę w górę strumienia, do miejsca, gdzie strumień wysycha i przestaje być źródłem przyszłych zdarzeń. Jeżeli tam jest nieszczęście, wiem już jak, kiedy i skąd nadejdzie. Jeżeli nieszczęścia nie ma, cofam się do rozwidlenia i ruszam w górę kolejnego strumienia.

– A co właściwie widzisz, kiedy patrzysz w przyszłość?

– Czy powinienem ci to wszystko opowiadać, gringo? – nagle szaman się zawahał. Jakby ocknął z transu.

Popatrzył na mnie przenikliwie. Widziałem, że chce mówić dalej, lecz jednocześnie... boi się. Czego? Złamania tabu?

Woda w rzece szumiała cicho. Las wokoło usypiał. Nadchodziła pora moskitów. Za kilka chwil ich ukąszenia przegonią nas do szałasu – w pobliże ognia i dymu. Za kilka chwil ta rozmowa skończy się definitywnie. Skończy w połowie. A jutro dużo trudniej będzie ją kontynuować.

Desperacko szukałem mądrej odpowiedzi na jego pytanie: Czy powinien mi to wszystko opowiadać? Mądrej i innej niż ta, która była jedyną odpowiedzią... Nic nie mogło go zaboleć bardziej. Jedyna rzecz, której na pewno nie chciał usłyszeć. Najokrutniejsza z prawd.

– Nie masz następcy – powiedziałem w końcu. – I nie zanosi się, byś miał. Nikt wśród twoich Carapana nie został *przeznaczony*. Jestem jedyną osobą, której to możesz opowiedzieć. Ja, Obcy, Długonosy, Bladolicy. Inaczej cała twoja wiedza odejdzie wraz z tobą.

– Wiem – rzekł tak cicho, jakby to było westchnienie.

Potem cisnął w wodę wyschniętą bryłą błota i zaczął opowiadać:

– Zamykam oczy. Otwieram serce. I staję pośrodku wielkiej rzeki. W miejscu, gdzie przyszłość zamienia się w teraźniejszość. Patrzę w dal, tam skąd napływają zdarzenia, gdzie rodzą się losy ludzi... Widzę pierwsze rozwidlenie, a dalej kolejne dopływy i dopływy dopływów, coraz więcej coraz mniejszych rzek, strumieni, strumyczków... Daleki horyzont roi się od źródełek. Każde z nich jest możliwym początkiem czegoś, co ma nastąpić. Początkiem jakiegoś losu. Ale tylko jedno z tych źródełek jest prawdziwym przeznaczeniem. Jak je wybrać? Jak odnaleźć? To są wszystkie możliwe początki wszystkiego, ze wszystkimi możliwymi konsekwencjami. W drodze do mnie te strumyki i rzeczki zlewają się ze sobą, łączą, nabierają siły i stopniowo zmniejsza się ich liczba. Wreszcie powstaje z tego jedna wielka rzeka przyszłych zdarzeń... Patrząc blisko przed siebie, mogę mieć pewność, co się zdarzy. Lecz im dalej sięgam wzrokiem, tym mniej pewny jestem... Bo który z możliwych strumieni jest przeznaczeniem, a które są jedynie wieloma innymi możliwościami prowadzącymi do tego samego zdarzenia? Wszystkie ścigają się w kierunku ujścia do teraźniejszości, ale tylko jeden tu ostatecznie dotrze. Reszta nigdy się nie spełni. Rozpłyną się w czasie.

– Jak w takim razie przepowiadasz?

– Kilka dni naprzód wiem na pewno. A dalej... To kwestia wyczucia. Niektóre rzeczy się wie i już. Matki mają podobne wyczucie wobec swoich synów i od maleńkości wiedzą, który z nich będzie dobrym myśliwym, a który patałachem. Ja mam wyczucie wobec losu. Dlatego zostałem szamanem.

– Wspaniały dar, Czarowniku.

– Wielkie przekleństwo, gringo.

– Przekleństwo?

– Ta rzeka zdarzeń dotyczy także mnie. Owszem, wlewają się do niej strumienie życia każdej z istot, z którymi mam do czynienia, ale to jest przede wszystkim rzeka mojego życia. Daleko przed sobą, na końcu każdego z tych strumieni, widzę już tylko suchą ziemię. Ostatnie drobinki wody, ślad wilgoci na piasku, a wreszcie... nic. Próbuję nie patrzeć w te miejsca, ale z każdym dniem sucha ziemia jest coraz bliżej. I pewnego dnia dotknie moich stóp.

– Przecież Czarownicy nie boją się śmierci.

– Widzieć własną śmierć to jedno, ale widzieć je wszystkie naraz...

* * *

Kilka następnych dni minęło nam beztrosko. Polowaliśmy, zbieraliśmy owoce, piliśmy cziczę. I żartowaliśmy na temat dziewczyńskich snów o skubaniu.

Starałem się nie poruszać trudnych tematów. To, co czarownik mi opowiedział, sprawiło, że patrzyłem na niego ze współczuciem. Brzemię, które dźwigał, rzeczywiście było przekleństwem.

A potem przyszedł jeden z Najstarszych i oznajmił, że jutro umrze. Zaprosił szamana na wieczór do swojego szałasu, gdzie cała wioska miała mu śpiewać pieśń umierających.

– Skąd on to wie? – spytałem, kiedy starzec odszedł. – Przepowiedziałeś mu śmierć?

– Każdy z nas umie zajrzeć na kilka kroków w przyszłość. Ty także. Bardzo słabo, ale umiesz. Nazywasz to „złymi przeczuciami". Im kto starszy, tym dalej widzi, a kilka najbliższych chwil swego losu widzą nawet dzieci. Dlatego tak dobrze omijamy niebezpieczeństwa w dżungli.

– A ci, co wdepnęli na węża? Wiedzieli, że czeka, i mimo to wdepnęli?

– Widzieć przyszłość to jedno. Trzeba jeszcze zrozumieć, co się zobaczyło. Ona nie jawi się normalnymi myślami. Dlatego zdarzają się wypadki. Myśliwy przeczuwa obecność węża i zaczyna iść ostrożnie, a ugryziony zostaje dlatego, że nie umiał odczytać dokładnej chwili i miejsca ataku. Natomiast śmierć jest dość oczywistym obrazem. Trudno się pomylić, nie sposób przegapić... Każdy Najstarszy wie dokładnie, kiedy i jak ma nadejść jego koniec.

Dar i przekleństwo – pomyślałem. – Jednego dnia wiesz, że to jeszcze nie dzisiaj, a następnego wiesz, że to już jutro. Okropne...

– Ja zaś widzę wszystkie moje końce naraz – szepnął szaman, trochę jakby do siebie. – Stale stoi mi przed oczami kilka różnych obrazów mojej śmierci. A każdy z nich równie prawdopodobny. Ale nie wszystkie równie... przyjemne. A śmierć powinna być przyjemnością, gringo. Uwolnieniem.

I znów popatrzyłem na niego z litością: Ostatni Czarownik Carapana – jedyny członek plemienia, który nigdy nie będzie gotów na swoją śmierć. Zawsze, w każdej sekundzie życia, będzie gotów na jakąś śmierć, a nawet na wiele różnych, ale nigdy na tę konkretną. Oto cena, jaką płacił za dar jasnowidzenia.

MORAŁ:

 Wielu chciałoby przepowiadać przyszłość.
Wielu podejmuje próby – bawi się w czary,
eksperymentuje z dawno zapomnianą wiedzą...
Najwyraźniej nie znają ceny.
Powtórzcie im słowa szamana:
Ten dar jest moim przekleństwem.

NAJSTARSI

Nie wszędzie Najstarszych otacza miłość i szacunek. Są kultury hołdujące zasadzie: jesteś dorosły, radź sobie sam.

W pewnych rejonach Azji niedołężny człowiek był traktowany jak zawada. Gdy stawał się bezużyteczny, wystawiano go na mróz – żeby „zasnął". To rezultat chłodnego pragmatyzmu – skoro nie potrafisz już o siebie zadbać, skoro nie jesteś w stanie się samodzielnie wyżywić, giń*.

Człowiek zapobiegliwy powinien się tak ustawić w życiu, by mieć np. wynajętych ludzi, którzy zastąpią mu jego zwiotczałe mięśnie i staną w jego obronie, kiedy już sam stanąć nie podoła.

Azja generalnie wyznaje kult siły; a nawet przemocy. To siła daje tam prawo do majątku, a słowo „władza" pokrywa się znaczeniowo z wyrażeniem „nie podskakuj, bo mogę ci zrobić krzywdę". Demokracja w Azji nie istnieje, ponieważ azjatyckie ludy chcą, by ich władcami byli ludzie silni. Wybierają więc takich, którzy, kiedy zajdzie potrzeba, potrafią kopnąć w stolik i wywrócić demokratyczny porządek. Głosują na takich, którzy mają dość siły, by zmusić wszystkich pozostałych, by także na nich zagłosowali.

* * *

W Ameryce Północnej było inaczej – starość kojarzono z mądrością, a mądrość to rzecz niezwykle cenna i... niedostępna dla młodych. Starca, nawet najbardziej niedołężnego, czczono więc i szanowano, choćby po to, by móc korzystać z jego wiedzy. Pomagano mu do ostatniego tchnienia. Chyba że sam postanowił odejść do Krainy Wiecznych Łowów.

---

* To także z tego powodu cesarzy ogłaszano bogami – bogów się nie zabija. W każdym razie nie tak łatwo jak zwykłego starca.

Było to coś w rodzaju samodzielnej eutanazji. Stary wojownik wybierał odpowiedni dzień, szedł na samotną górę, kładł się tam na specjalnym rusztowaniu* i... zasypiał po raz ostatni.

Indianie do tego stopnia kontrolowali swoje ciała i umysły, że potrafili zakończyć życie w wybranym przez siebie momencie – aktem woli wywoływali stopniowe spowolnienie akcji serca aż do jego zatrzymania.

* * *

U dzikich plemion w Amazonii też szanuje się starców. Ale szacunek ten bierze się nie tak jak u nas – z miłości do rodziców czy dziadków, lecz ze strachu. Starcy są bowiem siedliskiem Mocy. Przez wiele lat życia kumulują w sobie czas, nabywają doświadczenia oraz bliskiej znajomości ze światem niewidzialnym. I mogą ten świat zawołać na swoją obronę, gdyby syn lub wnuk okazał się niegodziwcem, który odmawia zniedołężniałemu dziadowi szacunku i opieki.

To samo dotyczy kobiet. Za młodu bardzo często traktowane przez ojców i mężów z góry, na starość uzyskują status tak wysoki, że uczestniczą w radach plemiennych. I mają tam prawo najważniejszego głosu – podczas gdy każdy mężczyzna występuje tylko we własnym imieniu, głos najstarszej kobiety jest głosem wszystkich kobiet w wiosce. A ponieważ kobiet jest zwykle trochę więcej niż mężczyzn, więc jedna stara Indianka może z łatwością przegłosować całą radę plemienną. Tak to do dzisiaj bywa w Amazonii.

MORAŁ:

Z wiekiem Najstarsi mówią coraz ciszej, coraz bardziej niewyraźnie, ale coraz mądrzej. I prawie zawsze wiedzą, co byłoby w danej sytuacji najlepsze dla naszego plemienia.
Niestety, plemię słucha, potakuje, czasami bije brawo, a potem i tak robi po swojemu.

---

* Rusztowanie chroniło zwłoki przed kojotami. A jednocześnie wystawiało je na żer dla orłów. Chodziło o to, by orzeł przeniósł ciało zmarłego, a przede wszystkim jego serce (siedlisko duszy) do nieba. I najczęściej tak się właśnie działo.
Gdyby jednak rusztowanie wywróciło się, a zwłoki upadły na ziemię, a potem zostały rozszarpane i rozwłóczone przez kojoty, duch zmarłego nie mógłby wejść do nieba – musiałby się do końca świata błąkać po ziemi.

METAFORY I PIĘTY

I znowu siedzieliśmy, mocząc pięty. Tym razem jednak moczyliśmy w kałuży. Od kilku dni lało, więc nie chodziliśmy nad rzekę. Ale po staremu siadywaliśmy z piętami w wodzie, by pogadać. Lub pomilczeć. Tyle że teraz robiliśmy to w progu szałasu, wystawiając nogi na zewnątrz – w deszcz.

Po co? I o co tu w ogóle chodzi z tym ciągłym moczeniem pięt???

Nie mówiłem jeszcze?

To posłuchajcie...

Wiecie pewnie, że najczęściej chodzę boso – jak Indianie. A kiedy człowiek chodzi boso, to mu stopy twardnieją – wytwarza się naturalna podeszwa, gruba i odporna. Z taką podeszwą możesz zupełnie spokojnie biegać po żwirze, deptać ostre gałązki, szyszki i kolce; nawet ciernie nie są straszne. Ale twarda stopa oznacza też oczywiście twardą piętę. A twarda pięta lubi pękać. Im twardsza, tym głębiej pęka. Czasami do czerwonego mięsa. I wtedy krwawi. A ty nadal chodzisz boso. Po piachu i błocie, po brudnej wodzie. Pęknięcia zaczynają się jątrzyć, boleć... Żeby temu zapobiec, musisz dbać o te swoje twarde pięty, tak, jak powinno się dbać o skórzane buty. Niepastowane sparcieją, a w efekcie zaczną się kruszyć i rwać. A więc o skórę warto dbać.

Po to właśnie moczy się pięty. Od chodzenia boso stają się twarde, a od wody elastyczne – idealne połączenie.

* * *

Moczyliśmy więc pięty w kałuży przed szałasem. Na nasze nogi lał deszcz. Reszta ciała była sucha i grzała się w pobliżu ognia.

Rozmawialiśmy.

I dziwne to były rozmowy. Czasami między pytaniem a odpowiedzią mijał cały dzień. Czasami padały odpowiedzi na niezadane pytania, bo ktoś o czymś myślał, a potem zaczynał nagle o tym mówić.

Kiedy po powrocie do cywilizacji przeglądałem moje notatki z tamtych dni, doszedłem do wniosku, że to była jedna długa rozmowa. Że między ostatnim poruszonym wątkiem z dnia poprzedniego a pierwszą rzeczą, o której zaczynaliśmy rozmawiać w dniu następnym był zawsze ścisły związek. Kontynuacja. A gdyby te rozmowy spisać bez podziału na dni, okazałoby się, że to jest jeden długi logiczny dialog. Bez dziur. Mimo że w czasie rzeczywistym dziury były. Ale jakoś tak umiejętnie powracaliśmy do tematu zarzuconego nawet kilka dni wcześniej, że nie zgubiliśmy żadnego pytania i żadnej odpowiedzi.

Posłuchajcie...

– A czemu tej dziewczyny nie było na żadnym zdjęciu?

– Bo nie miała wyglądu, gringo.

– ???!

– Każdy wielki czarownik stopniowo traci wygląd. A potem... *przybiera kształty*, zależne od tego, kto na niego patrzy albo gdzie stanął. Wśród wysokich jest wysoki, wśród niskich niski, jak się go boisz to straszny, a jak kochasz to piękny[70]... Nie umiem ci tego opowiedzieć. Brak dobrych słów, gringo.

– To powymyślaj własne.

W tym momencie spojrzał na mnie tak, że się przestraszyłem. Nagle zapadła między nami żelazna kurtyna tabu. Najwyraźniej przekroczyłem jakąś zakazaną granicę i szaman... *zmroził* mnie wzrokiem. Zmroził dosłownie! Jeszcze dzisiaj, kiedy wspominam to jego spojrzenie, dostaję dreszczy – było... *lodowate*.

Po chwili jakby się opamiętał. Jakby sam siebie przywołał do porządku. Może zrozumiał, że jego gwałtowna reakcja zamiast zasłonić tajemnicę, zwróciła nań moją uwagę. Gdyby po prostu mówił dalej, niczego bym nie spostrzegł.

– Dobrze, gringo. Spróbuję to jakoś opowiedzieć: Ta dziewczyna w pewnym sensie *znikała się*... wśród liści, ludzi, na tle szałasu wyglądała jak otoczenie. Widziałeś ją tylko dlatego, że wiedziałeś, gdzie jest. I to ty... *nadawałeś* jej wygląd. Przybierała wizerunki z twojej wyobraźni.

---

[70] Idea znana także w Europie – gnostycy (rodzaj herezji) uważali, że Jezus był duchem i miał jedynie ciało pozorne (wśród brodaczy jawił się jako brodacz, wśród starców jako starzec itd.) Dlatego gdy chciał, z łatwością znikał w tłumie, bywał nierozpoznawalny dla najbliższych przyjaciół oraz „przechodził" (przenikał?) przez zamknięte drzwi Wieczernika.

– A gdzie się podział jej prawdziwy wygląd? Przecież kiedyś była dzieckiem, z normalnym ciałem.

– Teraz też miała ciało. Tylko brakowało jej wyglądu...

– Nie rozumiem...

Zapadła cisza. Ale inna od poprzedniej. Tym razem szaman nie złościł się – myślał. Coś mi mówiło, że w miejsce słów, których mu zabrakło, wymyśla własne.

Trwało to długo. Minęło chyba całe popołudnie, choć trudno było mieć pewność bez słońca. Wciąż lało, a grube szare chmury snuły się ciężko tuż nad koronami drzew i skutecznie zasłaniały niebo. Mogła być dowolna godzina między świtem a zmrokiem. O tym, że siedzimy bez ruchu już kilka godzin, świadczyło jedynie moje narastające odrętwienie. Ciało żądało zmian! Szczególnie pośladki i kręgosłup. I kark!!! Twarde klepisko w progu szałasu to nie to samo co miękka sofa przed telewizorem. Choć pełni podobną funkcję.[71]

Było mi niewygodnie, ale bałem się poruszyć, by nie zburzyć tej długiej chwili. Bo to była chwila, choćby trwała godzinami – zatrzymaliśmy się w pół słowa i zamarliśmy w milczeniu, a chęć dokończenia rozmowy zawisła między nami jak chmura gazu, która czeka na zapałkę.

Czułem, że on wciąż myśli. Robił coś, czego nie robił nigdy dotąd – tworzył nowe słowa. Być może było to zajęcie niebezpieczne, być może zakazane – dlatego w pierwszej chwili się przestraszył – ale musiało też być fascynujące. Szczególnie dla kogoś, kto to robi po raz pierwszy.

W końcu zupełnie spokojnym głosem powiedział:

– Czarownik służy innym i w tym celu stopniowo... *czyni się* takim, jakim go potrzebuje plemię. Następuje... *podporządkowanie*. Nie znaczy to, że czarownik kogokolwiek słucha, on tylko... *odpowiada twoim potrzebom*. Wtedy także jego wygląd, tak jak wszystko inne, zaczyna... *zależeć* od patrzącego. *Podporządkowuje się*, rozumiesz, gringo? Nie chodzi dokładnie o te słowa, bo na to nie ma słów. O tym tutaj nikt nie rozmawia. Użyłem innych...

---

[71] Indianie siadają w progu szałasu – my na sofie; oni oglądają deszcz – my serial; ale patrzymy na to samo – i tu, i tam leje się woda.

– Rozumiem. To metafory.

– ???

– Nazywasz rzeczy, które nie mają nazw. Nazywasz je słowami, które przynależą do innych rzeczy, ale trochę tutaj pasują. Pożyczasz te słowa na chwilę, a potem wracają na swoje miejsca, czyli do rzeczy, do których są przyczepione na stałe. Tym właśnie jest metafora, Czarowniku. W dodatku opowiedziana metaforycznie – uśmiechnąłem się na koniec do jego rozdziawionej gęby.

– Masz dryg do słów, gringo – rozdziawiona gęba spoważniała. – Radzisz sobie z nimi, a słowa ciebie słuchają. To jest Moc. Rzadki dar. Pożądany przez czarowników. Byłbyś groźny.

– W rzucaniu słów?... ...Zaklęć?

– ...W odrzucaniu cudzych. Myślę, że umiałbyś odwrócić złe słowo, które ktoś inny cisnął. To najtrudniejsza ze sztuk. Coś jak złapać strzałę w locie i skierować w tego, kto ją wypuścił. Bardzo silne czary, bo wtedy złe słowo zachowuje całą Moc tego, od kogo pochodzi, a ty mu jeszcze dodajesz swojej Mocy. Stary Człowiek to potrafił.

– Stary Człowiek? Słyszałem o nim.

– Wiem. Wszyscy Carapana o nim słyszeli.

– Ja nie jestem Carapana...

– Trochę jakby jesteś... Ludzie przestali cię nazywać Obcym. Przestali też mówić: Długonosy, Bladolicy, Wodooki... Teraz mówią po prostu: gringo. Zostałeś człowiekiem bez imienia.

– To dobrze czy źle?

– To znaczy, że czują się przy tobie bezpieczni. Następnym krokiem będzie nadanie ci imienia w naszej mowie. Nadszedł więc czas, żebyś od nas odszedł; albo tu został na zawsze.

– A ten Stary Człowiek? Kim był?

– Uczył mnie. Od dnia, gdy rozpoznał, że jestem *przeznaczony*.

– A jak to zrobił?

– Zobaczyłem Potwora i pokazałem mu palcem. Normalny człowiek widzi Potwory, ale ich nie dostrzega. Ty też widzisz, gringo. Czasami, gdzieś na granicy oka, coś się pojawia, mignie, przemknie, albo siedzi nieruchomo i w pewnej chwili się poruszy. Odwracasz głowę, a tam już nic nie ma. Tłumaczysz sobie, że to tylko przywidzenie. Że to może jakiś cień. A jednocześnie, w tej samej chwili, patrzysz na coś, co tam jest, ale tak dziwne albo przerażające, że twój rozum każe ci tego nie widzieć[72]. Każe ci tak, by się nie *zarwać* pod ciężarem przerażenia. Nieprzygotowany umysł nie ogarnia widoku Potwora. Szaman co innego. Szamana się przygotowuje na widzenie rzeczy niewidzialnych. Ale pierwszą z nich musi zobaczyć sam, bez przygotowania. I nie ulec przerażeniu. Po tym pierwszym razie idzie na naukę... Długa, trudna droga. Pełna samotności. Nawet własna matka, już nigdy nie zawoła cię po imieniu... Na zawsze zostajesz „Czarownikiem".

[72] Podobne zjawisko opisano naukowo. Mózg człowieka reaguje tak czasami pod wpływem strachu. [przyp. tłumacza]

INICJACJA

Deszcze minęły. Od kilku dni nieprzerwanie świeciło słońce, a nocami księżyc i gwiazdy. Dlatego postanowiliśmy wybrać się na polowanie. Ustrzeliliśmy małą kapibarę – pyszne mięso[73] i akurat na dwóch – a teraz wracaliśmy do domu w dobrych humorach. Zwierzę dyndało na kiju, który nieśliśmy między sobą.

Do wioski nie było daleko, niestety wraz z nadchodzącym wieczorem zupełnie niespodziewanie nadciągnęły czarne chmury. W kilka chwil zrobiło się ciemno i zimno. Żeby zdążyć przed deszczem, zaczęliśmy biec. Wiatr chłostał nas po nerkach, gałęzie po twarzach, a ja bałem się, że w pośpiechu nadepniemy na coś, co gryzie i jest jadowite. Do szałasu wbiegliśmy, kiedy pierwsze krople deszczu uderzyły w strzechę.

Pół godziny później kapibara piekła się nad ogniem, pies szamana chrupał świeże kości, a my siedzieliśmy w progu szałasu, podziwiając panoramiczne widowisko pod tytułem „Burza nad dżunglą". Nastał czas odpowiedni do rozmowy.

Bardzo chciałem zapytać o rzeczy, o które pytać nie wolno. Przymierzałem się do tego od wielu dni, ale zawsze nieskutecznie – brakowało mi odwagi. Wreszcie uznałem, że ponieważ nigdy nie będę gotów, równie dobrze mogę zadać to pytanie od razu.

Posłuchajcie...

– Jak wyglądała twoja inicjacja, Czarowniku?

– A po co chcesz wiedzieć, gringo?

– To są tajne rytuały. Niedostępne. Skoro więc mogę cię o to zapytać bez obawy, to pytam.

– Nie pytasz, bo *możesz* zapytać. Jest wiele innych spraw i rzeczy, o które możesz mnie pytać bez obawy, a jednak tego nie robisz. Dlaczego akurat to cię tak interesuje?

– Tego się nigdy nie ujawnia Obcym, prawda?

– Prawda.

– Tego się nigdy nie ujawnia kobietom, prawda?

– Prawda.

---

[73] Smakuje jak kurczak po chińsku. (Pewnie dlatego, że kapibara to gryzoń, a więc taki trochę większy szczur.)

– Ani Zewnętrznym?

– Prawda.

– Nawet nie wszyscy wojownicy są dopuszczeni?

– Wiele wiesz, gringo. I wiele chcesz jeszcze poznać...

– Wszystko, co tylko zechcesz mi opowiedzieć.

– ...ale prawdziwa przyczyna leży gdzie indziej, prawda?

– Tak, Czarowniku. Nie masz następcy...

– Nie mam... A ty jesteś jedyną osobą, której to mogę opowiedzieć. Dlatego właśnie tak bardzo chcesz słuchać, gringo. I dlatego ja zgadzam się opowiadać. Połączył nas strach, że ta wiedza przepadnie... Opowiem ci więc o mojej inicjacji. Ale będzie cię obowiązywać Tajemnica. Tego, co usłyszysz, nie wolno powtarzać nigdy, nigdzie, nikomu. Mam mówić?

– Mów.

* * *

Rozmowa, którą za chwilę opiszę, podobnie jak wszystkie przytoczone do tej pory, była długa i mozolna – właściwie stale brakowało nam słów. Szaman przekazywał mi wiedzę, która nie ma odpowiednika w naszej kulturze. Było to jak opisywanie banana komuś, kto zna jedynie ogórki; podłużnego kształtu komuś, kto zna wyłącznie kwadraty, i opowiadanie, czym jest kolor żółty, komuś, kto widział tylko zielony. Męczyliśmy się wiele godzin, a potem – na papierze – zostawało mi z tego zaledwie kilka stron.

Na tych stronach szaman jest dużo bardziej elokwentny niż w rzeczywistości. Przemawia okrągłymi zdaniami, pełnymi słów, których nie mógł znać. I nie znał! Niech Was to nie dziwi – żeby mój zapis był dla kogokolwiek zrozumiały, musiałem mu nadać formę literacką. W tym celu wiele rzeczy pominąłem – żmudne dogadywanie się, co znaczy które słowo, długie fragmenty, kiedy „negocjujemy" znaczenie poszczególnych zwrotów. Zostawiłem efekt finalny – tylko to, co sam z tego zrozumiałem. I opisałem to tak, byście Wy mogli zrozumieć tyle samo. Nie patrzcie więc na słowa – w rozmowie z szamanem słowa były najmniej ważne – szukajcie... sensów.

* * *

– Musisz wiedzieć, że inicjacja jest mało ważna. Szamanem nie zostaje się przez obrzędy. Po prostu pewnego dnia Pachamama na ciebie spojrzy i zostaniesz *przeznaczony*.

– Powołanie? Tak jak w przypadku naszych księży?

– Nie wiem, co to „ksiądz", gringo.

– Pośrednik... Przewodnik... Coś jak szaman.

– Szaman to *ten-który-potrafi-opowiadać-przyszłość*. Przekazuje wizje. Słowo po słowie, bez dodawania własnych!

– W takim razie szaman to bardziej nasz prorok.

– A jak zostajesz prorokiem, gringo?

– Pewnego dnia słyszysz głos Boga... Pachamamy. We śnie, w ogniu, w ciemności, w krzaku, w wichrze... różnie. I zawsze jakoś sam wiesz, że to mówi Pachamama. Czasami dzieją się z tobą dziwne rzeczy, czynisz cuda... czarujesz.

– A prorok ma Moc?

– Ma.

– I leczy?

– Nie każdy.

– I nie można się nauczyć?

– Jak być prorokiem? Nie.

– A jeden prorok może przekazać swoją Moc drugiemu?

– Może go nauczyć mądrości, działania ziół, ale nie może oddać Mocy. To jest zawsze dar od Boga.

– No widzisz, gringo. Szamanem też nie zostaje się przez święte obrzędy. To zawsze dar Pachamamy.

– A inicjacja?

– Nie uruchamia w tobie nic, czego tam wcześniej nie było. Te wszystkie eliksiry, *ayahuasca*, jad żaby, proszki wdmuchiwane do nosa, tańce do utraty przytomności, wymioty oczyszczające, krwawienia, obrzędowy trans... to wszystko jest potrzebne nie-szamanom. Oni nie widzą i nigdy nie zobaczą tego świata, z którym rozmawia szaman. A trzeba go im jakoś pokazać, bo inaczej nie uwierzą, że w ogóle istnieje. Do tego służą tajemnicze napoje i święte mikstury.

Chemia ogłupia rozum, tworzy na nim iluzje. Coś jak kropla benzyny upuszczona na powierzchnię kałuży: tworzą się kolorowe plamy, tęczowe dziwy, jakieś niewyraźne obrazy. Na mózgu też tworzą się takie tęczowe plamy, kiedy go polać jadem żaby. Z tych iluzji nie dowiesz się prawdy o Mocy, o duchach, o zaświatach. To teatrzyk oszustw dla maluczkich. Teatrzyk niezbędny, bo inaczej w ciebie nie uwierzą. A bez ich wiary twoja Moc niewiele może.

Wasz Jezus był pełen Mocy, a jednak w swojej wiosce okazał się bezsilny. To dlatego, że zapomniał o inicjacji. Jego ziomkowie i krewni widzieli w nim zwykłego chłopaka, którego znali od dziecka. Nie umieli uwierzyć, że on ma specjalne moce. Wszystko dlatego, że zapomniał o inicjacji. Gdyby wcześniej odbył kilka dziwacznych obrzędów, wówczas uwierzyliby bez zastrzeżeń. Bo ludzie lubią myśleć, że każdy z nich może posiąść Moc, gdyby tylko poddał się rytuałom.

Ale to nieprawda, gringo. Nieprawda, że każdy odpowiednio przeszkolony człowiek zostanie szamanem. To dar Pachamamy i nie da się tego nauczyć. Ale nawet mając ten dar, nie będziesz szamanem, jeżeli ludzie nie uwierzą w twoją Moc. I w tym celu musisz przejść inicjację. Albo przybyć znikąd, tak jak ty.

– Ja??? Co ja?...

– W ciebie tu wszyscy wierzą. Chociaż nie widzieli inicjacji.

– Wierzą we mnie?

– Owszem. Wystarczy, że im powiesz, że masz Moc, a do tego pokażesz jakąś sztuczkę. Na przykład latarkę i plastikowy kubeczek oraz te szumiące tabletki...

* * *

Rzeczywiście robiłem kiedyś taką sztuczkę. I złapałem na nią Indian kilku plemion. Działała wspaniale.

Dzisiaj nie jestem z niej specjalnie dumny, ale wtedy wydawała mi się jednym z moich najsprytniejszych wynalazków.

Posłuchajcie...

SZUMIĄCE TABLETKI

Było to wiele lat temu w górach Santa Marta na północy Kolumbii. Teren niedostępny – prawie same stromizny porośnięte dżunglą – a poza tym pełen upraw koki, co powoduje, że nikt obcy po okolicy nie chodzi. Turyści nie są mile widziani; wojsko, myśliwi i drwale jeszcze mniej – wszyscy boją się tych gór. I słusznie!

Mieszka tam kilka indiańskich plemion, z których najmniej ucywilizowane to lud Kogi. Bardzo chciałem ich obfotografować, niestety miejscowy kacyk stanowczo się nie zgadzał. Pozwolono mi rozłożyć obozowisko o pół godziny drogi od wioski. *I ani kroku bliżej, gringo!*

Na szczęście Indianie są ciekawscy. Przyszła więc góra do Mahometa – wieczorem przy moim ognisku siedziała cała starszyzna z rodzinami. A ponieważ tylko szaman potrafił mówić po hiszpańsku, reszta od czasu do czasu wydawała mądre pomruki, uśmiechała się życzliwie, kiwała głowami, ale nic z tej rozmowy nie rozumiała.

Posłuchajcie...

– Wylecz go – powiedział szaman, wskazując dyskretnie na jedno z niemowląt – a jutro pójdziemy do wioski i ci wszystko pokażę. Domy, rodziny, zwierzęta. Tyle mógłbym zrobić nawet bez pytania kogokolwiek o zgodę, ale ojcem jest kacyk i jak mu wyleczysz dziecko, to ci pozwoli na fotografowanie. Zasada wdzięczności. Podarunek za podarunek. Marzenie za marzenie.

Propozycja była jasna jak słońce. Postanowiłem skorzystać. Po chwili namysłu rozpocząłem spektakl:

Najpierw przez dłuższy czas oglądałem oseska kwilącego przy piersi matki. Robiłem to przesadnie dziwnie – posuwając się do takich idiotyzmów jak podświetlanie latarką małżowin usznych. Nie miałem pojęcia, co mu jest; chyba tylko lekkie niedożywienie, jak u wielu indiańskich dzieci. Postanowiłem więc podać wapno – jemu na pewno nie zaszkodzi, mnie natomiast może bardzo pomóc.

Na szczęście było bardzo ciemno – księżyc zaszedł łaskawie głęboko pod horyzont, gwiazdy zaś skrył kożuch chmur. Wziąłem do ręki plastikowy pomarańczowy kubeczek. Zaczerpnąłem nim trochę wody z kociołka stojącego przy ognisku. Obok stał inny, pełen chłodnej wody, ale pomyślałem, że w ciepłej wapno będzie musować bardziej gwałtownie; bardziej dramatycznie...

Następnie uchwyciłem kubek za denko w taki sposób, by zmieścić w dłoni także małą wojskową latarkę o niezwykle silnym promieniu. Zapaliłem światło, a plastikowy kubek rozbłysnął w ciemności jak pomarańczowa latarnia; bardzo teatralnie...

Nachyliłem się nad nim tak, by na mojej twarzy pojawiły się niesamowite trupie cienie. Każdy z nas w dzieciństwie robił z siebie „ducha" za pomocą latarki, ale Indianie tego numeru nie znali. Gdyby nosili portki, toby w nie w tym momencie narobili.

Wapno, jak to wapno, bywa sprzedawane w płachtach folii aluminiowej, która bardzo ładnie błyszczy i jeszcze lepiej szeleści. Na dodatek każda tabletka zamknięta jest w szczelnej komorze wypełnionej powietrzem pod ciśnieniem – tworzą się widowiskowe wybrzuszenia, bąble, wewnątrz których... coś się rusza.

Potrząsałem tą płachtą, wydając za jej pomocą rytmiczne grzechoty, szelesty, błyski... Mruczałem coś pod nosem, sam nie wiem co, ale pewnie jakieś mantry i hokusy-pokusy. Tupałem nerwowo lewą stopą, że aż szedł kurz, który tworzył na tle ogniska tajemnicze kształty...

Wreszcie rozerwałem folię, wyjąłem jedną bielusieńką tabletkę, przytrzymałem w górze dla lepszego efektu, trochę jak ksiądz opłatek, i... upuściłem do mego pomarańczowego kielicha.

Kiedy wapno zanurzone w ciepłej wodzie zaczęło syczeć i buzować, wszyscy Indianie (z szamanem włącznie!) odskoczyli. Miałem widzów w kieszeni! Teraz już na pewno nikt nie wróci do kasy prosić o zwrot za bilety. Przeciwnie – jutro rano będę miał świetne recenzje.

* * *

W dalszej części wieczoru nastąpiła zbiorowa konsumpcja:

Najpierw popiłem ja – żeby pokazać, że nie trujące. Potem popił kacyk – głowa rodziny i opiekun całej społeczności. Następnie matka, zaraz za nią wszystkie (chyba siedem) córek wodza w różnym wieku, no i na szarym końcu, ostatnie trzy kropelki dostały się choremu dziecku.

Szaman był oczarowany tak jak cała reszta.

Ja byłem pewien, że mam ich wszystkich owiniętych wkoło palca i jutro nikt się nie wywinie od pozowania do zdjęć. A kosztowało mnie to wszystko jedną zarwaną noc, jedną tabletkę wapna i odrobinę inwencji twórczej.

PRZEZNACZONY

Deszcz wciąż szumiał o poszycie szałasu. Strużka wody przeciekła przez strzechę i wlała się ciurkiem w ognisko. Zasyczały głownie. Zniknęły ostatnie płomienie. Pozostał już tylko czerwonoczarny żar.

– Skąd wiedziałeś o tej sztuczce z kubkiem, Czarowniku? To było daleko stąd i całe lata temu...

– Przecież rozmawiamy w twoim umyśle. Zapomniałeś? Usta się poruszają, ale każdy z nas mówi we własnym języku. Nasze uszy słyszą jedynie niezrozumiałe dźwięki. Rozumiemy się, bo przebywam wśród twych myśli. No i wystarczy, że się trochę rozejrzę na boki i widzę także inne rzeczy. Wspomnienia... Pragnienia...

– Mówiłeś, że myśl musi się najpierw wysunąć na czoło... Inaczej nie widzisz.

– A nie wspominałem, że czasami to ja potrafię się... *wsunąć w głąb... pod czoło*, i rozejrzeć?

– Nie wspominałeś! I lepiej się nie rozglądaj zbyt dokładnie, to nieuprzejme. Tam są różne myśli... prywatne.

– Znam twoją duszę, gringo. Znam ją od dawna. Nie jest gorsza od innych. A większości rzeczy, których byś mi nie chciał pokazać, i tak nie rozumiem.

– Czy mogę jakoś... zamknąć mój umysł przed tobą?

– Możesz. To nawet nie takie trudne. Ale tego nie potrafisz – roześmiał się jak uczniak, który zrobił drugiemu psikusa.

– A jakbym odszedł w las? Odległość coś tu zmieni?

– Musiałbyś odejść bardzo daleko, ale ponieważ mamy właśnie burzę z piorunami, raczej tego nie zrobisz, prawda? – śmiał się nadal. – Dużo prościej byłoby... *zasłonić* swoje myśli, gringo.

– Jak?

– Pomyśl o czymś tak mocno, że na inne rzeczy nie będzie już miejsca. Musisz tylko wybrać odpowiednio absorbujący temat. I nie daj się rozpraszać.

– To trudne bez treningu, prawda?

– Nie-wy-ko-nalne – wychichotał to słowo wielce z siebie zadowolony. – Dlatego podpowiem ci czwarty, najłatwiejszy sposób. Będzie całkowicie skuteczny. Gwarantuję.

– Noo...? – spytałem podejrzliwie.

– Musisz mnie czymś bardzo, ale to baaardzo zainteresować. To powinno być coś bardzo, ale to baaardzo ciekawego. Coś czego nikt, nigdy, nikomu i nigdzie... nie pokazywał.

– Noo...? – moja podejrzliwość zaczynała graniczyć z przekonaniem, że wiem dokładnie do czego szaman zmierza.

– Na przykład może tym razem, dla odmiany, to ty, gringo, pomyślisz o skubaniu tych panien. A ja sobie posiedzę i popatrzę. Bo oglądanie burzy już mnie trochę nuży... – po tych słowach szaman zaczął rechotać.

Ale nie porechotał długo, gdyż wkrótce wylądował w kałuży przed szałasem, gdzie został wykulany w błocie.

* * *

Kiedy trochę obeschliśmy (no cóż, gdy go kulałem, chlapało i na mnie), powróciliśmy do zarzuconej rozmowy:

– Z tego, co powiedziałeś, wynika, że wystarczy, by ktoś przeszedł obrzędy inicjacyjne na oczach swojego plemienia i już. Zostanie szamanem, tak?

– Jeśli w niego uwierzą. Ale to będzie szaman bez Mocy.

– Bez Mocy, czyli co? Przyszłości nie przepowie?

– Nie przepowie.

– A leczyć umie?

– Trochę umie. Korzysta z Mocy, która tkwi w roślinach. Potrafi ją uwalniać, bo się od kogoś nauczył. Od Czarownika. Tylko że to nadal jest Moc rośliny, a nie jego własna. Do małych chorób wystarczy, ale na te większe mało. I duchów nie przegoni, od opętania nie uwolni, a o pogodzie przepowie ci tyle, ile sam możesz wypatrzeć na niebie. Jak chce sprawdzić, czy będzie deszcz, to idzie do jakiejś starej babki i pyta o zdrowie, a przy okazji sprawdza, czy ją łupie w kościach.

– To po co komu taki bezmocny szaman, Czarowniku?

– Bo nas jest już niewielu, wymieramy, a *przeznaczonych* brak. Ludzi trzeba leczyć. Oni nie powinni wiedzieć, że ich szaman nie ma Mocy. Oni powinni wierzyć. Jeśli stracą wiarę, opadnie ich strach. Strach jest dobry, gringo, ale nie taki, który ogarnia wszystko.

– A ilu jest tych prawdziwych? Czarowników?

– Przecież nie umiem liczyć, zapomniałeś? Ze dwie dłonie palców. Ale nie wszyscy żyją. My... *wiemy* o sobie nawzajem. *Słyszymy* się na odległość, tak jak się słyszy odległy szum burzy. Tyle że część tego szumu może pochodzić od zmarłych.

– A reszta?

– Żaden szaman u Szczepów Zewnętrznych nie ma Mocy. Nie byli *przeznaczeni*, a jedynie przyuczeni przez poprzednika. Kiedy umierasz, a nie masz następcy, szukasz kogoś, kto się choć trochę nadaje. Czasami jakiś chłopiec ma niewielki dar, Dotyk, albo po prostu jest bystrzejszy od innych i wtedy starasz się w nim wzbudzić Moc. Prosisz Pachamamę, żeby go *przeznaczyła*.

– I Ona odpowiada?

– Z moim poprzednikiem się udało. Jego nauczyciel prosił, błagał, płakał, a w końcu *wydarł* z siebie część Mocy i oddał następcy jako Tchnienie. Pachamama dołożyła resztę i potem to był bardzo potężny Czarownik. Ale mnie się nie udało. Pachamama nie słucha...

– Może powinieneś poszukać następcy gdzie indziej? Ta wioska nie jest całym światem.

– Może poszukam.

– A jeżeli nie znajdziesz?

– Wtedy przyuczę kogoś do leczenia, a wiedza Czarowników przepadnie wraz ze mną.

* * *

– Mogę ci teraz opowiedzieć o mojej inicjacji, gringo. Ale tylko pod warunkiem, że zachowasz Tajemnicę. Nie powtórzysz tego nigdy, nigdzie, nikomu.

– Czemu służy Tajemnica, skoro obrzędy nic nie znaczą? Pusta chemia, czary-mary i teatrzyk dla maluczkich... po co to chronić?

– Tajemnica jest dlatego, że wiele osób z twojego świata zabawia się w czary. Chcą sięgnąć głębin, nie wiedząc, co czeka na dnie... Bezmyślnie kopiują nasze obrzędy, inicjują sami siebie... Człowiek *nie-przeznaczony*, który się podda takim praktykom, może nieświadomie otworzyć serce na Złą Moc. Ona szuka ścieżek do ludzkich dusz... Zła Moc nie jest darem Pachamamy tylko... podrzutkiem, niewdzięcznikiem, nieszczęściem, bólem, zgrozą, zatraceniem... Nigdy nie sięgaj dna, gringo. Bo przepadniesz. A tego, co ci opowiem, nie powtarzaj. Nigdy, nigdzie, nikomu. Chyba, że spotkasz *przenaczonych*. Mam mówić?

– Mów.

I opowiedział mi o swojej inicjacji. Ale nie było w tym nic nadzwyczajnego – trochę śpiewów, tańca, umartwienia, bólu... Trochę chemii podawanej doustnie (*ayahuasca*), dożylnie (jad wcierany w ranę), domięśniowo (ukąszenia mrówek „sadzanych" na udzie) i proszek *niopo* wdmuchiwany wprost do nosa. Trans, zawodzenia, wymioty, tańce – żadnych rewelacji.

Dużo ciekawsze było to, o czym rozmawialiśmy potem...

NOCNE SZEPTY

Na dworze burza cięła deszczem, siekła wiatrem i chłostała chłodem. Dziobała las błyskawicami. Szarpała poszycie szałasu. Tarmosiła korony drzew. Wzburzyła rzekę i rwała jej brzeg...

W naszym szałasie zaś trwała cisza. A wśród tej ciszy, prawie niesłyszalna, rozmowa – temat był taki, że mówiliśmy szeptem. Usta przy uchu – ucho przy ustach... Żeby niczego nie uronić. A jednocześnie, żeby nic się nie wydostało poza granice ciszy.

Posłuchajcie...

– Jest u was zła magia?

– Magia nie może być zła, gringo. Tak jak nóż nie może być zły, choć kaleczy.

– A Czarownicy, którzy używają Mocy do czynienia szkód?

– Bywa, że i ja szkodzę. Ale wyłącznie w dobrym celu. Dla ratowania plemienia, dla obrony, ku przestrodze...

– Ja pytam o... Czarowników Złej Mocy.

– Wiem o co pytasz, gringo! Nie wiem tylko, czy chcę ci odpowiedzieć. O niektórych rzeczach lepiej nie rozmawiać, bo słowa mają Moc.

– To mi nie mów, tylko pokaż obraz w myślach.

– Myśli mają Moc jeszcze potężniejszą... – po tych słowach zamilkł; na długo.

Nie przerywałem ciszy. Wiedziałem, że to nie koniec, lecz wyczekiwanie na odpowiedni moment.

Szaman sięgnął do *woreczka ze świętościami*, który miał na szyi. Wyjął szczyptę czegoś i sypnął w ogień. Zaskwierczało. Buchnął cuchnący kopeć. A chwilę potem zajaśniało, jak nigdy dotąd.

Saletra? – pomyślałem. – A może magnez...

– Ani jedno, ani drugie, gringo – powiedział szaman. – Tu nigdzie nie ma skał. Tylko błoto.

– Co robisz?

– Czaruję. Nie powinniśmy o tym rozmawiać. Nie teraz. Lepiej byłoby w środku dnia, na zewnątrz, w pełnym słońcu, bo Zła Moc nie lubi światła. Ale skoro akurat teraz zapytałeś, nie mam wyjścia. O pewnych rzeczach nie należy rozmawiać nigdy, nigdzie, z nikim, ale jeżeli już się zaczęło, to trzeba te rozmowy szybko kończyć. Słuchaj więc: Czarownik Mroku istnieje. Jest ich kilku. Potrafią *odwracać* zmysły. Sprawiają, że człowiek próbuje mówić uszami, a słuchać ustami. Wąchać oczami, a kolory rozpoznawać nosem. Kiedy ci odwrócą zmysły, zostajesz szaleńcem. Ale nie normalnym szaleńcem, który robi dziwne rzeczy. Zostajesz najbardziej samotnym stworzeniem na świecie, bo nie potrafisz się porozumieć z nikim innym. Normalny szaleniec ma kłopoty z rozumieniem różnych rzeczy, ale zawsze rozumie dotyk – miłe głaskanie, zapach – pieczonej ryby, szept – matki... Kiedy ci odwrócą zmysły, tracisz kontakt nie tylko z rzeczywistością, ale także... ze wszelką... Ze wszystkim! Kłębisz się w sobie. I nie jesteś w stanie w żaden sposób dać upustu twojemu szaleństwu. Zbłądziłem raz do takiego umysłu. I wtedy, po... *jego drugiej stronie* widziałem oczy Czarownika Mroku. Nigdy więcej nie waż się o tym mówić, gringo!!! Dzisiaj nas nie usłyszał, ale następnym razem taka rozmowa będzie jak Przywołanie – w tym miejscu szaman skończył.

Był zlany potem i trząsł się z zimna. Zszarzał, oklapł, zupełnie opadł z sił. Zwinął się w kłębek koło ogniska i zaczął kwilić jak dziecko.

– Dzisiaj nie przyjdzie... Zatrzymałem go... Daj mi spać, gringo... Daj pić... Ogrzej... Przypilnuj... Śpiewaj, gringo... Całą noc śpiewaj... Nie przestawaj śpiewać...

Podałem mu wody. Roznieciłem większy ogień. Przewiesiłem hamak bliżej paleniska. Wziąłem szamana na ręce – był dziwnie lekki, jakby miał puste, ptasie kości – i ułożyłem w hamaku. Potem, do świtu, pilnowałem, by płomienie nie zgasły. I śpiewałem...

A kiedy wreszcie wstało słońce, odsłoniłem wejście do szałasu i usiadłem w samym środku ciepłej plamy światła. Dopiero wtedy poczułem się bezpiecznie. Dopiero wtedy przestałem śpiewać.

Jeszcze nigdy nie bałem się bardziej niż tamtej nocy – zagrożenie życia jest niczym w porównaniu z zagrożeniem ducha.

I na resztę życia zapamiętałem sobie słowa szamana: „Pamiętaj, gringo, nigdy tego nie próbuj. Nie baw się magią! Nie staraj się zostać Czarownikiem! To jest daleka droga w jedną stronę. Wyboista i kolczasta. Droga samotna. To jest jak strome zejście z góry. Na początku jest... *widno*, bo jeszcze dochodzi słońce, a potem, z każdym krokiem, robi się... *ciemniej*, coraz bardziej wilgotno, coraz bardziej... *gęsto*. Nie wiem, co tam jest na dnie. I chyba nie umiałbym ci tego opowiedzieć. Wy – nieszamani – mieszkacie na szczycie góry, a ja, dla was, muszę schodzić w dół. W te... *lepkie ciemności*.[74]"

Tu
kończy się
Księga Szeptów. Ale
przecież nie skończyła się
jeszcze wyprawa; nie skończyły się
chaszcze ni kleszcze... Wciąż tkwimy
w nich po szyję, ba, po czubki głów!
I trzeba jeszcze jakoś wrócić do domu.
Bo czymże byłaby najciekawsza nawet
wyprawa bez powrotu? Opowieść istnieje
przecież tylko wówczas, gdy masz komu
powiedzieć: *Posłuchajcie*...
Posłuchajcie więc jeszcze jednej
Księgi – ostatniej – będzie to
Księga Powrotu.

---

[74] Słowa podane kursywą, to tylko literackie przybliżenia tych myśli, uczuć i znaków, które posyłał mi szaman; *wprost do serca*. Niewiele z tego rozumiałem. Prawie nic. A teraz próbowałem przekazać to moje niezrozumienie Wam. Na tyle, na ile dało się to zrobić za pomocą liter.
Do określenia rzeczy, uczuć i wrażeń podanych kursywą nie istnieją odpowiednie słowa. Możemy się tylko domyślać... Przeczuwać. Możemy macać w gęstej mgle. I chyba lepiej będzie, jeżeli nie zrobimy tego zbyt dokładnie. Bo kiedy człowiek maca na oślep, może się zdarzyć, że trafi palcem w jakieś oko albo między kły, albo... jeszcze gorzej. A są rzeczy na niebie i ziemi, o których nie chcielibyście śnić.

Część 8

KSIĘGA POWROTU

Wyprawa nabiera sensu, kiedy się z niej powraca i zaczyna ją komuś opowiadać.

Wcześniej jest tylko osobistym doświadczeniem wędrowca; na pewno rozwijającym, ale wszystko to marność, jeśli nie posłuży innym.

Wielu jest podróżników przeżywających rzeczy niezwykłe. Sycą się swymi osiągnięciami, chwalą wyczynem, brylują medalami, ale nie tworzą Opowieści. Możemy ich podziwiać – tylko tyle. Mało. Bo kiedy siadają w kręgu znajomych, by opowiadać, opowiadają o sobie – *ich* przygody, *ich* wspomnienia, *ich* wyprawy... Toną wśród zachwyconych *achów* i *ochów*, a daleki świat, który przedeptali, nie przybliża się do nas ani o krok. Przeciwnie – staje się jeszcze bardziej niedostępny i egzotyczny. A powinno być inaczej – tak jak bywało dawniej, gdy każdy powracający z wyprawy (odkrywczej, wojennej...) był winien Opowieść tym, którzy czekali.

* * *

Opowieści mają Moc. (Różnią się bardzo od pospolitej relacji na temat: „Co się z nami działo, kiedy nas nie było".) Zostawiają ślady na duszy słuchacza. Identyczne do tych, które powstałyby w tobie, gdybyś to przeżył na własnej skórze. Słuchając Opowieści, *jesteś* tam i wtedy, *czujesz* to, co czuli obecni tam i wtedy, a to, co usłyszałeś, nie trafi na strych wspomnień, lecz bezpośrednio w mięsień twoich przeżyć, w żyłę uczuć i do bagażu osobistych doświadczeń.

* * *

Opowieść „rusza z miejsca", gdy wędrowcowi udaje się jakoś wrócić do domu, usiąść naprzeciw kochających twarzy i otworzyć usta.

Bywają, niestety, i takie powroty, kiedy o żadnym siadaniu nie ma mowy, a usta przestały działać. Ludzie wracają zapakowani w skrzynie, czarne worki albo w takim stanie ogólnym, że przez jakiś czas nie siadają, nie mówią, nie patrzą, a jedzenie przyjmują przez rurkę. Wtedy na Opowieść trzeba trochę poczekać lub... No cóż – na kogo padło na tego bęc.

Tak więc wyprawa nabiera sensu, gdy zamienia się w Opowieść, a początkiem Opowieści jest szczęśliwy koniec wyprawy.

Warto wspomnieć o czymś jeszcze: „szczęśliwy" niekoniecznie oznacza „radosny". Ale czasami oznacza.

Posłuchajcie...

ZWIDY

Siedzieliśmy nad brzegiem rzeki, mocząc pięty.

– Zostajesz? – spytał szaman.

– Odchodzę.

– Jeśli teraz odejdziesz, nie będzie tu dla ciebie powrotu.

– Wiem.

– Poprowadzę cię *ścieżką-w-jedną-stronę*, a kiedy wyjdziemy z Dzikich Ziem, zniknę razem z tą ścieżką i już nigdy nie odnajdziesz drogi.

– Wiem.

– Chociaż czasami możemy się spotykać. W twoich snach. Ale wtedy nie będziesz pewien, czy to naprawdę ja, czy tylko twój sen.

– Wiem.

Zapadła cisza. A my siedzieliśmy jeszcze długo, słuchając szemrania wody. Nasze porządnie wymoczone pięty świeciły bielą w blasku gwiazd. Jak księżyce w pełni.

* * *

Coś plusnęło.

To szaman rzucił do wody grudę gliny.

– Pytaj, gringo. Czuję, że dręczy cię jakaś tajemnica.

– Nie dręczy, ale chciałbym wiedzieć, jak to jest z tym twoim znikaniem. Ludzie mówią, że czary. A ja myślę, że ty po prostu umiesz cicho chodzić.

– Nie bardziej cicho od innych myśliwych. Lecz kiedy odchodzę, pozostawiam wrażenie, że mnie tu wcale nie było... Pusty ślad w pamięci. Wtedy myśli, które wywołało czyjeś oko, stają w konflikcie z myślą wywołaną przeze mnie. Żeby to pogodzić, ludzie wmawiają sobie, że szaman tu wprawdzie był, ale potem nagle zniknął... się.

– To trudna... sztuczka?

– Zależy, kogo ma dotyczyć. Na ogół niespecjalnie trudna. Potrafię usuwać z waszej pamięci całe połacie wspomnień. Rozległe strachy, głębokie żale... Szczególnie gdy ktoś sam z siebie nie chce czegoś pamiętać. Wtedy mi idzie dużo łatwiej. Ale mogę to zrobić także wbrew czyjejś woli.

– Używając... Złej Mocy?

– Głupio myślisz, gringo. Nóż jest dobry, gdy tnie wrzód, chociaż ty się wtedy opierasz i krzyczysz, prawda? Jeśli ktoś został poszarpany przez jaguara i teraz boi się puszczy, usuwam mu tego jaguara z pamięci. Jak cierń ze stopy. Człowiek nadal wie, że był zaatakowany, bo o tym zaświadczają różne fakty, choćby blizny, oraz inni ludzie, ale jednocześnie w ogóle tego nie pamięta. Wie, ale nie wierzy w to, co wie, bo mu... *wytarłem* pamięć.

– Jak?

– A jak ja mam ci to opowiedzieć, gringo? Mógłbym tylko pokazać... Na tobie. Ale wtedy nie będziesz wiedział, że ci to pokazałem, bo stracisz kawałek pamięci.

– Jak?

– ...*Wprowadzam* ci do głowy jakąś myśl, która... *staje do walki* z myślami twoich wspomnień i ta nowa myśl stale zaprzecza starym. Albo inaczej: *nasuwam* myśl silniejszą, która... *zakrzykuje* twoje wspomnienia. Zrozumiałeś?

– Zrozumiałem.

– Ale oczywiście nie wierzysz.

– Bo to niepojęte. Jak na przykład miałbym zapomnieć mój pobyt tutaj, ciebie?... – przerwałem, bo zrobiło się jakoś dziwnie. *Inaczej.*

Rozejrzałem się dookoła. Pusto! Nikogo! Jeszcze przed chwilą siedzieliśmy nad brzegiem rzeki... Nie, to było wcześniej... Potem... Co było potem? No nie wiem... A co jest teraz? I gdzie ja właściwie jestem???

Stałem pośród lasu; na ścieżce. O krok przede mną zobaczyłem ślad ludzkiej stopy odciśnięty w błocie. Był bardzo świeży – woda jeszcze bulgotała i widać było w niej kolorowe wiry poruszonego mułu. Trop biegł w poprzek ścieżki i znikał w gęstych zaroślach, przez które nie przedarłby się człowiek bez maczety. A przedzierając się z maczetą, pozostawiłby wyraźne ślady. Ślady, których tutaj nie było! żadnych cięć, ani jednej nadłamanej gałązki...

Znowu spojrzałem na odcisk stopy. Wielki palec u nogi był wyraźnie odwiedziony – charakterystyczna cecha Dzikich. A więc jednak... Ktoś tu ze mną był!

– Ten ślad, to też może być tylko omam – powiedział szaman.

Odwróciłem się gwałtownie, ale w miejscu, skąd słyszałem głos, nie było nikogo.

– Mówię wyłącznie w twojej głowie – dodał z miejsca położonego gdzieś między moimi uszami.

– Mam zwidy – szepnąłem do siebie. – To z gorąca! Z wyczerpania! Z braku wody!

– Nazywaj to jak chcesz, gringo – odparł spokojnie.

– Przewodnicy mi uciekli! Nie wiem, gdzie jestem! Popadam w panikę! Dlatego zaczynam słyszeć głosy!!!

– Przepraszam, gringo... przyjacielu. Muszę zatrzeć ślady. Jeżeli Carapana mają ocaleć, to muszę. A teraz odwróć się plecami do tego śladu. Kilka kroków stąd zobaczysz kolibra. Zrób mu zdjęcie i ruszaj przed siebie. Jeszcze dzisiaj przed wieczorem trafisz do trzeciej katarakty na Río Vaupés. Tam rozpal ogień i czekaj. Wyślę po ciebie kogoś z plemion Zewnętrznych. Zabiorą cię do Mitú.

Czasami myślę tak:

A może to wszystko było snem? Przedziwną grą wyobraźni? Może to czas od mojego zabłąkania się na Dzikich Ziemiach, do wybłąkania się z nich, wywołał galopadę wyobraźni. Może to strach, który mnie wtedy ogarnął „pozmyślał" w mojej głowie te historie? Wymyśliłem sobie wioskę Dzikich, żeby się czuć bezpieczniej, żeby mieć do kogo zagadać. I gadałem sam ze sobą, żeby nie być zupełnie sam.

Tylko... – hmm, zawsze jest jakieś „ale" – ...skąd w moim bagażu wzięła się dziurawa skarpetka bez pary? Na pewno nie moja! – nigdy nie kupiłem żadnej skarpetki *Made in Japan*. W dodatku dziurawe albo od razu ceruję, albo wyrzucam.

Nie! Nie! Nie! Ja muszę pamiętać, że to wszystko wydarzyło się naprawdę.

– Nawet jeśli nie wydarzyło się nikomu, nigdy, nigdzie? – szepnął szaman.

– Tak, Czarowniku... O, w mordę!...

Znowu siedzieliśmy nad rzeką, mocząc pięty.

– Byliśmy tu cały czas, gringo. Pokazałem ci tylko, jak to będzie, kiedy stracisz pamięć, a ja utworzę ci trochę nowych wspomnień i ogólny mętlik w myślach.

– Idę spać!!! Dosyć mam tego... Tych czarów. Człowieku, przecież ja jestem racjonalista! Tego wszystkiego, o czym my tu gadamy, nie ma! Takie rzeczy nie istnieją! To się nie wydarza, nikomu, nigdy i nigdzie!

– W takim razie dobrej nocy, gringo... przyjacielu – powiedział szaman, a ja wiedziałem, że zrobił to bez otwierania ust.

PO ŚLADACH

Był środek nocy, ale nie spałem. Jakbym przeczuwał, że coś nadchodzi.

Nagle szaman szarpnął linką mego hamaka. Pojawił się jak zwykle – znikąd.

– Chodź, gringo. Teraz naprawdę muszę cię wyprowadzić z Dzikich Ziem.

Zebranie moich rzeczy zajęło mi zaledwie kilka chwil i wkrótce ruszyliśmy w gęsty mrok. Szaman szedł przodem, ja tuż za nim trzymając się jego pleców.

– Czarowniku, a co ty właściwie widzisz? Przecież jest tak ciemno, że nie widać własnej dłoni przystawionej do twarzy.

– Nic nie widzę. Zamknąłem oczy i idę po wczorajszych śladach.

– Co?

– Wspominam każdy krok i stawiam nogi tak, jak wtedy. Stopa w stopę. Dzisiejsza stopa, we wczorajszą stopę. Zamknij oczy i rób tak samo, gringo.

– Pamiętasz każdy wczorajszy krok?! Ja nie pamiętam żadnego.

– Pamiętasz, tylko może nie potrafisz sobie przypomnieć. Masz zamknięty rozum. Każdy umie chodzić po własnych śladach. To nie są czary.

– Ja nie umiem.

– Umiesz. Musiałbyś tylko przestać myśleć głową, a otworzyć serce. Jesteś zamknięty na Moc. Boisz się jej poddać.

– Naprawdę każdy z was pamięta wszystkie własne kroki?

– Każdy. Nawet małe dzieci. Ale nie wszystkie kroki całego życia. Ślady w pamięci zacierają się podobnie jak normalne ślady w błocie. Po pewnym czasie znikają bezpowrotnie. Ale wczorajsze ślady, a nawet takie sprzed kilku dni każdy pamięta dość dokładnie. To jest najprostszy sposób na przejście *ścieżki-niewidki*. Chodzisz nią często i wydeptujesz, aż się zapamięta na stałe. Potem musisz tylko pamiętać, by na *ścieżce-niewidce* nigdy nie otwierać oczu, bo wtedy się zgubisz. Musisz otworzyć serce, a zamknąć rozum. Oczy należą do rozumu i będą cię oszukiwać. *Ścieżki-niewidki* są pełne omamów przygotowanych właśnie dla oka i rozumu. Rozum ci mówi, że tu nie ma drogi tylko gęsta puszcza. Albo oko ci mówi: „teraz skręć w prawo, w lewo...". Gdybyś wtedy zamknął oczy i pokierował się sercem, gdybyś ruszył przed siebie, tam, gdzie cię serce prowadzi, nie zabłądziłbyś.

* * *

– Ludzie błądzą, kiedy nie słuchają serca – to były ostatnie słowa, które do mnie powiedział.

Chwilę potem zorientowałem się, że już go nie ma przede mną. Zniknął... się. Tym razem naprawdę. Nie pomogły nawoływania, prośby, zastrachane błaganie – zostałem sam. Na szczęście zaczynało świtać.

Kiedy pierwsze światło dnia rozrzedziło ciemność wokół mnie, okazało się, że stoję na znajomej ścieżce. U mych stóp ten sam ślad z odwiedzionym palcem.

Zgodnie z szamańskim poleceniem odwróciłem się do niego plecami. Wkrótce spostrzegłem kolibra wiszącego w powietrzu między liśćmi. Zrobiłem mu kilka zdjęć i ruszyłem przed siebie.

* * *

Tego samego dnia, przed wieczorem udało mi się jakoś trafić do trzeciej katarakty na Río Vaupés.

Na wielkim płaskim głazie pośrodku rzeki leżała ryba. Była żywa i głośno klaskała ogonem o skałę. Dziwne. Sama wyskoczyła z wody? Rozejrzałem się dookoła. Nikogo. I żadnych śladów bytności człowieka. Może jakiś ptak ją tu upuścił? Tylko czemu nie zjadł?

– Dziękuję, Czarowniku! Właśnie jestem głodny! – zawołałem w powietrze, ale jakoś nie wierzyłem, że to usłyszał.

Rozpaliłem ogień. Ułożyłem rybę tak, by się piekła, siadłem obok, zanurzyłem pięty w wodzie i czekałem. Wkrótce zza zakrętu wypłynęło znajome czółno, a w nim moi dwaj przewodnicy.

Gdy mnie spostrzegli, chcieli uciekać. Jakby spotkali zombi.

A ja – na zewnątrz zachowałem kamienną twarz, w środku zaś tańczyłem conga!¡!¡[75]

---

[75] Conga – groteskowy taniec gromadny.
Zombi – trup ożywiony za pomocą magii.
Zombi tańczący conga – dodajcie to sobie sami. [przyp. tłumacza]

ZEMSTA

Zamachałem do nich ręką – to było Wezwanie i teraz już nie mieli odwrotu. Podpływali niechętnie. Woleliby raczej wiosłować w przeciwną stronę. I o wiele szybciej! Ich serca topniały ze strachu, a w oczach widziałem galopujący popłoch. Uśmiechnąłem się jak krokodyl na widok pary osłów, które wpadły w wodę.

– Czekammm tu na wasss – powiedziałem lekkim tonem przesadnie przeciągając „s".

[76]Niebo ich twarzy zasnuły chmury strasznych przypuszczeń gnane wichrem przerażenia. Stopniowo gęstniały w oczekiwaniu burzy z piorunami, która jednak nie nadchodziła – zamiast krzyczeć, milczałem. W panującej między nami ciszy kryło się coś drapieżnego, co postanowiłem karmić i utrzymywać przy życiu jak najdłużej.

Słuchali mnie z napiętą uwagą.

A ja nie mówiłem nic.

To napinało ich uwagę jeszcze bardziej. Chcieliby coś usłyszeć. Bardzo by chcieli – to takie okropne, kiedy stoisz i się domyślasz. Czekasz na wybuch czyjejś wściekłości, a on nie następuje...

Oni się bali, a ja w duchu pląsałem dookoła ogromnej porcji słodkiej zemsty. Miałem zamiar delektować się nią kąsek po kąsku. Baaardzo wolno. Miałem też zamiar zostawić im trochę do samodzielnej konsumpcji – będą łykać strach jeszcze dłuuugo po tym, jak się rozstaniemy.

– Chcecie rybę? – spytałem jakby nigdy nic. – Zaraz się dopiecze i można jeśśść.

Z satysfakcją obserwowałem, jak ich sterroryzowane umysły zamieniają się w szare mydło. Należało im się! Po tym, jak mnie porzucili na pewną śmierć w Złym Lesie pełnym Tajemniczych Niebezpieczeństw. Należało im się i już! Przecież nie miałem tam prawa przeżyć. I oni o tym świetnie wiedzieli!!! Niech się więc teraz trochę poboją. Niech nie wiedzą... niech się nigdy nie dowiedzą!, czy jestem żywym, umarłym, czy może Potworem.

---

[76] Z góry przepraszam za te barokowe przenośnie, które wypełniają następne zdania, ale po prostu... kiedy wspominam tamte chwile, zalewa mnie fala rozkoszy. Dookoła mojej głowy fruwają pyzate amorki, w tle słychać słowicze trele, z nieba pada deszcz rodzynków i wiórki kokosowe A TAK W OGÓLE, TO ZZZEMSTA JESSST SSSŁODKA!

* * *

Płynęliśmy.

A ja opowiadałem.

O puszczy, o polowaniach, o zwierzętach, które udało mi się sfotografować; o deszczach, chaszczach, leśnych ścieżkach; kwiatach, ptakach i moskitach; wężach, nietoperzach i chrząszczach... Opowiadałem, opowiadałem, opowiadałem.

Rozsiadłem się na dziobie pirogi, zwrócony twarzą do nich i nie miałem zamiaru wiosłować. Niech popracują. Zresztą i tak płynęliśmy w dół rzeki.

W pewnym momencie, jakby od niechcenia, wyjąłem z bagażu pewną dziurawą skarpetkę bez pary, otarłem nią sobie czoło i znów opowiadałem, opowiadałem, opowiadałem...

A oni drżeli. Rozpoznali ją od razu – to ta sama skarpetka, którą zostawili na ścieżce Dzikich jako okup za wprowadzenie Japończyka. I przecież wtedy zniknęła. Czyli ktoś ją zabrał! A teraz była w moich rękach!!!

Na jej widok chcieli zerwać się na równe nogi i uciekać. Ale i tak nie mieliby dokąd – ktoś taki jak ja mógłby ich dogonić wszędzie. W tej sytuacji lepiej było zostać na miejscu i mieć mnie przed sobą niż dyszącego za plecami.

Opowiadałem długo, obszernie, wylewnie. Barwnie, obrazowo i z gestem. Z wdawaniem się w różne nieistotne szczegóły. Ale nie wspomniałem słowem o tym, w jaki sposób ocalałem, jak przetrwałem cały ten czas w puszczy i jak w końcu odnalazłem drogę powrotną z Dzikich Ziem.

Pozwalałem im domyślać się do woli. Ich domysły były na pewno o wiele straszniejsze od faktów. A także od tego wszystkiego, co potrafiłbym nakłamać w ramach słodkiej zemsty i gorzkiej kary. Wiedziałem, że moje milczenie brzmiało groźniej niż wszelkie pretensje i krzyk.

Jak gdyby nigdy nic, kazałem się wieźć łodzią w stronę Mitú.

* * *

Dopiero po wielu godzinach tej psychicznej tortury jeden z nich odezwał się po raz pierwszy. Byliśmy wtedy na środku rzeki, dawno po śniadaniu i na długo przed kolacją. Na dnie łodzi stał niedojedzony garnek naszej porannej strawy – zupki rybnej okraszonej mrówkami (od których podobno więdnie *pinga*) ze zwyczajowym dodatkiem wściekle ostrej papryczki (od której *pinga* lepiej... *pinga*).

– Pirita, gringo? – zaproponował Indianin, uniżenie zdrabniając nazwę.

Popatrzyłem na niego tak, jakby sam był tą zupą. Natychmiast skulił się pod pokrywką strachu i nie odważył odezwać więcej.

Wieczorem postanowiłem zakończyć ich cierpienia i kiedy już wszyscy wisieliśmy w hamakach, powiedziałem spokojnym głosem:

– Jeśli jeszcze kiedyś porzucicie człowieka w lesie, przyjdę po was z najdalszego zaświata. I zrobię wam coś, czego jeszcze nie zrobił nikt, nigdy, nigdzie, nikomu. A teraz śpijcie ssspokojnie.

Wiedziałem, że nadal będą się bać, ale już nie na tyle, żebym musiał mieć wyrzuty sumienia. Wywołany przeze mnie strach miał być przestrogą – nie okrucieństwem. Taki strach jest dobry.

PCHŁY

 Powitanie w wiosce za drugą kataraktą było entuzjastyczne. I ostrożne.

Ludzie lubią, gdy komuś udaje się uciec śmierci, ale jednocześnie boją się niewyjaśnionych powrotów. Niepokoi ich, gdy ktoś niby to zginął, ale potem w tajemniczy sposób wraca żywy. Nie powinien...

Uśmiechy na twarzach Indian były szczere. Lęk w ich oczach także. Podchodzili kolejno witać się ze mną, niektórzy dodatkowo klepali mnie po plecach albo dawali przyjaznego kuksańca ale... zaraz potem szli umyć ręce.

– Już wiesz, jak się czuje szaman – szepnął mi do ucha Angelino. – Niby cię lubią, niby się cieszą na twój widok, mimo to wolą zachować bezpieczny dystans. Tak, tak, Antonio, zyskałeś szacunek, ale straciłeś przyjaciół. To kwintesencja losu szamana.

– Za to twój kot mnie lubi jakby bardziej – zwierzak śmiał mi się w twarz pełnym zestawem zębów i całą resztą ulizanego ciała. – O! Teraz się jeszcze łasić zaczął! A może on chce na mnie zostawić swoje pchły, co?

– Kot szamana nie ma pcheł – odparł Angelino.

– Sraty-taty. W dżungli każdy kot ma pchły! I to tyle, że mógłby się nimi najeść.

– Mówię ci, że on nie ma pcheł.

– A co? Posypujesz go czymś?

– Po prostu nie ma pcheł.

– Musi mieć! Chyba, że nie ma krwi. Bo jak ma krew, to na mur beton...

– Ten kot nie ma pcheł!

– Przecież tutaj nawet moskity mają pchły!

– Kot szamana nie ma. Nie siadają na nim.

– A to czemu? Jakieś czary?

– Raczej urok... osobisty. No po prostu pchły się go boją i na jego widok uciekają. Dlatego w moim szałasie nic nie gryzie.

– Czy możesz mi podarować tego kota?

– Nie jest mój.

– Taaa, nie twój. A czyj niby?

– Swój. Koty nie mają właścicieli ani panów. Są wolne.

– A skąd go masz, Angelino?

– A skąd się biorą koty, Antonio?

– Przychodzą.

– No właśnie. Ten też przyszedł.

– Skąd?

– Nie wiem skąd, ale pamiętam ten dzień. Z wioski zniknęły wszystkie psy. Po tygodniu wróciły, ale baaardzo ostrożnie. Do dzisiaj na jego widok kulą ogony.

W czasie całej tej rozmowy, ściskałem kolejne dłonie – znów było ich 203 i pół – odbierałem przyjazne kuksańce i poklepywania po plecach... a potem ludzie odchodzili myć ręce.

– No i widzisz Antonio... Zostałeś szamanem. Możesz ich teraz leczyć.

– Przecież nie umiem.

– Wystarczy, że oni myślą, że umiesz. Ich wiara jest twoją Mocą.

* * *

Kiedy ludzie się rozeszli i zostaliśmy sami, Angelino zastawił wejście do szałasu dwiema skrzyżowanymi strzałami.

– Co robisz?

– Stawiam tabu. Nikt nie podejdzie bliżej niż na odległość rzutu oszczepem.

Pogmerał w koszyku zawieszonym pod strzechą, wyjął stamtąd garść raciczek i cisnął w ogień. Natychmiast zaczęło kopcić.

– A to świństwo po co? Przecież już nas chroni jedno tabu.

– Teraz nie podejdą nawet w nocy, kiedy nie będzie widać strzał.

Kot szamana, który leżał zwinięty w ciasną kulę niedaleko ogniska, spojrzał na mnie porozumiewawczo. Zrobiliśmy do siebie zdziwione miny i... przysiągłbym, że wzruszył ramionami.

– Dobra – powiedział Angelino, siadając obok kota. – A teraz opowiadaj. Znalazłeś Dzikich?

– Pokaż mi twój *woreczek ze świętościami* – poprosiłem.

– Ale znalazłeś, czy nie?

– *Woreczek...*

Zniecierpliwiony sięgnął do paska, odczepił starą skarpetkę zawiązaną na supeł, w której były jakieś przedmioty, następnie ucałował ją z szacunkiem i wysunął w moją stronę na otwartej dłoni.

– Masz! A teraz gadaj wreszcie, czy znalazłeś Dzikich!

W odpowiedzi wyjąłem moją skarpetkę i triumfalnym gestem otarłem nią sobie czoło. Skarpetki były identyczne – z charakterystycznym japońskim deseniem.

Angelino skoczył na równe nogi i zaczął się głośno śmiać. Potem zatańczył dookoła ogniska.

– Znalazłeś! Znalazłeś! Znalla-lalla-lazłeś! Znalla-tralla-lazłeś!

– Znalla-tralla-lazłem, ale przez tych twoich myśliwych--sryśliwych prawie stralla-liłem życie.

– Wiem, przyjacielu – Angelino natychmiast spoważniał. – I przepraszam za moich ludzi. Ale wiem też, żeś ich potem nieźle nastraszył – uśmiechnął się filuternie.

– No... troszkę.

– Sroszkę!!! Przyszli do mnie po ziółka na rozwolnienie. Mają dygotki. A do tego boją się własnych cieniów.

– Mówi się „cieni". A poza tym nic im nie będzie.

– Taaa, nie będzie. Przestali normalnie chodzić! Teraz się ciągle skradają!

– Przejdzie im.

– Nieprędko!

– To co mam zrobić? – zaczęło mi być głupio.

– Nic. A po co? – Angelino machnął ręką. – Strach jest dobry.

– Też tak pomyślałem...

– Znallazłeś! Znallazłeś! Znalla-tralla-lazłeś...

Tańczył rozradowany jeszcze długo. A ja tańczyłem wraz z nim, bo to przecież niesamowite, że znallazłem, znalla-tralla-lazłem i wyllazłem z tego całło!

rze dni poprzednich.

Angelino gotował. To znaczy topił żywe rybki we wrzątku, w którym pływały już mrówki i wściekiełka. Z każdym jego ruchem mój miły dzień zmieniał oblicze. Z uśmiechniętego amorka przemieniał się w maszkarona; w rzygacz sterczący na gzymsie jakiejś mrocznej świątyni.

– Antonio. Zupa – zaprosił mnie gestem.

– E... – już chciałem protestować, ale przypomniałem sobie, że nie ma nic innego tylko zupa. – Już idę. W końcu ta twoja „pircia" jest jadalna. No w każdym razie nie zabija. To znaczy nie od razu. Chyba że ktoś na jej widok będzie wolał skoczyć ze skały. A poza tym, jak mówi poeta: *Pojutrze już jej nie ujrzę. To pożegnanie z tym daniem.*

– Chcę, żebyś został z nami jeszcze kilka dni.

– Miałem jutro odpływać. Sam mówiłeś.

– Muszę jeszcze przeprowadzić pewną ceremonię... A nie robiłem tego wcześniej. Pomożesz mi trzymać demony na odległość.

– Dobrze wiesz, że nie potrafię. Twoi ludzie mogą uważać, że jestem szamanem, ale to za mało na demony.

– Szamanem wprawdzie nie jesteś, ale umiesz się dobrze modlić. Pomożesz mi. Wierzysz w demony, prawda?

– Wierzę.

– I w dobre duchy?

– Tak, w anioły, Angelino – uśmiechnąłem się lekko na dźwięk tego imienia.

– I w przyjazne duchy zmarłych?

– Tak, w świętych obcowanie też wierzę.

– To będziesz się modlił po swojemu i pomagał mi trzymać demony na odległość. Proszę.

Kiedy Indianie proszą, staram się nie odmawiać. Bo... Lepiej tego nie robić. Indianie bardzo źle znoszą odmowę. Wola najbar-

No cóż – mogliby się zdenerwować. A kiedy ktoś ma twarz wymalowaną na czerwono, piórko w nosie i naszyjnik z zębów jaguara, denerwowanie go kończy się... definitywnie. (A przedtem boli.)

* * *

Angelino szykował się do „pewnej ceremonii" (nie chciał mi o niej powiedzieć nic więcej). Najpierw wymalował sobie twarz w czerwone desenie, potem wymalował twarz mnie, a teraz wkładał ozdoby, które pamiętałem z pierwszego pobytu w tej wiosce. Trzy drewniane skrzynki miały poodsuwane wieczka. W jednej leżały fujarki, w drugiej grzechotki i naszyjniki, w trzeciej dziwaczne ozdoby – pióra, zawiłe konstrukcje na głowę i wiechcie suszonych roślin. Angelino wyglądał na bardzo zadowolonego, choć sceneria wokół nas skłaniała raczej do... no przynajmniej do zadumy.

W szałasie było mroczno – ciemna noc, a do tego mnóstwo dymu. Dziwny był ten dym, niepokojący – nie dusił, mimo że gęsty aż do lepkości. W dodatku pachniał pięknie. Oddychało się nim swobodniej niż normalnym powietrzem. I... *głębiej*.

Na ziemi w pobliżu ognia leżał nagi chłopiec. Ten sam, którego Angelino „wyrwał" z rąk śmierci. Odzyskany, czyli uczeń szamana. Skórę miał suchą, usta spierzchnięte i spękane, powieki zaciśnięte. Był odurzony i coś mamrotał, ale nie wyglądał na chorego.

– Muszę mu obciąć fajfusa.

– Angelino, jak możesz mówić coś takiego! Co to w ogóle za słowo „fajfus"? Tfu!

– To czy inne słowo, nie ma znaczenia. Pewnie wszystkie są wulgarne. Na przykład *pendejo*?

– Wulgarne – potwierdziłem.

– Fujara?

– Wulgarne!

– Fiut?

– Wulgarne-wulgarne!!! Przestań! Mów: *pinga*.

– A *pinga* nie jest wulgarne? – zdziwił się.

– O nie. *Pinga* to słowo indiańskie. Czyli etniczne. Czyli... wyszukane. A do tego wymowne. Nawet jak ktoś nie wie o czym mowa, to od razu się domyśla. Używam go na salonach, kiedy opowiadam o Dzikich. I nikt, nigdy, nigdzie nie prostestował.

– Co to salon?

– Ogromna maloka, w której jest dużo *gringos* w odświętnych strojach, wymalowane kobiety...

– Kobiety?! To u was się malują kobiety, a nie mężczyźni???

– W moim świecie, wymalowany mężczyzna wzbudza śmiech.

– Nie gadaj! Gdyby wojownicy Carapana poszli do tej twojej maloki odświętnie wymalowani, to ludzie by się z nich śmiali?

– Z wojowników nie, bo u nas maluje się inne części ciała. Tylko usta i powieki. Więc wojownik jest w porządku.

– I naprawdę tylko kobiety?

– No wiesz... Są pewne wyjątki.

– A jakie?

– Nie rozmawiajmy o tym.

– Powiedz.

– NIE. Rozmawiajmy. O. Tym.

– Ooo... to brzmi jak jakiś bardzo interesujący temat. Cz...

– Angelino...

– Taaak? Chcesz mi o czymś opowiedzieć, Antonio? Jakieś... wyznanko?

– Nie. Ale pamiętasz może, jak mnie ugryzła mrówka?

– Pamiętam... – ton jego głosu zrobił się podejrzliwy.

– A pamiętasz może, jak mnie potem ugryzły jeszcze dwie?

– Nie pamiętam! – podejrzliwość stężała w pewność.

– Naprawdę? A czy to nie ty tłumaczyłeś mi różnicę między wyciskaniem a wysysaniem? Mówiłeś zdaje się, że ssą miejsca, z których nie da ssię jadu wycisnąć, z powodu ich miękkości. I wtedy trzeba ssać.

– NIEROZMAWIAJMYOTYM!

– A pamiętasz może, jak mnie prosiłeś, żeby nikt, nigdy i nigdzie nie dowiedział się o tamtych dwóch dodatkowych mrówkach i że to chodzi o twoją reputację?

– Dobra! Pamiętam. Ale nie rozmawiajmy o tym.

– Jasne, jasne! Oczywiste. No wiesz, Angelino... ostatecznie dla mnie to też byłoby krępujące, gdyby ktoś, kiedyś dowiedział się, że ty mnie...

– BŁAGAM!

– I o to właśnie chodzi z malowaniem się mężczyzn w moim świecie! To taki sygnał. Że oni... no wiesz. Krępująca oferta.

– Że... co?

– O jejku, skup się! Przypomnij sobie moje mrówki.

– ??? – jego twarz była niewinna, jak sukienka do Pierwszej Komunii.

– Nie zapominaj o „miękkości".

– ??? – sukienka pozostała biała.

– Łącz fakty! Do „miękkości" dodaj „jad mrówki". Co ci wychodzi?

– Wysysacze jadu!

– Z?

– Z mrówki!

– Mrówka ugryzła i sobie poszła. Odejmij jad i mrówkę! Co zostało?

– Wysysacze ran.

– Odejmij rany.

– Wysysacz... – W jego głowie zaświtał pewien obrazek i porozumiewawczo mrugnął oczkiem. – Rrrozumiemmm, Antonio. Ale to niemożliwe.

– Możliwe, Angelino. Możliwe – kiwałem głową.

W tym czasie po jego twarzy biegały refleksy kolejnych myśli – jak jaskółki zwiastujące nadejście burzliwej Wiosny Zrozumienia.

– A dlaczego oni to robią?

– Twierdzą, że to miłe.

Na niewinnej sukience pozostało kilka jaskółczych śladów.

* * *

Na mojej „sukience" też pozostały ślady tamtej nocy. Niespieralne najsilniejszym nawet proszkiem czasu i zapomnienia. To, co widziałem, fotografowałem, i do czego w pewnym sensie przyłożyłem ręki, jest dziś moim najokrutniejszym wspomnieniem i najgłębszym wyrzutem sumienia. Nie powinienem był tam być. A jednocześnie musiałem tam być.

Co zrobiłem? Nic. Ale przecież „nic" bywa największą winą.

A jak spędziłem tę noc? Na gorącej modlitwie. O to, by tego dziecka nic nie bolało. A potem o to, by Angelino potrafił zatamować krwotok. A potem o to, by chłopiec przebudził się z „narkozy". A potem dziękowałem Bogu, że „operacja" zakończyła się sukcesem. A potem przepraszałem, że w żaden sposób nie próbowałem tej „operacji" zapobiec. I jeszcze za to, że robiłem zdjęcia. Bo robiłem. Nie powinienem, ale musiałem.

Och, nie egzaltuj – powiecie – przecież to proza życia. „Nie powinienem, ale musiałem" opisuje każdy wielki dramat i każdy mały grzeszek. Ludzie w cywilizowanym świecie robią sobie gorsze rzeczy niż ci Indianie.

Robią, to fakt. Ale mnie przy tym wtedy nie ma.

A co konkretnie się zdarzyło?

Posłuchajcie...

UCZEŃ SZAMANA

Skóra była nienaruszona, ale pusta w środku.

Chłopak spał odurzony jeszcze dwa dni. Potem płakał z bólu i jęczał. Angelino nie odstępował go ani na chwilę. Nie jadł, nie wychodził za potrzebą, tylko gładził chłopca po twarzy i śpiewał cicho. Sam też płakał.

* * *

Czytałem o rytualnych amputacjach. Były znane w Afryce, w Ameryce Południowej i w Azji. Autorzy, którzy je opisywali, dawno nie żyją. Myślałem, że zjawisko też umarło. Mój błąd.

Z teoretycznego punktu widzenia wygląda to tak: Amputację przeprowadza się zanim chłopiec wejdzie w wiek męski. W okresie dorastania i burzy hormonalnej nawiedzają go sny[77], których nie jest w stanie spełnić na jawie. To go uczy szukać spełnienia we śnie; panować nad światem wewnętrznym, rozmawiać z duchami, a nawet z nimi obcować fizycznie... w pewnym sensie.

Granica między „fizycznie" a „duchowo" przestaje istnieć.

* * *

– Angelino, ty też?

– Tak. Dlatego nikt nigdy nie może mnie widzieć bez ubrania. A gdyby zobaczył, musi zginąć. Więc z duchami, to za mało, by być szamanem. Moja Moc bierze się z szacunku, a kto uszanuje

---

[77] Jeżeli ktoś jeszcze nie zrozumiał, to wykładam łopatologicznie: NIE chodzi o kastrację. Gruczoły pozostają na miejscu, męskie hormony trafiają do krwi, a komórki rozrodcze są produkowane normalnie i w naturalny sposób wydalane. (Jeśli ktoś nadal nie rozumie, to niech zapyta mamę. Albo odłoży tę książkę i trochę poczeka – zrozumienie przyjdzie samo, najdalej za kilka lat.)

mężczyznę bez *pinga*? Wojownik, który chce, ale nie może, staje się pośmiewiskiem. Co innego, kiedy ludzie myślą, że mogę, ale wolę się powstrzymywać.

* * *

W przypadku Angelino amputacji dokonywał Stary Człowiek. Ale nie chodziło o rytuały szamańskie, tylko o ratowanie życia.

Są takie muchy, które składają jaja pod skórą człowieka. Najczęściej kąsają w głowę lub na plecach i wtedy pojawia się gula wielkości jajka. W jej wnętrzu rozwijają się larwy. Niekiedy taka mucha potrafi wpełznąć do nosa i ukąsić od środka. Wówczas trzeba amputować nos. A gdyby wpełzła gdzie indziej, trzeba amputować gdzie indziej.

Są też rybki *canero*, które na co dzień wpływają innym rybom w skrzela i żywią się ich mięsem... od wewnątrz. Czasami *canero* mylą skrzela z otworami w ciele człowieka – wpływają i żywią się ludzkim mięsem ...od wewnątrz. Jeżeli już muszą wpłynąć w jakiś otwór, to najlepiej, żeby to było coś wystającego – na przykład nos – wtedy umiejętne uderzenie maczety ratuje człowiekowi życie. W przypadku kobiet stosuje się cesarskie cięcie (pod warunkiem że szaman jest w pobliżu i potrafi taką rzecz przeprowadzić). Gorzej, gdy *canero* wpłynie do ucha – w takich przypadkach (oraz we wszystkich podobnych) nie ma ratunku. Rozumiemy się?

Stary Człowiek zrobił co trzeba, a potem zatrzymał Angelino u siebie. Zamieszkali w szałasie poza wioską. Chłopcu nie wolno się było kąpać z innymi dziećmi ani z żadnej innej okazji obnażać na oczach świadków – nikt nie mógł wiedzieć, że mu czegoś brak.

* * *

Angelino nie miał zdolności szamańskich, ale był bystry i uczył się szybko. Dobrze rozpoznawał choroby i zioła, przygotowywał wywary, proszki i maści, a potem, kiedy przyszedł na niego okres dojrzewania i epoka *gorących snów*, czarownik zaczął przyuczać chłopaka do obcowania ze światem duchów. Zaczęły się pierwsze rozmowy z roślinami i zwierzętami.

Pewnego dnia, nieoczekiwanie, Stary Człowiek odszedł na Dzikie Ziemie. Zrobił to zanim zdążył porządnie przygotować następcę. Angelino został ostatnim szamanem plemienia Carapana. Ludzie mu ufali, choć on nie ufał sobie.

Ponieważ nigdzie dookoła nie było nikogo innego, od kogo Angelino mógłby się uczyć, rozmawiał z duchami zmarłych i podpytywał ich o stare sekrety medyczne. Niestety szamani innych plemion nie byli rozmowni – strzegli zawzięcie swoich tajemnic – a Stary Człowiek nie odpowiadał na Wezwania i nie dawał się odnaleźć w zaświatach. Pewnie ciągle żył.

Potem Angelino poczuł własną starość, a ponieważ w całym plemieniu nie było naturalnego następcy, postanowił „zrobić" nowego szamana jedynym sposobem, jaki znał – poprzez amputację.

* * *

– Kiedy szukałem ucznia, spostrzegłem, że większość małych dzieci ma Dar. One bardzo często pokazują palcem coś, czego dorośli nie widzą. Niestety wszystkie z tego wyrastają. Musiałem szukać następcy inaczej. Jestem tu sam, Antonio. Bez pomocy. Bez doradcy. I nie wiem, jak nauczyć tego chłopca rozmów z duchami. Ani nie wiem, jak odkryć w którymś innym chłopcu zdolności do bycia szamanem. Nie wiem. Dlatego wybrałem tę okrutną drogę. Powtarzam to, co mnie się przytrafiło. Może tak nie powinno być, Antonio, ale inaczej nie umiem. Nie znam drogi. I albo po mojej śmierci plemię nie będzie miało nikogo, kto leczy, albo będzie miało takiego szamana, jakiego uda mi się stworzyć.

PIERWSZE TABU

Rzeka rwała brzeg, liście szarpał wiatr, powietrze prażył skwar, a gardło ściskał żal.

Żegnaliśmy się.

– Kiedyś tu wrócę, Angelino. Spotkamy się znowu.

– To nie będzie łatwe, Antonio. Chcę, aby moje plemię, to co z niego zostało, odeszło głębiej w dżunglę. Pójdziemy na Dzikie Ziemie. Znajdziemy tam nowe kobiety i zbudujemy nowe wioski. Zbierzemy całą resztę Carapana. Tak daleko od Białych, jak się da. Kiedy powrócisz, nas już tu nie będzie.

– Dlaczego? Źle wam tu?

– Jesteśmy zbyt blisko świata. Niedawno byli tu *doctores*. Przeszli za pierwszą kataraktę. Zaszczepili moich ludzi i wyjechali. Zostawili katar. My tu nigdy wcześniej nie mieliśmy kataru, chyba że ktoś płakał albo się ślinił z gorączki. A szczepionki to ja mam własne. Nawet lepsze. Małe dzieci szczepi się jadem mrówek. Dorosły Carapana, kiedy zostanie ukąszony, to go po prostu boli, ale ani noga nie puchnie, tak jak tobie, ani nie dostaje maligny. Tak samo szczepię na węże. Nacinam skórę i wcieram jad zmieszany z popiołem. Codziennie po odrobince. Carapana pokąsany przez węża skręca się przez parę dni, ale nie umiera. Ty byś umarł w siedem sekund.

– I to jest powód do odejścia? Kilku doktorów?

– Byli też misjonarze. Wykarczowali pole za wioską, postawili kaplicę, a potem zaprosili Carapana na pogadankę. Okazało się, że ten ich nowy Bóg jest taki sam jak nasza Pachamama i że kaplica niepotrzebna, bo my się już modlimy jak należy. Ale oni nie popuszczą.

– Co to znaczy?

– Będą wracać i napierać. Dlatego pamiętaj, zrób tak, by nikt, kto usłyszy twoje Opowieści, nie odnalazł drogi na Dzikie Ziemie. Mitú łatwo znaleźć. Zaczną węszyć, szukać. Przywiozą aparaty fotograficzne, ubrania, proszki, co piorą i trują ryby. Lekarstwa, które leczą te kilka chorób, na które ja nie mam sposobu, a przy okazji wiele innych chorób, na które oni sami nie mają rady. Zacznie się Czas Umierania. Pamiętaj, zatrzyj ślady, zmień ułożenie terenu, a naszą rzekę nazywaj Anaconda. Carapana mają teraz nowe tabu. Jeżeli ktoś zacznie pytać o Río Anaconda, zostanie wyprowadzony w głuszę. Nawet ty, Antonio. Tak być musi, bo chcemy ocalić nasz świat.

– A jednak tu wrócę. Bo wiesz, mam swoje sposoby – uśmiechnąłem się po szamańsku.

– Wiem, Antonio – uśmiechnął się i on. – W końcu to ty znalazłeś dla nas tę rzekę.

* * *

Postawiłem stopę na śliskim dnie pirogi, odbiłem się od brzegu i popłynąłem w stronę Mitú. Za moimi plecami stał Angelino – ostatni szaman plemienia Carapana. Wkrótce i on wyruszy w drogę. W przeciwną stronę, choć nie wiadomo w jakim kierunku.

DRUGIE TABU

 Z Mitú przez Bogotę poleciałem do Miami. Odpocząć i popracować.

Siedziałem właśnie w Foto Lab of Florida, a przede mną w drewnianych kasztach leżało około stu rolek slajdów przygotowanych do wywołania. Każda rolka oznaczona była swoim numerem i literą V lub C dla oznaczenia, czy zdjęcia pochodzą z Wenezueli czy z Kolumbii.

Obok, w osobnym pudełku, stało kilkadziesiąt rolek z symbolem R.A.

Wreszcie, po godzinie wahania, coś we mnie pękło i zacząłem z tych rolek wywlekać film. Prześwietlone wstęgi kliszy mętniały na kolor buro-brązowo-zielony... zupełnie jak błotniste wody Río Anaconda.

* * *

Kiedy składałem tę książkę do druku, kolega zapytał mnie:

– I nie szkoda ci było tych zdjęć? Przecież to sensacja. Po coś je zniszczył?

– Posłuchałem serca... Szaman mówił, że ludzie błądzą, kiedy nie słuchają serca. Carapana chcieli się ukryć, więc uszanowałem ich wolę.

– Głupi jesteś. I tak ktoś ich znajdzie. Nawet bez twoich zdjęć.

– Ale przynajmniej będę miał czyste sumienie, że to nie ja przyciągnąłem uwagę świata w ten rejon. Na razie niech pozostaną wolni.

– Co komu z takiego „na razie"? Prędzej czy później ktoś tam trafi i to nie będziesz ty.

– Ale dla wielu z nich „na razie" to jest cała reszta życia. Pamiętam twarze Najstarszych. Śnią mi się nawet. Nie wiem, czy jeszcze żyją, czy to może ich duchy patrzą na mnie albo po prostu moja własna wyobraźnia. Ale, wiesz, oni zawsze patrzą z wdzięcznością. Dałem im szansę. Mogą... mogli... dożyć swoich dni jako ostatni wolni Indianie. Wiesz, ile to znaczy? Najstarszym najtrudniej byłoby się przystosować do zmian. Oni znają tylko ten stary świat Carapana i ja im podarowałem nie kilka lat więcej, ale całą resztę ich życia w wolności. Nie zrobiłem tego dla tych, którzy dożyją momentu odkrycia przez cywilizację, ale dla tych, którym uda się umrzeć wcześniej. W spokoju. Bez potrzeby przeżywania szoku kulturowego... i zagłady plemienia.

– Szlachetne, ale naiwne. Może tym starcom byłoby lepiej w cywilizacji. Dłużej by pożyli, mieliby więcej jedzenia, mniej pracy, lekarstwa...

– Sami odeszli w las. Równie dobrze mogliby wybrać kierunek w stronę Mitú. Zresztą część z nich została.

– Naiwne jest jeszcze to, że ty myślisz, że skoro pozmieniałeś nazwy rzek i trochę poplątałeś wątki, to jakiś sprytny antropolog zniechęci się i nie pojedzie szukać.

– Spotka tabu.

– Pewnie nie pierwszy raz. I poradzi sobie! To są zawodowcy. Cała ich praca naukowa polega na docieraniu do ukrytego.

– Jednego tabu na pewno nikt nie pokona. Sam stawiałem i ono jest nieprzekraczalne.

– ?

– Czas, przyjacielu.

– ??

– Czekałem z napisaniem tej książki osiem lat. I wydaję ją dopiero, gdy już wszystkie możliwe ślady w dżungli bardzo dokładnie zarosły. Gdy ludzie, których spotykałem na mojej drodze, pozmieniali miejsca pobytu, nazwiska... Gdy knajpy w których jadałem, przestały istnieć, a w ich miejscu pootwierały się nowe...

– Dobra, dobra. Ale byłeś w Kolumbii jeszcze potem. I to kilka razy, prawda? Bywałeś w tych samych miejscach. Znam cię, szukałeś tych Carapana. I wtedy pozostawiałeś nowe ślady!

– Ale to już zupełnie inna Opowieść.

– I?

– I opowiem ją za następne osiem lat.

TESTAMENT

Na koniec jeszcze kilka słów o mnie:

W trakcie lektury mogło powstać wrażenie, że jestem osobą wyjątkowo odważną. Nie jestem. Przeciwnie – należę raczej do typów tchórzliwych i może dlatego przez tyle lat nie dałem się zabić.

Jest w tej Opowieści taki moment, gdy każdy normalny biały człowiek powinien zwariować ze strachu – porzucony przez moich przewodników zostaję sam w nieznanym lesie pełnym Tajemniczych Niebezpieczeństw, ale zamiast miotać się i wyć z przerażenia spokojnie fotografuję kolibra. Podejrzane, prawda? Nieprawdopodobne! Niemożliwe wręcz.

Chyba że ktoś przekroczył barierę strachu, przeleciał na wylot przez panikę, popłoch, przerażenie i obłęd, a potem znalazł się... po drugiej stronie. To taki psychiczny odpowiednik oka cyklonu. Dookoła wiruje potężne szaleństwo, ale tu u nas w środeczku cisza. Nie można się tylko nigdzie ruszyć. Jeden krok, a nawet lekki przechył od pionu i natychmiast zostaniesz porwany przez twój cyklon i zamieniony w emocjonalną galaretkę.

Osoby, które przeleciały na tę drugą stronę strachu, zachowują się z pozoru normalnie – na przykład fotografują kolibry – ale czy to aby na pewno normalne, by w tej sytuacji fotografować kolibra? Oczywiście nie! Czyli osoby te zachowują się normalnie, ale to nie jest normalne, że się zachowują normalnie w tak nienormalnych okolicznościach. Rozumiemy się?

* * *

No więc, nie jestem odważny.

I kiedy zostałem sam w tamtym lesie, bałem się, jak nigdy przedtem.

Oczywiście wiedziałem, że mogę próbować wrócić do cywilizacji po śladach maczety. Kiedy przedzieraliśmy się przez dżunglę, maczeta była w stałym użyciu. Jej cięcia, wciąż wyraźne, w ciemnym lesie „świeciły" z daleka – żółte kółeczka obnażonego drewna na tle monotonnej zieleni. Szlak miałem dobrze oznakowany.

Niestety, znać drogę w dżungli to jeszcze za mało, by wrócić do domu. Na tej drodze czekają niebezpieczeństwa. Takie, których nie ominiesz, a sam w obcym lesie także nie pokonasz. Pierwsze, to brak wody. Drugie, to węże. Trzecie głód. Czwarte... Właściwie wystarczy – nie trzeba więcej. Brak wody, głód i węże zamkną księgę twojego żywota najdalej po kilku dniach. A gdyby nie zamknęły, to w kolejce czeka jeszcze kilkanaście innych prozaicznych niebezpieczeństw, o których piszą we wszystkich książkach dotyczących dżungli oraz kilkadziesiąt, albo i więcej, tych mniej popularnych, lecz równie śmiertelnych. Spotyka się je stosunkowo rzadko, ale przecież ludzie stosunkowo rzadko chodzą po terenach tak niebezpiecznych, jak Dzikie Ziemie.

Jak to więc ze mną było wtedy, gdy zostałem sam w Złym Lesie pełnym Tajemniczych Niebezpieczeństw?

Po prostu, żegnałem się z życiem. Zamykałem je w najbardziej racjonalny sposób, jaki mi wtedy przyszedł do głowy – robiłem zdjęcia. To miał być mój testament utrwalony na rolce filmu. Klisza w szczelnej kasecie ma szansę przetrwać dłużej niż papier. Chciałem ją sobie potem zawiesić na szyi w plastikowym worku, razem z paszportem i kilkoma innymi najbardziej osobistymi rzeczami, które pozwoliłyby mnie zidentyfikować.

Mnie, czyli moje zwłoki – pomyślałem. – A one tu nie poleżą nienaruszone... – myślałem dalej. I sam się sobie dziwiłem, że myślę tak chłodno; racjonalnie. – Worek na szyi może zostać rozszarpany przy okazji pożerania moich resztek. W takim razie spryskam go obficie płynem na moskity. Cuchnie tak, że żadne zwierzę tego nie tknie; ani jaguar, ani mrówki... Choć pewnie zeżrą mnie pospolite leśne świnie – pekari. Są wszystkożerne i podobnie jak świnia domowa, nie pogardzą ludzką padliną.

Spisałem więc mój testament na kartkach zeszytu, a potem je sfotografowałem. Resztę filmu wypełniłem obrazami, które miały zastąpić nieudolne słowa: Leśne kwiaty dla ukochanej, liście dla ukochanej, drzewa... ona tak lubi drzewa – konary, pnie, starą korę. A potem zdjęcie mojej dłoni z obrączką. Dłoni, która próbuje chwytać naszego ulubionego motyla *Morpho*. Dłoni, która szuka innej dłoni, ale nie jest jej w stanie dosięgnąć... O! Kolejny motyl – „nasz" – nazywają go różnie, na skrzydełkach ma charakterystyczny deseń przypominający monogram albo cyferki; napis zmienia treść zależnie od tego, jak motyl siądzie, którą stronę skrzydeł pokaże i kto czyta. Ja czytałem zawsze tak samo, zawsze!, od pierwszego wejrzenia. I nawet pamiętam, gdzie takiego motyla widziałem po raz pierwszy – na kamieniu rzecznym w górach Santa Marta w drodze do Ciudad Perdida (Zaginionego Miasta). Wtedy też mu zrobiłem zdjęcie, a potem wysłałem do domu jako pocztówkę z wyprawy.

I wreszcie, na kilku ostatnich klatkach filmu, tamten koliber. Bo pamiętałem jej słowa, że „kolibry całują kwiaty na pożegnanie". Pomyślałem: Może sobie przypomni, może jakoś domyśli się, zrozumie, co mają znaczyć te moje kolibry...

* * *

Film zwijał się właśnie po ostatnim zdjęciu, gdy poczułem ostre puknięcie w kark. Struchlałem.

Odwracam się. Przede mną Dziki. Nagie ciało i czarna twarz. Stoi z dmuchawką wymierzoną w moją szyję. Nogi robią mi się drętwe. W głowie huczy. Przed oczami czarne płaty. Tracę równowagę, mętnieje mi wzrok...

Upadłem na ziemię. Aparat szumiał jeszcze przez chwilę, a kiedy skończył zwijać film, gęsta cisza objęła wszystko.

A jednak wróciłem szczęśliwie. Razem z tą rolką w kieszeni.

Potem, przez kilka lat, leżała w szufladzie mego biurka. Czarnym flamastrem napisałem na niej słowo TESTAMENT.

Pewnego dnia jeden z moich kuzynów powiedział mi, że testament jest ważny tylko, gdy się go poświadczy u notariusza lub spisze w całości odręcznie – każdy inny to najwyżej zobowiązanie honorowe dla żyjących, ale bez mocy prawnej. Wtedy wyjąłem tę rolkę z szuflady i przełożyłem do plecaka, który zabieram na wszystkie wyprawy.

Niech tam czeka swojej chwili – pomyślałem. – I oczywiście, najlepiej niech się nigdy nie doczeka.

* * *

Kilka tygodni temu wróciłem z kolejnej wyprawy; trochę spóźniony. Wprost z samolotu pobiegłem do laboratorium fotograficznego, wysypałem bagaż na podłogę, powybierałem filmy i kazałem wywołać w pośpiechu jeszcze tego samego dnia. Pośród setki rolek znalazła się także i ta stara, lekko odrapana, z wytartym napisem TESTAMENT. Wywołali ją, jak wszystkie inne.

Przypadek. Moja nieuwaga. Ale wtedy jeszcze o tym nie wiedziałem.

* * *

Wieczorem zabrałem się do selekcji zdjęć – następnego dnia miałem je pokazać w redakcji. Było późno, na dworze od dawna ciemno, a ja na dodatek zmęczony wielogodzinnym lotem.

I jakbym dostał obuchem!!!

– A co to jest???! – zapytałem sam siebie.

Patrzyłem na testament spisany moją ręką wiele lat temu. Na fotografie drzew, konarów, liści i starej kory, które miały zastąpić słowa miłości oraz na te kolibry... całujące kwiaty na pożegnanie.

Przeczytałem ten stary testament raz, drugi, trzeci, czwarty...

A potem przepisałem go odręcznie słowo po słowie, nie zmieniając ani jednej literki. I ułożyłem na dnie tej samej szuflady, w której spędził już wiele lat w formie kliszy.

– To dobry testament – powiedziałem, zamykając szufladę.

– I dobre życie, skoro po tylu latach nie musiałeś w nim nic zmieniać – szepnął szaman gdzieś między moimi uszami.

ZAKOŃCZENIE

 Lubicie szczęśliwe zakończenia?
Hmm... To szczęśliwe nie będzie.
Bo co tu niby może się skończyć szczęśliwie? I jak? Że Indianom się uda? Przecież wszyscy wiemy, że się NIE uda. Już się nie udało! Jesteśmy ostatnim pokoleniem, które ma szansę oglądać ich na żywo. Małą szansę.

Następne pokolenia poznają świat dzikich plemion jedynie z książek. Wtedy nie będzie już nawet Opowieści, bo nie będzie miał ich kto opowiadać. Ani komu.

Ostatni ludzie puszczy znikają z naszej planety zadeptywani buciorami cywilizacji i może w tej chwili ostatnia na świecie grupa wolnych Indian wychodzi na dymiące karczowisko w dżungli i prosi o swoje pierwsze majtki.

Wkrótce ślad po nich zaginie.

W tym miejscu
kończy się Księga Powrotu,
a wraz z nią cała ta Opowieść.
Nadszedł czas
na następną
książkę.

UDZIAŁ WZIĘLI

Praca nad tą książką trwała trzy lata. Długo, bo... po drodze przytrafiały się różne dziwne rzeczy. Nie jestem przesądny ani zabobonny, ale czasami niespotykane nagromadzenie podejrzanych zbiegów okoliczności daje człowiekowi do myślenia. Szczególnie gdy pisze się o czarach.

Posłuchajcie...

Najpierw rozszarpało tekst. Był prawie skończony i nagle komputer zawiadamia mnie, że wszystkie pliki „Río Anaconda" są uszkodzone. Otwieram je po kolei, a tu przemieszane szczątki tekstu; jakby ktoś potasował akapity. Sięgam po pliki zapasowe – to samo. Sięgam po płytę CD, na której mam back up – to samo. Dzwonię po znajomych programistach i popadam w desperację, bo oni jeszcze czegoś takiego nie widzieli i niestety nic nie mogą poradzić.

W tej sytuacji miałem do wyboru dwie opcje: albo wydrukować te rozszarpane pliki, a potem wziąć nożyczki, pociąć wszystko na kawałki i próbować przywrócić właściwą kolejność akapitów, albo pisać od nowa. Akapitów było 4558, a do napisania od nowa jakieś 450 stron – ciężki wybór.

Wyjechałem na wyprawę. Wróciłem. I zacząłem pisać od nowa. Potem wyjechałem na następną, wróciłem i skończyłem pisać. Ostatecznie muszę przyznać, że ta druga wersja jest dużo lepsza od pierwotnej. Czary?

Czary były dopiero potem, kiedy Łukasz Ciepłowski, jeden z trzech tenorów[*], nie był w stanie otworzyć plików z elementami grafiki i wiele rzeczy musiał rysować od nowa. A gdy już narysował, i gdy umieściliśmy te elementy na okładce, w jego komputerze zapalił się zasilacz i... okładka poszła z dymem.

---

[*] Trzech tenorów – Łukasz Ciepłowski (grafik), Wojciech Franus (fotoedytor), Wojciech Cejrowski (producent) – twórcy koncepcji plastycznej serii „Biblioteka Poznaj Świat". To my kilka lat temu zasiedliśmy nad stosem moich wydruków i zdjęć i wymyśliliśmy, w jaki sposób zrobić z tego książkę „Gringo wśród dzikich plemion". Po tej pierwszej pojawiły się następne i powstała seria.

To samo było z mapą: Dostaliśmy ją na trzech płytach CD (dla większego bezpieczeństwa), ale i tak okazało się, że na każdej są jakieś wady. Dzwonimy z prośbą o lepsze kopie, a tu okazuje się, że oryginały przepadły bezpowrotnie, bo właśnie zdechł twardy dysk, na którym były zapisane.

To wszystko, rzecz jasna, zwykłe przypadki. Niezwykłe jest to, że tych przypadków było więcej. Czary?

Nawet jeśli, to nie wszystkie z nich były złe:

Z okazji wydania „Río Anaconda" spotkali się dwaj Wydawcy – panowie **Tadeusz Serocki** i **Tadeusz Zysk**. Niniejsza książka ma więc dwóch ojców chrzestnych, za którymi stoją dwie firmy „Poznaj Świat" oraz „Zysk i S-ka". Dzięki nim czuję się podwójnie zabezpieczony.

Pierwszymi czytelnikami i recenzentami fragmentów książki byli: **Filip Stanowski**, **Katarzyna Nocuń** i **Szczęsna Milli**. Wszyscy oni kwękali, wybrzydzali i stroili kwaśne miny – taka jest rola recenzentów.

Filip mnie wyśmiał, zbeształ, oziewał, a potem powiedział, że „Anaconda" jest bladym cieniem „Gringo".

Kasia przeczytała to samo, ziewnęła kilka razy dyskretnie, a potem powiedziała, że to jest, jakieś takie do „Gringo" podobne, tylko... nudniejsze.

Po tych słowach napisałem Początek od początku. Część rzeczy usunąłem, inne przeniosłem dalej w głąb opowieści i po tych poprawkach dałem do przeczytania Szczęsnej.

Zadzwoniła jeszcze tego samego dnia, wrzeszcząc w słuchawkę, żebym jej natychmiast przywiózł ciąg dalszy, bo ją wciągnęło i nie ma zamiaru czekać!!!! (Dodała jeszcze kilka osobistych uwag na mój temat, których tu nie zacytuję.) Uznałem to za komplement, w ciągu miesiąca skończyłem pisać i dałem jej gotowe „Río..." do redakcji. Poprawiła niewiele, popatrzyła mi w oczy i mówi: *Fajne*. Taaak, Szczęsna jest oszczędna w pochwałach. (Za to besztać lubi wylewnie.)

Przyszedł czas na okładkę. **Łukasz Ciepłowski** zrobił trzy, wysłał mi do obejrzenia, a następnie wszystkie wyrzucił do kosza.

Potem pracowaliśmy w pocie czół nad „okładką docelową", która wszystkim się bardzo podobała, ale gdy poleżała w komputerze ze dwa miesiące, jako „gotowa wersja zaakceptowana przez Wydawcę", to już jakoś... nie podobała się nikomu. Zrobiliśmy kolejne podejście i... BINGO! Efekt znacie.

Na wewnętrznej stronie okładki są mapy, których projektowaniem zajmuje się panna **Agnieszka Rajczak**. To żmudna robota wymagająca częstych konsultacji, a ponieważ panna Agnieszka jako jedyna z naszej Drużyny mieszka w Łodzi, najwięcej na tych mapach zarobiło PKP.

Wreszcie nastał czas na wybieranie fotografii. **Wojciech Franus** został częstym bywalcem w moim domu. Wychodził późno, zmęczony i z czerwonymi oczami. Sąsiedzi patrzyli na nas dziwnie. Ale co im miałem tłumaczyć? Że w ciemnym pokoju, pochyleni nad podświetlanym stolikiem oglądamy zdjęcia półnagich mężczyzn i kobiet? I że czasami jeden z nas mówi do drugiego: *Daj lupę*, a jeśli któryś z sąsiadów twierdzi inaczej, to się przesłyszał? Prostowanie plotek nie ma sensu, ale naprawdę chodziło o lupę!

Po wybraniu zdjęć zaczęliśmy się spotykać w innym miejscu i sprawa lupy trochę ucichła. Naszym gospodarzem został **Paweł Uss**, który ma z nas wszystkich najgorzej, bo składa poszczególne elementy książki w całość, co oznacza, że reszta Drużyny sterczy mu nad głową i mówi: *tu wsadź to, a tam tamto, a teraz wyjmij to, co żeś wsadził wczoraj, bo nam się nie podoba, i wsadź jednak to, co już wsadzaliśmy dwa dni temu i zobaczymy, czy jest lepiej, a jak nie będzie lepiej, to wyjmiesz i wsadzisz z powrotem to, co wyjąłeś dzisiaj, żeby wsadzić tamto wczorajsze, tak?* Paweł siedzi przed komputerem i bardzo często przypomina szybkowar – lekko syczy.

Po drodze książka przeszła jeszcze trzy korekty polskie i jedną hiszpańską. Gdyby mimo to znaleźli Państwo jakieś błędy, to całą winę biorę na siebie – mam daleko posuniętą dysleksję. Potrafię zrobić cztery błędy w słowie trzyliterowym. I nawet najbardziej odporni korektorzy po pewnym czasie zarażają się moją chorobą – najpierw przestają sobie ufać i sięgają po słownik, by sprawdzić jak się pisze „że". Potem, niestety, zaczynają ufać mnie... (Stąd w poprzedniej książce pojawiła się „wierza" obok „wieży", w obu przypadkach błędnie i nikt tego nie zauważył aż do drugiego wydania.)

Korekt dokonały kolejno panie: **Iwona Barancewicz**, którą lubię, **Ewa Garbowska**, którą kocham, **Krystyna Paszyńska**, której się boję, i **Edyta Urbanowicz**, którą znam ze szkoły – wszystkie zrobiły co w ludzkiej mocy, ale na moją ortografię potrzebne raczej czary.

Książka gotowa.

Nam się podoba – inaczej nie dalibyśmy jej do druku – a Wam? Piszcie. Nikt z nas nie obrazi się za słowa krytyki od kogoś, kto doczytał aż do tego miejsca.

ADRESY AUTORA:

www.cejrowski.com

Wojciech Cejrowski
00-958 Warszawa-66
skrytka pocztowa 35

ERRATA

Książkę tę napisałem dawno temu.
Napisałem ją językiem przygodowym, a nie naukowym.
Kiedy ją pisałem, język polski był inny niż dzisiaj. Od tamtego czasu zmieniły się znaczenia słów, zmieniły konteksty. Potrzebna jest errata. Posłuchajcie...

Kiedy pisałem tę książkę, czary były w Polsce zjawiskiem marginalnym, a jeśli wtedy ktoś chodził do wróżki, to wstydził się tego, w obawie, że zostanie uznany za idiotę. Wróżki rzadko ogłaszały się w gazetach i nikt ich nie brał na poważnie, karty tarota były rekwizytem z przedwojennej powieści, a gdyby ktoś publicznie podarł Biblię lub podpalił krzyż, poszedłby do więzienia. Zresztą, w czasach, gdy pisałem tę książkę, ludziom takie rzeczy nie przychodziły jeszcze do głowy. Sporadycznie, w ukryciu, za granicą – owszem, ale nie na polskiej ziemi.

Dzisiaj jest inaczej. Sataniści działają otwarcie, występują w telewizji i reklamach, osoby zajmujące się czarami rejestrują swoje „usługi" jako działalność gospodarczą i płacą podatki, a tarota można sobie postawić przy plaży w Sopocie, na Rynku w Krakowie, a nawet za pośrednictwem internetu.

Kiedy pisałem tę książkę, słowo „czarownik" brzmiało bajkowo, czyli niegroźnie. Słowo „szaman" było rozumiane potocznie jako indiański „Medicine Man", czyli plemienny specjalista od leczenia, postać z westernów. Mało kto, poza środowiskiem naukowo zajmującym się antropologią, pamiętał o pierwotnym i prawidłowym znaczeniu tego słowa – o prawdziwym szamanizmie w społecznościach plemiennych Syberii.

Kiedy pisałem tę książkę, czasy były inne i inny język polski. Proszę o tym pamiętać.

Kiedy w „Río Anaconda" piszę „szaman", mam na myśli zielarza, znachora, specjalistę od medycyny ludowej działającego w miejscu, gdzie nie pojawili się jeszcze doktorzy. Kiedy zaś piszę „czarownik" mam najczęściej na myśli funkcję społeczną w grupie plemiennej, stanowisko i pozycję w indiańskim społeczeństwie pierwotnym.

Są też takie miejsca w tej książce, gdzie piszę o osobach zajmujących się czarami prawdziwymi i groźnymi, a nie tylko „czarami" ludowymi (czyli zielarstwem). Te miejsca widać z daleka, te miejsca w książce napawają strachem. Mają napawać!

Czary istnieją realnie. Także w naszym świecie. Czary są śmiertelnym zagrożeniem dla każdego, kto się nimi zajmuje. Są też śmiertelnym zagrożeniem dla osób, które czarami się tylko bawią lub obserwują je biernie. Przyglądanie się jest formą uczestnictwa. Przyglądanie się jest czynnością; jest rodzajem aktywności... Czary są śmiertelnym zagrożeniem i istnieją realnie. W czary nie należy się bawić właśnie dlatego, że są śmiertelnie groźne. Tyle chciałem Państwu powiedzieć w tej książce. Cała reszta to ozdobniki.

A czemu w takim razie ja sam przyglądałem się czarom? Czemu polazłem w miejsce, gdzie czary były obecne?

Wtedy – w czasach, o których opowiada ta książka – moja wiedza na temat czarów była bardzo ograniczona. Byłem nieświadomy zagrożeń. Niedouczony. Wydawało mi się, że prawdziwe czary nie istnieją, a demony są postaciami z bajek lub biblijną alegorią.

W konsekwencji tamtej niewiedzy musiałem potem chodzić do egzorcystów, musiałem egzorcystę zaprosić do własnego domu i do biura, musiałem wyrzucić z domu niektóre przedmioty, inne spalić, a jeszcze inne oddać do „utylizacji" samemu egzorcyście, bo ani zakopanie ich w ziemi, ani zniszczenie, ani nawet spalenie by nie wystarczyło.

Wszystko to działo się już po opublikowaniu pierwszego wydania „Río Anaconda". Z całego serca i z osobistego doświadczenia ostrzegam i proszę:

NIE BAWCIE SIĘ W CZARY
NIE PRZYGLĄDAJCIE SIĘ CZAROM

Jeśli ktoś z Państwa zrozumiał tę książkę inaczej, to teraz nie powinien już mieć wątpliwości, co autor miał na myśli.

WC

CAŁA KOLEKCJA „BOSO PRZEZ ŚWIAT"

WOJCIECH CEJROWSKI
BOSO PRZEZ ŚWIAT
MEKSYK

WOJCIECH CEJROWSKI
BOSO PRZEZ ŚWIAT
AFRYKA ZACHODNIA

WOJCIECH CEJROWSKI
BOSO PRZEZ ŚWIAT
PUSTYNIA

WOJCIECH CEJROWSKI
BOSO PRZEZ ŚWIAT
HISZPANIA I PORTUGALIA

WOJCIECH CEJROWSKI
BOSO PRZEZ ŚWIAT
NAMIBIA
HOTENTOCI I BUSZMENI

WOJCIECH CEJROWSKI
BOSO PRZEZ ŚWIAT
AMAZONIA

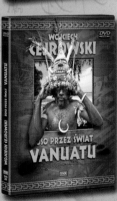

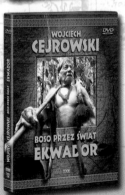

WOJCIECH CEJROWSKI
BOSO PRZEZ ŚWIAT
VANUATU

WOJCIECH CEJROWSKI
BOSO PRZEZ ŚWIAT
WYSPY SZCZĘŚLIWE
NA JEDNĄ NÓŻ

WOJCIECH CEJROWSKI
BOSO PRZEZ ŚWIAT
EKWADOR

Arauca
WEN
Rio Magdalena
Sogamoso
Rio Meta
Yopal
BOGOTA
Villavicencio
KOLUMBIA
Guav
Manacacias
Ariari
Guaviare
Inirida
Guainia
MITU
Rio Vaupés
DZIKIE ZIEMI
Apaporis
Caqueta
Putumayo
0
100
200 km